Christine Kaunzner

Geistige (Ver)-Führung

Interpretationslos kommunzieren

novum pro

Bibliografische Information
der Deutschen Nationalbibliothek:

Die Deutsche Nationalbibliothek
verzeichnet diese Publikation in der
Deutschen Nationalbibliografie.
Detaillierte bibliografische Daten sind
im Internet über
http://www.d-nb.de abrufbar.

ISBN 978-3-99003-133-9
Lektorat: Mag. Petra Wieser

Gedruckt in der Europäischen Union
auf umweltfreundlichem, chlor- und
säurefrei gebleichtem Papier.

www.novumpro.com

AUSTRIA · GERMANY · HUNGARY · SPAIN · SWITZERLAND

Inhaltsverzeichnis

Einleitung

Eines ist wohl sicher: „Wir können nicht „nicht“ kommunizieren“, darauf wies uns bereits Watzlawick hin und diese Erkenntnis hat sich, denke und hoffe ich, schon weit herumgesprochen. Kommunikation, ein Thema, mit dem sich schon viele Autoren, Redner, Trainer u. v. a. sicherlich auch, bewusst auseinandergesetzt, Lösungen gesucht und gefunden haben. Oder nicht? Jeder, der an seiner Wortwahl interessiert ist, achtet darauf, wie er etwas formuliert, um sein Ziel, in der Regel gehört oder verstanden zu werden, zu erreichen. Viel Mühe wird oft aufgewendet, um das richtige Wort zum richtigen Zeitpunkt zu finden. Denn: Worte haben Wirkung. Unumstrittene Wirkung, die von der Kindererziehung an bis hin zur Politik und Religion hervorragende bis vernichtende Ausmaße annimmt. Wunderbare Ergebnisse zeigt uns das Leben, wenn das Wort von Integrität und Wahrhaftigkeit getragen wird, verheerende bis erschütternde Auswirkungen offenbart es uns, wenn Worte und Handlungen gegenläufig sind. Letzteres bezeichnet man dann allgemein als Lüge, auch wenn man sie schönredet oder versucht glaubhaft zu verkaufen.

Worte werden von uns Menschen unterschiedlich verwendet. Die einen feilen an ihrer Wortwahl, formulieren Reden, um besonders gut zu klingen, um eine Menge Erfolg und Anerkennung einzuheimsen. Andere bemühen sich um gegenseitiges Verstehen im Miteinander, um Übereinstimmung von Körpersprache und Wortwahl. Wieder andere suchen nach einer Form der Sprache, die niemanden verletzt usw. Leider gibt es aber auch diejenigen, die die Macht des Wortes einsetzen, um andere gefügig zu machen, bewusst zu verletzen oder einzuschüchtern. Eines wird dabei deutlich: Kommunikation ist – oder besser gesagt das Wort – hat Macht. Macht, mit der man manipulieren und Sachverhalte völlig verdrehen kann, andere missbrauchen, aber auch liebevoll führen und ein gegenseitiges Verstehen bewirken kann. Worte können vernichten, aber auch erschaffen. Das sollte uns bewusst sein. Den Menschen, die dieses Buch lesen, ist es bewusst, sonst hätten sie es wohl nicht in Händen.

Was soll es denn nun Neues geben, fragen Sie sich vielleicht. Haben wir nicht schon genug an Kommunikationswerkzeugen? „Kommunikationstools", wie sie in Trainerkreisen oft genannt werden, fließen doch wohl in alle Schulungsmaßnahmen ein. Vom Telefonverkauf bis hin zur Moderation spielt der bewusste Einsatz der Worte die bedeutendste Schüsselrolle für das „Gewinnen" oder „Verlieren". Grundregeln der Kommunikation sollte jeder beherrschen, der sein Geld mit dem Gespräch verdient. Dass auch ein vielschichtiger und facettenreicher Wortschatz dazugehören, um mit dem Wort jonglieren zu können, ist, glaube ich, selbstredend. Schulungen, Coachings, Mediationen und Therapien, nicht zu vergessen die Verhandlungen, Moderationen und Reden erschaffen sich durch das Wort. Selbst im „normalen" Arzt-Patienten-Gespräch ist es von enormer Bedeutung.

Nur sind wir mit diesen Möglichkeiten des verbalen Ausdrucks wirklich schon am Ende unserer Weisheit angelangt? Warum gibt es trotz all dieser hervorragenden Werkzeuge, die natürlich auch angewendet werden, immer noch Verständnisprobleme? Warum stoßen wir oft an Grenzen oder auf Fehlinterpretationen, die das Ergebnis in völlig ungewollte (leider auch gewollte) Bahnen leiten und sowohl Schmerz wie auch Verdruss zur Folge haben? Warum manipulieren noch so viele selbstsüchtig damit? Warum ist es oft so schwer, selbst zu erkennen, wo wir unerkannt Opfer von Verbalattacken werden und verletzt in uns zusammensinken oder unbewusst zurückschlagen? Dafür muss es doch einen Grund geben.

Könnte es an den unbewussten individuellen Prägungen und daraus resultierenden Schubladendenken in unserem überfüllten und ungeklärten Geiste liegt?

Der Grund hierfür sind meiner Erfahrung nach die unbewussten und noch nicht erlösten Schmerzen in uns, die unsere

Geisteshaltung (ob wir wollen oder nicht) unbemerkt „versudeln". Wir erkennen nicht, wie viel eigene Täterschaft inkl. Machtstreben in unserem Unbewussten lauert, was für diese Umstände verantwortlich ist. Trotz vermeintlich guter Absicht senden und empfangen wir somit nicht wirklich neutral, sondern unser Sprechen und Hören erfolgt durch den Filter des unerkannten Täterpotenzials. Und das hat Folgen, wie wir uns denken können, wenn wir das nicht erkennen und weiter verdrängen. Denn unaufgeräumte und unbewusste Schmerzthemen lauern hinter jedem Wort (aber auch hinter jeder Tat – dazu jedoch später mehr) und schwingen auch in den positivsten Wortkonstrukten mit, was dann gegenseitige Verwirrung und Verletzung zur Folge hat. Subtil gefühlt, aber nicht bewusst erklärbar lösen diese neben Missverständnissen auch Interpretationsprozesse im Kopf aus, die zuweilen eine Endlosschleife des inneren und auch äußeren Chaos bewirken können.

Trotz hervorragender Kommunikationstrainings aber auch psychologischer oder pädagogischer Ausbildungen, herrscht somit noch viel Missverstehen und Gewalt im zwischenmenschlichen Miteinander. Nicht immer offensichtlich, vielfach jedoch subtil. Ob gewollt oder ungewollt, das muss wieder jeder für sich selbst herausfinden, wenn er will.

All dieses färbt unbewusst die Gesprächsführung und macht somit wahre Nähe, trotz Nähe versprechender Worte, unmöglich. Erfahrungen, meist schmerzlicher Natur, führen somit das Regiment anstatt wir, unser „waches Wesen", das hinter all den inneren Wunden verborgen ist, welches die Herrschaft über unser Reden und Handeln haben sollte. Nach meiner Beobachtung ist das noch mehr als oft der Fall, bis es das eben nicht mehr ist, da wir uns unserer selbst gewahr sind und dieses unbewusste Treiben aufhört. Auch sind mir viele Menschen bekannt, die unter diesen unbewussten Ausgeburten des Geistes bewusst leiden, aber nicht wissen, wie sie es ändern können.

Wir sprechen, bis die erwähnte Einsicht und das Erkennen der Fall ist, oft genug nicht aus dem kreativen Moment, da der

Verstand die Vorherrschaft hat. Wir fühlen dadurch zu wenig den Inhalt der Worte und sind somit mehr mit uns, unserem Ego, d.h. unserer Außenwirkung und unserem Gesprächsziel beschäftigt, als mit dem Einlassen auf unseren Gesprächspartner. Auf das menschliche Wesen, das unser Gegenüber ist, lassen wir uns nicht wirklich ein und Nähe sowie Verbundenheit treten in den Hintergrund. Wir verwenden gut ausgefeilte Formulierungen, Worte, von denen wir wissen, dass sie bestimmte Wirkungen erzeugen, sind aber innerlich verschlossen. Wir zeigen uns zu wenig, fühlen zu wenig, denken zu viel, schützen uns bewusst oder unbewusst vor Verletzungen, auch wenn die Worte über Gefühle kreisen, sind diese dadurch oft nicht wirklich spürbar und werden so zur Makulatur. Der unbewusste Schmerzvermeidungs-Schutzpanzer um unser wahres und liebevolles Inneres verhindert wahre Begegnung. Begegnung wird mehr zu einem unbewussten gegenseitigen Abcheck- und Versteckspiel als zu einem ehrlichen Austausch zwischen zwei menschlichen Wesen. Fehlt also die Gedanken- und Gefühlsintegrität, ist kein echtes Verstehen von Mensch zu Mensch oder von Seele zu Seele oder von Wesen zu Wesen, oder wie auch immer wir den wahren Kern des Menschen nennen wollen, möglich. Wie Wölfe im Schafspelz schleichen wir herum, halten uns mit oberflächlichem Austausch gegenseitig vom Leibe und liegen unbewusst auf der Lauer, um zuzuschlagen, wenn wir uns angegriffen fühlen oder, um uns ganz schnell zurückziehen zu können, wenn Gefahr droht. Eine Art unbewusste Wachheit, die nur dazu dient, wahre Nähe zu vermeiden und Schutzmauern aufrechtzuerhalten. Dringt jedoch jemand in unser verwundetes Inneres ein, mit oder ohne Absicht, rennen wir so schnell die Sohlen uns tragen können. Nicht selten schlagen wir dann auch noch mit Worten um uns, da es jemand wagt, hinter unsere Schutzmauern zu dringen. Eine Wachheit ist in uns, die uns unbewusst zwar schützt, aber Heilung und Liebe verhindert. Ebenso hält uns dieses Verhalten aber auch von der Erlösung und dem Aufwachen aus der Illusion des selbst erschaffenen Leides ab. Diese Strategien bringen uns als Menschen nicht wirklich weiter und verändert unser Miteinander nicht nachhaltig positiv.

Aber wahre Begegnung – oder miteinander kommunizieren, was bekanntlich weit über das Wort hinausreicht, und um was es hier geht, bedarf einer anderen, einer bewussten Form von Wachheit, die verbindet statt trennt und die der Ursprung des kommunikativen Miteinanders sein sollte. Hierfür bedarf es unseres wahren Wesens, des Menschen, der wir ohne unsere Prägungs- und unbewussten Schutzmechanismen sind. Dieser wahre innere Kern in uns wird hier angesprochen, der die Verbundenheit mit sich selbst und anderen ermöglicht. Also die Ebene des menschlichen Austausches, auf der wir uns eigentlich auch ohne Worte verstehen, da wir uns innerlich spüren können. Die Ebene, aus dem das interpretationslose Kommunizieren entspringt. Worte und Handlungen, die sich aus der Seele, der inneren Quelle oder dem wahren Sein, geführt aus dem Moment, ergießen. Worte, die keiner Regeln mehr bedürfen, da sie rein sind, gewaltlos, verbindend und erschaffend aus sich selbst. Sie sind das Ergebnis innerer Heilung, verbunden mit wacher Aufmerksamkeit und der Gabe, sich auf den Moment und den anderen bedingungslos einzulassen, da wir uns selbst im anderen erkannt haben. Der Raum, in dem unabhängig vom Gesprächsthema gegenseitiges Erkennen unseres wahren Wesens möglich ist. Dort, wo einfach vorbehaltlose Liebe von Mensch zu Mensch herrscht, die Basis aller Verständigung, unabhängig davon, was mit Worten zu klären, zu besprechen oder zu bereinigen ist. Das ist Kommunikation, die der Menschenwürde gerecht wird: wertfrei, verbindend, würdevoll und heilsam. Bis wir jedoch alle vollendet dort angelangt sind, wird es noch etwas dauern, das ist klar. Aber wir können uns aufmachen, diese Ebene zu erreichen. Jeder Schritt und wenn es nur ein kleiner ist, bringt uns einander näher. Also fangen wir an zu gehen, wenn uns dieses Ziel erstrebenswert ist.

Mit dem „Interpretationslosen Kommunizieren", was somit in seiner Natur eine Folge- und keine Ursachensprache von bewusst eingesetzten Wortfolgen ist, lade ich Sie ein, ein Sprecher zu werden, der nicht egozentrisch sondern viel mehr klar, verbindlich, achtsam und wach ist.

Der Weg, um ein interpretationsloser „Kommunizierer" zu werden und letztlich zu sein, ist ein Weg, der uns dient, uns selbst zu hinterfragen und zu erkennen und das, was ist, anzuerkennen, damit Wandlung geschehen kann und wahre Begegnung möglich wird. Haben Sie interpretationsloses Kommunizieren in sich integriert, wird kein Gespräch, keine Begegnung mehr ein vorgefertigtes Gesprächsgerüst benötigen. Der Leitfaden eröffnet sich von Moment zu Moment, ähnlich wie beim Lesen eines Buches, Seite für Seite. Der Moment und die Gesprächspartner schreiben in jeder Begegnung ihr „eigenes Buch", nicht wissend, was der nächste Moment erfordert, aber voll Vertrauen und innerlich offen mit dem zu fließen, was sich ergibt, auch wenn eine zuweilen harte Grenzsetzung das Gespräch oder die Begegnung beendet. Denn solange wir nicht alle da angekommen sind und auf einer so wachen und achtsamen Ebene einander begegnen können, ist klare Grenzsetzung unabdingbar. Zum Selbstschutz vor erneuter Verwundung, die nicht sein muss. Genau entgegengesetzt dem oftmals gängigen Gesprächsverlauf, wenn Emotionen sich einmischen, das eine Wort das andere ergibt, und das in Form von gegenseitigen Verletzungen. Wer kennt das nicht? Eine unbewusste Wunde wird berührt, man nimmt eine Aussage persönlich, bekommt einen Aussetzer im Kopf, man verliert die Kontrolle über das, was real ist, und los geht's: Rechtfertigungs- und Verteidigungsarien, Schuldzuweisungen und Anklagen bis hin zu persönlichen Gegenangriffen oder körperlicher Gewalt, die auch nur ein Sprachausdruck auf der physischen Ebene ist, sind die Folgen.

Mit Worthülsen oder Gesprächsleitfäden werden wir dieses hohe Niveau des Miteinanders jedoch kaum erreichen, sie würden nur Makulatur sein. Sie sind Stufen zum Wachstum und letztendlich temporäre Wegbegleiter, um man selbst zu werden. Nur auf Werkzeug-Stufen, egal welchen, stehen zu bleiben, da wir uns mit ihnen oder einer einzelnen von ihnen übergebührend identifizieren, ist meiner Ansicht nach, generell nicht zielführend.

Viel wichtiger wird es sein, uns die Dinge in uns bewusst zu machen, die uns von dem, was wir von Natur aus sind, abhalten. Die zahlreichen Stufen alias Kommunikationskonzepte sollten doch auch dazu dienen, uns dort hinzuführen. Abhalten können uns diese jedoch nur, wenn wir nicht auch über sie herauswachsen. Wenn uns also etwas von dem abhalten kann, was wir von unserer wahren Natur her sind, dann müssen wir doch folgerichtig annehmen, dass das, was wir sind, bereits in uns vorhanden ist. Das ist es auch. Denn, wenn wir geboren werden, haben wir all diese Überlebensstrategien die sich in unserer destruktiven Geisteshaltung entladen, noch nicht. Wir erlernen sie mit der Zeit. Aber was ist mit dem reinen und unschuldigen Wesen in uns, das wir einst waren? Ist es erloschen? Oder hat es sich nur zurückgezogen. Wenn es erloschen ist, hat jegliche Selbstfindung und Suche keinen Sinn in meinen Augen. Sich selbst finden heißt somit doch, das wiederzufinden, was wir selbst sind. Folglich muss es noch irgendwo in uns zu entdecken sein. Wir müssen aber auf die Suche danach gehen. Somit handelt es sich hier eher um eine Wiederentdeckung dessen, was verloren ging, inklusive einer Reihe von Anregungen, wie wir diejenigen, die wir in Wahrheit hinter unseren unbewussten Mechanismen wie Worten und Taten sind, hervorholen, damit Wort und Tat von Unbewusstheit geklärt werden.

Das Ergebnis, das Sie erzielen können, ist die Fähigkeit, sich klar, unmissverständlich und trotzdem verbindlich und einfühlsam auszudrücken. Und das egal, auf welcher Kommunikationsebene. Dies gilt für Worte wie für Handlungen. Eben für alles, womit Sie im Leben, in sich selbst und mit anderen in Berührung kommen und das Sie zum Austausch einlädt. Denn ein Kommunizieren so, wie es hier gemeint ist, ist mehr als ein persönlicher Wort- und Energieaustausch, es beinhaltet in letzter Konsequenz natürlich auch das wache innere Kommunizieren mit dem natürlichen Fluss des Lebens.

Integrieren Sie in sich das interpretationslose Kommunizieren, was das Annehmen von allem, was ist, beinhaltet, so werden Sie jeden Moment bewusst entscheiden, wer Sie sind, und sich situationsgerecht jeden Moment neu zum Ausdruck bringen können. Die Angst, die uns zum Beispiel oftmals verleitet, um den Brei herumzureden, wird weg sein. Das Herumeiern, während abgecheckt wird, ob Gefahr vom Gegenüber droht, wenn Sie sagen, was Sie zu sagen haben, wird einem wachen Bewusstsein weichen. Begegnungen bekommen ihren würdigen Platz, werden als das erkannt, was sie sind, und nicht mehr gegenseitig dazu missbraucht, sich unbewusst zu verletzen. Die Fähigkeit, wirkliche Nähe zu erlauben, da klare Grenzsetzung, d.h. auch deutlichste Worte von kranker Abgrenzung unterschieden werden kann, wird Gesundung ins Miteinander bringen. All das wird ein natürliches Geschenk für Ihre Mühe sein, das Sie sich selbst durch bewusste innere Klärung gemacht haben. Freiheit, Liebe, Achtsamkeit, Freude und Vertrauen in uns, das Leben und unsere Begegnungen werden die Folgen sein. Wenn Sie wollen. Und, dann wird „Interpretationsloses Kommunizieren" eine Begegnung und eine Antwort auf den Moment sein, die dem natürlichen Fluss des Lebens und seinen Herausforderungen folgt. Krankhafte und auf unerlösten Schmerzen beruhende Lebensangst oder Angst vor menschlicher Nähe wird dann den Platz frei gemacht haben, damit sich Bewusstheit und Verbundenheit niederlassen können.

Danksagung

Ich danke als Erstes meinem heute noch recht jungen Sohn. Dem Wesen, das durch sein Erscheinen den Wandel auslöste, der mein altes Leben zum völligen Einsturz brachte. Er war der Grund, die Chance, der Wegweiser und oftmals ein harter „Lehrmeister". Er schaffte es, mich, da zu „berühren", wo Heilung und totale Umorientierung nötig waren. Er zeigte mir auf seine Weise täglich die Ursache und Wirkung meiner Worte mit samt meiner unerlösten Emotionen in Herz und Bauch auf, bis ich diese in Heilung brachte. Neue Erkenntnisse und Einsichten wurden daraus geboren. Und durch meine Liebe zu ihm und die Einsicht, dass unsere Kinder unsere deutlichsten Spiegel sind, schaffte ich meine Durchbrüche. Mein Kind und meine Entscheidung, wer ich als Mutter sein wollte, gaben mir die Kraft auf meinem Weg voranzuschreiten und das Festhalten an alten und ausgedienten Mustern, die mein Leben lange genug fest im Griff hatten, aufzugeben.

Weiter danke ich allen Menschen, die Auslöser meiner Krisen waren, da sie mir – wohl eher unbewusst – halfen, mein Leben bewusst neu zu erschaffen. Vor allem aber denen, die mir in den dunkelsten Stunden zur Seite standen, auch wenn es nur ganz wenige waren.

Für jeden Lehrer, den ich in den vielen Jahren meiner inneren Entwicklungsarbeit hatte, bin ich sehr dankbar, denn Sie halfen mir – jeder auf seine Weise – mein Inneres zu erforschen und meine Fähigkeiten zu entwickeln. Meine größte Dankbarkeit gilt jedoch dem Coach und meisterlichen Vorbild, der mir – als ich dazu bereit war – gnadenlos klar, aber gepaart mit unendlicher Liebe meine unbewussten Themen bewusst machte, die mir immer wieder in Form von leidvollen Spiegelungen im Außen vor Augen gehalten wurden, bis ich mich darin selbst erkannte. Auf meine verdrängtesten Schattenseiten incl. meiner unbewussten Ego-Strategien wies er mich hin. Das war für meine Abwehrmechanismen nicht schön, brachte mich auch nochmals bewusst an meine schlimmsten Wunden, jedoch anders als bisher, da die Reaktivierung meiner „behüteten Wunden“ durch seine innere Reinheit den Effekt der Erlösung mit sich brachte. Er öffnete durch sein klares Benennen und seine Präsenz meine verdunkeltesten und unbewusst regierenden Denk- und Gefühlskanäle und erinnerte mich durch sein erblühtes Wesen an das in mir, was in mir verloren war und nach dem ich mich so sehr sehnte, es wiederzuerlangen. Seine Wahrheit, die er in jedem Moment lebte, lud meine Wahrheit wieder ein ans Licht zu kommen. Er rückte durch seine Arbeit meinen, durch unerlöste Schmerzen „entrückten“ Verstand wieder an den Platz, wo er hingehörte. Ohne diese Unterstützung wäre ich heute nicht die, die ich heute bin.

TEIL I
Einführung und Realitätscheck

Einführung in die Bedeutung „Wort“

„Am Anfang war das Wort“ und „Das Wort ist Fleisch geworden“ – stehen diese Worte nicht so ähnlich in der Bibel? Egal ob religiös oder nicht, da ist etwas Wahres dran, wenn man es mal überprüft. Dieses Zitat verwende ich, nicht weil ich Christin bin oder ich eine andere Religion hier einfließen lassen will, sondern weil hier ein bestimmter Prozess klar wird. Das Wort ist ein Schöpfungsinstrument. Das Wort steht meist vor einer Handlung in gesprochener oder gedachter Form. Ohne Worte keine Folge. Ursache und Wirkung – wie Sie sicherlich bemerken werden – will ich hier aufzeigen. Gedanke, Wort und Tat, die Dreifaltigkeit jeder Kommunikation oder jedes Miteinanders. Und alles entspringt einem: unserem Geiste oder unserer inneren Haltung zu uns selbst, anderen Menschen und dem Leben selbst! Also beginnt das Wort im Geist und „Interpretationsloses Kommunizieren“ genau bei dieser Ursache.

Mithilfe von Worten werden wir erzogen und wird uns gelehrt. Mit Worten werden wir aufgebaut oder heruntergemacht, motiviert oder demotiviert, gelobt oder getadelt. Die Folgen sind erbauend oder vernichtend, wie bereits erwähnt. Das falsche Wort zu einem bedeutsamen Moment kann grauenhafte Wirkung haben (das „körperliche Wort“ in Form eines ungerechten Gewaltaktes, was zuweilen schon eine Ohrfeige sein kann, natürlich auch).

„Am Anfang war das Wort …“ Aber was heißt das im Leben eines Menschen wohl wirklich? Zuerst wird uns die „Welt erklärt“ – unabhängig ob gut oder schlecht – was eine Wirkung auf unser Leben hat, oder anders ausgedrückt: „Das Wort ist Fleisch geworden" heißt somit vielmehr, die Auswirkungen manifestieren sich in unserem Leben, wie wir über uns, das Leben oder andere denken und welche Prägungen uns unbewusst anhaften und das Leben in eine Hölle verwandeln können. Die gesprochenen wie gefühlten Worte bewirken Denkprozesse, erzeugen Glaubenssätze, lassen uns erfolgreich oder erfolglos werden. Mit anderen Worten: Worte, auch die physischen, wirken auf unseren Geist und unser Gefühl ein, ob wir wollen oder nicht. Mit diesen Wortformen können schlimmste Traumatisierungen erzeugt werden. Wirkungen, die tief im Unbewussten vergraben werden und trotzdem stets die Früchte im Leben zeigen. Die erfahrenen Worte werden oftmals zu Stimmen in unseren Köpfen. Stimmen, die uns veranlassen, Dinge zu tun, oder uns daran hindern, sie zu erlauben. Stimmen, die nicht aus uns entspringen, sondern Endlosschleifen im Kopf sind, die quälen und foltern, bis wir sie erkennen und uns über sie erheben. Kennen Sie das? Wissen Sie, wovon ich spreche? Stimmen, die urteilen, die hinrichten, die boykottieren oder anfeuern. Sind sie uns bewusst, ist die halbe Miete verdient. Sind sie unbewusst, führen diese Stimmen unser Leben und nicht wir, die wir in Wahrheit sind. Unsere Führungsinstanz sitzt im Kopf und unseren Prägungsinstanzen. In Denkprogrammen, die oft in der Kindheit eingespielt wurden, dann vielleicht überschrieben, aber nie wirklich gelöscht wurden und im Untergrund stets das Regiment über unser Leben haben.

„Interpretationsloses Kommunizieren" setzt genau hier, an. Es ist wie eine „Sprache", die ein „Lösch-" und „Antivirusprogramm" beinhaltet, was bedeutet, dass diese „Sprache" ohne das bewusste Erkennen der im Untergrund wirkenden Prägungen und ihrer Auswirkungen auf unser Leben nicht möglich ist. Zur Entfaltung kann sie nur kommen, wenn die „Falten", das heißt die unbewussten „Folterkerle", die uns von uns selbst, unseren Mitmenschen und dem Fluss des Lebens trennen, erkannt und bewusst aufgelöst sind. Die Folge ist fließendes und achtsames, zuweilen aber auch äußerst deutliches „Interpretationsloses Kommunizieren“. Eine, ich nenne es einfach mal neutral „kommunikative Begegnungsform“, die nicht auf einstudierten Wortfolgen basiert, welche die „Falten“ unserer Ängste und unbewussten Glaubenssätzen oftmals nur überpinseln. Sie ist ein Selbstausdruck innerer Würde, Lebensbejahung, Bewusstheit und Nächstenliebe.

Jede Reise hat ihren Ursprung

Die Zitate „Am Anfang war das Wort“ und „Das Wort ist Fleisch geworden“ haben für mich persönlich noch eine weitere Bedeutung, und zwar, dass „Worte“, speziell „Wortwahl“ und das „Achten auf vollendet gelungene Formulierungen“, schon immer das wichtigste Thema meines Lebens war. Schon in meiner Kindheit ging das los. Als ein von einem wortgewandten Germanisten geprägtes Lehrerkind wurde ich mit dem „Wort“ sehr früh vertraut gemacht. Endlose Wortwahlkorrekturen des gesprochenen oder geschriebenen Wortes pflasterten meinen Prozess des Heranwachsens. Ich wuchs mit dem regelmäßigen Erzählen von Geschichten auf, dem Lesen und Aufsätze schreiben. Sprache, Wortwahl, Korrekturen waren das Handwerkszeug meines Vaters. Klar, er war unter anderem Deutschlehrer und ging im präzisen und sehr bewusst gewählten Formulieren auch „voll auf“, würde ich sagen. Diese Handwerkskunst durfte ich intensiv erlernen. Als Tochter eines hervorragenden Redners, wie die Leute ihn bezeichneten, wurden für mich folgerichtig die Themen „Lehren“ und „Sprache“ zu einem Zentralpunkt in meinem Leben. Zuerst führte mich die Berufswahl in gleiche Gefilde, bog jedoch nach kurzer Zeit in den Finanzsektor ab. Später verband ich dann beides im Vertrieb. Erst mager, dann intensiver, bis heute, da ich Sprache und Zahlen für mich neu in mein Leben integriert habe. Vom ursprünglichen und klassischen Lehrerdasein habe ich mich distanziert, auch wenn ich heute durch meinen Sohn mit diesem Thema auf anderer Ebene wieder deutlich konfrontiert werde. Am Lehren und Schreiben blieb jedoch immer mein Herz kleben. Als Trainerin für Kommunikation, Teamarbeit, Führung und Verkauf, Changemanagement, als Coach, Mediatorin und Dozentin in der Erwachsenenbildung habe ich das Thema „Wort" auch nie ignorieren können, im Gegenteil, es wurde zu meinem „Arbeitgeber". Nun ist es doch wieder eine logische Folge, dass ich das Thema „Wort" weiterentwickle. Folgerichtig, wie aus einem Schreinersohn oftmals ein Designer wird, aus einem Maurerkind ein Architekt usw.

Mein Rüstzeug fürs Leben

Wie aus meiner Kindheitsgeschichte ersichtlich wird, habe ich natürlich – wie jeder andere auch – nicht nur meine schmerzvollen Prägungsmuster, sondern auch das Rüstzeug für mein Leben mitbekommen. Diese Seite der Erziehungs-Medaille wird in meinen Augen oft zu wenig im Zusammenhang mit Prägung erwähnt und gewürdigt. Ist aber so wichtig, und hilfreich, um die Eltern-Kind-Beziehung zu heilen, da sie Licht- und Schattenseiten in die goldene Mitte bringen. Es rundet das Erziehungsbild ab und bringt Heilung ins Miteinander, bis der Groll, den wohl jeder in irgendeiner Ecke gegen seine Erziehungspersonen vergraben hat, außer man will es nicht wahr haben, gegangen ist. Daher erwähne ich diesen Punkt ganz bewusst und lenke das Augenmerk meiner Erzählung mehr auf die erlöste anstatt die unerlöste Variante der elterlichen Beziehung.

Zurück zum Rüstzeug, das ich mit auf den Weg bekam. Das von der väterlichen Seite erhaltene gibt mir heute die Möglichkeit, meinen Geist in das Wort hineinfließen zu lassen, ohne verbissen über das „Wie sage ich, was ich sagen will" nachdenken zu müssen. In meiner Kindheit wurde diese Fähigkeit durch diszipliniertes Arbeiten am Wort vorbereitet und in meiner beruflichen Laufbahn vertieft. Und ich glaube fest daran, dass jeder Mensch nicht nur den schmerzlichen Prägungsstoff anerzogen bekommt, aus dem er sich als Erwachsener herauszuschälen hat, um er selbst zu werden, sondern auch Fähigkeiten mit auf den Weg bekommt, die ihm dabei dienen. Wir müssen nur manchmal genauer hinsehen und unseren Blick nicht nur von der schmerzlichen Prägungsmaße verdunkeln lassen. Das verblendet oft die Realität, auch wenn Schönreden nur die andere Seite der Verzerrung ist. Beides ist nicht die gesunde Mitte und unterscheidet sich somit von der „erlösten Sicht" deutlich. „Erlöst" ist immer realistisch und erkennt wach die Licht- und Schattenseiten an.

Alleine die enorme Disziplin, die ich während meiner jungen Jahre lernen durfte und die ich als Kind zuweilen hasste, wenn ich ehrlich bin, sich später auch noch unbewusst verselbstständigte und vertiefte, verwandelte sich, während meiner Selbstentwicklungszeit bzw. meiner inneren Schlacht mit meinen Schattenseiten, der einst empfundene Fluch in einen Segen. Schon von Kindesbeinen an lernte ich Durchhaltevermögen, Kontrolle und Verantwortungsgefühl, alles entwickelte Fähigkeiten, die mir auf meiner Suche nach dem Sinn des Lebens und meinem Selbst in Form von hilfreichen Tugenden zur Seite standen.

Viel wurde von väterlicher Seite vermittelt, wie man herauslesen kann, was natürlich nicht heißt, dass mir meine Mutter und Geschwister nicht auch einiges Wertvolles mit auf den Lebensweg gaben. Aus dieser Ecke kamen vornehmlich das Mitgefühl, die Fürsorge und die Liebe zu den Menschen. Alleine das intensive Beschäftigen mit meinen beiden viel jüngeren Geschwistern entfaltete diese innere Grundhaltung, aber auch die Hingabe meiner Mutter an ihre Kinder. Sie hatte eine Gabe, vor allem auf kleine Kinder einzugehen und mit ihnen umzugehen, was ihr noch heute wunderbar gelingt. Das sind die schönen Eigenschaften, die sie mir in meiner Kindheit vorlebte. Natürlich haben beide Eltern wie jeder andere Mensch auch Licht und Schatten in sich. Aber weshalb ich auf die Lichtseiten eingehe, habe ich ja bereits erwähnt.

Eine weitere Gabe dufte ich von ihr aber auch noch lernen, und die war ihre Kreativität. Wie es diese Frau noch heute schafft, aus Nichts etwas zu zaubern, ist bewundernswert. Diese Kreativität erwies mir schon oft in Zeiten der Dürre gute Dienste, wie Sie sich denken können.

Eine unvoreingenommene Grundhaltung anderen Menschen gegenüber und Genügsamkeit gaben mir beide mit auf den Weg. Alles Eigenschaften, für die ich heute sehr dankbar bin. Den Drang nach Wahrheitssuche und das Rückgrat auch für diese mutig auf- und einzustehen, habe ich, glaube ich, von ihr und meiner Großmutter. Von vielen Seiten durfte ich somit etwas mitbekommen und darf diese in mir zur Umsetzung bringen.

Mit diesen Erzählungen möchte ich nochmals verdeutlichen, dass jede Erziehung seinen individuellen und zu uns und unseren Aufgaben passenden Wesenskern hat, den wir wahrhaft erst sehen können, wenn wir unsere Eltern-Kind-Beziehung vom geistigen und emotionalen Unrat befreit haben. Vorher überlagern der Schmerz und das Nicht-genug-bekommen-zu-Haben, was wir uns von Liebe vorstellten, diese Sicht. Frieden mit der Vergangenheit und seiner Geschichte ist die Folge und Eltern sind dann einfach real das, was sie sind: Menschen, die sich jeden Moment in Ausdruck bringen. So wie wir das ebenso tun. Dann bleibt einfach: Liebe und Würdigung, die sich jedoch der naiven und unbewussten Blindheit entledigt hat, zurück.

Als mein Lebenskonzept zusammenbrach

Bisher kennen Sie nur die fast lückenlos erfolgsorientierte Entwicklungsgeschichte. Die hat mir viel Geld und ein gutes Leben eingebracht, bis mein Einbruch im Leben kam und ich mich mit dem Thema „Worte" und seinen unbewussten Strömungen dahinter konfrontieren musste oder – aus heutiger Sicht – durfte. Das, was mich ermächtigt dieses Thema „Interpretationsloses Kommunizieren" aufzugreifen, kommt nicht aus meinem Erfolg, den ich vervollkommne, sondern aus meinem Misserfolg, der mir bewusst machte, dass die größte Macht nicht die Worte und die „guten" Formulierungen sind, sondern das, wofür diese bewusst oder unbewusst eingesetzt werden. Wie Menschen mit Worten nach allen Regeln der Kunst manipulieren können und welch fatale Folgen es hat, wenn Denken und Fühlen nicht eins sind bzw. die permanent unbewusst mitschwingenden und unreflektierten Prägungen nicht aufgeräumt sind, durfte ich auf harte Weise in Erfahrung bringen. Die Absicht hinter dem Wort, der Missbrauch, die Lügen, die mit Worten verabreicht werden können, und die Grausamkeit darin durfte ich schmerzlich durch das Leben selbst lernen, aber auch erkennen. Mein Vater war ein strenger Lehrer, aber diese Lehrjahre waren nur eine Vorbereitung für den herausforderndsten, aber auch gütigsten Lehrmeister: das Leben selbst.

Als Trainerin und Coach konnte ich vielen Menschen etwas lehren. Ich konnte aus Krisen helfen, partnerschaftliches Miteinander bewirken, respektvollen und bewussten Umgang miteinander erzeugen und erfolgreiche Verkäufer und Führungskräfte ausbilden. Aber eines konnte ich nicht: In meinem persönlichen Umfeld Lüge und Wahrheit unterscheiden, da ich meine eigenen Lebenslügen oder unbewussten Prägungsmechanismen noch nicht durchschaut hatte. Manipulation und „Kuhhandel" von Liebe trennen, war mir persönlich unmöglich, da auch ich, wie jeder andere Mensch wohl unbewusst auch, Liebe für das hält, was er in der Kindheit für sich als solche unbewusst interpretiert hat. Dass menschliche Wahrnehmung relativ und subjektiv ist, wissen wir bereits alle. Der eine empfindet es so, der andere anders. Daher erzeugt auch die gleiche Erziehung unterschiedliche Wirkungen, unabhängig vom Erzieher.

Auch Missbrauch des Wortes von wahrer Integrität zu unterscheiden, fiel mir oftmals schwer. Schönreden, das zu hören, was ich hören wollte, war normal und eine unbewusste Gewohnheit von mir. So war es, und das durfte ich durch bittere Erfahrungen erkennen. Das waren einfach meine Themen, durch die ich mich im Leben selbst erkennen durfte. Zwei Seiten der Medaille zeigten sich somit in meinem Leben. Beruflich sehr klar und bewusst, im Persönlichen wohl das Gegenteil. Das „Wort", die unbewussten Strömungen, Prägungen und Muster schlugen in so heftigem Maße in mein Leben ein, dass ich das Gefühl hatte, einen Höllentrip zu erleben, nichts mehr verstand, von Hilflosigkeit überwältigt war, jedoch nicht aufgab, das Licht am Ende des Tunnels zu finden. Ich durfte mir bewusst machen, dass meine größte Stärke gleichzeitig meine fatalste Schwäche war. Ich durfte Zeiten durchleben, die mich im Himmel erwachen ließen, als die Hölle am dunkelsten war, um dann wieder auf der „Erde zu landen" und die innere Hölle oder das Ego, sprich meine unbewussten Täter-Opfer-Masken-Spiele, bewusst aufzuräumen, bis ich mich als das neu erschaffen konnte, was ich heute bin. Nun habe ich nach der Achterbahn des Lebens oder eher dem schmerzhaften Herausschälen aus meinen wildesten Prägungen den Wendepunkt erreicht, um Neues, basierend auf Werten meiner gewonnenen Erkenntnisse und Wahrheit, zu erschaffen.

Neue Erkenntnisse brachten den Durchbruch

Wie wir alle wissen sollten, sind in den größten Schwächen, wenn wir uns ihnen stellen und uns von den Stürmen des Lebens nicht wegtragen lassen, unsere größten Diamanten verborgen. Der Sinn des Lebens: Selbsterkenntnis, die wir alle anstreben, nur über unterschiedliche Wege und Themen. Denn gehen wir einfach mal von der Annahme aus, dass unsere Ängste und schmerzvollen Prägungen einen Sinn haben, dann könnte es doch auch der sein, dass die Themen, die uns plagen und immer wieder zum Scheitern von zum Beispiel Beziehungen oder beruflichem Erfolg verurteilen, die sind, die uns in unsere Erlösung und Selbsterfüllung führen. Jeder so, wie er es vor Antritt des Erdenlebens für sich entschieden hat, falls hinter unserem Erdendasein mehr steckt, als nur irgendwie zu überleben und zu sterben. Wir leben somit – sind wir uns ihrer nicht bewusst – in einer inneren und selbst erschaffenen Hölle und können über den Fahrschein „Erlöse deine Themen, die du dir als Seele vorgenommen hast" unseren Himmel auf Erden in unserem Inneren wiedererlangen. Gar nicht so abwegig, oder? Jeder bekommt also die Erfahrungen im Leben, die er braucht, um an seine unbewussten Erlösungschancen herangeführt zu werden. Stellt er sich diesen mutig, gewinnt er neue Erkenntnisse, die ihn unterstützen, neue und bewusstere Entscheidungen zu treffen. Entscheidungen, die ihm dienen sein Leben auf den Werten aufzubauen, die er für sich bestimmt, in die Vollendung zu bringen. Das Ziel dabei ist, der zu werden, der man in Wahrheit wirklich ist. Ein bewusstes Sein, das seine Talente lebt, sich des Lebens erfreut und ein Geschenk für alle (die es wollen) ist.

Vergleichen wir das Ganze doch einfach mal mit unserer Schul- und Ausbildungszeit. Das Erstreben eines Doktortitels ist vergleichbar mit dem Erreichen unseres Lebenssinns. Jeder wählt sein Thema für die Doktorarbeit selbst. Hat er diese erfolgreich vollendet, darf er den Titel „Doktor" tragen. Nicht das Ziel jedes Menschen. Den Lebenszweck zu erlangen, ist auch nicht das bewusste Ziel eines jeden Menschen, das unbewusste einer jeden Seele, irgendwann dort anzukommen, jedoch schon. Nun ist der „Doktortitel", der „Meister seines Lebens zu werden" oder der zu erlösenden Schmerz-Themen, mit denen wir uns total identifizieren, leider nicht im Außen zu erwerben. Im Innen jedoch schon. Sich bewusst in unserem Denken, Fühlen und Handeln zu erkennen, wer wir in Realität sind und eigentlich sein wollen, ist eine Reise. Wann wir sie antreten oder ob, liegt an jedem selbst. Irgendwann werden wir alle ankommen, und jeder wählt andere Wege und Themen, in ihrem Ursprung sind sie jedoch alle mit Schmerz verbunden. Warum also nicht anfangen zu gehen? Wenn nicht jetzt, wann dann!

Von meiner langen Reise habe ich etwas mitgebracht, und das möchte ich teilen und andere, die sich auf die Reise machen, damit vielleicht ermutigen, nicht aufzugeben. Nichts erleben wir umsonst, alles hat also seinen Sinn. Das kann ich behaupten, da ich das für mich als wahr erfahren habe. Ich wurde zum Aufräumen fast schon getrieben, denn mein Scherbenhaufen war riesig und die damit verknüpfte Schmerzladung, persönlich empfunden, auch noch unerträglich. Im Nachhinein bin ich glücklich, dass ich dadurch nicht aufgab. Ich offeriere Ihnen hier also nichts Abgeschriebenes, auch wenn ich Beispiele oder Benennungen anderer verwende, da ich sie für mich als wahr respektiert und anerkannt habe. Ich spreche trotz allem aus meinen Erfahrungen und tiefen Erkenntnissen, die mich auf eine neue Ebene des Urvertrauens ins Leben beförderten. Jahre hat es gedauert, um die Täler zu durchschreiten, aber nun gebe ich mein Geschenk an die Menschen weiter, die es haben wollen, und reiche es in meiner Form dar: Dem Weg, den ich begleiten kann, als die, die ich heute bin, eingebettet im Begriff „Interpretationsloses Kommunizieren".

Wortbedeutung und -wahl des Titels „Interpretationslos kommunizieren"

Da wir uns vordergründig mit dem Wort und dessen Bedeutungen, Wirkungen und Absicht und der dahinter verborgenen Geisteshaltung bewusst beschäftigen, ist es vielleicht interessant nachzuvollziehen, weshalb ich diese „Sprache" der Würde und Klarheit, aber auch der wahren Nähe von Mensch zu Mensch unter dem Begriff „Interpretationslos kommunizieren" präsentiere und nicht eine andere Formulierung wähle.

Beginnen wir mit dem Wort „Kommunizieren" versus „Kommunikation". Zur Erläuterung nutze ich Knaurs Fremdwörterlexikon, das zwar nicht gerade die neueste Fassung ist, was dessen Güte für mich nicht schmälert – hoffentlich auch keinen anderen stört – und dessen Auslegungen:

„Kommunizieren":
1 zusammenhängen, in Verbindung stehen; kommunizierende Röhren: zwei unten miteinander verbundene Röhren, in denen eine Flüssigkeit gleich hoch steht; 2 *kath. Kirche*: das Abendmahl empfangen; 3 miteinander sprechen, Verbindung haben.
„Kommunikation":
1 Verbindung, Zusammenhang; 2 Verkehr, Verständigung (zwischen Menschen).

Wie, glaube ich, sichtbar wird, drücken beide Worte fast das Gleiche aus, weisen trotz allem Unterschiede auf, die meine Wahl auf Ersteres drängte. Kommunikation bringt durchaus das Miteinandersprechen auf den Punkt, wird aber schon so viel für andere Kommunikationsformen benutzt, dass ich deshalb eine geistige Schublade vermeiden möchte. Da es beim „Interpretationslosen Kommunizieren" nicht nur um den zwischenmenschlichen Austausch, sondern auch um das mit sich selbst und dem Lebensfluss „in Verbindung stehen" geht, will ich eine weitere Abgrenzung zur reinen Kommunikation, so wie wir das Wort im Allgemeinen verstehen, vornehmen.

Die Gemeinsamkeiten beider Worte sind für mich folgendermaßen vergleichbar: Beides sind Pflanzen, die eine trägt zusätzlich Blüten. Das abgewandelte Wort „Kommunizieren" beinhaltet mehr das, was ich deutlich machen möchte, nämlich die „Blüten", also das kleine „ad on". Es sagt nicht nur „Verbindung", sondern „in Verbindung stehen", was in diese „Sprache" – falls man sie wirklich als „Sprache" bezeichnen kann – besser passt. Es impliziert das Bewusstsein des Menschen, dass wir nicht voneinander getrennte Wesen sind, sondern dass alles miteinander in Verbindung steht, Menschen mit Menschen und mit dem Leben selbst. Wir alle „hängen zusammen", treffen wir eine Entscheidung, hat diese immer eine Wirkung auf das Umfeld, auch wenn es die Entscheidung ist, alleine zu sein, löst dies eine natürliche Wirkung auf das Umfeld aus. Die Definition „kommunizierende Röhren; zwei unten miteinander verbundene Röhren, in denen Flüssigkeit gleich hoch steht" fließt wundervoll in die menschliche Gleichwertigkeit und Würde ein. „Die Flüssigkeiten, die gleich hoch stehen" bedeuten für mich hier, dass kein Mensch höher oder tiefer steht, keiner mehr oder weniger wert ist, sondern nur anders ist. Das Gleiche gilt für Lebenssituationen. Es besagt, dass keine Situation besser oder schlechter ist, nur anders. Dieses Bewusstsein, dass wir auf dieser Ebene des Kommunizierens uns weder erheben noch erniedrigen, noch bewerten oder verurteilen, drückt diese Analogie in einem pragmatischen Bild sehr deutlich aus. Wir sind in unserem inneren Wesenskern alle gleich, haben hier „unten" auf dieser Erde eben unterschiedliche Talente, Gaben, Stärken, Schwächen und Wachstumschancen und alleine dieses Bewusstsein verbindet uns. Wir sind „kommunizierende Röhren" oder auch Kanäle, durch die das Leben oder Sein fließt, die im Austausch stehen, unterschiedliche Wege gehen und auf einer Ebene doch „eins sind".

Sprache oder unser Ausdruck im Allgemeinen ist vielfach noch ein sehr unbewusster Prozess, in dem uns Worte mehr oder weniger aus dem Gesicht springen, deren Wirkung und Bedeutung uns oft nicht klar oder auch egal sind. Wir kämpfen in Wortgefechten, klagen einander an, sind beleidigt oder verletzt, beschäftigen uns aber sehr wenig mit der Ursache: unserer unbewussten und destruktiven Grundhaltungen und wie sich diese unbeobachtet in das Gefäß „Wort" hineinfüllen. Miteinander sprechen sollte ein bewusster Akt sein. Ein Aufeinandereinlassen in dem Moment, in dem die Begegnung stattfindet. Kein vorher darüber Nachdenken und hinterher Nachgrübeln. Der Moment erfordert Präsenz, ganz da sein, was wahres Zuhören erst möglich macht. Und das gilt auch für unsere Verbindung zum Leben selbst. Das Leben, das Miteinander: ein Akt, der höchste Wachheit erfordern sollte und nicht unbewusstes Herausschleudern von Wörtern und verzweifeltes Kämpfen gegen den Lebensfluss. Dieser heilige Moment, zum Beispiel die Begegnung von Mensch zu Mensch getragen von Worten, sollte Stille und Empfangsbereitschaft bergen, einem Innehalten und Einlassen ähnlich, wie bei der Bedeutung (2) „das Abendmahl empfangen". Erst wenn wir „Verbindung haben", das heißt, uns gegenseitig auch innerlich fühlen können, so sehr, dass wir innerlich voll Achtung vor unserem Gegenüber sind, sollten wir „miteinander sprechen". In Bezug auf das Leben und seine Herausforderungen gilt das Gleiche. Wir antworten unbewusst und beobachten zu wenig bewusst, was uns das Leben wirklich gerade schenkt. „Das Abendmahl", das „Brot des Lebens", das uns nährt und innerlich wachsen lässt.

Wie Sie lesen können, hat mir das Wort „Kommunizieren" das Geschenk gemacht, mir eine ganze Geschichte über sich und seine Bedeutung zu erzählen. Daher meine Wahl. Das Wort „Kommunikation" konnte mir über das, was ich vermitteln will, keine so tiefgreifende „Lovestory" übermitteln.

Als Nächstes betrachten wir das Wort „Interpretationslos" näher.

„Interpretation“:
Erklärung, Ausdeutung.

Etwas Hineininterpretieren beinhaltet bekanntlich den Auftrag, sich seine eigene Meinung zu bilden durch ein Herausfinden, „was“ wohl „wie“ gemeint war oder sein könnte. Es beinhaltet immer eigene „Erklärungen“ und „Ausdeutungen“ von Schriftstücken, Situationen oder Worten, die nicht so klar dargelegt sind, dass sie von jedem eindeutig und ohne Umschweife verstanden werden können. Dem einen gelingt dies besser und wahrheitskonformer, dem anderen eher schlechter bis hin zum völligen Vorbeiinterpretieren. In der Literatur ein mit kunstvoller Absicht gepflegter und nicht wegzudenkender Geistesakt. Wie Sie merken, nutze ich das Instrument „Interpretation“ hier gerade auch: Ich interpretiere meine Absicht in die Worte aus dem Lexikon, um meine geistige Haltung mittels der gewählten Worte zum Ausdruck zu bringen. Das ist für mich die Abgrenzung zwischen diesen beiden Bereichen. Hier fast unabdingbar, jedoch im zwischenmenschlichen Austausch, wo das gegenseitige und wertfreie Aufeinander-Einlassen über Verbindung oder Trennung entscheiden, zuweilen fatal.

Die Folgen im Zwischenmenschlichen können in manch entscheidenden Situationen sogar verheerend sein, da wir uns durch Worte, die unklar oder prägungsbelastet sind, eher voneinander entfernen als verbinden. Zuweilen löst dies eine Folge von Reaktionen aus, die zu einem völligen kommunikativen Zusammenbruch führen können. Gewollt oder ungewollt, das kann nur jeder für sich beantworten.

„Erklärungen“ und „Ausdeutungen“ von Dingen, die gesagt oder geschrieben werden, kosten Zeit, Energie und Nerven. Worte, die zueinander nicht eindeutig ausgesprochen werden, lösen „Suchprogramme“ in unseren Köpfen aus, trennen uns von unserem Gefühl und somit auch von der Verbindung zueinander. Wenn der Kopf in diesem Zusammenhang zu denken beginnt, hören der Bauch und das Herz auf, den anderen zu fühlen. Denken im Sinne von: Innerlich danach wühlen, was der andere wohl meinen könnte. Das einzige Gefühl, das dann noch bleibt, ist vielfach Traurigkeit, bis hin zur Wut über die innere Hilflosigkeit, nicht verstehen zu können. Oft entstehen Handlungen, die aufgrund von Missverständnissen Folgen bewirken, die keiner mehr begreift, oder die einen als dumm dastehen lassen, was nicht sein muss. Wenn wir ehrlich zueinander sind, keine Ausflüchte machen, um etwas zu verstecken, und/oder es nicht nötig haben, den anderen ins Messer laufen zu lassen oder zu verletzen, haben wir echtes Verstehen und Verbundenheit als Folge.

„Interpretationslos“ verwende ich in diesem Zusammenhang deshalb, weil ich das Bewusstsein auf selbst kreierte Missverständnisse sich selbst und anderen Menschen, aber auch dem Leben selbst gegenüber lenken will. Denn „Interpretationslos kommunizieren“ ist das Ergebnis von innerer Klarheit, Wohlwollen und einem hohen inneren Gewahrsein.

Interpretationslos: also „frei von“ selbigen Quälgeistern, was das Beiwörtchen „los“ vermitteln soll. Hierfür konnte ich im Lexikon leider nichts auffinden. In diesem Kontext passt die Bedeutung von „losgelöst“, das heißt frei von egomanischer Selbstsucht, die sich nur um sich selbst dreht und den anderen ignoriert, die gewiss der ungesunde Bruder der wirklichen Verständigung, Verbundenheit und Menschenwürde ist.

Abgrenzung zu „Konzepten“ bzw. „Kommunikationswerkzeugen“

„Worte sind Fenster – oder sie sind Mauern“ (Ruth Bebermeyer), so leitet Marshall B. Rosenberg sein Buch „Gewaltfreie Kommunikation – Eine Sprache des Lebens“ ein. Ein Buch, eine Kommunikationsform, die die Welt vieler Menschen verändert hat. Weshalb brauchen wir eine Schulung in der Sprache der „Gewaltfreiheit“? Weil sich in unserem Geist unendlich viel Gewalt angesammelt hat. Gewalt, die sich nach außen in Form von Feindbildern, aber auch nach innen in Form des Selbsthasses richtet. Diese Form der Kommunikationsanleitung hat Großes bewirkt und tut es noch, um Menschen auf die Ebene zu bringen, über ihre unbewussten oder verleugneten Gefühle und Bedürfnisse Klarheit zu bekommen, aber auch einen Rahmen zu haben, diese auszudrücken. Ich selbst habe meine Mediationsausbildung auf dieser Basis genossen und erlaube mir daher eine persönliche Sichtweise, die natürlich subjektiv gefärbt ist. Ein wundervolles Instrument, das viel heilen, bewusst machen und Menschen auf eine gemeinsame Ebene bringen kann, wo über das gesprochen wird, was sich an unerfüllten Bedürfnissen und Gefühlen hinter den alltäglichen Konflikten verbirgt, um Verständigung und Einigung zu erzielen.

In der strikten Anwendung des Werkzeuges, auch wenn es noch so gut ist, sehe ich jedoch auch ein gewisses Risiko, wie bei anderen Konzepten z. B. NLP (nur um ein weiteres zu nennen) auch, das nichts mit dem Instrument, sondern mit dem Umgang des Einzelnen damit zu tun hat. Jedes Werkzeug ist letzten Endes eine Brücke, ein Meilenstein auf dem Weg, aber nicht das Ziel. Einst durfte ich das „Original“, den Urheber der GFK (Gewaltfreie Kommunikation) „live“ erleben, und für mich war er wirklich diese Sprache im Sinne von „Präsenz mit seinem ganzen Sein“. Aber wie bei allem gilt: Eine Kopie ist kein Original, denn bei der Kopie ist der Verstand incl. seiner unerlösten Schubladen mit am Werk, bis das Wissen ins Wesen integriert ist. Rein vom Kopf konnte ich den roten Faden damals, während der absolvierten Schulungen nicht wirklich greifen, doch nachdem ich ihn fühlen konnte, verstand ich auf einer anderen Ebene, einer inneren Ebene. Mein Wesen, das in solchen Momenten hervortrat und einfach still lauschte, konnte die Worte fühlen.

Alles, was gut ist, hat bekanntlich auch eine Schattenseite. Und, diese liegt für mich eben im Festhalten an der Struktur, egal welcher. Wenn wir Strukturen nicht nur nutzen, sondern für unsere Identität benutzen, gerät die Absicht des Werkzeuges aus dem Gleichgewicht. Gemeint ist hiermit, dass wenn wir also Wortgestaltungen, egal welcher Herkunft und Formenwelt nicht auch dazu verwenden, um das Gesagte parallel zur Anwendung auch in uns zu spüren und es uns somit auch der inneren Wahrheit näher bringt, besteht die Gefahr, dass wir uns an Wortabläufen auf rein intellektueller Ebene festhalten. Das kann einfach passieren, wenn wir es nur anwenden und nicht in uns integrieren. Kann sein, muss natürlich nicht sein. Was die Absicht des Urhebers ist, und was der Mensch daraus macht, muss nicht immer miteinander gleichziehen, wie wir wissen. Zieht es jedoch nicht gleich, machen wir das Geschenk „Wort" zu einem Verstandeskonstrukt, das die Kreativität des Momentes auch töten kann, wenn man das „gute" übertreibt. Alles beinhaltet Chancen und Risiken. Das sollte uns einfach klar sein. Diese Sprache der gewaltfreien Kommunikation, um bei diesem Beispiel zu bleiben, ist im Ursprung, wie ich diese sehe, ein Werkzeug, um mit uns selbst und anderen in Verbindung zu kommen. Aber wir sollten sie trotz allem nicht zu einem Götzen in unserem Leben werden lassen, der einen Erwartungsdruck für unser Gegenüber aufbaut. Was sich einfach nicht ausschließen lässt, da wir Menschen einfach zum Festhalten und Götzentum neigen. Zum alleinigen Heilmittel sollte einfach nichts im Außen, was vorgegebene Wortabläufe beinhaltet, erhoben werden, auch wenn diese aus dem wahren Wesen des Urhebers geboren wurden. Die Absicht jedes Erschaffers eines Konzeptes sollte doch die sein, dass dieses unserem Geist dient, ihn bewusst umzulenken. Es soll uns einen Dienst erweisen, nicht umgekehrt. Irgendwann müssen wir immer über Konzepte hinausgehen, loslassen, einlassen und in die Selbsterforschung eintauchen. Sonst wird die überzogene Stärke zwangsläufig zu einer Schwäche. Verpassen wir den Zeitpunkt des Loslassens, wenn wir es vom Kopf her beherrschen, beginnt die Struktur die Herrschaft über unseren Geist zu übernehmen. Und dann hat es die gute Absicht oftmals leider verfehlt.

Ich schätze jegliche Unterstützungsformen und die Menschen, die diese der Menschheit zum Geschenk machen, sehr, ohne sie würden wir sicherlich noch im Dschungel des unbewussten Miteinanders darben, was ich hier deutlich ausdrücken will. Auch will ich an der GFK nichts kritisieren, nur zur eigenen Wachsamkeit sich selbst gegenüber einladen. Kommunikationskonzepte schulen unseren Geist und geben dem Verstand neue Formenwelten, um sich in Ausdruck zu bringen. Bewusst genutzt sorgen sie, wenn es gewollt wird, für ein wohlwollendes Miteinander, das Konflikte eindämmt. Ich persönlich bin für die vielschichtigen „verbalen Formgebungen“ dankbar, die ich mir als Schülerin während meiner zahlreichen Ausbildungsjahre aneignen durfte. Sie schenkten mir zahlreiche Variationsoptionen in die ich meinen Geist gießen darf. Aber eines gilt auch: Nach der Pflicht kommt die Kür. Diese Kür ist hier die innere Haltung die wir in jegliches Gefäß einfließen lassen, was den kleinen aber feinen Unterschied ausmacht. Der Unterschied, der das „interpretationslose Kommunizieren“ zu dem macht, was es ist: einem Seins-Zustand, der sich des Verstandes und somit des Wortes bewusst bedient und nicht andersherum.

„Interpretationsloses Kommunizieren“ ist somit eine „Sprache“, die aus der Stille geborgen wird, die in jedem Moment neu ist und deren Todfeinde der festgefahrene Verstand und die von ihm verdrängten und im Unbewussten gepflegten Gefühle und Denkmuster sind. Worte, die einem geklärten Geist und einem wachen Bewusstsein entspringen und nicht durch die Einhaltung eines Ablaufplanes das Ziel der Verständigung erreichen. Genau andersherum. Nicht am Ende des Gespräches ist Frieden, sondern dieser ist gleichsam die Mutter eines Gespräches. Die innere Haltung zueinander ist nicht die Folge einer gut verlaufenen Klärung, sondern die innere Haltung gegenseitigen Respekts füreinander als menschliche Wesen. Diese kann man nicht wirklich einstudieren, man kann sie aber aus sich hervorbringen. Es ist die Grundhaltung, aus der heraus wir miteinander eine Lösung finden oder etwas Neues erschaffen, und die im Innen bleibt, auch wenn es im Außen mal Hoch her geht.

Diese „Sprache" ist ihrer Natur nach eher sachorientiert, aber nicht ausschließlich. Die Sachlage, über die man sich austauscht, wird nicht zufällig, sondern bewusst von Würde und Liebe getragen. Der innere Raum, aus dem dieses Sich-miteinander-Verbinden kommt, ist, wenn die innere Klärung überholter Kopfkapriolen erfolgreich war, leer im Verstand und offen im Empfinden. Nicht voll mit Absichten, Plänen, Konzepten, wilden Gefühlen in der einen oder anderen Richtung. Auch von prägungsbelasteten Interpretationen, aus denen heraus realitätsfremde Unterstellungen, Hoffnungen und Befürchtungen resultieren, ist sie frei. Im Inneren bleiben wir aber parallel zum leeren Kopf, der dem wachen Bewusstsein Platz gemacht hat, gefüllt mit Liebe, Achtung und Hingabe an das, was ist.

Daraus entspringt diese „Sprache", deren Urheber „Ihr beseeltes Selbst" ist!

Und dieser Urheber, ist frei von Illusion, da er sein wahres Wesen befreit hat.

Ich hoffe, Sie sehen, was ich hier verdeutlichen will und das mit der Begrenztheit des Wortes: Nicht die Wort- oder Handlungsabfolgen bringen Frieden in uns (auch wenn diese oftmals Geburtshelfer sein können), sondern unsere innere Geisteshaltung und Bewusstheit sind dafür verantwortlich.

Nehmen wir hierfür ein Veranschaulichungsbeispiel aus dem Alltag der Interpretationsmöglichkeiten im zwischenmenschlichen Miteinander. Dieses soll nochmals deutlich machen, was gemeint ist und wie die innere Haltung über Krieg oder Frieden entscheidet. Eine Situation, die vielleicht gar nicht so realitätsfremd ist.

Das Beispiel handelt von einem Paar:
Auslösende Situation ist beispielsweise, dass die Frau später als vereinbart nach Hause kommt, der Mann schon zu Hause ist.

1. Tatsache ist: Sie kommt zwei Stunden später als sonst. Punkt. Das ist real, alles andere ist aus Prägungen entstandene Interpretation.

Mögliche Interpretation der Frau: Sie fühlt sich schlecht, hat Angst vor der Reaktion des Mannes, überlegt sich Ausreden, da sie ihm unterstellt, dass er eifersüchtig auf die Kollegen reagiert und nicht glaubt, dass sie einfach nur wegen eines Projektnotfalls Überstunden machen musste.

Der Verstand arbeitet auf Hochtouren in der Absicht, die aufgewühlten Gefühle bei sich und vielleicht auch (interpretiert) beim anderen zu beruhigen. Wilde Konzepte entstehen im Kopf. Alte Ängste, Prägungsmechanismen regieren somit – zumeist unbewusst – die Situation.

2. Tatsache ist: Der Mann ist schon zu Hause. Punkt. Das ist die 2. Realität, was er macht oder nicht, ob er wartet, kocht, sich ärgert usw. liegt nun in seinem Ermessen und ist Ausdruck seiner inneren Haltung sich selbst, aber auch zu seiner Frau. Was der Mann seiner Frau unterstellt oder nicht, liegt an seinen Prägungen und Erwartungen, Ängsten und Hoffnungen, meist natürlich auch unbewusst. Also, alles Hirngespinste, wenn es so ist. Streit oder Ablehnung ist nun die Folge, wenn die unbewusste Prägungen Oberhand gewinnen. Ist er in Frieden mit sich, hat er das Konfliktpotenzial natürlich nicht und

der Moment des Nachhausekommens der Frau ist von Liebe statt Unterstellungen getragen.

Auf der Ebene des „Interpretationslosen Kommunizierens“ würde die Geschichte wohl folgendermaßen weitergehen: Sie kommt heim und ist innerlich total friedlich. Sie freut sich auf ihren Mann, der freut sich, dass sie da ist, ohne gelangweilt oder verärgert zu sein, und sie verbringen den restlichen Abend in liebevoller Atmosphäre miteinander. Punkt.

Grund für dieses Miteinander ist, dass jeder der beiden nicht interpretiert, weil er mit sich im Reinen ist. Wenn er etwas wissen will, fragt er und erhält eine Antwort. Er macht aber keine „Story“ daraus, wie zum Beispiel: „Das glaube ich dir nicht, du lügst, du hast mich betrogen, du respektierst mich nicht, du hast mich verletzt, du musst dich anders verhalten …“ Geistige und emotionale Abfolgen, die ausgelöst werden können, und wie man sich denken kann, nichts mit dem Hier und Jetzt zu tun haben. Reine Vorwürfe und Unterstellungen, die nicht selten verbale Diskussionsketten auslösen und die Magie der Nähe vernichten. Oder: „Ich bin nicht liebenswert, ich bin wertlos, es ist alles hoffnungslos …“, also eher die inneren Qualattacken, die hier auch nur interpretiert sind. Rosenberg bringt das so schön in der Gestalt des Wolfes und der Giraffe zum Ausdruck. Der Wolf, der ständig Feindbilder nach innen oder außen pflegt, und die Giraffe, die ein Meister der Empathie ist. Das meine ich hier ähnlich.

Nutzt einer der beiden Beispielgeber Mechanismen aus ungeheilten und unbewussten Prägungen, kann der Abend dazu missbraucht werden, sich Vorwürfe zu machen, das kann bis hin zur Gewalt gehen oder die Scheidung auslösen. Und das alles wegen zwei Überstunden. Möglich und gar nicht so ungewöhnlich, wenn wir uns die täglichen Nachrichten über Gewalt in Beziehungen genauer anhören. Von diesen Beziehungskämpfen mal ganz abgesehen, an die haben sich, glaube ich, viele gewöhnt und diese unter „So ist halt die Liebe“ abgebucht. Alles Ergebnisse unbewusster Schmerzanteile, die hervortreten und keine bessere Umgangsform kennen, als den Schmerz – zuweilen von Jahrzehnten – beim geringsten Anlass an einem geliebten oder vermeintlich geliebten Menschen auszulassen. Alles Auswirkungen davon, wie weit wir uns bereits von unserem wahren Wesen entfernt haben!

Grundvoraussetzung für ein interpretationsloses Miteinander, das auf der nackten Realität, Bewusstheit und Liebe basiert, ist also der Frieden mit sich selbst. Dieser innere Frieden sowie dieses wache Bewusstsein ist das Ergebnis der Schulung des Geistes, um „Interpretationslos kommunizieren" zu können, und gleichsam die Basis, auf der diese „Sprache" des Gewahr seins aufgebaut ist. Dem wahren Sein, das wir so dringend bräuchten, um den Ausgeburten der Unbewusstheit und Gewalt in unserem Geiste – innen wie außen – ein Ende zu machen.

Evolutionsphasen unserer Kommunikation

„Der Weg ist das Ziel." Wir sind schon weit gekommen im Bewusstsein unseren Worten gegenüber und dem Wissen, dass Worte mehr sind als aneinandergereihte Silben, die man ausspricht und dann abwartet, was passiert. Diese Art des alltäglichen miteinander Sprechens war wohl die unbewussteste Variante. Diese stark unbewusste Wortnutzung änderte sich meiner Beobachtung nach in unserer Generation gravierend. Alleine innerhalb der Zeitspanne meiner Kommunikations-Laufbahn, das heißt in den letzten 20 Jahren, beobachtete ich drei große Evolutionsströme im sprachlichen Bewusstseinsprozess. Diese führe ich hier kurz an:

1. Der erste große Schritt war wohl, sich gewisser Wortfolgen bewusst zu werden, um der Sprache oder eher der Zielorientierung des Ergebnisses einen roten Faden zu geben, was zum Beispiel in Gesprächsleitfäden deutlich wird. Ob im Verkauf oder bei der Menschenführung – Richtlinien wurden eingeführt, wie man am strukturiertesten zu seinem erwünschten Ziel kommt. Hier war die Zielausrichtung beim Anwender wohl vornehmlich geprägt vom Motto „Wie erreiche ich das bestmögliche Ergebnis, um für mich oder z. B. mein Unternehmen den größten persönlichen Nutzen herauszuholen und/oder Wirtschaftswachstum zu bewirken".

2. Weiter gingen dann die Gesprächswerkzeuge über Anleitungen, seine Empfindungen auszudrücken, bis hin zu einer partnerschaftlichen Ausrichtung, dass beide Seiten o. k. sind und keiner innerhalb der Gesprächsführung auf- oder abgewertet wird. Dieser Entwicklungsphase lag bereits ein Bewusstsein zugrunde, dass langfristig Erfolg nur möglich ist, wenn beide Parteien gleichwertig etwas vom Miteinander haben. Die partnerschaftliche Ebene wurde

verstärkt. Gleichwertigkeit der Bedürfnisse wurde angestrebt. Aber, wohl immer noch weitverbreitet, mit ziemlich egoistischen Zügen angewendet, um das Maximum für sich herauszuholen, was auch immer das individuell sein mochte.

3. Da das auf die Dauer nicht alles sein konnte, zeigten sich Grenzen des Erfolges. Nun folgten Weiterentwicklungen, die das Sprechen noch bewusstseinsorientierter werden ließen. Der Fokus wurde verstärkt auf den Inhalt von offensichtlichen, aber auch unterschwelligen Botschaften über sich selbst und den anderen gelegt. In diesem Abschnitt ist die Klarheit vorhanden, dass gut gewählte Worte nicht alles sind, sondern dass der Mensch unterschwellig mehr sagt, als die Worte ausdrücken. Daher mündete unser Miteinanderreden in die Straße „tiefgründigerer" Gesprächsaufbau, der sich selbst hinterfragende Aspekte einband. Eine Wortführung entwickelte sich weiter, die von Gefühlsehrlichkeit bis hin zu Bedürfnisbewusstsein eine Sprache ermöglichte, die gegenseitige Verständigung auch in konfliktgeladenen Situationen gewährleistete. Hier ging eine Verschiebung vonstatten, die den Blickwinkel rein egoistisch ausgerichteter Wortführung auf empathisches Miteinander ausrichtete. Die menschliche Verständigung rückte in den Vordergrund. Frieden, Konfliktlösung war das Ziel. Der Anwender dieser Werkzeuge war bereits auf der Ebene, menschliche Lösungen herbeizuführen und selbst und eigenverantwortlich Probleme im Miteinander zu klären.

Dies ist ein Resümee meiner Erfahrungen und Wahrnehmung, wie und mit welcher Absicht wir uns verbal weiterentwickelten. Die Motive, die ich aufführte, liegen meiner Beobachtung zugrunde, die ich jedoch nicht zur ultimativen Wahrheit erheben will.

Wenn man das mal genauer betrachtet, kann man sagen, dass sich in unserem verbalen Miteinander in den letzten

60 Jahren (oder etwa seit Ende des Krieges) doch ein deutlicher und sehr positiver Evolutionsprozess abzeichnen konnte. Aber ist er nun zu Ende? Nein, wie Sie wissen. Warum es weitergehen muss, zeige ich noch durch einen kleinen Rückblick auf unsere gesellschaftliche Entwicklung und einer Ist-Stand-Betrachtung unserer Wirtschafts- und Gesellschaftslage auf. Eine Betrachtung, die natürlich aus meiner Blickrichtung kommt und auch hier nur wieder eine Anregung sein kann, sich sein eigenes Bild zu machen. Diese individuellen Betrachtungen sollen einfach zum Hinschauen animieren, wie sich die Realität unserer Welt in uns und um uns herum zeigt. Und das unter der Fragestellung: „Wo stehen wir in Sache Frieden auf Erden und unter uns Menschen wirklichen“. Ich glaube, wir haben noch einen Weg vor uns, um da hinzukommen, wo wir eigentlich im tiefsten Inneren alle hinwollen: nach Hause. Da ankommen, wo wahrer Frieden wohnt: unsere innere Mitte, die ein gewaltvolles Miteinander unmöglich macht. Und wenn Sie nun weiterlesen, werden Sie wissen weshalb ich dieser Ansicht bin. Vielleicht sehen Sie all das, was ich hier darlege, auch anderes. Kann sein, denn jeder hat bekanntlich seine Wahrheit und sieht gerne was er sehen will. Ignoriert jedoch auch zuweilen, was er nicht gerne sehen will, vor allem wenn das Beobachtete sich als unangenehm herausstellt.

Die Notwendigkeit der bewussten Weiterentwicklung

Warum wird auf eine weitere Verfeinerung in der Sprache so viel Wert gelegt? Tat man doch früher auch nicht, kann man sich sagen. Richtig, früher war das wohl nicht so wichtig, aber unsere Gesellschaftssituation spiegelt uns diese Wichtigkeit. Früher gab es noch viel mehr und schneller offene Kriegsfronten, als heute, wenn Streit auszutragen war. Derzeit haben wir, zumindest in Zentraleuropa, die längste kriegsfreie Periode im Außen. Zu beobachten ist aber auch, dass das nicht bewusst ausgetragene Konfliktpotential im zwischenmenschlichen Miteinander – oder eher Gegeneinander – beängstigend ansteigt. Parallel hierzu ist auch noch eine weltweite Bevölkerungsexplosion zu verzeichnen, die noch nie so hoch war. Auch Kulturvermischungen und deren Herausforderungen werden immer intensiver, was sich zumindest hier in Deutschland zeigt. All diese Aspekte wirken zusammen und zeigen ihre Resultate. Ergebnisse, die leider nicht nur friedvolles und respektvolles Miteinander hervorgebracht haben, auch wenn wir uns das alle gewünscht haben sollten. Zumindest bestätigen die Meldungen aus den Medien nicht gerade das Gegenteil dieser Sichtweise.

Die Bevölkerungszahl auf unserem Planeten ist somit hoch. Das Verhältnis von Mensch und Rohstoffen gerät als natürliche Folge empfindlich aus dem Gleichgewicht. Wir leben räumlich an vielen Orten so eng aneinander wie noch nie, und innerlich voneinander abgespalten wie wohl nie zuvor. Die Bedürfnisse der Menschen waren noch nie an einem so nach außen orientierten und überreizten Punkt wie heute. Nachrichten über Gewalt und sexuelle Übergriffe im Miteinander erlangten bisher nie einen so dramatischen und erschreckenden Höhepunkt wie derzeit.

Die Grundbedürfnisse waren die letzten Jahrzehnte relativ gesichert und es stand primär nur eines im Visier: Wirtschaftswachstum und Sicherheitsstreben im Außen, was der fatale Bruder des blanken Egoismus ist und die Ausbeutung unserer Bodenschätze, egal mit welchen Folgen, bedeutete. Diese Egozentrik des Mit- oder eher Gegeneinanderlebens hatte seinen Preis. Wir haben uns entfremdet, obwohl wir nach Nähe schreien, und vielen bleibt nur noch unbewusst die verbale oder körperliche Gewalt als Berührungsfläche. Brauchen wir dennoch etwas Berührung, holen wir uns diese in Wellness- und Kosmetiktempeln oder auf Kuschelpartys durch Streicheleinheiten. Das machen wir dann aber gegen Geld oder mit

Menschen, die uns persönlich nicht nahestehen, und bewahren somit die Unverbindlichkeit mit der Garantie, uns nicht einlassen zu müssen. Denn davor haben wir Angst!

Wären wir mit anderen Menschen innerlich verbunden, das heißt, würden wir uns im anderen selbst erkennen, könnte keine solche Ausbeutung auf Kosten anderer passieren, von gegenseitiger verbaler und körperlicher Gewalt ganz zu schweigen, da es uns selbst schmerzen würde.

Die Kinder, die Zustände an den Schulen, der Missbrauch selbst innerhalb kirchlicher Institutionen, das somit nicht zu verleugnende Gewaltpotenzial spiegelt uns das Chaos, das wir angerichtet haben. Mit Krieg und Überlebenskampf haben wir gelernt umzugehen, mit Frieden nie. Frieden bedarf eines anderen Bewusstseins, nicht der Sprache der Gewalt und Ausbeutung. Dieses Bewusstseins sollten wir langsam, aber sicher gewahr werden und lernen, es ins Leben zu integrieren.

Nun befinden wir uns mittlerweile in einer der stärksten Wirtschaftskrisen die wir in den letzten 80 Jahren hatten, deren Ende – trotz leichter Entspannungsphasen – nicht abzusehen ist. Wir müssen uns umorientieren, sonst kollabiert alles. Es wird noch viel Unfrieden geben, wenn die Menschen, deren Bedürfniserfüllung nach Außen gerichtet ist, ihren Luxus loslassen müssen, was auf Dauer nicht ausbleiben wird, um auf das „normale" Leben zurückgeworfen zu werden. Reiche werden plötzlich arm, Arme noch ärmer. Das aufgeblasene und überzüchtete Leben, die künstliche Luftblase, in der wir im Westen der Erde alle lebten, das im Außen zugesicherte Sicherheitsnetz der Altersabsicherung wird zerbrechen, da das äußere Wachstum seinen empfindlichen Punkt erreicht hat und seinen Rückzug ankündigt. Wie bei den Gezeiten: Flut und Ebbe wechseln sich ab. Dass auch wir Menschen diesen natürlichen Zyklen unterworfen sind, haben wir wohl vergessen, sonst hätten wir die Wirtschaftskrise bewusster abwenden können und uns beizeiten angepasst. Was bleibt, wenn es zum Kollaps kommt? Innere

Fülle oder Leere? Stehen wir Menschen dann vor dem inneren Nichts? Der eine ja, der andere nein. Das innere Wachstum muss mit dem äußeren Wachstum gleichziehen, denn das Ungleichgewicht zwischen innerem und äußerem Reichtum wird immer größer. Wir haben uns im Außen verloren. Gleichzeitig hierzu, klammern wir uns noch immer an veralteten und nicht mehr zeitgemäßen religiösen Bildern fest, ohne diese unserer Zeit anzupassen, was jedoch neutraleres und natürlicheres Spiritualitätsbewusstsein im Alltag zur Folge hätte.

Es wird aber langsam Zeit, Mensch und Spiritualität in Einheit zu erkennen und anzuerkennen. Der innere spirituelle Reifeprozess ist auf Kosten des Mammons auf der Strecke geblieben und fordert jetzt seinen Tribut. Und das kann jeder sehen, glaube ich. Das Wirtschaftswachstum wurde mit der Menschenwürde, der Nächstenliebe und Einhaltung der göttlichen Ordnung bezahlt. Jeder versucht, egal auf welche Kosten und woher, so viel wie möglich für sich und seine Mangelbefriedung herauszuholen, anstatt zu teilen, wenn irgendwo wirklich Not am Mann/Frau/Kind ist. Auch wenn wir als Gesellschaft viel für hilfebedürftige Opfer im Außen an Unterstützung aufbringen, nicht zu vergessen die staatlichen Finanzspritzen an insolvente Nachbarstaaten, stellt sich die Frage: Wie sehr sehen wir die Not, egal in welcher Form, die in unserer nächsten Nähe wohnt, und greifen in gelebter Nächstenliebe bewusst einander unter die Arme. In die Kirche zu gehen und zu beten, hat uns in der gelebten Nächstenliebe nicht wirklich weiter gebracht. Oder doch? Ausbeutung und Gewalt, selbst innerhalb dieser heiligen Hallen – wie bereits bekannt geworden ist – ist, so erfahre ich es jedenfalls, wohl eher der Ausdruck des Zeitgeschehens. Es ist Zeit aufzuwachen, den Platz der Egomanie, des Vertuschens und auch der unreflektierten kindlichen Frömmigkeit zu räumen und Einheitsbewusstsein und Nächstenliebe wieder zu erlangen. Jeder für sich und wir alle im Miteinander. Frieden, Ende der Gewalt und Kriege wäre eine natürliche Folge und der Ausdruck unseres „wahren Seins-Zustandes".

Ich befürchte – wenn es so weitergeht –, dass der Frieden der Einzelnen durch Zerstörung materieller und oberflächlicher „das große Glück vorgaukelnder Genüsse“ ziemlich zusammenfällt. Der Missbrauch schlägt irgendwann zurück und dessen müssen wir uns gewahr sein. Realitäten müssen akzeptiert werden, die uns allen nicht wirklich schmecken. Schönreden oder Verdrängen ist nur ein kurzfristiges Pflaster. Akzeptieren, was ist, Umdenken, Neuausrichtung wird erforderlich sein – und das nicht nur mit Worten, sondern mit Handlungen, die eine bewusste innere Haltung als Grundlage aufweisen. Sonst sind es leere Worte. Worte, die edle Absichten versprechen, aber deren Inhalt gespalten ist zwischen dem, was man sagt, und dem, was im täglichen Benehmen zueinander zum Ausdruck kommt und nicht von Einheitsbewusstsein und Liebe getragen ist. Wir müssen wahrhaftiger werden, achtsamer mit uns selbst und anderen und der Erde als lebendigen Organismus gegenüber auch. Grenze erreicht. Das Leben setzt unserem unreifen Handeln und Wirtschaften ein natürliches Ende. Das ist Liebe, Grenzsetzung, wenn die Tyrannei verheerende Ausmaße annimmt. Schutz vor Selbstverstümmelung könnte man es auch nennen. Diese Grenze setzt jedoch der „oberste Vater“, das Leben selbst, denn uns „Kinder“ fehlte wohl bisher die spirituelle Reife, unser gemeinsames Leben und diese Erde, die uns anvertraut wurde, würdevoll zu nutzen.

Wir missbrauchen unsere Erde und ihre Abkömmlinge würdelos. Unsere Bilanz. Und jeder hat seinen Teil dazu beigetragen, dass es so ist, wie es ist. Auch wenn viele wunderbare Wesen uns über neues Handeln, Literatur, Vorträge usw. mit neuem Bewusstsein penetrieren, hatten sie bis heute nicht wirklich die Gelegenheit, bei allen von uns durchzudringen – außer bei denen, wo es durchdrang –, da wir nicht wirklich hinhören wollen. Wegschauen und andere verantwortlich machen ist einfacher. Mal zu einem wachrüttelnden Vortrag beispielsweise hingehen oder reinschmecken, ja, etwas wirklich ändern, nein, ist langfristig zu unbequem. Doch die Verantwortung ist damit nicht weg. Die muss jeder tragen, ob er will oder nicht. Wir sitzen alle im gleichen Boot.

Aggression und Rückzug als Schutz

Wir wenden uns nun unseren Kindern zu, unseren Jüngsten und Sensibelsten, aber oftmals auch Aggressivsten. Weshalb haben wir mit unseren Kindern und Jugendlichen oft solche Schwierigkeiten in der Erziehung? Unsere Kinder sind, glaube ich, verständlicherweise verärgert. Ärgerlich, weil wir ihnen nicht nur die Lebenslüge der äußeren Sicherheit verkaufen, sondern auch weil wir oftmals selbst unehrliche Beziehungen leben und Pseudoharmonie vorgaukeln, obwohl wir einen selbstsüchtigen „Kuhhandel" leben. Glauben wir wirklich, unsere Kinder fühlen den Unterschied nicht? Nur weil wir unsere feinsinnigen Antennen beschnitten haben, heißt das nicht, dass andere die Unechtheit unseres Handelns nicht spüren. Ich will nicht wissen, wie viele Kinder aggressiv und trotzig sind, weil sie sich nicht zu helfen wissen und den Schmerz der „heilen Familien" oder anderer Lügenmärchen unbewusst nicht mehr ertragen. Wir machen unseren Kindern Vorschriften, sagen ihnen, wie sie ihr Leben zu leben haben, und haben selbst kein wahrhaftiges. Wir haben unsere Kreativität für Sicherheit verkauft. Wir leben wie Maschinen, sind wütend auf uns selbst, da wir zu feig sind, lebendig zu sein. Das ist für Kinder, die noch fühlen können, unerträglich. Sie haben die Einheit und Liebe noch in sich und sie spüren diese Gewalt gegen uns selbst und die Unbewusstheit in uns. Brutal wird es für die Feinsinnigen unter ihnen vermutlich, wenn wir versuchen, diesen wachen Kindern (solange sie sich vor lauter Schmerzempfinden noch nicht völlig abgespalten haben und noch rebellieren) das „wahre Leben" zu erklären, obwohl wir es selbst nicht verstehen und gegen alle Naturgesetzte und universellen Regeln verstoßen. Wundern wir uns dann wirklich noch, dass sich so viele Kinder in sich zurückziehen, unerreichbar werden oder nur noch verbal oder physisch um sich schlagen? Das sind Hilferufe! Das sind Schmerzensschreie, die sie nur so ausdrücken können, da ihr Verstand und ihr Bewusstsein noch nicht gut genug entwickelt sind, um es klar zu formulieren. Sie sprechen die Sprache, die sie beherrschen und die ihrem geistigen Entwicklungsstand angepasst ist. Wie laut muss diese Sprache noch werden, frage ich mich, bis wir anfangen ihnen wirklich zuzuhören, ihnen auf ihrer Ebene zu begegnen: im Sein, d. h. von Seele zu Seele. Kopf und kluge Worte machen alles nur schlimmer, habe ich selbst erfahren dürfen. Da heilt nichts, da kommt kein Vertrauen auf. Und dann wundern wir uns, dass wir sie nicht erreichen. Falsche Frequenz, würde ich sagen!

Stellen Sie sich einfach mal vor, dass es Antennen gibt, die all die erschaffenen Lügen in und um uns wahrnehmen. Empfangsstationen, die wir vielleicht selbst nicht oder nicht mehr haben und die all diese unbewussten Strömungen und „Verbrechen" gegen das Leben selbst mitbekommen und die Gewalt fühlen müssen. Auch viele Erwachsene (mich eingeschlossen) sind mir im Laufe meines Lebens begegnet, die das alles noch fühlen, unbewusst unfähig sind, gesellschaftlich anerkannte Masken zu tragen, sich trotzdem versuchen irgendwie zu verbiegen, um nicht ausgestoßen zu werden, und daran innerlich fast zerbrechen. Da sie unbewusst alles persönlich nehmen, weil ihnen das Bewusstsein fehlt und das Verstehen darüber, ihre Empfindungen unidentifiziert wahrzunehmen, und niemals gelernt haben, einfach für ihr Wohlbefinden selbst zu sorgen. Die Folge daraus ist: qualvolle Angepasstheit und Aggression nach innen. Hilflos und verzweifelt verschanzen sie sich jedoch oftmals hinter einem unbewussten Schutzpanzer, der ihre Traurigkeit, bis hin zur Depression verbergen soll, da sie sich für deplatziert und nicht richtig (nach gesellschaftlichen Normen) halten. Wie glauben Sie geht es diesen Wesen? Versetzen Sie sich einen Moment in diese Wesen (falls Sie nicht selbst dazugehören) mit ihrer feinfühligen Fähigkeit, oder diesen unbewussten Fluch, der jedoch bewusst ein Segen ist. Das tut weh, stimmt's? – Und dann wundern wir uns, wo all diese Gewalt herkommt und warum wir mit unseren aufgesetzten Regeln und klugen Ratschlägen nicht weit kommen? Nicht wirklich, oder?

Welche Menschen leben denn zurückgezogen? Die kopflastigen und angepassten Maskenträger oder die sensitiven Wesen? Eher zweitere, beobachte ich. Sie sind nicht selten suchtkrank, depressiv, gesellschaftsuntauglich, wenn die Maske, die sie einst aufrechterhielt, in ihnen zusammenfällt. Wird dieser Maskenfall unbewusst erlebt und sind keine maskenlosen Lebensalternativen vorhanden, wird das Überleben innerhalb unserer Gesellschaftsnormen nicht selten zum Akt des Sich-ausgestoßen-Fühlens. Andere, die ihre Masken abgelegt haben und lernen mit ihrer Sensitivität bewusst umzugehen, wenn sie beginnen diese zu schulen, ziehen sich dann meist auch ganz bewusst aus den fühlbaren Schmerzzonen raus. Nicht gegen die anderen, sondern aus Selbstrespekt und zum -schutz. Diese bewussten Zeitgenossen, von denen es leider noch zu wenige gibt, dienen dann meist denjenigen, die innerlich wachsen oder sogar aufwachen wollen, auch wenn es derzeit noch eine ganz geringe Anzahl ist. Es braucht aber mehr, damit sich etwas verändert. Nun beobachten sie selbst und entscheiden Sie für sich, was sie sehen und ob sie das für wahr, unwahr oder überzogen halten.

Was hat das mit interpretationslosem Kommunizieren zu tun? Viel, denn diese Beispiele, die ich soeben nannte, sind das Gegenteil: unbewusste Kommunikation oder eine Lebenshaltung, die zeigt, wie weit wir uns – sollten wir uns selbst im gerade beschriebenen unbewussten Verhalten erkannt haben – bereits von unserem wahren Wesen entfernt haben. Interpretationsloses Kommunizieren heißt innehalten, in sich selbst hineinschauen, wo Gewalt und Wut aus ungeheilten Kindheitstagen, in uns leben. Schmerz, der zwar verdrängt und kontrolliert ist, aber nicht erlöst und uns in Form von hilflos machenden Ereignissen vom Leben vor Augen gehalten wird. Selbsterkenntnis erzeugt Demut. Hilflosigkeit verschwindet, Ehrlichkeit nimmt Platz und selbst künstliches Autoritätsgehabe wird nicht mehr notwendig sein. Die stärkste Kraft ist präsent: die innere Klarheit, Mitgefühl und Verständnis. Denn wir erkennen uns im anderen, was dann auf allen Ebenen der Begegnung zum Ausdruck kommt. Und um das zu erlangen, gehen wir diesen Weg.

Die Spiegelfunktion der Rebellion unserer jungen Generation

„Vater werden ist nicht schwer, Vater sein dagegen sehr", dieser Spruch fällt mir gerade dazu ein. Wandeln wir diesen doch etwas ab: „Eltern werden ist nicht schwer, Eltern sein dagegen sehr" und noch weiter: „Lehrer werden ist nicht schwer, Lehrer sein dagegen sehr" usw. Ein Spruch beliebig abwandelbar für Personen, deren Vorbildfunktion gefordert wird und die wohl wenigstens schon einmal mit kleinen oder größeren Rebellen zu tun hatten und die innere Hilflosigkeit bereits erfahren konnten, die diese Boykott-Generation in einem hervorruft.

Haben sich die Kinder verändert oder „nur" die Gesellschaft mit ihren Wertvorstellungen? Kam die Rebellion der Kinder plötzlich oder zeigte sie nicht schon lange vorher ihren Entwicklungsprozess an? Ich denke, Letzteres trifft zu. Denn, auch langsam aber sicher haben sich unsere Prioritäten verändert, unser Lebensstil, unsere Außenorientierung, die zulasten der Menschlichkeit, Naturverbundenheit und Nähe ging, bis wir merken mussten, dass unsere Gesellschaft ihre Grundwerte immer mehr verloren hat. Vor allem ihre höchsten Werte: die der Menschlichkeit, Achtung, Nächstenliebe und Würde.

Weshalb kommen so viele kleine Rebellen auf uns zu? Gab es die nicht schon immer? Wie gingen wir als Gesellschaft früher damit um? Das weiß jeder für sich selbst am besten, glaube ich. Denn in jedem von uns steckt ein Rebell, der Altes infrage stellt und dadurch Neues hervorbringt. Er ist zuweilen nur verborgen. Gäbe es ihn nicht, gäbe es keine Evolution und das wäre gleichzusetzen mit Stillstand und als Folge dem Tod des Fortschritts. Unser eigener innerer Rebell ist uns vielleicht nicht oder zu wenig bewusst, da er in die entfernteste Ecke unseres Unbewussten verdrängt wurde. Angebunden und unter massiver Kontrolle der Angepasstheit und Selbstaufgabe für ein Quäntchen Sicherheit, die zumeist auch noch die Gutmensch-Rolle erfordert. Ob das natürlich und würdevoll ist, sei dahingestellt.

So, wenn das der Fall ist, was sagen uns die kleinen Rebellen? Was bedeutet dieses Aufbäumen von so manchen Kindern gegen Regeln? Dieses „Leck mich am Arsch“-Benehmen. Ist das nicht entsetzlich? Die Botschaft von: „Du kannst mir sagen, was du willst, ich hör dir sowieso nicht zu“, verstärkt sich noch zusätzlich durch den Starrsinn, nur das zu tun, was sie tun wollen. Das ist harter Tobak, ich weiß. Aber entspricht das nicht der Realität? Ich glaube schon. Wenn man etwas die Augen aufmacht, sieht man das nicht selten. Widerstand, Aufmüpfigkeit und Starrsinn. Oder man sieht einfach die andere Seite der Medaille, die der extremen Angepasstheit, des Rückzugs und der Unerreichbarkeit, wenn der „Schuss der Rebellion“ nach Innen losging. Und was ist unsere gesellschaftliche Reaktion hierauf: Hilflosigkeit den „Rückzugskindern“ gegenüber, oder noch mehr eingrenzende Regelversuche gegenüber den „Aufmüpfigen“! Und doch zeigen sie uns nur unser Verdrängtes. Unsere eigenen unbewussten und nicht gelebten rebellischen Anteile – unsere gesunde Wut der Auflehnung – die wir brauchen, um für uns und unsere Wahrheit einzustehen, damit sich etwas verändert. Auch das aufgesetzte Gutmensch-Verhalten halten sie uns vor Augen, das Pseudoharmonie vorgaukelt, um die weggesperrte Wut in uns zu übertünchen. All das zeigt uns dieses Boykott-Verhalten, wenn wir mal genauer hinschauen wollen. Die Kinder reagieren auf die Energie. Das Verdrängte. Unsere Worte können lügen, unsere Energie nie! Warum können Kinder so gut unsere Schwachstellen ausloten? Weil ihr Kopf noch nicht mit konditionierten Schubladen vollgestopft ist und sie ausschließlich intuitiv und instinktiv auf die Energien reagieren. Dass dies vielfach so ist oder sein muss, zeigen sie uns deutlich. Sie führen uns durch ihr Verhalten an unsere Grenzen, die es zu erweitern gilt und wo uns bewusst werden kann, wie stabil wir in uns zentriert sind, oder eben nicht. Sie reizen uns, bis wir aus unserer Sicherheits- und Komfortzone herausfallen, von einem auf den anderen

Moment doch alles persönlich nehmen, und die Angst oder die harte, bis hin zur aggressiven und somit nicht gesunden Grenzsetzung, überhandnimmt. Zuweilen bekommen wir uns trotz der Provokationen gerade noch beherrscht, folgen eingeübten Verhaltensweisen, halten Formulierungen parat, die das kindliche Gegenüber umbiegen sollen. Aber wahrhaftig ist das alles nicht. Unehrlich und aufgesetzt. Reine Makulatur, welche die Kinder meisterhaft aus uns heraus kitzelt.

Diese Masken reißen uns diese Kinder vom Gesicht. Da helfen zum Beispiel in Schulen auch keine friedvollen Parolen aus dem Kultusministerium, wenn im Menschen selbst diese Worte nicht wirklich lebendig sind – außer sie sind es, was ich auch schon einige Male erleben durfte – sondern da tobt ein innerer Unfriede, den diese Boykotteure aus dem Versteck herausholen. Sind wir mutig, bricht der Berg mal auf und wir heilen vielleicht; sind wir feige, flüchten wir unter den Amtsschimmel, um uns zu schützen, oder flüchten uns in Depression oder Burn-out. Anstatt uns zu dem anstehenden inneren Konflikt und dem daraus resultierenden Wachstum bewusst zu stellen, uns zu öffnen, hinzuschauen und innerlich aufzuräumen, um dann für unsere Überzeugung wahrhaftig einzutreten, schieben wir nicht selten diese Wachrüttler ab und unsere Verantwortung gleichzeitig weg.

So geht es „fröhlich“ weiter. Die einstig vorherrschende Erziehung, bevor wir in das Kommunikations-Zeitalter eintraten, hatte da „erfolgreiche“ Mittel parat: Ohrfeigen, Strafen, Liebesentzug, körperliche Gewalt, die auch nur wieder Gewalt nach innen oder außen hin erzeugte, auch wenn diese ins Unbewusste verdrängt wurde. Und all diese Strafen zogen sich auch noch weit über die Auslösesituationen der spürbaren Konsequenzen hinaus, um die ungehorsamen Kinder auch lange genug büßen zu lassen. Das war, wenn wir ehrlich sind, an der Tagesordnung gegen Aufmüpfige. Selbst hinter kirchlichen und anderen Erziehungsmauern wurde doch mit diesem Drill und unmenschlichen Einschüchterungsmethoden Heranwachsenden und Schutzlosen gegenüber nicht gespart. Führen mittels Angst vor Gewalt, nenne ich diesen Erziehungsstil! Und, die Früchte dieser Erziehungsmethoden, „durften“ wohl viele Generationen vor unserer Zeit am eigenen Leibe und in ihrer „Seele“ erfahren und können aus dieser Zeit ein „traumatisches Lied“ singen. Selbst meine Generation (die ca. 35–55 jährigen unter uns) musste diesen Stil wohl auch noch oft genug „genießen“. Meine eigene Schulzeit hinterließ nachhaltige Spuren an Gewalt, wenn ich mich zurückerinnere. Vornehmlich eine Klosterschwester, weltliche Lehrer aber auch, hinterließen traumatische Spuren in mir, die fatale Folgen in mein Leben einluden, bis ich sie erkannte. Und, wenn all diese Früchte noch in unserem Unbewussten ungeheilt vor sich hin gären, könnte es nicht sein, dass uns unsere Kinder durch ihr Verhalten unbewusst darauf hinweisen, diese mal aufzuräumen und in Heilung zu bringen? Ist das abwegig?

Heute, wo wir jedoch eine Gutmensch-Gesellschaft geworden sind, die soziale Regeln einhält, wo Gewalt verpönt ist – auch verbale, versteht sich –, geht das alles nicht mehr und darf auch nicht mehr geduldet werden, was gut und wichtig ist, denn sonst ernten wir wieder die gleichen dramatischen Früchte.

Was sollten wir also zum persönlichen Aufräumen noch machen, damit die Gewalt, die ja nicht abnimmt, reduziert wird. Sie vielleicht einfach annehmen? Wir sollten sie würdigen, anerkennen, denn sie ist nun mal die Schattenseite des Guten, folglich auch der Gegenpol der Gutmensch-Parolen. Die goldene Mitte, das, was das wahre Sein erst wirklich beherrscht, wäre vielleicht die heilsame Antwort.

Was tun wir also derzeit mit dieser Herausforderung? Wir versuchen mit einer Feder ein Feuer zu löschen. Gemeint ist: Wir reden darüber, denken über Maßnahmen nach usw. und das alles ganz freundlich oder intellektuell, auch wenn es einen innerlich vor Wut zerreißt. Immer lächeln und wohlwollend wirken. (Außer das Wohlwollen ist ehrlich und wahrhaftig, dann gibt es aber auch diese Probleme nicht.) Das ist die Devise. Funktioniert das nicht, da das Problem eben woanders liegt, nicht bei den Kindern, sondern bei unserer mangelnden Integrität und innerer „Unaufgeräumtheit“ eigener Wunden, wird das Problem trotzdem nicht selten an der falschen Ecke versucht zu lösen. Dazu zählen dann Maßnahmen zur Gewalteindämmung für die missratenen Kinder wie „Soziale Schulungen“ oder Verweise bis zum Rausschmiss. Für manche Kinder ist das auch bitternötig, für mach andere jedoch genau die falsche Pille. An diesen Konsequenzen ist nichts Falschen, bitte nicht missverstehen, aber eine differenzierte Betrachtung vorzunehmen, könnte vielleicht auch gut sein.

Schön wäre es aber auch, wenn sich diejenigen, die sich der Lage nicht mehr gewachsen fühlen von einem guten Supervisor unterstützen lassen würden, anstatt an den Kindern herumzudoktern. Kinder in Schubladen von „gut“ und „schlecht“ zu packen, nur weil sie vielleicht anders „ticken“, kann auf Dauer nicht gesund sein und bedarf der Reformation. Wichtiger ist es glaube ich, diese Kinder einfach genauer anzusehen und sie wirklich verstehen zu wollen. Sich einlassen können, ist jedoch eine Voraussetzung dafür, lehrte mich das Leben. Auch wenn manche das schon machen – vor denen wir hohen Respekt haben sollten – sind es, befürchte ich, noch immer zu wenige, die diesen Mut zur Lücke sowie Lern- und Öffnungsbereitschaft besitzen. Auch wenn sich schon viel geändert hat, auch von „Oben“ vorgegeben ändern soll und viele wundervolle Lehrer und Erzieher großartige Arbeit leisten, gibt es hier sicherlich noch einiges an Grenzerweiterung im Inneren zu schaffen, um binnendifferenziertes und inkludierendes Lehren des Individuums „Menschlein“ umfassender und weitverbreiteter gewährleisten zu können. Verantwortliche, die bei unseren Kindern mehr Traumatisierungen durch ihre Unbewusstheit anrichten, als wir therapieren können, gibt es – befürchte ich – noch immer mehr als genug. Liebevolle und gesunde Grenzen setzende Erziehungsarbeit incl. angemessener Folgen, die keine nachtragenden Aspekte beinhalten, sind jedoch das, was unsere Sprösslinge auch noch verstärkter brauchen würden, um gesund heranzuwachsen.

Kehrt bei Erziehungs- oder Vorbildpersonen nicht mehr Bewusstsein ein, hört das Drama nicht auf. Diese Bewusstseinslücke im eigenen Inneren wird, befürchte ich, ohne bewusste Innenschau und Aufräumarbeit nur weiter mit neuen Spiegeln aufgefüllt. Für jeden Schüler beispielsweise, den ein sich nicht selbst reflektierender Lehrer oder Direktor aus der Hilflosigkeit heraus z. B. von der Schule verweist, kommt doch nicht selten ein neuer „Drama-Boy (oder -Girl)" nach und das Dilemma beginnt von Neuem. Natürlich brauchen manche Kinder oder Jugendliche einen Rausschmiss, da ihr unbewusster innerer Tyrann sich bereits alles herausnimmt und zerstört. Das ist dann natürlich etwas anderes, versteht sich von selbst. Dann geschieht das aber nicht unterschwellig aggressiv und Schuld zuweisend, sondern einfach meisterhaft klar und Grenzen setzend, damit der junge Mensch etwas lernt, in dem er die Folgen seines Verhaltens erfährt, sich selbst erkennt und umdenkt. Das wäre ein Rausschmiss aus Liebe und ein „pro" für den Reifungsprozess des jungen Menschen, nicht aber ein „contra" ihm als Mensch gegenüber!

Ein Hamsterrad entsteht, wenn die Grenzen, die hier gesetzt werden aus der Hilflosigkeit und unbewussten Spiegelung heraus entstehen. Krankheit und Burn-out sind die Folgen bei hilflos unbewussten Menschen. Es hört nicht auf, außer das Rad wird angehalten, indem der unbewusste Rausschmeißer beginnt, im Inneren seine unbewussten Übeltäter der eigenen unaufgeräumten Prägung rauszuschmeißen. Uns selbst anschauen, unsere verdrängten Ängste und Aggressionen unter dem schönen Gutmensch-Mäntelchen anschauen und eingestehen, ist hier vielfach nötig. Dann verschwinden die Spiegel, oder sie haben keine Wirkung mehr. Wir können uns aber auch mit diesen Rebellen innerlich verbinden, können ihre Aufschreie gegen diese Maskerade fühlen und uns dem Schmerz stellen. Denn, wenn wir ehrlich sind, schreien diese Kinder nur das heraus, was in uns selbst steckt.

Fazit: Die Maskerade war noch nie so stark. Ventile, die Aggressionen loszuwerden, sind nicht gesellschaftsfähig, und ohne Fitness- und Sex-Wahn, um wenigstens eine unbewusste Ablassmöglichkeit für unerlöste Schmerzen zu haben, würden wir uns wohl irgendwann unbewusst gegenseitig vernichten, so viel ist in manchen Menschen aufgestaut. Aufgestaut wegen der Hilflosigkeit, der Angepasstheit und dem künstlichen, nicht selten zu stark auf dem Intellekt und unterdrückten Gefühlen aufgebautem Leben, das wir führen. Immer schön brav sein, und die „Jungen" bilden eben den „bösen" Ausgleich. Nur nett sein, geht nicht. Ist nicht natürlich, da wir alles sind und die ganze Bandbreite an Lebendigkeit zu leben haben, wenn wir ein ganzer und bewusster Mensch sein wollen. Nett sein, d. h. ein Gutmensch sein, reicht einfach nicht! Es ist zu unbewusst und als natürliche Folge bekommen auch diese „nettesten" Menschen oft das Gegenstück im Leben vorgesetzt, das sie plagt und dem sie oft nicht mehr Herr werden. Auch wenn durch diesen unbewusst geschehenden Ausgleich die natürliche Harmonie wieder hergestellt ist, ist diese nicht wirklich die gesunde Variante.

Frage: Wer sollte nun wirklich in Therapie bzw. an sich arbeiten? Wir, die Gesellschaft oder die Rebellen? Kann es sein, dass wir nicht wirklich etwas verändern können, solange wir an der falschen Ecke arbeiten? Da könnten wir einfach mal nachdenken, ob da etwas dran ist und was sinnvoll wäre.

Der Appell und Hilfeschrei unserer Boykottgeneration

Nun habe ich ziemlich intensiv die korrumpierbare Maskerade unserer Gutmensch-Generation aufgegriffen und versucht darzulegen, weshalb wir oftmals mit „gespaltener Zunge" – wie die Indianer zu sagen pflegten – sprechen. Die natürliche Folge dieser Seite ist das Aufzeigen dessen, was in den Rebellen vorgeht, wenn sie uns so erleben. Verbal geschult, wohl wissend, welche Worte wann zu sagen sind, damit es gut klingt, so stürzen wir uns von einem Chaos in das nächste. Die Realität oder der Anspruch der Kinder holt uns ein. Das Leben lässt uns die Beweisführung antreten, ob die Worte Lüge oder Wahrheit sind. Schuldgefühle treiben an die Oberfläche. Abhauen, Verantwortung abgeben, sich rausziehen, Worte so hindrehen, dass sie angeblich missverstanden wurden, falls wir beim Wort genommen werden usw., das ist klassisches Konfliktpotenzial, wenn wir uns der Selbstverantwortung und dem Erkennen unserer äußeren Spiegelbilder unbewusst entziehen. Ist das nicht auch eine Art Boykott von unserer Seite, den unsere Kinder unbewusst realisieren und uns auf ihre Weise zurückspiegeln?

Wir unterschätzen auf einer Ebene vielfach die Sensitivität dieser Rebellen und überschätzen gleichermaßen ihre Leistungsgrenzen. Hier schwappt das Problem oftmals hin und her. Gefühl und Verstand driften auseinander. Sie werden noch immer sehr kopflastig gelehrt, und das vernachlässigte Gefühl bäumt sich auf. Diese Kinder lehren uns Weisheit. Beides gehört zusammen! Beides muss gleichwertig geformt und darf nicht getrennt werden. Wann erkennen wir das endlich an, setzen das Erkannte bewusst um und lehren auch in den höheren Klassen, die über die Grundschulklassen hinausreichen, endlich naturkonformer und individuell ausgerichteter?

Unsere Kinder bekommen wahrlich mehr mit als wir, die vielfach verlernt haben hinzusehen, hinzuhören und – was noch fataler ist – „hinzufühlen“. Wir erleben tobende, abwehrbereite Kinder und fühlen nicht ihre nonverbalen Worte. Worte der Verzweiflung über die Gleichmacherei, das Gießkannenprinzip übergestülpter Werte unter dem Motto: „Ab heute sind wir friedlich“, was real gar nicht funktionieren kann, da der innere Friede die Ursache eines friedvollen Miteinanders und nicht eine Wirkung ist. „Wir respektieren uns gegenseitig“, das ist eine Auflage, eine Regel, die zu befolgen ist. Wie soll das bitte gehen? Wie soll unsere Aufweck-Generation (alias die gewalttätigen Rebellen) mit einer Regel umgestimmt werden?

Das sagt einem doch der gesunde Menschenverstand, dass das zum Scheitern verurteilt ist. Oder nicht? Wir machen die Maske noch schöner und dicker, oder erhöhen zur Abwechslung die Strenge, die nicht selten einer inneren Kälte gleichkommt, und hoffen, dass es dann vielleicht funktioniert. Versuche über Versuche, und immer noch nichts ändert sich wirklich. Natürlich nicht! Wenn es die unbewusste Aufgabe der Kinder ist, uns unsere Angepasstheit, unsere Leblosigkeit und Schöntuerei (zuweilen auch innere Kälte) bewusst zu machen, kann das nicht gehen, außer es ändert sich etwas von innen her. Ist das zu weit hergeholt? Oder ist da etwas daran?

Eine neue Haltung offenbart sich. Die Menschen räumen sich innerlich auf, anerkennen ihre Schattenseiten, erkennen Individualität an und „erlauben" dem Leben das zu sein, was es ist: ein Prozess, der zur Vervollkommnung dient, und eine wahre Begegnung mit den Kindern kann stattfinden. Wahre Kommunikation wird von uns gefordert. Worte, die nicht aus dem erlernten Mechanismus auf unsere Kinder einströmen, sondern aus der wahren inneren Haltung eigener Würde und höchsten Respekts vor dem inneren Wesen unseres Gegenübers resultieren.

Unsere Boykotteure zeigen uns auf, dass eine Seite der Medaille, die Gutmensch-Seite, nur wahrhaftig ist, wenn die andere auch bewusst gelebt wird. Der Boykott ist meist unsere Schattenseite, unsere Wut über das, was wir selbst aus uns haben machen lassen und was wir verdrängen. Wut, die zu uns gehört wie die Nacht zum Tage. Das zeigen sie uns auch auf. Wir müssen uns dem stellen. Es kann so nicht weitergehen, dass das Verdrängen die Krankheitskosten noch mehr in die Höhe treibt. Blockierte Energien, angestaute Wut, die sich im Körper und Geist Ausdruck verleiht, lassen unsere Gesundheitskosten weiter und weiter explodieren.

Unsere aufmüpfigen Kinder zeigen uns, dass es mehr gibt im Leben als Lernen, Arbeiten und Häuschen bauen, inklusive entsprechender Anlagefonds, die auf Ausbeutung von weniger gebildeten Menschengruppen bauen. Sie holen uns auf den Boden zurück. Sie treten so lange gegen unsere Schienbeine, bis wir etwas fühlen. Unseren Schmerz, der vergraben ist und aufbricht („Steter Tropfen höhlt den Stein"). Entweder nach außen, sodass scheinbar unauffällige Menschen plötzlich zu Gewalttaten fähig werden, oder nach innen in Form von Selbstzerstörung, Suchtverhalten, das von Alkohol bis Medikamenten oder sonstigen Drogen reicht. Reha-Zentren für Ausgebrannte zählen auch dazu. Die schutzspendende „Bettdecke", die wir uns als Kind über den Kopf gezogen haben, wenn wir traurig und hilflos waren.

Aufstehen, Farbe bekennen, neue Wege gehen, ehrliche Wege, Integrität für sich selbst einfordern, das fordern sie heraus. Reinigung! Grenzsetzung, die auf Liebe und Klarheit basiert, die keine Draufhau-Grenze ist, die den Selbstwert zerstört, sondern eine Grenze, die dem Moment entspringt und angemessen ist. Manchmal beschimpfen uns die Kinder rüpelhaft, weil sie uns herausfordern, für unsere Würde einzustehen. Nicht „heilig" darüber reden, sondern Grenzen setzen und klarstellen, dass dieser Umgang gegen unseren Selbstrespekt ist. Wie oft versteckten wir uns hinter Floskeln oder der Würde eines Amtes, haben aber keine innere Würde, die nach außen strahlt. Die haben wir verkauft für Sicherheit und Pseudoharmonie. Diese Würde kitzeln sie aus uns heraus. Wenn diese innere Klarheit da ist, halten die Kinder meist inne. Sie schreien nach Führung, aber nicht nach vorgebeteten Regeln und aufoktroyierten Maßnahmen.

Weshalb flüchten so viele Jugendliche in die Welt der Drogen und nicht selten gepaart mit Leistungsverweigerung? Was zeigen sie uns? Unsere eigene Bewusstlosigkeit! Sie besaufen sich sinnlos. Sie zeigen uns unser leeres Leben auf, das beispielsweise nur mit Drogen oder einer Fresssucht zu ertragen ist, falls man ein Mensch mit Empfindungen ist. Wie sehr muss es diesen Kindern wehtun, wenn sie erfahren, dass unsere „heile Welt", wenn man genauer hinschaut, voller unterdrückter Gewalt ist. Sie agieren uns aus. Sie rütteln uns auf: Schaut hin, tötet nicht die Gefühle und Lebendigkeit ab!

Es gibt mehr als das Recht auf Existenz auf diesem Planeten, es gibt auch ein Recht auf „Lebenswürdigkeit"!

Wir stopfen die Kinder voll mit Wissen. Ihre Herzen, ihre Gefühle bleiben oftmals auf der Strecke. Sie schreien aber nach wahrer Liebe und ehrlicher Fürsorge. Nicht selten verletzen sie sich auch unbewusst, um sich diese zu holen oder sorgen anders für aktive Zuwendung z. B. durch schlechte Noten. Sie sind so voller Energie und verletzen nicht selten Regeln, wenn sie sich mal balgen und dreckig machen. Wo sollen sie denn hin mit ihrer Kraft? Sport ist immer gut, geht nur nicht immer. Diese Rebellen leben gefährlich. Immer mit einem Bein kurz vor dem Rausschmiss oder auf der Couch, um sie wieder zur Besinnung zu bringen. Vielleicht ist es ja genau andersherum? Vielleicht sollten wir uns endlich mal besinnen, was das Leben lebenswert macht und ob ein Leben in totaler materieller Sicherheit und Kontrolle nicht eher einem Gefängnis gleicht, als einem Ort des Friedens. – Na ja, Frieden hat man da schon, aber abgespaltenen.

Die Kinder schreien nach wahrer Liebe, die unserer inneren Natur entspringt. Nach dem, was wir verstecken, um nicht verletzbar zu sein. Aber, das ist doch die Lebendigkeit. Und ehrlich gesagt: Sicher ist wirklich nur der Tod und der kostet das Leben, wie wir alle wissen. Sie laden uns ein, am wahren Leben teilzuhaben. Praktisch zu sein und weniger in der Theorie zu versinken, bis der Kopf so raucht, dass die Gefühle absterben. Fühlen, lebendig sein, selbst machen und sich ausprobieren können, dazu laden sie uns ein. Sie sind unsere Ergebnisse, die haben sich nicht ohne unser Zutun so entwickelt, das muss uns doch klar sein. Und sie rufen: Wacht endlich auf und lasst euer wahres Wesen wieder auferstehen!

Unsere Rebellen, die Spiegelbilder unserer selbst oder besser dessen, was wir durch Anpassung nicht wagen zu leben, fordern wahre Begegnung ein. Sie fordern Liebe und Klarheit, statt Verständnisfloskeln und Regeln. Hat ein Mensch eine friedvolle echte innere Grundhaltung, da er mit sich und seiner Geschichte im Einklang ist, braucht er keine Regeln, denn er lebt Würde, Respekt und Achtung sich selbst gegenüber. Nur so kann jemand für ein „Stopp" eintreten, echte Grenzen setzten, und danach wieder dem Moment folgen, da seine Autorität keine ängstliche oder hysterische ist, sondern aus der inneren Größe entspringt. Eine Größe, die mit Titeln nichts zu tun hat, aber die unsere Rebellen brauchen. Stärke, die Empfindsamkeit und innere Klarheit besitzt. Zu diesem Evolutionsschritt oder eher Aufräumakt im Inneren fordern uns diese abweisenden Kinder heraus. Was wir daraus machen, liegt bei uns. Die Folgen werden wir so oder so verantworten müssen. Denn, was wir säen, werden wir ernten, da führt kein Weg vorbei. Neutral ausgedrückt: Das Leben ist geduldig, aber gerecht. Für die Religiösen unter uns: Gott ist geduldig, aber gerecht. Das eine ist das andere, und das andere ist das eine. Egal wie wir es drehen. Das Leben/Gott ist die sanfteste, aber stärkste Kraft und deren Wirkung können wir nun wirklich, selbst wenn wir bisher die Augen verschlossen haben, nicht nur bei unserer neuen Generation und deren Verhalten sehen, sondern auch in den Auswirkungen unseres eigennützigen und rücksichtslosen „Wirtschaftlichkeitsdenken" in Form unserer Wirtschafts- und Finanzkrise.

Der gemeinsame Auftrag der Rebellen und der Wirtschaftskrise

Beide, die rebellische Generation und die Wirtschafts- und Finanzkrise, deren Ende offen ist, haben eines gemeinsam:

Unser künstliches und gefühlloses Dasein, unsere Ellbogengesellschaft, unser grenzenloser Egoismus werden von innen und außen aufgerüttelt, um die Rückbesinnung auf das Wesentliche anzutreten: zum Wesenskern, der Wahrheit, der Liebe, der Achtung voreinander und dem Respekt vor der Natur zurückkommen – das ist der Appell dieser uns vorgesetzten Herausforderungen, deren Ursache unser bisheriges Verhalten (oder Wegschauen) war. An diesen Grundpfeilern zerren beide Seiten. Die Rebellen wühlen unsere Emotionen auf, unser mangelndes inneres Rückgrat, zeigen uns unsere inneren Begrenzungen und unsere Lieblosigkeit auf, die Wirtschaftskrise führt uns unsere abgespaltene und rücksichtslose Ausbeutung für etwas Luxus auf Kosten Schwacher vor Augen. Time to change, dringend und umfassend!

Unsere Erde inklusive ihrer Erdenbürger reinigt sich. Wir müssen umdenken und „umfühlen". Wir müssen anfangen wieder in Verbindung zu treten mit uns selbst, unserem Nächsten, unserer Natur. Der Aufschreckruf ist laut, unüberhörbar und herzzerreißend, wenn man sich erlaubt, die Not um sich herum, und damit meine ich auch die, anderer Kulturen, zu fühlen.

Wir befinden uns in einem Bewusstseinswandel, das ist, glaube ich, sicher. Der Inhalt der Literatur war noch nie so voll mit Hinweisen, dass sich etwas ändern muss, soll nicht alles zusammenbrechen. Das Interesse von Lesern war noch nie so groß. Erleuchtete Meister tun ihr Möglichstes, um wachzurütteln, und fordern uns auf, unseren Egoismus aufzuräumen. Klare Worte werden gesprochen. Man kann sie lesen, wenn man offen ist, man kann sie auch ignorieren, wenn man immer noch zur Wegschaugesellschaft gehört. Der Wegschaugesellschaft, die sich aus der Wegwerfgesellschaft entwickelte. Eine Gesellschaft, die früher rücksichtslos Restmüll wegwarf und heute ihren emotionalen und geistigen Müll um sich wirft. Das muss sich ändern, Mülltrennung und Entsorgung sind angesagt. Auf unser Inneres übertragen heißt das: Selbsterkenntnis und Wissen über unsere verdrängten Schattenseiten. Hinschauen, wo wir nicht nur Opfer, sondern selbst Täter sind, und heilen. Unsere Herzen und das Bewusstsein für Ursache und Wirkung öffnen, sodass Verantwortung für uns selbst und unsere Nächsten entsteht. Bewusstsein klärt Egoismus, und davon brauchen wir dringend mehr!

Wenn es eine höhere Macht gibt, dann wird uns vielleicht immer bewusster, wohin sie uns führt, und wie gering die Macht unseres Egos oder Verstandes im Gegensatz dazu ist.

Sanft, aber sicher ernten wir, was kluge Köpfe, die Wirtschaftswachstum über alles stellten, einst säten. Und wir haben kräftig mitgemacht und den ausbeuterischen Luxus genossen, ohne mal zu hinterfragen, wie das alles funktionieren kann.

Allein der Kinofilm „Let's make money" ist ein Meisterwerk, das aufrüttelt. Was brauchen wir noch alles, um wirklich vor unserer Tür zu kehren? Wie viel Gewalt, Gräueltaten, Zusammenbrüche brauchen wir Menschen noch, um mehrheitlich umzudenken, uns einzulassen, unsere überpinselten Ängste anzusehen, um endlich zu wahrhaftiger Liebe und Begegnung überzugehen?

Warum ist das nur so schwer, denn einsehen tut es wohl jeder, der etwas offen ist? Es wäre leicht, wenn es da diese „Kleinigkeiten" nicht gäbe, die wir zu überwinden haben:

Die Angst, das alte Denken über Bord zu werfen, um Neues auszuprobieren, und das mangelnde Vertrauen in das Leben und die Liebe selbst! Das Leben und die Liebe, das, was außerhalb unserer Kontrolle liegt. Mit anderen Worten: Angst vor Unsicherheit, Verletzlichkeit und Lebendigkeit!

Dieses Bewusstsein über die Notwendigkeit einer inneren Umstellung und der klare Blick auf unsere Realität, wie sie sich in ungeschönter Form zeigt, sind die Grundvoraussetzungen dafür, sich auf den Weg zu machen, um das Innere neu zu gestalten. Das können Sie tun, wie Sie wollen, denn viele Wege führen nach Rom. Hauptsache Sie gehen und bleiben nicht stehen. Denn Stillstand ist Rückschritt, den können wir uns als Gesellschaft und menschliches Bewusstsein, das über den Egoismus und das materielle Sicherheitsstreben hinauszugehen hat, nicht mehr leisten. Also: Gehen wir ein Stück zusammen, wenn Sie wollen und meine Sichtweisen die ich anbot nur annähernd teilen können! Der Weg, den ich Ihnen anbiete, ist der Weg zum Ziel über die Wegführung zum Ergebnis des „Interpretationslosen Kommunizierens". Kein konzeptionelles Kommunikationswerkzeug, sondern ein Prozess der Selbsterkenntnis und des Aufwachens in Bezug auf sich selbst und das, was wirklich real und wahr und nicht schöngeredet ist.

Teil II
Die innere Haltung

Die Grundhaltung „Interpretationslosen Kommunizierens"

Wie bereits erwähnt ist eine friedvolle und liebevolle Haltung zueinander meist erst möglich, wenn wir Konflikte ausdiskutiert oder bereinigt haben. Offenheit im Umgang miteinander ist meist eine Folge von Klärung. Nun kommen wir zur Grundhaltung des „Interpretationslosen Kommunizierens":

Sie ist das Alpha und das Omega, der Anfang und das Ende, aber auch der Weg dorthin. Sie ist gegenseitige Wertschätzung dem menschlichen Sein gegenüber. Wertschätzung, die keiner großen Taten bedarf. Wertschätzung, die aus dem Bewusstsein entspringt, dass wir alle eins sind, auch wenn wir eine andere Herkunft haben und uns unterschiedlich zum Ausdruck bringen. Die Unterschiedlichkeit oder göttliche Ausdrucksvielfalt ist doch das Spannende an der Sache. Wir können uns gegenseitig bereichern, anstatt uns zu bekämpfen. Jeder ist anderes und doch fühlen wir gleich, haben die gleichen Ängste und Nöte, nur vielleicht unterschiedlich gelagert. Wir erkennen uns im anderen, sowohl als Wesen, die alle aus dem gleichen „Stoff" sind, als auch im menschlichen Verhalten, das doch gar nicht so anders ist, als wir in unserer Arroganz oft glauben.

Diese Art des Kommunizierens ist eine innere Haltung der Wachheit, Aufmerksamkeit und Urteilsfreiheit. Diese Haltung ist einfach nur offen, abwartend, unvoreingenommen, das heißt ohne Schubladen wie beispielsweise „Dieser Mensch hat aber ein blödes Gesicht", „Wie ist der denn angezogen" usw., aber auch „Was will der denn von mir, wenn der so freundlich ist", „Oh, der ist aber etwas Besonderes und ich nicht", „Der fährt ein dickes Auto, der macht bestimmt etwas Illegales" usw.

Das Schubladendenken trennt uns voneinander

Diese Art von Schubladen kennen wir alle. Selten, dass wir frei sind, unvoreingenommen, das heißt, ohne dass wir etwas Tolles in jemanden hineinprojizieren und uns dadurch weniger wert fühlen. Das Gleiche gilt auch andersherum, wenn wir jemandem etwas Schlechtes zuschreiben, und wir uns innerlich erheben. Ständig schwirren Wertungen, Vorurteile durch unser Hirn. Gut, schlecht, arm, reich, gebildet oder ungebildet und vieles mehr, was unser unbewusstes Schwarz-Weiß-Denken eben so alles zu bieten hat.

Grundsätzlich ist nichts dagegen einzuwenden. Jeder kann machen, was er will. Jedoch hat alles seine Folgen, dessen sollten wir uns einfach bewusst sein. Verhalten wir uns überheblich, werden wir jemandem begegnen, der sich über uns erhebt, und wir erfahren, wie sich unser Verhalten anfühlt. Erniedrigen wir den Wert anderer, werden wir von anderen erniedrigt und dürfen dieses Gefühl am eigenen Leibe erfahren usw. Wir sind in den unbewussten Mustern der Dualität gefangen, bis wir dieses bewusst durchschauen und durchbrechen.

Unser „Interpretationsloses Kommunizieren" impliziert das Gegenteil. Die Haltung ist innerlich leer, der Geist ist offen, das Anderssein des anderen kennenzulernen. Offen, Erfahrungen zu sammeln, ohne diese als gut oder schlecht zu bewerten. Es geht einfach nur um das Annehmen dessen, was ist, und das, was ist, als Chance zum inneren Wachsen und um Erfahrungen zu sammeln, anzuerkennen. Denn erfahrungsgemäß zeigt uns das Leben doch oft erst hinterher, ob etwas gut oder schlecht ist bzw. wofür die gemachte Erfahrung wichtig war. Aber eines ist sicher: Begegnung ist immer eine Möglichkeit, sich selbst mit seinem Denken und Fühlen zu erfahren. Also: In der Begegnung und in unserer Reaktion auf das, was uns begegnet, wissen wir, wer wir sind oder eben nicht oder noch nicht sind und glaubten zu sein.

Die Grundhaltung ist offen, beobachtend, neutral abwartend, was kommt, und annehmend, was auch immer es ist. Der Moment entscheidet, nicht das Schubladendenken, aus dem heraus wir vergangenheitsbelastet mit verschiedenen Situationen umgehen.

Beispiel:
Wir begegnen einem Fremden, der uns anspricht. Hören wir einfach nur zu und antworten, was aus dem Moment entsteht, oder öffnen wir sofort eine Schublade, die den anderen bewertet. Bewertungen, die aus einer Überheblichkeit erfolgen, wie: „Der ist aber unverschämt!“, „Was will der?“, „Wie sieht der eigentlich aus!“ usw. Wertungen, die uns in eine Ablehnung drängen. Keine neutrale Begegnung ist mehr möglich.

Oder es folgt eine andere Reaktion: „Der sieht aber gut aus, hat bestimmt viel Geld und Einfluss, was will der von mir, ich bin doch ein Niemand.“ Und schon beginnt die Schleife, die der Demütigungs-Schublade entspringt. Neutrale Begegnung ausgeschlossen.

Doch was ist es wirklich? Zwei Menschen begegnen sich. Keiner weiß, weshalb. Vielleicht erleben wir einfach ein offenes nettes Miteinander, vielleicht bekommen wir ja eine Anregung, lernen etwas Neues oder erhalten eine Botschaft. Man weiß es nicht. Wir müssen aber neutral und offen bleiben, sonst kann uns das, was auf uns zukommt, nicht erreichen. Nur, was ist meist der Fall? Wir sind nur mit uns selbst beschäftigt. Wir versuchen eine Maske aufzusetzen, plappern Unsinn, sorgen dafür, dass wir eine „gute Figur“ machen, zeigen was wir alles drauf haben (der eben nicht), malen uns Wünsche oder Ängste aus und vergessen den wichtigsten Teil: Die offene Haltung, eine Erfahrung zu machen. Egal wie diese aussehen darf. Der Kopf mitsamt seinen Prägungen, das heißt alten Erfahrungsmustern und Schubladen, spricht, nicht das innere Wesen, das neutral, wertschätzend und bereit ist, einfach einem menschlichen Wesen oder auch einer Situation zu begegnen und das mit offenem Ausgang.

Denken zerstört das Gewahrsein

Was wir uns doch oftmals selbst vermasseln. Chancen gehen dahin, da wir oft nicht einmal zuhören, was uns der andere wirklich sagen will, oder offen abwarten, was die Situation wirklich in sich birgt. Nein, es wird nur interpretiert, was der andere von uns wohl wollte oder nicht, oder was wir wollten oder nicht. Und was passiert im Nachhinein? Die Situation läuft in unserem Kopf weiter. Interpretationsversuche martern uns. Wir reden uns Dinge ein oder aus, drehen und wenden das, was war oder nicht war, in die eine und die andere Richtung und suchen nach einer Schublade, in die wir das Ganze packen können, damit das „Gequatsche" im Kopf wieder aufhört. Oder wir sind, wenn wir nicht erreichten, was unser Kopf wollte, frustriert und verärgert, bis wir, zumeist unbewusst Rachepläne schmieden. Egal an wem diese Rache dann ausgelassen wird, wenn wir den Frustpartner nicht mehr vor die Flinte bekommen, muss ein anderer dafür herhalten. Eines ist gewiss: der Ärger muss irgendwie wieder raus, sonst implodiert er! Wer kennt das nicht? Identifikation und Unbewusstheit in Reinform, und die Folgen ernten wir nicht selten täglich. Das Ergebnis unserer mangelnden Wachheit.

Interpretationsloses Kommunizieren ist anders. Wir begegnen uns, tauschen den Moment aus, hinterfragen Worte, wenn wir sie nicht gleich verstehen bzw. das Gefühl haben, den anderen nicht wirklich zu hören, sondern nur zu hören, was wir hören wollen, also interpretieren, bis wir den anderen verstanden haben. In Wahrheit teilen wir doch einfach nur einen kleinen Moment des Lebens miteinander. Haben wir nur interpretiert, das heißt nicht wirklich hingehört und uns auf den Moment eingelassen, werden wir das schnell erkennen, da Missverständnisse aufkommen werden. Kommunizieren wir jedoch interpretationslos, hören wir mit allen Sinnen verbunden dem anderen aufmerksam zu. Absolut präsent, hier und jetzt, weder in der vergleichenden Vergangenheit noch in der beängstigenden oder wunschvollen Zukunft verhaftet. Begegnen uns, tauschen uns aus und lassen es wirken. Abgeschlossen, aber bereichert, oder eben nicht. Sollte Handlungsbedarf sein, werden wir den Impuls spüren, aber nicht drängend, hinterherjagend, sondern offen und innerlich still abwartend, wann der richtige Moment kommt, oder nicht. Da wir den Moment total in uns aufnehmen, bleibt der Kopf danach still. Ein ausgekosteter Moment hinterlässt keine Fußspuren, das heißt, Situationen verfolgen uns gedanklich nur, wenn der Kopf schon eingeschaltet war. Denk, denk, denk ... der Moment wurde entzaubert. Das Leben kann den Fluss nicht zeigen, da der Fluss vom unbewussten Verstand kontrolliert wurde.

Interpretationsloses Kommunizieren verhält sich mit anderen, von Personen unabhängigen, Lebenssituationen fast gleich. Ohne Bewertung wird erst einmal die Situation die gerade auf uns zukommt angenommen. Wertfrei, beobachtend und innerlich offen, für das, was einfach ist und kommen soll. Unter dem Motto: Wer weiß, wofür es gut ist.

Voraussetzungen, um interpretationsloser zu werden

Um nun mehr und mehr an lebendiger Offenheit im Leben zu erlangen, sollten wir einfach nachschauen, welche inneren Haltungen unsere Offenheit behindern, welche Ausdrucksformen die innere Abgetrenntheit einnimmt, und was wir wie und wo noch verstärken oder aufbauen können, um in den Lebensfluss und die Interpretationslosigkeit einzumünden.

Was beinhaltet nun die innere Haltung, die ein Mensch benötigt, um interpretationslos kommunizieren zu können?

- Einen offenen Geist
- Einen inneren Beobachter
- Ein achtsames Herz
- Ein friedvolles Gefühl
- Neutralität und Wertfreiheit
- Vertrauen
- Intuition

Mit welcher Unterstützung wir dahin gelangen können, erläutere ich später genauer. Zuerst nehmen wir uns aber die Grundlagen vor, die wir brauchen, um uns auf den Weg zu machen, diese Grundhaltungen im Inneren zu erlangen. Die Haltung, die uns zu einem interpretationslosen „Kommunizierer" macht, bedarf eines inneren Schliffes, einer Reinigung, um uns von eingefahrenen inneren Prägungsmustern, die unreflektiert in Worthülsen und Handlungen einfließen, zu befreien.

7 Tugenden sollten wir entwickeln oder verfeinern. Dienlich ist hierbei durchaus, wenn diese bereits in der Außenwelt erlernt wurden. Mit ihnen im Gepäck machen wir uns dann auf die innere Forschungsreise. Und diese Tugenden sind:

1. Disziplin
2. Kontrolle
3. Einsichtsfähigkeit
4. Zielorientiertheit
5. Innere Stärke
6. Dankbarkeit
7. Unbeugsamer Wille

Ohne Willen, Selbstdisziplin und innerer Kraft haben wir wohl wenig Chance, unser altes Denken, Fühlen und Handeln aufzubrechen und uns neu zu erfahren.

Einführende Worte zum Teil II

Bevor wir letztlich im III. Teil des Buches auf Wege und Anregungen eingehen, wie Sie den Weg zum „Interpretationslosen Kommunizieren" beschreiten und wie Sie sich selbst und andere besser erkennen können, möchte ich zuerst noch verstärkt auf die Hintergründe eingehen, weshalb „Interpretationsloses Kommunizieren" so blockiert ist und noch so selten stattfinden kann. Wir beleuchten also auch unsere unbewussten Haltungen und Verhaltensweisen, bis hin zu deren fatalen Folgen, die diese neue „Sprache" der Würde, Klarheit, Wertschätzung und Liebe noch vielfach so unmöglich, aber so notwendig für ein Weiterkommen unserer Gesellschaft auf eine neue Bewusstseinsstufe macht. Wir nehmen die Schattenseite der Medaille und wie sie sich im alltäglichen Umgang miteinander zeigt, genauer unter die Lupe, damit die Lichtseite des Ganzen deutlich wird. Der Nutzen und Sinn grundlegender Verwandlung unserer Unbewusstheit und Folgen wird damit vielleicht noch deutlicher erkennbar und lädt Sie ein, wenn Sie wollen – und nur dann – bei sich selbst zu beginnen und den Weg eines friedvollen Kriegers einzuschlagen. Eines Kriegers, der den

Grad inneren Friedens erreicht hat, dass das „Interpretationslose Kommunizieren“ eine natürliche Folge geworden ist.

Stimmt unsere innere Haltung zu dieser „Sprache“ nicht, und gebe ich hier nur Werkzeug mit auf den Weg, ist der Machtmissbrauch vorprogrammiert. Jedes Kommunikationswerkzeug, wirklich jedes, lehrte mich das Leben, kann so oder so genutzt werden. Es ist erst einmal neutral, bis es vom unaufgeräumten Geist des Anwenders gefärbt wird. Worte können zur Heilung, aber auch zur Traumatisierung verwendet werden. Darauf wies ich bereits bei der Einleitung deutlich hin. Hier suche ich nach einem Weg, diesen Missbrauch einzudämmen. Wäre das wahre Wesen in uns erblüht, wäre es mit der selbstsüchtigen Manipulation natürlich vorbei. Solange dies nicht der Fall ist, ist der Missbrauch nicht auszuschließen, da es unter uns immer derart geschulte Maskenträger und Manipulatoren geben wird, die so viel Angst vor Nähe in sich tragen, dass sie die Liebe oder Worte, die danach klingen, nur zur Befriedigung persönlicher Machtgelüste oder zum reinen Selbstzweck einsetzen werden. Menschen, die sich zuweilen so weit von ihrem unschuldigen Wesen entfernt haben, dass sie sich selbst, aber auch andere, nicht mehr bewusst fühlen können, bzw. wollen. Verletzte, unbewusste Seelen, die zu Racheengeln mutierten, da ihnen der Weg zur Heilung verborgen ist oder, weil die Feigheit unbewusst zu groß ist, sich mit seinen eigenen Untaten zu konfrontieren. Muss jeder für sich entscheiden, was der Grund ist, wenn er sich noch nicht auf den Weg gemacht hat, um sich seiner Schattenseiten bewusst anzunehmen.

Für die Mutigen unter uns gilt dies natürlich nicht. Die Unwilligen des inneren Wandels haben innerhalb dieses vermeintlich leichteren Weges oft nur einen Ausweg: Nach außen hin Schöngetue und nach innen hin Rache für das, was ihnen einst angetan wurde. Auch eine Lebenshaltung, und noch dazu eine sehr einfache. Ob diese jedoch erstrebenswert ist, sei dahingestellt.

Wir können auf diesem Weg andere nicht wirklich verändern, nur uns selbst, indem wir unseren Blick nach innen und unser Feingefühl schulen, unsere Grenzsetzungsfähigkeit erhöhen und eine authentische Immunität erlangen, wenn sich unser Bewusstsein erhöht, indem wir uns selbst erkennen. Alles, auch die verdrängten und unliebsamen Anteile, die wir nicht wahrhaben wollen, die uns im Außen jedoch begegnen, können wir uns bewusst machen und integrieren. Haben wir nämlich unsere Masken sowie Opfer-Täter-Spiele durchschaut bzw. beendet, können wir sie in anderen erkennen. Das dient in erster Linie auch uns selbst und unserem Wohlbefinden, da wir im Umgang mit anderen die „Spreu" vom „Weizen" bewusst trennen können. Krankmachenden Situationen gegenüber sind wir somit nicht mehr hilflos ausgeliefert. Das ist das Geschenk, das wir uns selbst geben. Das entzieht anderen die Macht über uns, da wir sie in uns erweckt haben. Eine Macht, die aus dem Bewusstsein kommt und nicht aus dem unbewussten Zerstörer und dem Übergriff auf Schwächere, um uns selbst zu erhöhen.

Wenn wir das Herz am richtigen Fleck und Bewusstheit erlangt haben, können wir irgendwann nicht mehr selbstsüchtig manipulieren, da wir zu viel verstanden und erkannt haben. Das versuche ich mit den deutlichen Worten, die ich im Buch verwende, zu erreichen. Vielleicht sind Sie manchmal entsetzt, vielleicht auch erfreut, dass jemand das sagt, was Sie sich schon immer dachten, es aber nie wagten auszusprechen. Vielleicht sind Sie ja auch entsetzt über ihre eigenen Schattenseiten, wenn Sie sich in Beispielen selbst erkennen. Diese Selbsterkenntnis jedoch, die in Verbindung mit Liebe und dem sehnlichen Wunsch nach Frieden ist, kann zuweilen Wunder bewirken und abschreckend sein, diese unbewussten, wenn auch zuweilen geringfügigen Anteile weiter auszuagieren. Schattenseiten der Unbewusstheit und deren Folgen, die nachstehend mit aufgezeigt werden. Aber nicht nur das, sondern auch deren Ursache und Wege, die da herausführen.

Die 7 Tugenden, das Rüstzeug für den Weg

Wofür benötigen wir nun diese 7 Tugenden? Was ist, wenn wir sie nicht besitzen? Welche Folgen hat das? Wie können wir sie erlangen, wie erkennen und ausbauen und wie setzen wir diese weise und zielgerichtet ein und schaffen unsere Durchbrüche zu neuen Ufern. Damit beschäftigen wir uns in diesem Kapitel.

1. Disziplin

Um etwas Neues zu erlernen, bedarf es der Disziplin. Das ist nichts Neues, das ist oftmals auch nicht leicht, aber wir kennen sie in irgendeiner Form wohl alle. Wollen wir eine neue Sprache lernen, zum Beispiel Französisch, und uns fehlen jegliche Grundkenntnisse, dann suchen wir uns einen guten Lehrer, besuchen am besten ein Kurs und gehen vielleicht sogar einige Zeit nach Frankreich. Es bedarf hoher Disziplin, Vokabeln zu lernen, die Hausaufgaben zu machen und zu üben. Der Geist muss umdenken und neue Bahnen einschlagen. Das kann dauern, kann aber auch schnell gehen. Tun wir das und halten uns diszipliniert an die Vorgaben, werden wir – außer wir sind überaus untalentiert – über kurz oder lang erfolgreich diese Sprache beherrschen. Tun wir es nicht, wird der Misserfolg unser Lohn sein. Auch wenn wir dann für die Erfolglosigkeit Ausreden erfinden, dem Ziel bringt uns das auch nicht näher.

Haben Sie nun auf anderer Ebene bereits diszipliniertes Verhalten oder Arbeiten gelernt, werden Sie sich leicht tun, auch diese „Sprache" zu erlernen. Haben Sie sich immer irgendwie „durchgemogelt", wird es schwierig, denn der Erfolg wird auf sich warten lassen.

Die Disziplin, die ich hier meine, ist eine innere Disziplin. Eine Disziplin, die notwendig ist, um den inneren Beobachter zu errichten (dazu bei den „7 Grundhaltungen“ mehr). Disziplinierte Selbstreflexionsarbeit würde ich es nennen. Sich ständig – und das meine ich wörtlich – selbst zu hinterfragen. Sich mit Fragen zu überprüfen, wie: „Welche Gedanken- und Gefühlsmuster pflege ich“. „Sind das meine, oder woher habe ich diese übernommen“. „Will ich so agieren oder reagieren, oder habe ich gar keine Kontrolle darüber, wie ich mich verhalte“ usw.

Sich selbst über das eigene Denken, Fühlen, Handeln und Sprechen kennenzulernen, ist diszipliniertes Arbeiten an sich selbst. Die Worte und Handlungen sind der Ausdruck unserer Gefühle und Gedanken und letztlich unserer ureigenen Geisteshaltung, die hinter allem steht. Wenn wir diese Automatismen, die oft genug auftreten, diszipliniert hinterfragen, kommen wir uns ziemlich gut auf die Schliche, wie und weshalb wir was denken, fühlen oder machen. Diese Disziplin, sich selbst ständig infrage zu stellen, zu durchleuchten, ist absolut notwendig, da wir uns sonst nur schwer kennen- und beobachten lernen.

Fazit: Wollen Sie eine neue Art und Weise des Denkens, Fühlens und Handelns erlernen, bedarf es der gleichen Regeln. Es bedarf der inneren und äußeren Disziplin, täglich und akribisch an dem Wandlungsprozess zu arbeiten. Erst die Pflicht, dann die Kür, was hier so viel heißt, wie: Zuerst sollten Sie ganz bewusst und diszipliniert zum Beispiel zu bestimmten Zeiten oder täglich für ihre Innenschau z. B. mittels Meditation oder was auch immer zielführend ist, etwas tun, damit Sie in sich stiller werden. Das erleichtert das Beobachten. Der Geist kann sich das angewöhnen und wird sich irgendwann Ihrer bewussten Absicht beugt. Wie Sie das genauer machen können, darauf gehen wir später ein, wenn wir das Thema „Grundhaltungen“ detailliert angehen.

Machen Sie das wenn möglich regelmäßig, sonst schleift sich das alte oder unreflektierte Verhalten schnell wieder ein. Hat sich Ihr Geist ans Neue gewöhnt, können Sie danach auch kreativer mit dem Reflektieren umgehen.

Im Grunde ist das alles kein Hexenwerk. Es ist nicht anders, als wie z. B. beim Erlernen vom Lesen und Schreiben. Erst müssen wir als Kind diszipliniert die Buchstaben üben, dann Worte und ganze Sätze abschreiben, bis wir alles zusammenfügen und unsere eigenen Gedanken in Worten zum Ausdruck bringen können. Machen wir das ungeübt oder zu früh, ist die Gefahr groß, dass sich massive Fehler in Wort oder Grammatik einschleichen und diese dann schwer zu entfernen sind. Auf der Reflexionsebene gelten ähnliche Gesetze. Lernen bleibt lernen, aber das ist ja nicht fremd, denn irgendwann hat jeder mal gelernt. Manche machen es sogar fortwährend, was für „das am Ball bleiben" in unserer heutigen sich schnell wandelnden Berufswelt wohl schon unvermeidbar ist.

Aber Vorsicht! Machen Sie aus Ihrer Disziplin, egal welcher bewussten Veränderung sie dient, keinen Leistungstrip. Wenn Sie das merken, verändern Sie sofort den Ablauf oder versuchen Sie etwas Neues. Disziplin sollte der Verwandlung dienen und nicht zu einem Götzenbild mutieren, an dem Sie der Disziplin halber krampfhaft festhalten. Dann dient dies eher der Abhängigkeit als der Befreiung aus alten Mustern!

2. Kontrolle

Kontrolle, ein unliebsames Wort. Wer kennt es nicht? Wer jemals eine Diät gemacht hat, weiß, was es heißt, sein Essen und Essverhalten zu kontrollieren. Ständig muss man sich überprüfen, beherrschen, verzichten usw. Das ist anstrengend, denken Sie vielleicht. Ja, für den, der es wohl noch nicht oft gemacht hat und kein wirklich starkes Motiv hat. Wer das schon öfter durchgezogen hat, weiß, dass nur der Anfang schwer ist, die Beherrschung dann aber zu einem Selbstläufer wird. Diese Art von Kontrolle benötigen Sie hier auch. Ähnlich wie bei einer Diät müssen wir lernen unseren geistigen und emotionalen Unrat auszusortieren. Wir müssen lernen, Gedanken und Gefühle, die uns oder anderen nicht guttun oder uns von unserer Lebendigkeit trennen, vom Speiseplan zu nehmen und durch gesundes Denken und Fühlen zu ersetzen. Gedanken- und Gefühls-, aber natürlich auch Handlungsdiät ist notwendig, um diese neue „Sprache“ der Interpretationslosigkeit zu erlernen. Interpretationen, alte Denkmuster und automatisierte Handlungsweisen aufspüren und an die Kontrollleine nehmen. Gedanken nicht zu Ende denken, die nicht gut für uns sind. Gefühle gezielt stoppen, die uns negativ stimmen, Handlungen, die immer die gleichen unliebsamen Folgen verzeichnen, sein lassen usw. Also, Kontrolle in Form von sich in seinem Denken, Fühlen, Sprechen und Handeln zu kontrollieren ist unabdingbar. Denn nur wenn wir das alte und eingefahrene Muster erkennen, können wir es stoppen und uns neu ausrichten. Und das ist unsere wahre Macht, die über uns selbst bzw. unser Unbewusstes.

Die Kontrolle, die wir für uns benötigen, ist natürlich nicht die Kontrolle, die wir über andere ausüben. Entwickeln und verstärken wir unsere Selbstkontrolle, hört auch der Kontrollmechanismus anderen gegenüber auf. Wir müssen das Leben, andere Menschen oder Situationen nicht mehr kontrollieren, wenn wir lernen, uns selbst in unseren ungesunden Mechanismen an die Leine zu legen. Diese Kontrolle hat als Bruder natürlich die Disziplin an ihrer Seite, ein Paar, das untrennbar miteinander verbunden und zu gleichen Teilen notwendig ist, denn alte Muster sind dafür bekannt, dass sie sich schnell und unmerklich verselbstständigen können. Legen wir diese erkannten Selbstläufer nicht bewusst an die geistige Leine, neigen diese dazu, von selbst und unkontrolliert loszurennen. Je später uns das auffällt, umso schwerer ist es, diese wieder zu stoppen. Das ist wie bei Pferden, die durchgehen. Kennen wir das Pferd nicht, das uns durchgeht, und haben wir es nicht bewusst an den Zügeln, schmeißt es uns unversehens ab, rennt weg und wer weiß, wann wir es wieder einfangen können und welchen Schaden es in der Zwischenzeit anrichtet. Das Pferd steht selbstverständlich für unsere inneren negativ wirkenden, einengenden und destruktiven Muster. Aber, um sie an die Leine zu bekommen, müssen wir sie natürlich erst erforschen und wir müssen einsehen, dass sie unser Leben unschön beeinflussen, sonst macht das alles keinen Sinn.

3. Einsichtsfähigkeit

Einsicht ist eine besondere Form von Verstehen. Verstehen passiert bekanntlich vielfach im Kopf. Wir verstehen einen Rechenweg, wenn wir eine mathematische Gleichung lösen wollen. Wir verstehen aber auch viel „mit dem Bauch". Wir verstehen zum Beispiel das Verhalten eines anderen. Wir empfinden Mitgefühl mit dem anderen, da wir schon in einer ähnlichen Situation waren und nachfühlen können, wie sich der andere fühlt und weshalb er zum Beispiel wütend reagiert. Aber vielfach haben wir auch nur Mitleid. Hier tut uns der andere leid, uns fehlt die Empathie, wir erheben uns über den anderen und werten uns auf Kosten des anderen auf. Diese Variante ist nicht auf Augenhöhe, der eine erhebt sich über den anderen, mit Nächstenliebe hat das wenig gemeinsam. Leider eine weitverbreitete Form des Mitfühlens.

Diese Form des Verstehens in puncto Einsichtigkeit ist hier nicht gemeint, obwohl die ehrliche Empathie eine natürliche Folge ist. Das Mitleid hingegen ist der falsche Bruder. Die Einsichtsfähigkeit, die hier gemeint ist, ist notwendig, sich selbst zu verwandeln. Es ist die Fähigkeit, dass wir zu allererst einsehen, dass etwas zu verändern ist. Dass wir eine Schmerzgrenze für unser eigenes Leben, aber auch in der Gesellschaft erreicht haben, die eine neue Geisteshaltung im Ganzen, aber auch ein Umdenken und „Umfühlen" erforderlich macht. Einsichtsfähigkeit in Form von Selbsterkenntnis. Krankmachendes zu erkennen und fähig zu sein, es einzusehen, dass das nicht der goldene Weg sein kann. Einsicht im Sinne von Feedbackfähigkeit. Verhalten oder Wortmuster einsehen, dass sie uns und anderen schaden oder uns abtrennen, uns vom Hier und Jetzt und unserem inneren Frieden abhalten. Und das bis hin zur Einsichtsfähigkeit, dass wir mehr aus Anerzogenem und unreflektiert übernommenen Mustern agieren als aus unserem wahren inneren Wesen heraus. Einzusehen, wenn etwas total schiefläuft, und dafür unseren Teil der Verantwortung zu übernehmen und nicht den anderen die Schuld zuweisen. Einsicht, dass wir unser Glück oder Unglück selbst in der Hand haben und dass alles, was uns passiert oder nicht, von uns selbst – zumeist unbewusst – geschaffen wurde. Einsicht, dass wir nicht nur Opfer der Lebensumstände sind, sondern diese unbewusst selbst herbeigeführt haben, um einsichtig zu werden und die volle Verantwortung für unsere Schöpfungen zu übernehmen. Einsichtsfähigkeit, dass das Leben gerecht und liebevoll zugleich ist. Einsicht, dass wir auch Täter sind, wenn wir nicht gerade in der Opferrolle brüten. Die Einsicht, dass es einen anderen Weg geben muss, der uns aus dem ständigen Freude-Trauer-Spiel erlöst.

... und manchmal auch einsichtig, dass wir doch keine solchen Gutmenschen sind, wie wir es gerne wären, sondern Maskenträger, die unbewusst darauf warten, entdeckt und erlöst zu werden. Nicht zu vergessen: Die Einsicht der negativ gestimmten „Aschenputtel" und „Taugenichtse" unter uns, die sich nur abwerten und keine Selbstachtung haben, dass sie einer riesigen Lüge aufgesessen sind, wenn sie sich einreden, schlecht, nicht gut genug oder böse zu sein, denn die Wahrheit ist das nicht. Das sind nur alte eingeredete Glaubenssätze aus der Vergangenheit, die darauf warten, ausgemerzt zu werden, um der wahren menschlichen Würde Platz zu machen.

Uneinsichtigkeit ist anstrengend, es ist ein ewiger Kampf gegen sich selbst, gegen andere und das Leben. Einsichtigkeit ist zuerst vielleicht schmerzhaft, uns selbst und der Wahrheit über uns selbst ins Auge zu sehen, aber es heilt. Unter dem Motto: Erkenne die Wahrheit und die Wahrheit wird dich heilen! Anders ausgedrückt: Erkenne, wo du glaubst Opfer zu sein, doch selbst Täter bist!

Diese Fähigkeit der Einsicht, die eher mit Erkenntnisfähigkeit gleichzusetzen ist, ist hier gemeint. Sie ist unabdingbar, auch wenn wir genug Disziplin und Kontrollfähigkeit besitzen. Sehen wir nicht ein, wo oder dass unsere unbewusste Haltung zu uns selbst oder zum Leben, unsere Worte oder unser Denken und Fühlen Schaden zufügen, bleiben wir auf halber Strecke stecken und kommen keinen Deut in und mit uns weiter. Sind wir also stur davon überzeugt, dass wir alles „richtig" machen und immer die anderen „schuld" sind an unseren schlechten Gefühlen oder Umständen, und sind wir unwillig unseren Teil der Verantwortung mit zu übernehmen, ist dieser Weg der falsche. Und, ich kann aus Erfahrung fast sagen, aussichtslos, außer wir merzen unsere Sturheit und Verantwortungslosigkeit aus. Was natürlich geht, wenn man will und weiß, wofür man es tut: seinen inneren Frieden!

4. Zielorientiertheit

Wenn man kein Ziel hat, ist kein Wind oder Weg der richtige. Nun, das versteht sich von selbst: Wollen wir nichts ändern und im alten Leid hängen bleiben, anstatt uns zu wandeln, Neues zu erlernen, unbekannte Ufer zu erkunden, bringen alle anderen Attribute auch nichts. Wir müssen wissen, was wir wollen. Im Alten verhaftet bleiben oder uns neu erfahren und bewusst neu erschaffen. Das hat etwas mit Ziel und Entscheidung zu tun, auch wenn wir nicht wissen, wohin die Reise geht. Alles andere macht auch wenig Sinn.

Die Energien bündeln

Nehmen wir an, Sie wollen ein neues Auto, haben aber noch nicht genug Geld dafür, was machen Sie dann? Ist der Wille, Wunsch bzw. das Ziel stark genug, sind Sie doch durchaus bereit, einiges dafür zu tun, oder? Sie verzichten beispielsweise auf Urlaub, Kino, machen Überstunden, nehmen einen Kredit auf – den Sie natürlich auch noch abbezahlen müssen – oder fragen andere um Unterstützung, um Ihr Ziel baldmöglichst zu erreichen. Sie sparen oder arbeiten mehr, greifen stille Reserven an oder Ähnliches. Eines ist sicher, ist Ihnen das Ziel wirklich wichtig, werden Sie dafür kämpfen, auch wenn es Strapazen und Verzicht bedeutet. Sie bündeln Ihre Energie! Sie konzentrieren sich darauf, Sie wissen, wofür Sie schuften. Nun gut, es ist klar, was Sie benötigen, um diesen Weg einzuschlagen. Mit „Schauen wir mal, dann sehen wir schon" kommen Sie auch nicht an Ihr ersehntes Auto. Sie müssen es sich vorstellen können, Sie müssen davon träumen, es muss Sie ganz in seinen Bann ziehen. Dann schaffen Sie es auch, das ersehnte Auto irgendwann (legal versteht sich) zu besitzen. Früher oder später ist es so weit.

So, diese immense Zielgerichtetheit brauchen Sie! Aber nicht, um ein Auto zu bekommen, sondern um sich selbst zurückzuerobern. Sie müssen bereit sein, etwas dafür zu tun, es zu wollen, sich auf Ihre innere Freiheit, Ihre Lebendigkeit, Ihre Liebe und Ihren inneren Frieden zu konzentrieren. Sie müssen dranbleiben, sich selbst ständig überprüfen, alles dafür Notwendige tun, um Ihrem ersehnten Wunsch näher zu kommen. Sie verzichten vielleicht auf andere Dinge, wie Negativität, Machtspielchen, Gutmensch-Allüren, Egogehabe, Kontrollzwang über andere, und erforschen stattdessen sich selbst bzw. Ihr Unbewusstes. Und wenn Sie glauben zu scheitern oder nicht weiterzukommen, dürfen Sie Ihr Ziel nie aus den Augen verlieren, sondern Sie müssen wieder aufstehen und voranschreiten. Sie wissen, wo Sie hinwollen, und ändern dafür Ihre Richtung! … Auch, wenn es manchmal anstrengend ist, oder eben nur so empfunden wird, da die alten Mechanismen, an die wir uns unbewusst klammern, einfach nicht verschwinden wollen! Das ist wie mit einer Sucht. Wer hat keine? Angefangen von Schokoladensucht über Rauchen bis hin zum Drogenkonsum und Workaholic-Zwang. Alles Süchte, die wir hart verteidigen. Gründe, wofür wir diese brauchen, findet jeder, da sind wir bekanntlich erfinderisch, bis wir felsenfest entschieden haben, das zu ändern. Diese entschieden auftretenden Menschen schaffen es bekanntlich auch und meist fällt es denen dann auch gar nicht so schwer, wie vorher befürchtet. Denn die Entscheidung hat die notwendige Kraft hervorgerufen.

Aber warum diesen Erfinderreichtum nicht nutzen, um neue Wege zu suchen? Um sich neu zu entdecken, das Alte loszulassen? Inneres Wachstum ist wie Suchtentzug. Erst muss ich die Droge kennen (zum Beispiel meinen Zwang, alles und jeden zu kontrollieren, oder meine grenzenlos egomanische Selbstdarstellungssucht), dann muss ich darauf achten, wann dieser Mechanismus einsetzt, mich hinterfragen, welche Angst dahintersteckt, dass ich das brauche, und nach anderen Lösungen suchen. Sucht und Suchen sind ein und dasselbe. Eine Sucht entwickelt sich aus Hilflosigkeit, zu glauben, keine andere Wahl zu haben und wie eine Marionette automatisch beim Auslöserreiz agieren zu müssen. Unbewusst, unkontrolliert, mechanisch. Ein Süchtiger ist ein Suchender, der noch keinen anderen erlösenderen und heilsameren Weg für sich gefunden hat.

Das aktuellste Beispiel dafür ist für mich Michael Jackson. Ein nach Liebe und innerem Frieden Hungernder, der im Außen nicht fand, was er im Innen hätte erreichen können, hätte er nur Bewusstsein über den Sinn seines Leidensweges erlangt und sich im Innen bewusst aufgeräumt. Dann wäre er wohl noch da. Er kannte wohl trotz seines unglaublichen Talentes nur einen Weg: den unbewussten und selbstzerstörerischen Akt des Abtötens der inneren Leere mittels Medikamente. Außen reich – innen arm. Denn wahre Liebe und inneren Frieden hat er trotz der Erfolge im Außen nie gefunden, auch wenn er jetzt endlich in Frieden ruht. Ein großes Beispiel für die Illusion, dass Geld friedlich macht. Dankbarkeit sollte uns erfüllen, wenn wir seine Leidensgeschichte hören, die uns aufrüttelt, einen anderen Schmerzerlösungsweg aktiv zu finden.

Fazit: Wir brauchen ein Ziel, wir müssen die Sucht nach alten unbewussten Mechanismen anerkennen, uns beobachten, wann diese auftreten, und neue Entscheidungen treffen. Sofort ist die Wirkung oder das Ergebnis, das wir zum Beispiel in einem Gespräch oder einer Situation erzielen, ein anderes. Ursache und Wirkung. Daran erkennen wir sofort, dass wir alles, was uns widerfährt, selbst erschaffen. Handeln wir neu, machen wir eine andere Erfahrung. Ein neuer Weg wird eingeschlagen. Aber wir müssen schon wissen, welche Ergebnisse wir erzielen wollen, sonst schwimmen wir wieder wahllos als Opfer der Umstände oder eher unserer eigenen Hilflosigkeit durch die Gegend.

Nichts ändert sich, außer ich weiß, wer ich sein will, und ich richte mich entsprechend neu aus.

Bewusste und unbewusste Ziele überprüfen

Nun fragen Sie sich, wer Sie sein wollen, und überprüfen Sie, wo Sie sich zielkonform und wo vom Ziel abweichend verhalten. Wie Sie das ganz gezielt machen können, werden wir in Teil III noch genauer aufgreifen.

Wir haben so viel Einfluss auf die Ergebnisse unserer Erfahrungen, das muss uns einfach mal klar werden. Schreie ich immer gleich herum, wenn ich einen vermeintlichen Angriff höre, werde ich immer Konflikt, Missverständnis und Frust ernten. Greife ich immer gleich zur Flasche oder werfe Medikamente ein, wenn ich mich angegriffen, gedemütigt oder hilflos fühle, werde ich nie die Ursache meiner Hilflosigkeit und meine Kraft, etwas zu verändern, erkennen. Entscheide ich mich einfach mal nur zuzuhören, ohne gleich zurückzuschießen oder mal nicht in Suchtmittel zu flüchten, weil ich in meine unbewussten und unaufgeräumten Schmerzmechanismen abrutsche, wird das Ergebnis zwangsläufig ein anderes sein. Gegenseitiges Verstehen oder auch das Verstehen meines Selbst vielleicht? Annäherung, Verständnis, Liebe?

Sie sehen, Sie haben mit Ihrem Handeln, Denken und Fühlen alles selbst in der Hand. Entscheiden Sie sich einfach mal – falls Sie so jemand sind, der immer gleich zurückschießt oder flüchtet, da er sich ständig angegriffen fühlt – für das Zuhören und Verstehen des Standpunktes des anderen und hören und verstehen Sie auch sich selbst. Das ist doch ein Ziel? Dann einfach mal beobachten, was passiert. Ein Wunder, und das haben Sie selbst geschaffen! Denn, aus Angst sind Verbindung und Verständnis entstanden. Nicht Kampf und Tränen, sondern Nähe und Freude sind vielleicht die Folgen. Ausprobieren, kann ich nur raten, dann selbst entscheiden, ob Sie das wollen oder nicht. Vielleicht stellen Sie ja fest, dass Sie den Kampf lieben, da er Ihnen Macht über den anderen gibt oder Sie – so wie auch in der Kindheit – sich hilflos fühlen lässt, was Sie immer wieder unbewusst wollen, weil das für Sie Liebe bedeutet und Sie sich in der Hilflosigkeit vermeintlich „sicher" fühlen. Dann wissen Sie, dass Sie unbewusst auch ständig ein Ziel verfolgen, das Sie auch immer erreichen. Also müssen Sie das anerkennen und umprogrammieren, wenn Sie mehr Frieden und wirklich Nähe wollen. Sie werden erkennen, dass Sie das niemals fordern oder erwarten müssen, sondern einfach selbst machen können und ernten.

Fazit: Überprüfen Sie also zuerst Ihre Ziele, auch die unbewussten. Wir erreichen diese immer und wissen manchmal nicht weshalb. Das geschieht, weil wir es unbewusst nicht anderes wollen. Das müssen wir aber erst mal einsehen. Dass unser inneres verletztes Kind zum Handlungsziel Streit statt Versöhnung hat, da es sonst seine unglaubliche Wut auf sich selbst, Papa, Mama oder das ungerechte Leben an sich nicht austoben kann. Wenn Sie sich umentscheiden, muss Ihnen Ihr unbewusstes Motiv klar sein, sonst können Sie es nicht umprogrammieren. Außerdem müssen Sie den Sinn von Frieden und Nähe erkennen und wollen. Und das zu jedem Preis. Der höchste Preis, den Sie zahlen werden, ist, den alten Kampf gegen sich und das Leben loszulassen. Und dieses Ziel muss enorm stark sein, sonst kommen Sie aus dem alten Angst- und Kampf-Muster nicht raus. Vielleicht wollen Sie das ja auch gar nicht, da Sie lieber Ihre Lebenskraft aus der Gehässigkeit, der Kampflust oder dem Hass auf andere für sich herausziehen wollen. Das ist dann aber Missbrauch und der hat Folgen. Diese verantwortungslose Strategie ist auf Dauer nur sehr destruktiv und eigentlich schwach. Aber es geschieht leider unaufhörlich, wenn das Bewusstsein und die Verantwortung fehlen. Eine Todesschleife, die uns alle dahin gebracht hat, wo wir für uns selbst und als Gesellschaft stehen. Das muss uns klar sein. Wir können so weitermachen, müssen aber die Verantwortung für die Folgen übernehmen … Und irgendwann, wenn wir uns nicht bald umentscheiden, werden wir selbst und als Folge unsere Gesellschaft darin ersticken. Und das hat jeder Einzelne zu verantworten, wenn wir uns keine neuen Ziele setzen und uns bewusst ändern! Macht das für Sie Sinn? Dann los: Neue Ziele setzen, sich neu definieren, sich neu erschaffen!

5. Innere Stärke

Sie brauchen im Weggepäck auch „innere Stärke". Diese innere Stärke ist, wie das „Interpretationslose Kommunizieren" in sich auch, wieder so etwas wie das Alpha, das Omega sowie der Weg dorthin. Auf der einen Seite benötigen Sie innere Stärke als Voraussetzung, um diesen neuen Weg einzuschlagen, auf der anderen Seite wird aber auch die innere Stärke oder Größe ein Ergebnis sein. Das ist ein Widerspruch in sich, denken Sie vielleicht. Das ist es jedoch nicht. Die innere Stärke als Grundlage werden Sie benötigen, da Sie ein Mensch sein sollten, der Kraft besitzt. Kraft, alte Fesseln zu sprengen, neue Wege einzuschlagen, unbekannte Pfade zu erforschen. Dazu bedarf es Stärke! Sie müssen den Geist eines Kämpfers in sich tragen, der weiß, wofür er kämpft. Kein Kämpfer, der von alter und unerlöster Wut getrieben gegen das „Böse" da draußen antritt, nein, ein friedvoller Krieger, der zu allererst seinen eigenen inneren Kampf aufnimmt. Den Kampf gegen seine eigenen „Dämonen" oder negativen Gedanken im Kopf, die ihn quälen – vorausgesetzt er ist sensibel und bewusst genug, dass sie ihn bereits quälen.

Denn, sind diese destruktiven Gedanken total verdrängt, wie bei so manchem unbewussten Gutmenschen, sind sie noch nicht bekämpfbar und die innere Schlacht kennt keinen Gegner, außer Feindbilder im Außen. Diese sind hier nicht gemeint! Das Außen ist nur die Reflexion unseres unbewussten Inneren, das uns zeigt, wo Aufräumen in uns selbst angesagt ist. Diese Feindbilder sind in uns, sonst könnten sie uns nicht begegnen. Da greift das Gesetz der Anziehung und auch das ist – egal, ob wir es so wollen oder nicht – unumstößlich, wie die Schwerkraft. Immer am Wirken, auch wenn wir es nicht glauben wollen oder uns nicht damit befassen.

Für sich auf- und einstehen

Also, Sie sollten jemand sein, der bereit ist, auch abseits der Masse sich selbst zu finden. Für sich und seine Suche einzustehen, gegen menschenunwürdige Ungerechtigkeit auch mutig aufzustehen, aber vor allem für seine Wahrheit einzutreten. Sie sollten jemand sein, der bereit ist, Fehler zu machen, wenn er sich selbst neu entdecken will. Aber, bevor Sie all das machen, sollten Sie auch ehrlich zu sich selbst sein. Stehen Sie auch zum eigenen Ist-Stand der Bewusstheit oder Unbewusstheit, ohne diesen als gut oder nicht gut zu bewerten. Dann erlauben Sie sich Unbekanntes auszuprobieren, mal auf die Schnauze zu fallen und wieder aufzustehen. Etwas zu lernen und Feedback anzunehmen oder bewusst abzulehnen, wenn es destruktiv ist. Dazu bedarf es innerer Stärke. Stärke die aus der Klarheit entspringt.

Schwache und unbewusste Menschen gehen in Deckung, verstecken sich hinter anderen, mobben feige herum, lehnen Rückmeldung von anderen gänzlich ab. Sie vermeiden ehrliche Konfrontation und schlagen rachsüchtig hintenherum zurück oder ziehen den berühmten „Schwanz" ein. Stichelnd und/oder heimtückisch suchen sie nur einen Weg: den bequemsten und feigsten. Sie sind nicht bereit, sich aus der Masse zu erheben, ihr Rückgrat aufzurichten und für positive Veränderung einzutreten. Sie verstecken sich hinter der Masse und drehen ihr Fähnchen nach dem Wind, immer mit dem Ziel, nicht entdeckt und von außen versorgt zu werden. Hintenherum spinnen sie dann nicht selten ihre fiesen Machtfäden, um andere ins offene Messer laufen zu lassen.

Veränderungen müssen andere machen, tun es diese „anderen" – wer auch immer das sein soll – nicht, sind die Duckmäuser die ersten, die sich das „Maul darüber zerreißen". Hauptsache, die Schuldfrage ist geklärt, und sie waschen ihre Hände in Unschuld. Diese Zeitgenossen werden wenig Chance haben, einen neuen und schon gar nicht den „interpretationslosen" Weg des „Kommunizierens" zu beschreiten. Sie sind dafür zu feige, befürchte ich. Mut und innere Stärke sind dafür notwendig. Denn, wenn Sie anfangen, sich selbst infrage zu stellen, Dinge zu hinterfragen – und somit zwangsläufig schon anders sind als andere, denn die Masse interpretiert fast nur –, werden Sie auch oft genug auf Widerstand von außen stoßen. (Auf inneren Widerstand eigener Abwehrmechanismen schon auch, das sollte uns bewusst sein, wollen wir voranschreiten). Interpretation ist für die meisten Menschen normal und sogar irrwitziger weise gesellschaftsfähig!

Die Masse will keine Veränderung. Sie schreit danach, fängt aber nicht bei sich selbst an. Wenn Sie das für sich jedoch beschließen, und diese Entscheidung muss eine Lebensentscheidung sein, werden Sie Stärke brauchen, den Weg zu gehen. Frei nach dem Motto: „Dieser Weg wird kein leichter sein, dieser Weg ist steinig und schwer …", auch wenn die Früchte der Arbeit unvorstellbar süß sind. Das sollte Ihnen klar sein, wenn Sie gehen! Sie werden vielleicht „blöde" angesehen, abgelehnt, ausgegrenzt oder sogar bekämpft; und um das auszuhalten, braucht ein Mensch, der sich aus dem normalen Alltagsgeplapper entfernt, Rückgrat! Wer hat nicht das Angstthema: nicht dazuzugehören, abgelehnt zu werden, oder Ähnliches? Wohl jeder irgendwie, irgendwo. Deshalb brauchen Sie innere Stärke und ein Ziel vor Augen, auch wenn es andere nicht für erstrebenswert halten, da sie eben in der verantwortungslosen und schuldzuweisenden Masse mitschwimmen wollen. Sie müssen die Transformation aber für sich als Ziel haben. Sie tun das ja auch für sich und Ihre Befreiung und werden als Folge Wegbereiter für die anderen. Aber nicht umgekehrt!

Anmerkung:
Vorsicht, tun Sie es nicht dafür, um andere zu beeindrucken, dass Sie anders sind, oder um den anderen Menschen zu zeigen, dass diese nicht richtig „ticken" und Sie der Bessere sind, das wird zur Falle! Sie werden im Endergebnis dieses Weges nämlich keine Macht über andere bekommen, nur Macht über sich selbst! Diese Illusion müssen Sie erkennen. Nutzen Sie es auch nicht, um andere zu beherrschen, sondern um über sich selbst zu herrschen und Ihre negativen Denkmuster auszuhungern. Tun Sie es, um etwas Gutes zu erschaffen, von dem das Wohl der Gesellschaft profitiert und mehr Friede auf Erden entsteht! Das ist auch Macht, jedoch eine andere! Die Macht, etwas Gutes zu erschaffen und nicht andere zu unterjochen und die Puppen tanzen zu lassen! Es ist eine leise Macht, keine laute. Diese Macht ist die Macht der Liebe und Demut, die beobachtet, wie das neue Sein wundervolle Veränderungen bewirkt. Es ist die schönste Macht, die es gibt. Sanft und in sich ruhend schöpferisch zu wirken, auch wenn die innere Klarheit zuweilen harte und deutliche Worte der Abgrenzung oder Bewusstmachung spricht. Das eine schließt das andere ja nicht aus. Sein Leben zu meistern und lebendig zu sein heißt ja auch: Alles, was ist, zu bejahen, situationsgerecht zu handhaben und nichts zu verleugnen oder auszugrenzen. Denn zum Beispiel auch Zerstörung muss nicht negativ sein, sondern ist zuweilen notwendig, um Neues hervorzubringen. Lehne ich destruktive Energien ab, fehlt etwas immens Wichtiges in meiner Ganzheit und inneren Größe.

Eine natürliche innere Größe entsteht

Der Anfang und das Ende dieses erstrebenswerten Weges ist, wie erwähnt, diese innere Stärke, die nicht missverstanden werden sollte. Gehen Sie Ihren Weg, folgen Sie Ihrem Leitstern und erschaffen Sie sich neu. Sie werden als Folge eine natürliche innere Größe hervorbringen, die mit nichts zu vergleichen ist. Sie werden authentisch, unbestechlich, liebevoll, würdevoll, klar und frei. Sie stehen aufrecht da, offen, liebend und annehmend, jedoch fähig, Tätern gegenüber Grenzen zu setzen und sich nicht mehr gegen Ihren Willen von anderen missbrauchen zu lassen. Sie haben es aber auch nicht mehr nötig, sich auf Kosten anderer zu erhöhen. Sie haben sich von Ihrer alten Haut befreit, nehmen das Leben, wie es ist, klären, hinterfragen, sind mit sich und anderen wirklich verbunden. Das wünscht sich zwar jeder, für die Masse ist das aber unheimlich. Da haben wir unseren Anfang und das Ende der inneren Stärke. Eine Kraft strahlt aus Ihnen, die aus ihrem Inneren heraus geboren wurde.

Also, kein Weg für Wegschauer, Verstecker oder Mutlose, sondern ein Weg für Krieger, die bereit sind, nach innen zu leuchten, sich und ihre eigenen Schattenseiten zu erkennen und zu integrieren. Es bedarf Menschen, die unbeirrt ihren Weg durch das Dickicht der Unbewusstheit in das Bewusstsein gehen und den Mumm haben, für ihre innere Wahrheit einzustehen. Feigheit ist hier fehl am Platz. Mut, sich das bei sich anzuschauen, wovor wir zurückschrecken, brauchen wir auf diesem Weg. Wir haben alles in uns, auch die Eigenschaften, die wir an anderen hassen, und um die aufzudecken, brauchen wir Mut und Stärke. Sind diese jedoch erkannt und integriert, verwandelt sich die Anklage, dass der andere so, wie er eben ist, nicht okay ist, in Demut und Klarheit, die der Desillusionierung entspringt, da wir uns im anderen selbst erkannt haben.

6. Dankbarkeit

Wir brauchen mehr Dankbarkeit! „Ja", denken Sie vielleicht, „das kann ich brauchen. Wie viel gebe ich, und wie wenig Dank erhalte ich! Ja, die Menschen müssen endlich dankbarer werden." So reagieren Sie vielleicht. Fehlzündung! Hier ist unsere eigenverantwortliche Dankbarkeit gemeint. Wir selbst sollten uns fragen, wie dankbar wir eigentlich sind. Dankbar wofür? Dankbar, dass wir geben und keine Anerkennung bekommen, oder was? Das ist leider die falsche Richtung!

Die Augen öffnen für das alltägliche Glück

Dankbarkeit, die in uns wohnt, da wir das Leben schätzen. Dankbarkeit, dass wir da sein dürfen, dass wir Familie, Freunde, Talente, Arbeit, Geld, ein Heim oder Haustier besitzen. Oder, dass wir nichts dergleichen haben, weil das eben gerade so ist. Dankbar, dass wir gesund sind oder jemanden haben, der uns mag. Dankbar, dass wir lernen dürfen, dass wir Erfahrungen machen können. Dankbar, dass wir geben dürfen, dass jemand unsere Hilfe annimmt und vielleicht den gut gemeinten Rat sogar umsetzt. Dankbar, dass wir Kinder haben, die uns lieben, egal wie gut oder schlecht wir drauf sind. Dankbar, dass uns Vater Staat Harz IV gewährt, wenn wir bedürftig sind, und uns ohne Zutun versorgt. Für alles im Leben können wir dankbar sein.

Aber was ist real? Meist das Gegenteil. Wir beklagen uns, fordern mehr, sehen nicht das Schöne im Leben, im anderen, in den täglichen Kleinigkeiten, die uns geschenkt werden. Nein, dankbar sind wir nur für das, was wir wollen und auch genau so bekommen, und dann noch überlegen, ob wir uns durch ein „Danke" nicht etwas vergeben. So geht es leider nicht. Damit verbauen wir uns alles, vor allem die eigene Erfahrung, Dankbarkeit fühlen zu dürfen. Denn, wenn wir „Danke" denken oder sagen, schwingt automatisch das Empfinden von Dankbarkeit in uns. Das ist so. Wie das Gesetz der Schwerkraft. Verstehen müssen wir es nicht, trotzdem ist es nun mal so. Dankbarkeit ist eine Haltung, die uns nährt. Sind wir dankbar, erfahren wir Dankbarkeit. Egal ob ein anderer diese uns zukommen lässt, das können wir selbst besorgen. Wir brauchen kein Außen, um Dankbarkeit zu fühlen. Wir müssen es nur selbst sein, und schon können wir diesen wunderbaren Strom in uns spüren. Ausprobieren, es ist schön!

Es gibt so viel, wofür wir dankbar sein können. Wir hängen immer nur an unseren Vorstellungen, wofür wir Dank erhalten wollen. Was mühen sich manche Menschen ab, um einen Tropfen Dankbarkeit zu ernten? Geben Sie es sich selbst. Seien Sie einfach mal einen Tag für alles, was Ihnen begegnet, dankbar. Egal, ob es eine gute oder schlechte Erfahrung ist. Es ist eine Erfahrung. Ob sie gut oder schlecht für Ihre Entwicklung ist, können Sie sowieso in diesem Moment noch nicht beurteilen. Seien Sie einfach mal dankbar und warten Sie ab. Dankbarkeit ist wie Magie. Sie verzaubert alles. Sie können damit die vermeintlich grauenhafteste Erfahrung verwandeln. Im Nachhinein betrachtet können Sie dann feststellen, was daraus entstanden ist. Verlieren Sie vielleicht Ihre Existenz, Familie, den Partner oder was auch immer, was Ihnen lebensnotwendig erschien, so machen Sie vielleicht eine wunderbare neue Erfahrung. Das kann auch einfach nur die Erkenntnis sein, dass Sie meinten, etwas zu Ihrem Glück zu brauchen, was Sie in sich nicht zu finden glaubten. Nun bekommen Sie, durch ein äußeres Ereignis vom Leben die Chance, es in sich selbst zu entdecken oder neue und kreative Wege zu gehen. Wege, die zu beschreiten Ihnen der Mut gefehlt hätte, hätte kein „Drama“ Ihr „ruhiges“ Leben zerstört. Dass sich solche Erfahrungen im Geschehensprozess grauenhaft anfühlen, ist natürlich so, das weiß ich selbst nur zu gut. Aber sie lösen – lassen wir uns ein – diese tiefen Transformationsprozesse aus, die wir zur inneren Verwandlung brauchen.

Dankbarkeit ist ein Vorschuss, kein Lohn

„Dafür soll ich dankbar sein, dass das Leben mir so übel mitspielt?", fragen Sie sich vielleicht. Ja, das sollten Sie. Dankbarkeit ist wie ein Existenzgründungsdarlehen, wenn jemand etwas Neues beginnt. Sie geben sich selbst den Glauben und das Vertrauen, dass Sie stärker und größer sind, als Sie bisher waren. Dankbarkeit hat auch etwas mit Hingabe zu tun. Sich, das Leben und den Weg, den das Leben einem schenkt, anzunehmen. Das heißt nicht: Hände in den Schoß legen, sondern Augen aufmachen und auf Chancen schauen, auf das, was das Leben zeigen will. Alle Schicksalsschläge, die wir erleiden, sind keine willkürliche Sache eines ungerechten und zornigen Gottes, sondern Windböen des Lebens, die uns, wenn wir reif dazu sind, darauf hinweisen, eine weitere Entwicklungsstufe anzutreten. Inneres Wachstum ist das Ziel des Lebens. Lernen, Erfahrungen sammeln, seine eigenen Fähigkeiten herausfinden und mit anderen teilen. Wenn wir lernen diese „Hiebe" des Lebens dankbar anzunehmen, auch die Seitenhiebe von fiesen Gesprächspartnern, wachsen wir unaufhörlich. Selbst ein Angreifer ist ein Hieb, der uns zeigt, wo wir stehen, wie gelassen wir sind, wie gut wir Grenzen setzen können, wie wach und geheilt oder ungeheilt wir sind. Alles hat seinen Sinn. Alles dient zum inneren Wachstum und zur Selbstvervollkommnung.

Also, fangen Sie an, täglich dankbar zu sein. Dankbarkeits-Kredit zu geben, als diesen einzufordern, um es mit anderen Worten auszudrücken. Nicht warten, bis der andere dankbar ist, sondern einfach eine innere dankbare Haltung üben, gegenüber allem, was kommt. Neutral, egal, was kommt, ohne zu werten. Die schlimmsten Dinge sind oft die besten Lehren, die uns das Leben schenkt. Alles nur, damit wir wachsen. Das ist so, beobachten Sie selbst. Wenn das nun so ist, können Sie dem Leben doch auch ein Stück entgegengehen, indem Sie es umarmen, das heißt einfach dankbar zu sein für jeden Morgen, jeden Tag, jede Erfahrung.

Dankbar sein heißt lebensbejahend sein

Wofür brauchen wir das alles? Um interpretationslos kommunizieren zu können, steht nun vielleicht wieder im Raum. Interpretationslos zu kommunizieren ist ein Weg und ein Ziel. Verbalattacken helfen uns, uns selbst zu prüfen. Wir können uns selbst erkennen, wie gelassen und liebevoll, wach und bewusst, wertfrei und interpretationslos wir sind, wenn wir Härtetests ausgesetzt sind. Wer kennt das nicht, der an sich arbeitet. Wir glauben schon ganz weit zu sein, dann begegnet uns eine echte Herausforderung, wie ein unerwarteter Leistungstest in der Schule. Wofür ist der gut? Zur Selbstüberprüfung und zur Erlangung innerer Reife. Aus der Natur wissen wir doch auch, dass eine reiche Ernte nur zu erwarten ist, wenn sich das Wetter abwechslungsreich zeigt. Nur Sonnenschein trocknet den Boden aus und macht Wachstum unmöglich. Im Außen ist es also nichts anderes wie im Inneren. Die Natur lehrt es uns deutlich.

Also, alles nur Chancen, um wieder weiterzuwachsen, uns neu zu überprüfen, noch wacher zu werden, ungeheilte Verletzungen zu erkennen und heranzureifen. Also, Dankbarkeit lohnt sich immer. Sind wir dankbar, öffnen wir unseren Geist, um die Chance zu erkennen. Das Leben schenkt – wir nehmen an. Der Kreislauf von Geben und Nehmen ist geschlossen. Sind wir zornig und erbost über die Ungerechtigkeit des Lebens, blockieren wir uns im Wachstum selbst. Erkenntnisse werden blockiert, da unser Kopf und Bauch verärgert ist. Bis die Erkenntnisse und Chancen sich da durcharbeiten, das dauert eben. Nun, was spricht logisch gesehen dann dagegen, alles gleich dankbar anzunehmen und abzuwarten, offen zu sein, um zu erkennen, wann und wo Handeln und vielleicht neues Handeln herausgelockt werden soll.

Dankbarkeit fördert unsere innere Gelassenheit. Wir wissen nicht, wofür etwas gut ist, sind aber dankbar, da uns die Erfahrung zugeteilt wurde. Der Geist öffnet sich, um zu empfangen. Am Anfang vielleicht schwer, aber dann wird es immer leichter, falls wir den Sinn der Dankbarkeit erkannt und angenommen haben. Kampf lohnt sich nicht, Angst auch nicht. Vertrauen ins Leben, denn es ist die stärkste, wenn auch sanfteste Kraft, die immer wirkt. Dankbarkeit, eine Liebeserklärung an uns selbst und das Leben. Tun Sie sich Gutes, sorgen Sie für Eigenliebe und seien Sie für alles dankbar, unwissend und unschuldig wie ein Kind. Das Leben wird es Ihnen danken, Ihr inneres Wachstum beschleunigen und Ihnen Frieden schenken!

7. Ein unbeugsamer Wille

Unbeugsamer Wille! Gefährlicher Ausspruch, denn er könnte – wenn interpretiert werden will – verwechselt werden mit: „Unfähigkeit zur Demut", was natürlich nicht gemeint ist, im Gegenteil, er beinhaltet die Demut! Wille und Demut gehören hier als Zwillingspaar zusammen! Denn: „Dein Wille geschehe", geht nur mit Demut und der Bereitschaft, zu dienen! Wenn nicht, ist der Weg des „Interpretationslosen Kommunizierens" ein egoistischer Selbstzweck und nicht das wahrhafte Ziel der Befreiung – wofür er aber steht!

Wofür ein unbeugsamer Wille notwendig ist, erklärt sich, glaube ich, nun schon aus den vorhergehenden Erläuterungen. Alles, was vorher als Handgepäck für den Weg beschrieben wurde, bedarf des absoluten Willens, diesen Weg zu gehen.

Entscheidungen brauchen Willenskraft

Sie brauche den Willen, um Neues auszuprobieren, um sich selbst ständig infrage zu stellen, was heißt Ihre Worte zu beobachten, Ihre Gefühle, Bedürfnisse, Gedanken und Ihr Handeln zu hinterfragen. Sie müssen bereit sein, anders zu sein, auch dafür abgelehnt zu werden. Disziplin ohne eisernen Willen zur Wandlung ist undenkbar, da gibt man bei der kleinsten Unbequemlichkeit auf. Sich Unangenehmes über sich anhören zu müssen, ist nicht leicht und bedarf eines starken Willens, über sich und seine unbewussten Opfer- oder Tätermechanismen, aber auch seine Masken Klarheit zu erlangen. Seinen inneren Quälgeistern entgegenzutreten und den Hahn abzudrehen, dazu ist enormer Wille notwendig. Mit etwas Willen werden Sie keine grundlegenden Veränderungen bewirken. Der Wille muss stärker sein als jedes alte Muster, das Sie aufgespürt haben und in seine Grenzen verweisen wollen. Das ist wie beim Drogenentzug. Das Gift unseres alten Denkens muss aus dem Geist raus. Es will aber nicht raus, hält sich fest, lässt nicht los, klammert sich an Sie, bettelt, um bleiben zu dürfen, und Sie müssen es gnadenlos rauswerfen. Mit aller Kraft muss ein Stopp eingelegt werden, wenn sich die alten Muster einschleichen und die Herrschaft übernehmen wollen. (Warum das so ist, dazu kommen wir auch noch genauer im Teil III)

Beispiel:
Sie haben für sich erkannt, dass Sie andere Menschen gerne kontrollieren, was Ihnen immer wieder Beziehungsprobleme serviert. Nun haben Sie sich entschieden, dieses Thema aufzuräumen und ins Vertrauen zu wechseln. Eine Situation zwischen Ihnen und Ihrer Frau verleitet Sie nun, Ihr langsam wachsendes und bewusst gefördertes Vertrauen zu anderen Menschen und dem Leben wieder aufzugeben. Sie spüren in sich den Wunsch aufkeimen, Ihre Frau, wenn sie sich zum Beispiel mit jemandem verabredet, den Sie nicht kennen, auszufragen und zu bestimmen, wann sie nach Hause kommen soll. Altes Muster. Ein Anlass, der früher oft zu Streit geführt hat. Ihre Frau fühlte sich kontrolliert. Sie merken diese Regung und geben ihr nicht nach. Sie spüren die Kraft, jetzt Ihre alten Ausfrage-Taktiken und Manipulationen anzuwenden, und lassen es. Die Worte wollen aus Ihrem Mund, Sie zügeln sich, Sie sagen nichts. Sie beobachten Ihr Denken und Fühlen und übernehmen die volle Verantwortung dafür. Die innere Schlacht beginnt und sie geben nicht auf, bevor Sie über den Mechanismus gesiegt haben und dieser aufgibt. Sie wechseln

ins Vertrauen. Kein Streit entzündet sich. Es bedarf zuweilen, wenn dieses Muster stark ist und sich zusätzlich mit Verlustängsten und Eifersucht paart, wahrhaft eines starken Willens, höchster Kontrolle und eines disziplinierten Dranbleibens, um diese Muster nicht mehr zu gestatten. Das Alte ist einfach. Sich neu zu erschaffen, nach den Werten (dazu später auch noch mehr), die Sie leben wollen, ist manchmal anstrengend und erfordert ein gnadenloses „Nein" dem alten Treiben gegenüber. Das „Nein" dann auch noch durchzuhalten, fordert uns aber auch nicht weniger Aufmerksamkeit ab, wie Sie sich denken können.

Ohne Wille, kein Sieg! Willen brauchen Sie immer, wenn Sie etwas für sich erreichen wollen. Im Innen oder im Außen. Egal. Nehmen wir an, Sie haben sich ein Fernstudium zum Ziel gesetzt, um mit dem Abschluss beruflich weiterzukommen. Ich glaube, jeder kann sich vorstellen, wie stark der Wille eines Menschen sein muss, um sich neben der Arbeit die Strapazen des Lernens und des Verzichts anzutun. Wenn etwas vielleicht sogar Jahre dauert, bis der Abschluss erreicht ist, muss man willensstark sein, um das Lernen durchzuhalten. Aber, wer wagt, der gewinnt! Der Wille muss so stark sein, wie der Wunsch und das Ziel, jemanden, den Sie lieben und für den Sie bereit wären zu sterben, zu befreien. Ritterhaft nehmen Sie die Strapazen auf sich. Der Wille gepaart mit Ihrer Liebe zum anderen treibt Sie an, er lässt Sie nicht mehr los, bis Sie Ihr ersehntes Ziel erreicht haben.

Hier benötigen Sie jedoch keinen Willen, um einen Studienabschluss zu erreichen, oder eine Prinzessin zu retten, sondern um das zu befreien, was Ihnen das Wichtigste im Leben sein sollte: Ihr wahres Wesen. Und einen Tod müssen Sie auch bereit sein zu sterben: Den Tod alter krankmachender Muster, die zu Ihrem Schmerz und Ego gehören, um neu geboren zu werden.

Kurz gesagt, für diesen Weg ist der Wille immens wichtig, sonst hören Sie auf halbem Wege auf und das kann mehr Schaden anrichten, als Sie vorher verursacht haben. Denn Bewusstsein haben Sie erlangt, und wenn Sie sich nicht wirklich ganz durch Ihre dunkelsten Seiten gebissen haben und total wach im Moment bleiben, kann es sein, dass Sie dieses Bewusstsein dazu nutzen, um nicht über sich Herr zu werden, sondern um andere zu beherrschen. Dann hat sich der starke Wille des Egos nicht dem höheren Willen gebeugt und somit das Ziel verfehlt.

Die Leistungsgesellschaft förderte bereits viele Tugenden

Es sind einige Tugenden beschrieben worden, die Sie für Ihren Weg brauchen, jedoch sind diese schon fast Grundvoraussetzungen für unseren Gesellschafts- oder Berufserfolg. Wir sind eine Gesellschaft, die sehr strebsam erzogen wurde. Zumindest diejenigen, deren Eltern die Weltkriege und deren traumatische Folgen noch miterleben mussten. Wer einen Beruf erlernt hat bzw. einen etwas anspruchsvolleren Abschluss machen musste, weiß, dass Disziplin, Selbstkontrolle, Zielorientiertheit, Stärke und Wille Voraussetzungen sind, um weiterzukommen. Durchmogeln gilt nicht! Diese erwähnten Erfolgsvoraussetzungen wären somit entwickelt. Die Einsichtsfähigkeit und Dankbarkeit muss vielleicht noch verstärkt werden. Wir sind keine wirklich dankbare und einsichtsvolle Gesellschaft. Einige schon, aber im Großen und Ganzen dürfen wir hier noch alle etwas feilen. Die einen Tugenden müssen etwas umgewandelt und für die Innenschau nutzbar gemacht werden und die anderen entwickelt.

Dankbarkeit zu lernen ist gar nicht so schwer, es ist sogar wunderschön, diese Tugend auszubauen. Einsichtsfähigkeit ist zuweilen schon schwieriger, da wir doch alle so stark den Wunsch haben, nichts falsch zu machen und zu den „Guten" zu gehören, und daher oft ungern ungesunde Mechanismen einsehen. Wenn wir Einsicht blockieren, sie aber angebracht ist, da wir das in unserem hintersten Winkel eigentlich wissen, muss uns einfach nur klar sein, dass unsere Verweigerung einfach nur verbohrtes Egogehabe ist. Unbewusster Unsinn, der in keiner Weise der Erlösung dient. Nein, dieser Befreiung sogar noch erschwerend im Wege steht. Dann können wir das Beschreiten dieses Weges auch ganz lassen.

Sie sehen, der halbe Wege zu den 7 Tugenden ist schon bereitet. Das Rüstzeug ist mehr oder weniger da und will verfeinert werden. Das ist alles. Kein Hexenwerk, nur Eigenschaften, die auf erweitertem Gebiet geschult und angewandt werden müssen, wenn wir innerlich frei werden wollen.

Fazit: Der Weg des „Interpretationslosen Kommunizierens“ ist wie das Erlernen einer hohen Kunst. Nehmen wir die Schwertkunst. Am Anfang sind wir froh, das Schwert überhaupt halten zu können. In der Vollendungsphase, wenn wir Meister werden wollen, brauchen wir zur rechten Zeit auch einen sehr guten und aufmerksamen Lehrer, der uns wach auf jede unerkannte Kleinigkeit, die uns von der Meisterschaft abhält, hinweist. Dann beweist sich die Disziplin, der Wille, das Ziel. Gewinnen wir die Meisterschaft, oder verlieren wir sie. Wir sind dankbar, wenn wir so jemanden finden, der uns so auf die Finger schaut, denn es ist eine Gratwanderung zwischen einem Fast-Gewinnen und dem Sieg über sich selbst! Wer schon mal Tanzen oder ein Musikinstrument erlernt hat, oder Ähnliches, weiß, was ich meine. Zuerst erntet man viel Lob, dass man überhaupt etwas kann. Wenn man wirklich Talent hat und gut ist, beginnt die Kritik. Allerdings erst, wenn der Schüler reif ist. Einen Untalentierten motiviert man, einen Meisteranwärter, der das Zeug dazu hat, kritisiert man. Das ist eigentlich das größte Lob. Die Anerkennung kommt aus dem Ergebnis! Dann ist man reif. Und frei ist man, wenn man diesen äußeren Lehrer in sich integriert und den Größenwahn abgelegt hat, um sich dem Ziel demütig dienend hinzugeben. Die Erwartung eines Lobes von Außen ist erloschen. Der Frieden und die Freude sind Lohn genug, wenn die Saat unseres neuen und bewussten Handelns aufgeht.

Wie in dem Schwertkunstbeispiel beschrieben, ist es mit unserer Wandlungskunst auch. Haben wir die Meisterschaft erlangt, sind wir einfach erwachsen geworden und aus der bedürftigen Kinderhaut geschlüpft. Das Leben fließt interpretationslos. Wir sind zum interpretationslosen Kommunizieren übergegangen und nehmen das, was kommt und wie es kommt, an und handeln bewusst jedoch der inneren Führung (dazu gleich mehr) folgend. Dankbar und voll Vertrauen, dass das wie es gerade ist, gut sein wird. Wir wissen, dass wir alles in uns haben was wir brauchen, um den Herausforderungen des Lebens gewachsen zu sein. Und alles zu seiner Zeit geschieht. Das ist das Ziel dieses Weges.

Nachdem das Rüstzeug „Die 7 Tugenden" erläutert wurde, die wir für den Aufräumakt in uns benötigen, um unserer Geisteshaltung eine neue und geheilte Richtung zu geben, gehen wir weiter. Das nächste Thema wartet: „Die 7 Grundhaltungen" in uns, die dem Gefäß „Wort" und dem Selbstausdruck „Handlung" bewusst die Seele einhauchen, anstatt diesen Ausdrucksformen unbewusst die Seele auszuhauchen.

Die 7 Grundhaltungen

Wie vor den Beschreibungen der Tugenden erwähnt, greifen wir nun das Thema „Die 7 Grundhaltungen" auf. Die Grundhaltungen, die wir für die Reise nach innen mitbringen, mit der Zeit entfalten oder irgendwann erfüllt ins Leben und folglich auch als Füllmenge unseres Wortes und der Handlung in uns tragen werden. Vorausgesetzt, wir machen uns auf die Reise zu unserem wahren Ursprung auf und machen nicht beim Stolpern halt.

Damit Sie ein nachvollziehbares Gefühl für die Haltungen bekommen, wie diese hier zu verstehen sind, werden wir gemeinsam eine Reise antreten. Eine Reise, die einer Berg- und

Talfahrt ähnelt, da der Weg über die Licht- und Schattenseiten der einzelnen Stationen (Grundhaltungen) führt. Wir beleuchten die Haltungen somit in ihrer grundlegenden Bedeutung, aber auch wie sich diese im Leben Ausdruck verleihen können. Dies gilt natürlich für beide Seiten: Die unterdrückte und unerlöste, wie auch die voll in Entfaltung gebrachte. Beide Ausdrucksformen haben Ursache und Wirkung und somit auch natürliche Folgen, die ich mittels aktueller und lebensnaher Beispiele veranschaulichen möchte.

Auch wenn wir die Entstehungsgeschichte unserer Licht- und Schattenseiten erst im Teil III ursächlich beleuchten werden, arbeiten wir uns innerhalb der Grundhaltungen bereits vor. Wodurch diese zwei Seiten in uns entstanden sind und wie wir die Einheit in uns wieder herstellen können, werden wir hierbei nicht auslassen. Denn, kennen wir nicht die Ursache des Übels, d.h. weshalb unser Geist und unsere innere Haltung nicht offen und rein sind, d.h. fehlt das Verstehen für die Zusammenhänge, wird auch kein Bewusstsein für Veränderung erwachsen. Fehlt das Ziel, wohin die Reise führen soll, kommt auch keine innere Motivation auf, die uns antreibt die jeweiligen Schritte zu gehen.

Machen wir uns auf die Reise und veranschaulichen uns hierfür nochmals die Inhalte der **„7 Grundhaltungen“**, die sind:

1. Ein offener Geist
2. Ein innerer Beobachter
3. Ein achtsames Herz
4. Ein friedvolles Gefühl
5. Neutralität und Wertfreiheit
6. Vertrauen
7. Intuition

Einführende Worte

An dieser Stelle unterstelle ich wieder einmal etwas, nämlich, dass jeder von uns wenigstens eine dieser Grundhaltungen, die auch Gaben gleichkommen, bereits in sich bewusst oder unbewusst zum Ausdruck bringt. Ich bin mir sicher, dass jemand, der dieses Buch liest, bereits alle mehr oder weniger ausgeprägt in sich besitzt. Denn es sind Fähigkeiten, die uns zum echten Menschen machen. Und, wir sind doch Menschen, oder? Wenigsten ist es uns ein Anliegen, so behandelt zu werden. Werden wir nicht so behandelt, reagiert wohl jeder ungehalten. Also, das Bedürfnis kennen wir, auch wenn wir es nicht jederzeit selbst leben. Erwarten tut es jedoch wohl jeder vom anderen. Aber wer ist dieser andere? Wieder mal: wir selbst! Denn: Erwarte nichts vom anderen, was du nicht selbst bereit bist zu geben. Das ist manchmal schwer, aber der einzige Weg, es zu bekommen, ist: Es selbst zu sein! Ausprobieren, kann ich nur wieder raten, dann selbst beobachten und entscheiden.

Nun also: Nicht der Verstand, unser Denken oder unsere äußeren Erfolgsstorys machen uns zu einem echten und großartigen Menschen. Es ist doch viel mehr unser tägliches Benehmen, das unsere Einstellung und Haltung, die wir füreinander und zum Leben haben, widerspiegelt. Mensch sein, bedeutet wohl mehr als ein Gedankenapparat mit verschlossenen oder aggressiven Gefühlen zu sein und der womöglich noch dazu die Verantwortung seiner Schöpfungen auf andere abschiebt, nicht wahr? Wer kennt diese frustrierende Erfahrung nicht, wenn wir einem solchen kopflastigen und herzlosen Zeitgenossen ausgesetzt sind. Spätestens in einer solchen Begegnung wird uns der Unterschied zwischen Mensch und Maschine bewusst. Und der Wunsch nach Menschlichkeit macht sich breit!

Zum wahrhaftigen Menschen werden wir somit durch unser Mitgefühl, unsere Achtsamkeit im zwischenmenschlichen Umgang, unsere wertschätzende und verantwortungsbewusste

Haltung und das Empfinden des verbundenen Seins miteinander. Aber auch durch die gegenseitige Fürsorge. Haben wir dies alles nicht in uns, sind wir wohl eher diese erwähnte Maschine. Innerlich abgetötet, traurig, unlebendig und würdelos zugleich, auch wenn zuweilen unbewusste Emotionsausbrüche der Unbewusstheit für Abwechslung im Totenreich sorgen. Das ist die „Lebendigkeit" oder eher Ausgeburt des unerlösten Schmerzes und Selbsthasses, die aus der Ecke in uns kommt, die wir auf besagtem Wege aufräumen wollen.

Leider ist es aber so, dass wir oft genug oder auch zuweilen, bis wir es eben nicht mehr sind, diesen Maschinen ähneln. Kopflastig und kalt. Jeder hat nun mal diese unerlösten und toten Ecken in sich versteckt und wie bzw. durch welche Auslöser sie sich im Miteinander zeigen können, behandeln wir wieder im Teil III näher. Der eine hat eben mehr „tote Ecken" alias „blinde Flecken", der andere weniger. Nicht erlöste und nicht hinterfragte Haltungen, die den Geist als Folge auch die Worte und Taten, trotz Gesprächskonzepte, verunreinigen. Nur verständlich in dieser hektischen und unsicheren Welt.

Wie sehr wir diese menschlichen Attribute nun selbst leben oder nicht – egal, ob hektische Welt oder nicht, sie sollten für uns einen hohen Wert darstellen –, zeigt sich natürlich in unserem alltäglichen Benehmen. Daran können wir uns messen. Nicht an unseren großartigen und egoistisch gesinnten Taten, unserem aufgesetzten Bemühen nach größtmöglicher unnatürlicher Freundlichkeit oder Höflichkeit, sondern an den unspektakulären Kleinigkeiten in der zwischenmenschlichen Begegnung. Gehen wir da eine Linie? Leider haben wir diese Haltungen oftmals verlernt oder verkommen lassen, oder leben sie nur als aufgesetzte Maske, wenn es uns persönlich nützlich erscheint, oder der Job es von uns verlangt. Oder, wir entdecken sie in uns neu, da es uns ein Bedürfnis ist, uns weiterzuentwickeln und unsere innere Würde, die wir für unsere Egoentwicklung und dem Maskendasein verkauft haben, wiederzuerlangen. Reine Machtspielchen oder egoistisches Denken sind auf Dauer nicht lohnenswert. Es zehrt aus, trennt, macht einsam und kalt. Früher oder später fallen auch die Masken vom Gesicht, also warum nicht aktiv ablegen? Tun wir das nicht, sind wir zu echter Verbundenheit nicht fähig. Trotz schönster Worte, wird diese mangelnde innere Verbundenheit für andere spürbar, was die bereits erwähnten Verwirrungen im Miteinander entstehen lassen.

Haben Sie nun schon einige dieser Attribute entwickelt, oder ist es Ihnen ein inneres Bedürfnis, mehr Frieden und inneren Reichtum zu erlangen, kann Ihnen dieser Weg dienen, diesen Wunsch zu erfüllen.

Wie erlangen wir nun diese Haltung? Durch Übung und innere Heilung! Denn von Natur aus sind wir diese Masken und verschlossenen Herzen nicht. Wir werden dazu, weil es Überlebensstrategien sind. Jeder ist verwundet, jeder hat einen Grund, kalt und egoistisch zu werden. Das sollte uns bewusst sein. Jedem wurde wehgetan, jeder glaubt sich schützen zu müssen, wir sitzen alle in einem Boot. Traumatisiert und mit einem berechnenden Verstand ausgestattet, schützen wir uns vor weiteren Verletzungen. Nützen tut das niemandem und es bringt uns nicht wirklich als Gesellschaft weiter, auch wenn das Verhalten verständlich ist, identifiziert man sich mit seiner Geschichte. Aber, sind wir nicht alle Opfer von irgendwelchen traumatischen Ereignissen, „gesegnet" oder „verflucht" mit unserer persönlichen Leidensgeschichte, und werden somit unbewusst selbst zum Täter? Unbewusst haben wir doch alle das Recht aufgrund von Schmerzerfahrungen erworben, das, was uns angetan wurde, auch anderen antun zu dürfen. Also gibt es doch, soll sich daran etwas ändern, nur einen Weg aus dem Dilemma: Bewusstsein, Mut, Einsicht, Erkenntnis, Vergebung und Heilung. Wir können nur in uns für Frieden sorgen, das ist der einzige Weg. Wir werden zum Frieden, strahlen ihn aus, leben ihn und der Rest im Außen ist eine natürliche Folge! Nur so kann sich die Gesellschaft wandeln, denn diese sind wir, jeder Einzelne, selbst. Wir sind ein Teil des Ganzen, der nur eine Macht hat: die Macht über sich selbst!

Interpretationsloses Kommunizieren ist das Ergebnis von Heilung, einer gesunden inneren Haltung und ein Weg, andere dorthin zu begleiten. Mut zu machen, Vorbild zu sein und aus dem Opfer-Täter-Masken-Dilemma aktiv auszusteigen und wahre Begegnung, Liebe und Nähe zu erlauben. Und diese „Errungenschaften" zeigen sich dann ganz natürlich im täglichen Miteinander und unserer Lebenshaltung und das ganz ohne antrainierte Werkzeuge oder Umgangsregeln. Oder, auch mit ihnen, nur dann sind diese Wortkonstrukte rein und beseelt anstatt von versteckten Lügen verdorben.

Und nun zu den „7 Grundhaltungen" im Detail die ihr Licht und ihre Schatten auf unser Leben und Sein werfen. Die Haltungen die wir bewusst oder unbewusst, gereinigt oder nicht ins Leben, unsere Worte und alles was ist einfließen lassen. So lange, bis der alte Prägungsmüll unseren Geist verlassen hat und rein ist. Unschuldig und unserem wahren Wesen entspringend! Das Wesen, das wir auf der Reise zu uns selbst wiedergewinnen wollen und werden. Wege, wie wir unsere Grundhaltungen bereinigen können, werden nachfolgend selbstverständlich auch aufgezeigt. Sie können diese Vorschläge für sich nutzen, wenn Sie wollen, oder auch nicht.

1. Ein offener Geist

Unser Geist ist meist voll mit Gedanken. Unser Verstand arbeitet unaufhörlich. Tausende von Gedanken rasen wie in einer Achterbahn ständig durch unsere Köpfe. Unfähig stillzustehen unter dem Motto: „Ist der Kopf so voll, ich weiß nicht, wie ich ihm weichen soll …" Wer leidet nicht darunter? Schlaflosigkeit, Impotenz oder Unfruchtbarkeit, die Unfähigkeit abzuschalten oder zu entspannen, sich einzulassen bzw. den Moment voll zu genießen sind nur einige Folgen und Kennzeichen. Wir sind hier und denken an dort, oder was wir noch zu tun oder zu erreichen (im Außen versteht sich) haben.

Wir sprechen miteinander, hören einander aber nicht zu. Wir machen Sex, sind aber im Kopf ganz woanders oder nur mit dem Leistungsergebnis beschäftigt und wundern uns über die fehlende Intimität und Nähe mit dem Liebespartner. Interpretieren, da der Kopf schon die nächsten Sätze vorbereitet hat, die wir loswerden wollen. Wir denken mehr miteinander, als dass wir miteinander kommunizieren. Denken wir nicht miteinander, kommen die unterdrückten und unerkannten Gefühle oft unkontrolliert in einem Streit oder heißen aber auch kalten Konflikt zum Ausdruck. Das ist leider nicht selten die Realität. Mit Kommunizieren hat das oft wenig gemeinsam. Sie erinnern sich an meine Anfangsbeschreibung, was „Kommunizieren" heißt?

Also, um dorthin zu gelangen, das heißt jemand zu werden, der wahrlich kommuniziert und nicht nur Denkfolgen austauscht, und das noch unterschwellig aggressiv, sollten wir lernen unseren Kopf klar zu bekommen. Der eine macht z. B. Sport, besteigt Berge, tobt sich im Sex oder Fitnessstudio aus. Alles vorübergehende Versuche, den Kopf freizubekommen. Es geht aber auch anders. Langfristiger und unabhängiger von Sexpartnern oder Fitnessstudios und Bergen. Diese stehen bekanntlich nicht ständig zur Verfügung.

Meditation und Grenzen setzende Selbstreflexion

Das wahrlich größte und wunderbarste Mittel ist die Meditation. Interpretationsloses Kommunizieren bedarf des meditativen Aspektes und führt gleichsam in die Leere des Geistes. Wir bekommen einen offenen Geist, um den Augenblick voll in uns wertneutral aufzunehmen, wenn wir einen meditativen Geist haben. Ein Kopf, der arbeitet, wenn er gebraucht wird, und ruht, wenn er keinen Verstandesjob wie beispielsweise „Buchhaltung machen", „eine Einkaufsliste schreiben" oder Ähnliches zu erledigen hat. Aber was ist real? Der Kopf kann gar nicht abschalten. Macht er keine Buchhaltung, denkt er nach. Er denkt an die Vergangenheit, die Zukunft, über Probleme und Sorgen, Ereignisse usw. nach, dreht sich um sich selbst, denkt im Kreis herum und fängt wieder von vorne an. Kommt dadurch auch meist zu keinem umsetzbaren Ergebnis, da das Leben dann wieder anders verläuft und die „anderen" nicht so reagieren, wie wir es uns im Kopf ausgedacht haben. Dann denken wir noch mehr nach und so hört es nicht auf. Wir denken über andere und ihr Verhalten nach, ihre Reaktionen, unsere Außenwirkung, unser Geld, Erwartungen usw. oder über die Ungerechtigkeit des Lebens, den verständnislosen Liebespartner, die undankbaren Kinder oder die bösen Eltern. Egal, was der Kopf sich als Futter und Frustnahrung sucht, erfinderisch sind wir da allemal. Hauptsache: Erwartungen aufbauen, Leiden nähren, Verantwortung abschieben anstatt Verstand anhalten und den Augenblick genießen. Es hört nicht auf, außer wir entscheiden uns aufzuhören und lernen, in die Stille zu gehen.

Meditation, Innehalten, Gedanken kommen und gehen lassen, nichts aufgreifen, nur beobachten – das macht uns langsam, aber sicher im Geist leer. Geistige Leere ist die Voraussetzung, um nicht zu interpretieren, um das, was wirklich ist, in uns neutral aufzunehmen und wirken zu lassen. Wenn Sie sich jetzt nochmals fragen, wie interpretationsloses Kommunizieren funktionieren kann, und daran zweifeln, da es doch jeder unaufhörlich tut, haben Sie hier eine Antwort: Es liegt am vollgestopften und nicht gesäuberten Kopf, der unaufhörlich überläuft, ohne je bewusst ausgeleert zu werden. Das Ergebnis ist im Extremfall: totale Verwirrung bis hin zum Wahnsinn.

Mit unserem vollgemüllten und nicht selten von unerlösten Schmerzen verwirrten Geist verhält es sich ähnlich wie mit einem Kellerraum, in den wir ständig altes Zeug werfen. Ohne diesen bewusst aufzuräumen, wundern wir uns dann, warum wir darin irgendwann keinen Platz mehr haben, nichts mehr finden oder warum wir über tausend Sachen stolpern. Die Natur des Geistes hat da nicht wirklich andere Gesetze. Dieser gehört täglich gereinigt. Am bestens morgens, bevor der Tag beginnt, und abends, damit uns keine Albträume unverdauter Erlebnisse unbewusst heimsuchen. Innenschau, Selbstbeobachtung, Gedankenmüll vorbeiziehen lassen und entscheiden, was wir denken wollen und was nicht. So meistern wir langsam, aber sicher unser Denken und rücken unseren Kopf wieder an die richtige Stelle. Literatur oder Seminarangebote gibt es auf dem Markt hierzu bereits sehr viel. Diese können wir annehmen, falls wir uns dabei führen lassen wollen.

Für den Unsinn des permanenten Nachdenkens über die Vergangenheit oder Zukunft ist der Intellekt, wie Sie sicherlich auch bemerken werden, eigentlich nicht geschaffen. Er soll sich um Zahlen, Daten, Strukturen und Fakten kümmern, das reicht für ihn und darin ist er auch gut. Der Verstand ist ein Diener unseres wahren Wesens und Bewusstseins, nicht Herrscher über unser Sein! Ist nur leider noch zu selten der Fall, dass dies schon bei uns allen so ist. Wäre es anders, sähe unsere Welt anders aus und die Gewalt hätte ein Ende, da dieser Unsinn unseres unaufgeräumten Geistes nun mal für das Unheil, aber auch alle anderen Konflikte verantwortlich ist.

Machen Sie diese tägliche geistige Klärung, dann lernen Sie mit der Zeit Unterscheidungsvermögen. Sie lernen in ihrem Geiste die „Spreu“ vom „Weizen“ zu trennen, was heißt: Sie lernen zu unterscheiden, wann Gedanken da sind, die mit dem „Hier und Jetzt“ nichts zu tun haben oder eben schon. Das ist hier gemeint. Übung macht den Meister, wie wir wissen. Langsam aber sicher bekommen Sie Klarheit in ihr Verstandesgeplänkel im Kopf und beginnen bewusst auszusortieren.

Geistige Klarheit und Ausgeruhtheit stellen sich mehr und mehr ein und Sie werden merken, dass der Kopf besser denn je funktioniert. Ein Gedanke, der erst durch anderen unbewussten Gedankenmüll durch muss, ist langsamer, als wenn er einfach klar und unverdreckt durch einen klaren Geist schießt. Das Ergebnis eines meditativen Geistes! Ungesundes Schubladendenken wird in der Meditation auch erkannt. Angstbesetzte und niederdrückende Gedanken können Sie auch aufspüren und ausbremsen, wenn Sie dazu bereit sind. Entscheidungen werden getroffen. Geistigem Unrat werden deutliche und klarste Grenzen gesetzt. Wie man das macht, lernt man schon bei der Kindererziehung. Wenn der kleine Tyrann auf der Matte steht und nach klaren Grenzen schreit. Halten wir hier nicht ganz klar dagegen und zeigen, dass wir dem Machtspiel keinen Raum geben, füttern wir diese Eigenschaften bei Kindern mehr und mehr, wundern uns dann, dass sie uns auf der Nase herumtanzen. Unsere Kopf-Tyrannei ist nicht anders. Grenzsetzung, Klarheit und Willensstärke bieten diesen inneren Kopf-Tyrannen Paroli. Wenn der Verstand oder tobende Wahnsinn im Kopf merkt, dass er es mit einem würdigen und starken Gegner zu tun hat, zieht er irgendwann ab. Auch wenn er sich noch öfters aufbäumt. Das ist Bewusstseins-Disziplin: Kindererziehung kommt dem Ganzen sehr nahe, durfte ich erfahren.

Wo fängt Verrücktsein an

Sie sehen, verantwortungsvolle Meditation gepaart mit Wachheit und innerer Grenzsetzung macht durchaus Sinn. Ist mittlerweile nichts mehr für Abgehobene, sondern ein Putzmittel, um nicht auf Dauer verrückt zu werden. Und wie wir wissen, ist Verrücktheit relativ. Wo fängt sie an, wo hört diese auf. Letztlich haben wir doch alle Bereiche, wo wir zu kleinen oder großen Monstern mutieren. Stimmt's? Ein wunder Punkt wird berührt und wir können vom einen zum anderen Moment zu wahren Teufeln in Engelsgestalt werden. Sind wir nur noch so, gelten wir als anerkannt verrückt. Dann können wir diese armen Seelen bemitleiden und uns erheben, dass wir nicht ganz so schlimm sind. Aber, wirklich anders sind wir doch auch nicht, oder? – Außer wir sind natürlich anders, aber dann helfen wir (wenn es Sinn macht) und reichen die Hand zur Heilung, nicht zum Bemitleiden. Wir sind vielleicht abgeschwächter mit diesen Aussetzern unterwegs, aber nicht erlöst, außer wir sind es. Ist das nicht Grund genug, sich mal dem Erkennen, der Meditation und Befreiung hinzugeben? Selbst aufräumen, als zum Beispiel im Extremfall der Alkohol- oder Tablettensucht zu frönen, obwohl bewusstes Sich-der-Krisenursache-stellen die Erlösung bringen würde. Bringt nur Ärzten und Pharmakonzernen Geld, wenn diese Medikamente missbraucht werden, aber keinen inneren Frieden. Wir entfernen uns sogar noch mehr, da wir uns stetig damit zerstören und desensibilisieren. Sensibilität, die wir brauchen, um uns des verdrängten Schmerzes bewusst zu werden, uns einzulassen und ihn gehen zu lassen.

Mut brauchen wir, ist bekannt, wenn die Zeit reif ist, den Befreiungsschlag früher oder später aus der alten Haut zu machen. Spätestens, habe ich beobachtet, kommt der Weckruf zum ersten Mal um die Lebensmitte herum, wenn das Leben die Phase der bewussten Innenschau einläutet und zur Lebensbilanz („Midlifecrisis" nennt man das dann, oder?) aufruft, um sein Leben mal bewusst zu hinterfragen und seine Schöpfungen auf „Schein" oder „Sein" hin zu überprüfen. (Dazu beim Thema „Intuition" mehr) Nicht selten ist das der Zeitpunkt, wo Ehen zerbrechen, um der persönlichen Freiheit mehr Raum zu geben. Auch das Einlassen auf Affären kann zu solchen Umbruchzeiten eine willkommene Abwechslung zum öden Alltag sein. Ob ausschließlich diese äußeren Veränderungsschritte dann den wahren Aufbruch in die innere Freiheit und die Lebendigkeit bringen, ist fraglich. Die Lebendigkeit, die erweckt werden will und die aus der Wiedergeburt des wahren Seins resultiert. Kann sein, muss aber nicht sein, da das innere Glück noch immer im Außen gesucht wird, obwohl es im Inneren auf die Erlösung wartet. Bei manchen, die sich der Veränderung, spätestens um die Lebensmitte in keiner Weise stellen, bei denen kann es auch sein, dass der Weckruf völlig nach hinten losgeht. Das geschieht zuweilen, wenn die zur Läuterung Aufgerufenen durch erbarmungsloses Festhalten an Ausgedientem ins selbst erschaffene Leid abstürzen und trotz guter oder nicht so guter Therapien – je nachdem – es auch nicht schaffen wollen, neu anzufangen. Mit dem Leben abschließen und sich innerlich verbittert verschließen, ist natürlich auch eine Verweigerungsvariante. (dazu noch mehr im Teil IV)

Töten wir uns also z. B. mit Tabletten unbewusst ab, obwohl wir das Zeug zum Aufräumen hätten, haben wir dafür keine Kraft mehr, da wir willenlose Marionetten der Industrie geworden sind. Stetig damit beschäftigt, das bisschen an Willen, das noch in uns wohnt, abzutöten. Schade, aber oft genug real, außer das Bewusstsein, dass Schmerzen Wachstumschancen sind, steigt. Dann ist es möglich, Altes zu erkennen, zu durchbrechen und sich bewusst neu aufzustellen, indem verdorbene und krankmachende Prägungsmuster aus dem Geist bewusst verbannt werden.

Den Verstand entmüllen

In unserer heutigen Zeit, wo Außeneinflüsse und Informationen derart ungefiltert auf uns einströmen, ist es ein Muss, für die innere Gedankenreinigung zu sorgen. Wer einen Computer hat, weiß, wie fatal langsam dieser wird, wenn wir nicht hin und wieder die Dateien reinigen oder das Antivirusprogramm fehlt, das für permanenten Schutz vor Außeneinfluss sorgt. Für den menschlichen Geist heißt dieser Reinigungsdurchlauf oder das Antivirusprogramm: Meditation, Wachheit und Grenzsetzung krankmachenden Gedanken und Impulsen gegenüber!

Ausmüllen ist angesagt! In der Meditation, davon gibt es wahrlich viele Varianten von aktiver Meditation bis hin zum stillen Betrachten einer weißen Wand, je nach Bedarf, lernen wir Fähigkeiten zur geistigen Müllabfuhr. Lassen wir alte Gedanken nicht los oder lernen nicht, diese neutral zu beobachten, droht früher oder später ein Burn-out oder Kollaps. Schlimmstenfalls die Klapse, wo wir unsere Willen- und Machtlosigkeit an der Tür abgeben und zu Kleinkindern mutieren, die Papa und Mama in Form von Psychiatern und Therapeuten dauergebucht haben. Mit erwachsenem Sein und bewusster verantwortungsvoller geistiger Klärung hat auch das wenig zu tun. Das ist aber das Ziel des Lebens. Sind wir also nicht bewusst genug, übernehmen wir keine Verantwortung für unsere Opfer- oder Täter-Geschichten, die unser Leben verunreinigen, bleiben wir eben Kinder: hilflos, bedürftig und ausgeliefert, aber auch wütend, gehässig und rachsüchtig. Die bekannte Bibelstelle „Werdet wieder wie die Kinder“ meint wohl eher: staunend, offen, unschuldig, liebend und interpretationslos mit dem Leben in Kommunion gehend, doch reif an Lebenserfahrung und Weisheit! Was die Früchte des Aufräumens sind, die wir ernten werden, wenn wir unser Leben ernst nehmen!

Wollen wir aus der Hilflosigkeit und dem Gedankenmüll heraus und sind fest entschlossen, den gesunden Weg zu beschreiten, müssen wir etwas dafür tun. Alleine unsere heutzutage zu verarbeitenden Datenmengen zwingen auf Dauer selbst den „getuntesten Großrechner“ alias den Intellekt in die Knie. Wir müssen lernen, selbst dafür Verantwortung zu übernehmen und still werden. Der eine mit einer kleineren „Festplatte“, sprich niedereren Schmerzschwelle, wird eben schneller verrückt als jemand mit einer größeren „Datenspeicherplatte“, sprich höheren Schwelle. Aber im Grunde verhält es sich bei beiden gleich. Der eine hat früher die Belastungsgrenze erreicht, der andere eben später. Wenn man nicht verrückt wird, wird man eben anders krank und sorgt dafür, dass der Rechner herunterfährt und ausruht, mittels eines Krankenhausaufenthaltes oder so. Der unbewussten Kreativität und den gesellschaftlich akzeptierten Auszeiten sind da bekanntlich keine Grenzen gesetzt. Nur das geht auch anders: verantwortungsvoller, bewusster und Gemeinkosten schonender …, wenn man einsichtig ist und will.

Aus der Stille entsteht ein offener Geist. Wie offen er bereits ist, wenn Sie etwas dafür tun, lernen Sie mit der Zeit selbst festzustellen. Je mehr Sie präsent sind, wirklich hinhören, beim anderen sind und nicht so sehr mit sich und ihrer Wirkung auf andere beschäftigt sind, umso klarer wird auch Ihr Verstand sein. Probieren Sie es gleich aus. Wenn es am Anfang schwierig ist, holen Sie sich Unterstützung von einem wachen Coach oder besuchen Sie ein Seminar.

Einheitsbewusstsein erfahren

Ein weiterer Aspekt der Meditation ist, dass Sie erfahren werden, dass Sie mehr sind als Ihr Denken und Ihre Emotionen. Sind Sie bereits fortgeschritten oder völlig unvoreingenommen, werden Sie die Erfahrung von Einheit machen. Einheit in Form von Verbundenheit, innerem Frieden, Leere. Diese Erfahrung wird in Ihnen etwas verwandeln. Sie haben es nicht nur gehört oder gelesen, wissen es also nicht nur auf der Verstandesebene, sondern haben es selbst erlebt. Wissen und Erfahrung trennen Welten. Das eine ist im Kopf gespeichert, das andere ist im Bauch integriert und wird zu Ihrer inneren Quelle. Ihre innere Haltung der Getrenntheit wird in der Folge zu einem Einheitsempfinden, was Ihnen mehr und mehr Frieden, Vertrauen ins Leben und Verbundenheit zur Menschheit offenbaren wird. Einheit ist etwas, was der Verstand nie verstehen wird – dafür ist er auch nicht da –, was Sie jedoch erfahren können, wenn Sie dafür bereit sind. Bereitschaft, nicht Verbissenheit alles zu tun, was zu tun ist, ist notwendig, um dorthin gelangen zu können. Irgendwann alles wieder Loszulassen, aber auch. Zurück werden Sie dann freiwillig nicht mehr gehen. Das Leben, Ihre Einstellung und Ihr Handeln werden sich wandeln. Der Drang weiterzugehen wird stärker und stärker. Zurückfallen in altes kindisches und Aufmerksamkeit erheischendes Egogehabe werden Sie nicht mehr wollen, es wird Ihnen würdelos erscheinen und Sie werden voranschreiten. Stetig, aber bestimmt, da die Erfahrungen und Früchte Ihrer Transformation Ihre Sicht der Dinge verändert haben werden. Da bin ich sicher, außer es hat sich eben nichts verändert. Dann werden Sie zurückgehen, wenn Ihnen die Hilflosigkeit und Abhängigkeit doch wichtiger als Ihre Befreiung erscheinen. Na ja, vielleicht nicht wichtiger, aber eben einfacher. Dann aber bitte nicht beschweren, denn es ist Ihre Wahl, und nur Ihre, das sollte Ihnen bewusst sein. Niemand ist schuld, denn das gibt es nicht. Nur Ursache und eine natürliche Folge von Bewusstheit oder Unbewusstheit. Alles hat seinen Preis. Den kann jeder wählen. Aber wählen kann jeder nur für sich.

Fazit: Meditation und Grenzsetzung krankmachender Gedanken gegenüber erwerben, ist die Basis, um die Gabe des „Interpretationslosen Kommunizierens" zu erlernen! Der Weg, um sich neu zu erschaffen und ein würdevolles und eigenverantwortliches Leben inklusive der Beziehungen zu sich, zu anderen und dem Leben selbst zu erschaffen.

2. Der innere Beobachter

Dem Thema des „inneren Beobachters" werde ich hier besondere Aufmerksamkeit widmen. Eigentlich ist er schon fast ein eigenes Großkapitel wert, da diese Instanz in uns die bedeutendste ist, die wir brauchen, um die Interpretationslosigkeit zu schulen, zu entfalten und zu integrieren. Aber nicht nur das. Der innere Beobachter wird die Herrschaft über unseren Geist übernehmen, haben wir uns in Gänze aufgeräumt. Ist das vollbracht, spricht man vom „Erwachen". Der Beobachter räumt dann keinen Moment mehr seinen Platz, sondern wechselt in reines Bewusstsein über. Desillusionierung, Interpretation und Verblendung über das „wer" wir in unserem Ego glaubten zu sein – und unbewusst ständig vor Angriffen schützen mussten, da das Ego alles persönlich nimmt –, sind dann gegangen. Ist das erreicht, wird natürlich jedes Konzept oder Werkzeug zu einem Heilinstrument, da der Geist leer und das innere Wesen voll erfüllt ist. Worte und Taten sind mit Licht erfüllt. Dann haben wir das Endziel der Aufräumarbeit und doch wieder den Anfang einer neuen Lebenshaltung erreicht. Nun erschaffen wir unser eigenes Leben. Das, was aus unserer Wahrheit und nicht aus der Prägungslüge entsteht. Das, wozu uns all die persönlichen Krisen dienen, denen wir oftmals glauben hilflos ausgeliefert zu sein. Sind die schmerzlichen Krisen, vor allem die um die Lebensmitte herum, jedoch bewusst gemeistert, hat das Gefäß „Verstand" seine ursprüngliche Gestalt wiedererlangt und versudelt nichts mehr. Das Ziel, das all die Mühe wert macht und wofür wir uns auf den Weg machen. Außer wir machen uns nicht auf den Weg, da wir dieses Ziel nicht erstrebenswert finden und weiter auf das Lebensglück im Außen warten wollen. Ist auch eine eindeutige Entscheidung. Dann würde ich aber nicht weiterlesen …

„Viele Wege führen nach Rom" und einer davon ist die Meditation. Allein diese ist ein Mittel, das innere Gewahr sein zu schulen. Es ist die Voraussetzung, die wir benötigen, um aus den inneren und äußeren Dramen auszusteigen, um neutraler, lebendiger und momentbezogener, jedoch weniger kopflastig zu sein. Beobachten, betrachten und trotz allem total bei der Sache sein und tun, was zu tun ist, bedarf der Schulung, des Geistes „Zeuge" zu werden, um sich nicht mehr persönlich und identifiziert vom Leben und seinen Umständen hin und her werfen zu lassen. Dieser Beobachter kann auf unterschiedliche Weisen erweckt und ausgeweitet werden, da er unsere meisterliche Schaltzentrale der Wachheit darstellt.

Wie wir diesen Beobachter schulen und auch mit Unterstützung von außen befreien können, dazu nun mehr.

Selbsterforschung schult innere Wachheit

Sie kennen bestimmt, wenn Sie sich mit diesem Buch befassen, Anteile in sich, die Sie ablehnen. Das ist zum Beispiel ihre innere Wut. Die meisten von uns haben gelernt, diese zu unterdrücken, zu verstecken, zu verleugnen oder Ähnliches, aber selten, damit bewusst und sinnvoll umzugehen. Stimmt's? Also, sind Sie ein Mensch, der ein guter Mensch sein will, somit ein Gutmensch, wie er auch von der Kirche gefördert wird, so mussten Sie lernen, diese Wut unter Kontrolle zu bekommen, da Sie in der Gesellschaft anerkannt sein wollen. Nun haben Sie Kontrolle gelernt. Etwas, was Sie für diesen Weg auch brauchen, nur anders. Kontrolle – wie unter den 7 Tugenden beschrieben – ist notwendig, jedoch nur so lange, bis sich die alten Anteile in uns gebeugt haben und für das beobachtende Bewusstsein Platz gemacht haben. Dann ist der innere Beobachter da, die Instanz, die Sie in jedem Moment

Ihres Lebens wach und bewusst sein lässt. Sie lernen also sich selbst zu beobachten, bis Sie sich Ihrer selbst gewahr sind und wissen, dass Sie mehr sind als Ihr automatisiertes Denken und Fühlen.

Sie finden also heraus, wie Sie sich wann fühlen, was Sie in welchen Situationen über sich und andere denken, und lernen dies zu beobachten, anstatt unbewusst wegzudrücken oder unreflektiert auszuleben. Sie lernen Ihre Reizschwellen kennen. Sie betrachten einfach, stellen fest. Neutral, als würden Sie sich selbst zuschauen. Unbeteiligt, wie ein Zeuge. Dieser schweigt, beobachtet und bleibt innerlich neutral. Das kann man lernen. Durch diszipliniertes Beobachten seines Denkens, Fühlens und seiner Impulse erlernt man die Fähigkeit des Zuschauens. Ein Coach oder Mediator muss das in gewisser Weise können: beobachten, neutral reagieren, aussortieren und einlenken. Er darf sich nie auf eine Seite werfen und sich verstrickten. Diese geschulte Gabe ist hier gemeint. Das Beobachten geht hier nur einen Schritt weiter, es bezieht sich auf uns selbst. Wir schauen somit uns selbst zu, wie wir reagieren, und folgen nicht spontan irgendwelchen aufkeimenden und destruktiven Impulsen in uns. Wir kontrollieren diese zu Beginn, halten unsere spontanen Ausbrüche, Worte oder Gefühle bis hin zu Handlungen im Zaum. Halten inne und schauen einfach mal, was da in uns los ist. Dann schauen wir, woher das Verhalten kommt, bzw. von wem wir das Muster übernommen haben könnten und unterstellen es unserer bewussten Kontrolle.

Tun Sie das, entsteht ein innerer Beobachter und Sie stellen fest, dass alle Emotionen, Gedanken und Impulse so wie sie kommen auch wieder gehen, außer Sie halten diese fest und beißen sich daran fest. Aber: Ihre Entscheidung, ob Sie diese beobachten und an der Leine halten oder sich identifiziert draufstürzen und womöglich mit ihnen auch noch völlig in die selbst kreierte „Hölle“ abstürzen wollen. Dann sind Sie aber Ihrer unbewussten Interpretation, dass Sie jeden Gedanken, jedes Gefühl oder jeden Impuls festhalten und ausagieren müssen, auf den Leim gegangen. Egal, ob er Ihnen oder anderen guttut oder nicht. Alte unbewusste Lebenshaltung. Aber dann müssen Sie sich nicht wundern, dass Sie sich verfolgt, gestresst oder voll innerem Unfrieden fühlen. Der Beobachter lehrt uns jedoch zu unterscheiden und zu filtern, was wir nehmen oder vorbeiziehen lassen sollten. Er lehrt uns auch zu unterscheiden, was das kranke Unbewusste so alles produziert und was aus unserer Unschuld und Momentaufnahme entsteht.

Zeuge werden

Wenn Sie also lernen wollen, sich selbst zu erforschen, sollten Sie, diese Art von unbewusster und unreflektierter Spontaneität in den Griff zu bekommen, und zum Zuschauer werden. Innehalten und bewusst entscheiden, was nun die beste und weiseste Reaktion inklusive der zu erwartenden Folgen ist. Das ist ein Weg, den bewussten inneren Beobachter in sich einzurichten und die Verantwortung für das eigene Leben zu übernehmen, denn alles hat Folgen. Je mehr Augenmerk Sie auf ihn lenken, umso stärker wird er, und die alten Quälgeister im Kopf werden stiller. Das Unbewusste bekommt eine „Kontrollinstanz" an die Seite gestellt.

Der innere Beobachter ist – um einen Vergleich im Außen zu bringen – wie die Buchhaltungsfertigkeit, die Sie sich zu Ihrer Unabhängigkeit in Ihrer Selbstständigkeit aneignen. Sie werden Ihr eigener Buchhalter, der sich selbst beobachtet und seine Buchhaltung ordentlich macht. Diese Fähigkeit oder Ausbildung ermöglicht Ihnen dann in jedem Moment und zeitnah den Fingerzeig, wenn Sie Fehlbuchungen machen. Diese können Sie dann sofort korrigieren, bis Sie keine Fehler mehr machen, da Sie Ihr inneres Spiel gemeistert haben. Das heißt, Sie haben Ihre unbewussten Quälgeister voll erkannt und beherrschen Ihre Selbstbestimmung nach Ihren höchsten Werten. Soll und Haben sind somit ausgeglichen.

Ein Lehrer, Coach oder Meister kann Sie anfangs dabei unterstützen und Ihnen helfen, Ihre Themen oder Fallstricke, die sich wie ein roter Faden durch Ihr Leben ziehen und Ihnen immer wieder Probleme bereiten, zu erkennen und aufzudecken. Er ähnelt in diesem Vergleichsbeispiel eher dem hilfreichen Steuerberater, der Sie über die Steuerregeln aufklärt, Ihnen auch im Nachhinein oder bei der Steuerabgabe Ihre Fehlbuchungen bewusst macht. Er zieht Sie vor der Steuerabgabe zur bewussten Verantwortung bzw. lehrt Sie, diese im Fehlbuchungsmoment selbst zu erkennen. Er zeigt Ihnen aber auch, wie Sie zukünftig damit bewusst selbst umgehen können. Hilfe zur Selbsthilfe sozusagen. Er dient Ihnen somit, die Ursache und Wirkung ihrer unbewussten und destruktiven Entscheidungen der Vergangenheit, bewusst zu erkennen und neu zu entscheiden. Und das, bevor Sie das Leben (Finanzamt) im Außen zur Konsequenz zwingt. Er unterstützt Sie mit seiner Wachheit und Erfahrung mitunter ganz neue, vielleicht noch nicht erkannte aber zielkonformere Entscheidungen als bisher für sich und ihren harmonischen Lebensfluss zu treffen.

Haben Sie weder das eine noch das andere, also keinen Lehrer oder keinen inneren Beobachter, dann gibt es immer noch das Leben und die zu erntenden Folgen Ihres Handelns. Der berühmte saure Apfel, in den Sie beißen müssen, wenn Sie die Grenzen und Naturgesetze der Liebe und Harmonie überschritten haben. Das ähnelt dann eher im harmlosesten Fall dem Finanzamtsbescheid oder der Steuerprüfung bis hin zur saftigen Nachzahlung oder im Extremfall dem Strafvollzug, wenn viel schiefgelaufen ist und Sie sich nicht gekümmert oder sogar hinterhältig und absichtlich betrogen, d. h. Fehlbuchungen gemacht haben. Alles hat Folgen. Diese vorher bewusst zu betrachten, bringt also sichtlich Vorteile. Nachvollziehbar? Wenn ja, was hält Sie noch davon ab, mit der Beobachtungsschulung und Selbsterforschung zu beginnen?

Der Beobachter oder innere Zeuge ist jemand, der irgendwann zu Ihrem inneren Meister oder Lehrer wird, auch wenn vorher ein äußerer dafür notwendig war. Um im obigen Vergleich zu bleiben, ist es doch auch ganz normal, einen Steuerberater zu konsultieren, wenn wir in Steuersachen Unterstützung brauchen. Auch wenn jeder seine Steuer machen muss, erwartet niemand, dass das jeder sofort alleine oder ohne Ausbildung kann, oder? Wo ist nun der Unterschied?

Für unsere unbewussten und gut versteckten Schattenseiten brauchen wir zuweilen auch ein geschultes Auge von außen, das uns wach rüttelt. Heißt ja nicht umsonst „blinde Flecken". Flecken, die deshalb entstanden sind, da einiges verdrängt wurde. Der Meister oder Beobachter in uns oder anfangs eben auch im Außen ist somit jemand, der Sie berät, zurückhält und leitet, und dem Sie vertrauen sollten. Er wird zu so etwas wie einer inneren Stimme, die Ihnen hilft, Ordnung in das Kopf- und Gefühlschaos alter Prägungen und unbewusster Mechanismen zu bringen und zu halten. Der äußere Coach ist wie ein Diener, der Ihnen zur Seite steht, bis Ihre Wachheit so stark ist, dass die alten Muster aufgelöst sind und ihnen als Folge ihre destruktive Macht entzogen ist. Er wird zu Ihrem treuen Begleiter, aber Sie müssen ihm Nahrung geben, indem Sie ihn fordern und ihm Gehör schenken und auch Folge leisten, denn sonst wird er immer stiller, bis er wieder einschläft oder weggeht. Das ist im Außen wie im Inneren gleich. Auch ein guter Lehrer, der Sie zu Beginn an die Hand nimmt, wird Sie entlassen, wenn Sie nicht Ihre Hausaufgaben machen. Nähren Sie ihn bzw. hören Sie auf ihn, so wird er stärker und stärker, bis Sie selbst zum inneren Zeugen geworden sind. So ist der Denker zum Bewusstsein erwacht und das Bewusstsein bedient sich bewusst des Denkers. Die alten und aufgeräumten Emotionen haben dann der inneren Quelle Platz gemacht und der innere Friede und Ihr wahres Wesen sind heimgekehrt.

Fazit: Meditation kann viel bewirken, wenn man sie anwendet. Hier lernen Sie Beobachtung. Das Ziel der Meditation ist: Zeuge werden! Wenn Sie das beim Meditieren üben, werden Sie, da Sie diese Erfahrung verankert haben, diese geschulte Gabe immer mehr in den Alltag integrieren. Sie merken, wann Ihr Verstand aktiv ist – obwohl er gerade nicht gebraucht wird –, daran, dass sich Ihre Gedanken um die Vergangenheit oder Zukunft drehen. Sie sagen *Stopp!* Sie bringen sich in die Stille. Wie sich dies anfühlt, kennen Sie aus der Meditation. Am Anfang sagen Sie vielleicht hunderte von Male am Tag *Stopp* zu sich selbst. Das erfordert Disziplin, Kontrolle und Willen, den Kopf leer zu bekommen. Sie merken, hier besteht Bedarf an Handgepäck – an Tugenden.

Sie fragen sich bei jeder Reaktion, beispielsweise: Warum habe ich das getan? Tue ich immer das Gleiche? Kann ich nicht anders? Will ich das wirklich? Was will ich wirklich? Kenne ich diese Reaktion von jemandem, von dem ich sie vielleicht übernommen habe? Dient meine Reaktion der Nähe oder der Distanz? Kommt die Reaktion aus einer Angst heraus, verletzt zu werden? Hat mich meine Reaktion bzw. haben mich meine Worte dem anderen nähergebracht oder von ihm entfernt? Wollte ich Abstand, da der andere übergriffig war, oder war es ein Mechanismus, da ich Angst vor echter Begegnung habe? So können Sie das unendlich fortführen. Haben Sie einen meisterlichen Coach, geht das natürlich alles schneller und zielgerichteter, oder auch nicht, wenn der Coach selbst noch mit reichlich blinden Flecken gesegnet ist. Aber das hoffen wir ja nicht. Denn, wen Sie wählen, liegt ja bei Ihnen und Ihrer wahren Absicht.

Traumen – das unbewusste Tor zum „Sein“

Diesem Thema werden wir uns hier auch intensiv zuwenden, auch wenn wir es im Teil III nochmals konkretisieren und im Teil IV abrunden werden.

Traumen, das ist vielleicht ein heikles und nicht so beliebtes Thema, das viele nur mit Vorsicht genießen, was aber – nach meinen Beobachtungen – nicht selten genug vorkommt, schaut man mal genauer hinter die Fassaden, wie einige Menschen sich gegenseitig unbewusst und Würde verletzend behandeln. Leider wird der Begriff „Traumatisierung“ im Allgemeinen nur „gerne“, wenn überhaupt, mit Schockzuständen der Extremform, die noch dazu unübersehbare Persönlichkeitsstörungen zur Folge haben, in Zusammenhang gebracht. Von diesem Traumabild soll hier jetzt mal nicht ausschließlich die Rede sein, da es zu eingegrenzt ist, und dieses Ereignis meinem eigenen Erleben nach, schon weit unter dieser Extremform beginnt. Denn, schon unbewusste, das wahre Sein verletzende „Kleinigkeiten" können zum falschen jedoch bedeutsamen Moment, fatale traumatische Folgen auslösen und somit das sensible Innere abspalten. Kleine, aber feine Traumen können so geschaffen werden, die – wenn nicht erkannt – zu diesen „toten Ecken" in unserem Inneren mutieren und uns somit vom Lebensfluss trennen. Inspiriert durch den therapeutischen Ansatz der „Lebensthemen-Therapie" von Satyam S. Kathrein, hat sich meine Sichtweise dem Thema gegenüber deutlich verändert und mir die tiefere Bedeutung dessen, welcher Sinn sich dahinter verbirgt, näher gebracht. Diese Erkenntnisse fließen somit, von mir individuell adaptiert, ein.

Nun eine Einleitung zum Thema „Traumen", und wie sie in diesem Kontext zu verstehen sind:

Wir sprachen bereits intensiv über den „inneren Zeugen", den Beobachter, der unsere meisterliche Schaltzentrale im Geiste ist. Dieser bewusste „Wächter" sortiert und filtert ständig aus, was in den Geist ein- und ausströmen darf. Ein Torwächter sozusagen. Ist dieser in uns vorhanden, ist die Traumatisierungsgefahr gering, da der innere Filter, alias Torwächter „Alarm" schlägt, wenn er merkt, dass ein harter und verletzender Angriff von außen das wahre Sein bedroht. Blitzschnell wird reagiert und dem Angreifer eine bewusste Grenze zum Selbstschutz gesetzt. Ist dieses Bewusstsein vorhanden und der Beobachter geschult, sind Traumen fast unmöglich. Ganz unmöglich vielleicht nicht immer, jedoch haben sie den destruktiven und unbewussten Einfluss auf unser Leben verloren. Und schon das ist viel wert, oder nicht?

Jetzt ist es aber so, dass noch wenig Bewusstsein über diese Zusammenhänge in unserer Gesellschaft vorhanden ist. Auch das Training dieser Gabe ist als Folge noch nicht weit fortgeschritten, was sich nun mal aus dem nicht vorhandenen Wissensstand zwangsläufig ergibt. Fehlt diese Wachheit bei einem Erwachsenen, bei Kindern ist die Traumagefährdung natürlich noch um einiges höher, wie Sie sich denken können, passiert Folgendes: Ein unangemessener und aggressiv übergriffiger „Anschlag“ trifft das „wahre Sein“ z. B. eines unschuldigen Kindes, das noch keinen inneren Beobachter hat, und diese destruktive Energie aus Wort oder Tat poltert in das kleine Wesen ungefiltert ein, sodass es einen derartigen Schock erfährt, dass sich als Folge daraus, sein bisher offenes und unschuldiges „wahres Sein“ verschreckt zurückzieht. Kinder sind offen und voll Liebe, das macht sie ja auch so empfänglich und verletzbar, bis sie ihre Schutzmauern, mittels „Ego“ entwickelt haben. Ein Trauma ist entstanden, aus dem sich der Erwachsene dann wieder selbst herausschälen kann, falls er es einsieht und will. (Zum Thema „Integration in die Therapie“ erfahren Sie auch noch Näheres in Teil IV)

Traumen, die durch unbewusstes Verdrängen zur Prägungsmaße werden, sind somit Ursachen für Nähe vermeidende Abwehrstrategien und Schutzpanzer, die wir im Laufe des Lebens immer mehr verstärken, bis wir uns dahinter verschanzt haben. Das machen wir so lange, bis wir von den Auswirkungen alias Prägungsmustern die Nase voll haben und diese bewusst wieder abbauen, um unser „Wahres Sein“ wiederzuerlangen, das sich einst zurückzog. So betrachtet nähern wir uns dem Thema nun etwas genauer, aber auch wie wir diese Traumatisierungen auflösen können.

Wenn wir Traumen nun so, wie beschrieben verstehen und annehmen, dann werden diese Traumen doch einfach nur zu Toren, hinter denen das wahre Sein wartet. So betrachtet sind Traumen doch gar nichts Abartiges oder zu Vertuschendes mehr, oder? Jedenfalls nichts, wofür man sich schämen muss.

Das „Sein“ will nun mal meisterhaft encodiert werden und ist über das Codewort „Trauma“ zu entschlüsseln. Das ist Profiarbeit, wie Sie sich denken können und dieser meisterhafte

Profi wohnt in jedem von uns, wenn wir mal genauer nachschauen. Denn jede „Traumamenge" hat, was ich beobachten konnte, die gleiche „Meistermenge" zur Verfügung, da hier das Gesetz der Ausgleichung wirkt. Das ist wahre Harmonie der Weisheit „Leben". Darauf können wir auch vertrauen, da es das schöne Geschenk der Dualität ist, will man es anerkennen.

Könnte doch sein, oder? Tore, die einfach von diesen Mechanismen versperrt und wohl bewacht werden, bis sich ein wahrer Krieger (Sie), ausgestattet mit z. B. den „7 Tugenden", oder auf anderem Wege aufmacht, diese Tore zu erkennen und bewusst aufzustoßen, um den inneren Himmel auf die Erde zurückzuholen. Dieser Krieger, der, vom inneren Beobachter geleitet, furchtlos durch die innere Hölle schreitet und den geistigen „Prägungsgespenstern" wacker die Stirn bietet, damit der überfüllte und als Folge krankmachende Kopf wieder zurechtgerückt wird. Nun nehmen wir einfach mal an, es wäre so, und folgen dieser „Theorie". Wenn Sie anderer Meinung sind, dann sind Sie es eben, aber Sie haben eine weitere Sicht – die meinem eigenen Erleben entspringt, somit nicht wirklich unter „Theorie" sondern eher unter „Praxiserfahrung" gebucht werden kann –, zum Abwägen dazubekommen. Mehr eben nicht.

Wo immer nun individuell diese Traumaauswirkungen auftauchen, sich Hass, Wut, Hilflosigkeit, Angst, Flucht, aber auch unangemessene Hysterie, Freundlichkeit, Angepasstheit oder Überheblichkeit zeigen, steckt nach meinen Erfahrungen eben ein oder das zu erlösende Thema dahinter, das uns in diese Freiheit und den inneren Frieden führt. Uns selbst meistern heißt somit dann auch: Unsere individuellen Themen wie ungesunde Masken, Täter- und Opferschaften erkennen, anerkennen und erlösen. Denn, nicht die Taten sind „böse". Die unbewussten und destruktiven Energien hinter den Taten, welche die Resultate unerkannter Traumen sind, richten doch das Unheil und die ganze Gewalt an. Das Gleiche gilt natürlich auch für unsere Worte oder Kommunikationswerkzeuge, die dem zwischenmenschlichen Austausch dienen, solange wir innerlich noch nicht von Täterschaften frei sind. Sind die destruktiven Energien hinter den Worten nicht erlöst, bleiben sie Makulatur und erzeugen eben nicht wirkliche Verbindung und wahre Nähe. Außer sie tun es natürlich, dann sind die Worte aber auch aus dem Moment und nicht aus dem Kopf entstanden. Der Grund, weshalb das „Interpretationslose Kommunizieren" keine Wortfolgen aufzeigt, sondern zum Aufräumen des Unbewussten aufruft.

Destruktivität kann, wie schon erwähnt, sehr konstruktiv sein, wenn sie Krankes zerstört, aber nicht, wenn sie die Liebe und das Sein vernichten, was im unbewussten Machtspiel leider der Fall ist. Nicht mehr und nicht weniger. Also, nicht schicksalsergeben an seinen Traumen resignieren, ist die Anforderung an uns Menschen, sondern diese mutig anerkennen, unter dem Motto: „Face the devil!", und aussteigen. Das befreit! Traumen, die uns abtrennen und uns wie in einer Blase der Abgetrenntheit von anderen oder dem Lebensfluss leben lassen, sind Themen, die wir aktiv aufräumen müssen. Deren Erlösung bringt uns wieder mit der Existenz, unserem wahren Wesen, das im Trauma eingeschlossen ist, und der Liebe in Verbindung. Das, wofür sich all die Mühe lohnt.

Wie Sie mit dem Aufspüren anfangen können, habe ich im vorhergehenden Abschnitt unter „Zeuge werden" schon etwas beschrieben. Was natürlich nicht alles sein kann, aber ein Anfang ist. Aber Sie werden merken, dass sich der restliche Buchinhalt noch intensiver damit befasst, wie Sie Unbewusstes erkennen und die innere Klärung aktiv angehen können. Viele Vorschläge und Möglichkeiten werden noch folgen.

Traumen meisterlich erlösen

Kleinigkeiten, Unbedachtheiten lösen zuweilen schon traumatische Reaktionen aus und lassen unser wahres Wesen erschreckt zurückziehen. Das passiert doch laufend und ist nicht selten Alltag in unserer von Gewalt regierten Welt. Unser Augenmerk ist nur viel zu wenig auf diese Geschehnisse bewusst gerichtet und von allgemeiner Aufklärungsarbeit zu diesem Thema möchte ich gar nicht reden. Wenn Traumen im Alltag so normal sind und diese eine so starke, nein, die Bedeutung für unsere Erlösung hat, dann macht das doch Sinn uns diesem Thema aktiv zu stellen. Stimmt's?

Also, bitte, Schublade mal bewusst öffnen und ausleeren. Dann an die Arbeit machen, wenn Sie wollen und bereit sind. Klar, das Abschreckende daran ist doch nur unsere Vorstellung, dass wir uns mit den wohlbehüteten Wunden befassen müssen. Klar, Sie müssen nochmals an den Schmerz oder Schock herankommen, um diesen zu transformieren. Denn, in der Traumablase ist das, was Sie erlösen wollen, eingeschlossen: derjenige, der Sie in Wahrheit sind, ihr „Wahres Sein". Und mal vorher reingucken, ohne sich dem Prozess zu stellen, was sich Schönes hinter der Festung „Schmerz" und seinen Abwehrmechanismen verbirgt, funktioniert einfach nicht. Einlassen, Durchgehen und Überraschen lassen, was da Schönes hervorkommt. Das sind die Regeln, die keiner zu umgehen vermag. Schade, ich weiß, da es so ganz dem Kontroll- und Abwehrmechanismus in uns entgegensteht. Springen ist angesagt, ohne Netz und ohne Boden, sonst öffnet sich nicht der neue Himmel in uns, den die Traumablase verwehrt. Dieser ist aber der Lohn für unser Vertrauen und unseren Mut. Mit Kontrolle kommen wir da nicht weit und mit Feigheit und Wegschauen auch nicht. Das sollten wir akzeptieren und annehmen, oder eben nicht.

Traumaarbeit, die mit äußerer Unterstützung erfolgt, ist auch hier meisterliche Arbeit (im Teil IV mehr dazu), die gezielt das wahre Wesen befreit und nicht in der Vergangenheitsgeschichte „herumdoktert". Ein Mensch, der sich seinen Themen/Traumen in Gänze gestellt und somit gemeistert hat, ist, wenn es seine Lebensaufgabe ist, zu einem Meister/Diener geworden, der andere bei ihrer Erlösungsarbeit unterstützen kann. Er kann das, da seine eigenen Blasen geplatzt sind, was ihn wieder mit dem Hier und Jetzt – ohne künstlichen Egoschutz – verbindet. Der Moment der geistigen Leere herrscht somit über das Denken. Nicht der Verstand ist mit Strategien voll, sondern der Blick einfach nur klar, wach und von reiner Liebe beseelt. Das Sein ist mit allen Sinnen präsent. Mit hoher Wachheit erkennt er somit Ungesundes, da er die begrenzenden und kampfeslustigen Energien im Gegensatz zu seiner feinen und frei fließenden Energiefrequenz sofort als Widerstand im eigenen Energiefeld wahrnehmen kann. Und das, ohne in – vom Verstand erschaffenen – Schubladen oder psychologischen Listen sich Rat über die Diagnose oder Behandlungsmethode holen zu müssen. Nein, er erkennt diese Egofrequenzen eher deshalb, weil er nicht nachdenkt, sondern einfach „ist". Dieser Diener reaktiviert durch seine Klarheit bewusst die von Traumen besetzten Ursprungssituationen so, dass die Blase des anderen bewusst gesprengt wird und sich das Gehirn durch den Schreck neu ausrichten kann. Und, noch ein weiteres Geschenk kann dieser sich erlöste Mensch uns geben: Er erkennt unser schlummerndes und vielleicht noch nicht zur Entfaltung gebrachtes Potenzial. Unsere wahren Talente, Gaben und Lebensaufgaben die wir vor der Reise auf diese Welt für uns entschieden haben in Ausdruck zu bringen. Und wenn wir es ihm erlauben, kann er uns auch dahingehend dienen, diese Geschenke unseres wahren Seins auszupacken, um sie zu entfalten. Aber vorher sollten wir die Prägungsfalten in uns aufräumen, sonst dienen diese Gaben, egal welcher Natur sie sind, mehr unserer Egopolitur als unserem Dienst am Leben. Auch wenn daran nichts Verwerfliches ist – natürlich nicht, da gelebte Talente etwas Wunderbares sind –, ist es wieder eine Sache der Wahl, die wir treffen sollten, aus welcher inneren Geisteshaltung heraus, wir die uns geschenkten Gaben aktiv in die Umsetzung bringen wollen.

Das Leben selbst kann das Aufwecken und den Entfaltungsaufruf auch vollbringen und macht es auch. Nur, nicht so offensichtlich liebevoll und bewusst geführt. Das geschieht dann eher durch weitere traumatische Auslöser im Außen, welche die einst erfahrenen und noch nicht erlösten Traumen, ausgelöst vom Zen-Meister „Leben" reaktivieren sollen, wenn der Zeitpunkt der Veränderung, bzw. der anstehenden

Reise zum Wesenskern bei einem Erwachsenen, der reif für seine Wiedergeburt ins wahre Sein ist, zu verstreichen droht. Diese können dann, wenn das Bewusstsein und die gezielte Hilfe fehlen, den Betreffenden in der erneuten oder sich noch verstärkenden Blase auch erstarren lassen, wird dieser „Schmerztopf" nicht geöffnet. Die Psychiatrie bekommt derartige Phänomene bestimmt nicht selten zu Gesicht, stelle ich mir vor. Meisterliche Unterstützung wäre hierbei eine gute Alternative zur „Gummizelle" oder Medikamenten. Könnte doch Sinn machen, oder? Hilft nicht immer, aber bestimmt beim einen oder anderen schon. Die Folgen des „Zen-Schlages" im Leben sind in ihrer Natur somit schwieriger und leidvoller, als wenn der Weckruf im geschützten Rahmen stattfindet, um den immer wiederkehrenden und leidvollen Folgen im Innen und/oder Außen bewusst entgegenzuwirken. (Ein Meisterwerk, das diese „Theorie" wunderbar aufzeigt, die ich hier anspreche, ist der Film „Die Wutprobe" mit Adam Sandler und Jack Nicholson. Schauen Sie sich diesen Film an, wenn Sie ihn noch nicht kennen, oder nochmals unter den erläuterten Aspekten der bewussten Transformationsarbeit)

Unbewusst macht es uns immer Angst, nochmals den alten versteckten und wohlbehüteten Schmerz zu fühlen. Deshalb haben wir ja auch all diese Abwehrmaßnahmen und das künstliche Ego erschaffen, um den Schmerz nie wieder fühlen zu müssen. Haben Sie nicht gelernt, einen inneren Beobachter aufzubauen, ist die Angst sehr stark. Verständlich natürlich auch. Diese, zuweilen an Todesangst erinnernde Panik existiert jedoch nur in unserem Kopf bzw. unserer Vorstellung. Und diesen Illusionen gegenüber kann nur ein wacher Beobachter den Ausgleich wieder herstellen. Die Angst, verschlungen zu werden und nicht mehr aus dem Drama herauszukommen, das über uns hereinbrechen könnte, wenn wir uns persönlich mit den reaktivierten Schmerzen identifizieren, macht die Innenarbeit zuweilen schwierig. Mit dem Beobachter im Gepäck muss das Konfrontieren mit der unterdrückten Realität keineswegs mehr so intensiv sein, denn er ist Zeuge, er bleibt wach und schaut zu. Kein Drama geschieht. Der Schmerz wird als das erkannt, was er ist, und durch bewusstes Sich-in-den-Schmerz-Einlassen, wenn er da ist, kann er mutig und aktiv durchschritten werden. Und das Einzige, was danach bleibt, ist die Stille der Befreiung die aus der Wahrheit in uns kommt. Das Bewusstsein, das hinter den Lebensillusionen lag und unsterblich ist, wird sich offenbaren. Seine Geburtsstätte ist dort, wo vorher der Schmerz des einst erlebten Traumas saß, welches das Ego gut tarnte. Ist noch kein innerer Beobachter da, kann der Weg natürlich als kritisch empfunden werden, da die Identifikation mit dem Schmerz noch zu groß ist. Daher immer wieder mein Appell, den inneren Zeugen mittels Meditation zu errichten, bevor man sich in den Schmerz bewusst einlässt, um ihn zu erlösen.

Haben Sie trotzdem Befürchtungen, alleine da durchzuschreiten, dann lassen Sie sich von einem erfahrenen Coach in Liebe und Klarheit begleiten und Sie werden feststellen, es befreit Sie, anstatt dass es Sie, wie in Ihrer Vorstellung, umbringt (killt nur den ungesunden und quälenden Schmerz sowie den Wegbegleiter „Ego". Sie, der Sie in Wahrheit hinter den Lebenslügen sind, niemals. Im Gegenteil, es erweckt Ihre innere Quelle zum Leben).

Unsere Wahrheit, unser wahres Wesen ist in diesen Traumablasen mit all seinem künstlichen Egogehabe bewaffnet eingeschlossen, wie Sie wissen.

Hätten wir diese Blasen nicht, bräuchten wir auch kein künstliches Ego. Es wäre überflüssig wie ein Kropf. Ich habe es selbst erlebt, erfahren und kann es nur bestätigen. Es ist so, und das Glück, das nach dieser kurzen inneren Schlacht mit der unbewussten Traumaausgeburt (dem Ego) wartet, ist mit nichts zu vergleichen. Man kann es auch nicht greifen, man kann es nur erfahren und den Unterschied selbst feststellen. An die Stelle jedes erlösten Traumas tritt ein Anteil Bewusstheit. Das Trauma geht und macht der Wachheit Platz, womit der innere Beobachter auch wieder stärker und stärker wird. Dass wir diesen unbewussten Schutzpanzer nicht mit

Verständnisfloskeln und Streicheleinheiten oder lange genug darüber reden, sprengen können, sollte auch – hoffe ich – erkannt werden.

Wir können durch langes Meditieren irgendwann bestimmt auch dort hingelangen, diese Energien wieder zu befreien, oder kurz und heftig durch einen gezielten Einsatz eines „Zen-Schlages“ auf unser Ego diese Themen ganz schnell ausräumen. Es ist ein bewusster Befreiungsschlag, der den Verstand zum Anhalten zwingt und sich somit das Gehirn neu ausrichten muss. Neu und gesund. Intensiv, aber höchst wirkungsvoll. Aber nichts für Feiglinge, wie bereits erwähnt, sondern für echte innere Krieger, die bereit sind, sich mit ihren inneren Schattenseiten zu konfrontieren und diese gezielt und nicht langatmig auszuräumen. Sind alle Themen, die wir im Leben zu bearbeiten haben, erkannt und befreit, sind wir nicht von der „Bürde des Lebens“ (wie es gerne genannt wird), sondern von der Bürde unserer Unbewusstheit, die immer in Verbindung mit Lebensängsten auftritt, erlöst und nehmen das Leben, wie es eben ist. Im Gegenteil, wir können es endlich wirklich genießen, da wir bewusst im Moment leben.

Das ist ein enorm effektiver Weg. Leider gibt es noch nicht so viel wache und unorthodoxe Meister-Coaches, die diese Gabe und Größe besitzen, diese Arbeit zu leisten. Außerdem zeigte mir das Leben, dass es wenige gibt, die in Bezug auf den Täter in uns (unser Ego) bereit sind, sich die „Hände schmutzig zu machen“. Mir begegnete während meiner Laufbahn nur einer, der sich dem Ego so meisterlich entgegenstellte und es auch erlöste, wenn die Bereitschaft da war. Und, da war sie wieder, die Bereitschaft und Einsichtsfähigkeit. Die meisten Lehrer oder Therapeuten weisen einen meist maximal darauf hin, ziehen aber nicht in die Schlacht. Das kann nur einer, der sich gemeistert hat und aus dem Angst- und Egospiel ausgestiegen ist und bei dem die Liebe über der Angst steht. Dem Rest fehlt meist die Klarheit, diese Teile zu erkennen, oder der Mut, uns die Dinge ins Gesicht zu sagen, die wahr sind, die unser Ego aber nicht hören will. Dazu gehören Mut und große Klarheit, denn wenn das Ego nicht weicht, folgt der Gegenschlag und den hält man bei manchen Egos nur aus, wenn man keinen eigenen blinden Fleck mehr hat, in den der Gegner schlagen kann. Diese unbewusste höchst gefährliche Wachheit unseres inneren Täters ist auch das, was diese Erlösungsarbeit so schwierig macht. Das ist dieser Blick des wahnsinnigen Täters, der zuweilen aus den Augen schaut, trifft man bei jemanden einen wunden Punkt. Der Blick, der jeden Menschen erschaudern lässt. Der Täter, der entthront werden muss, und mit dem sich niemand anderer bewusst anlegt, der noch einen Hauch von blindem Fleck in sich trägt. Denn, der Täter in uns findet jeden wunden Punkt, ähnlich wie Kinder, die erkennen auch jede Schwachstelle von uns „Erwachsenen" – und dann schlägt er zu oder heilt.

Diese Aufräumarbeit mit jemandem zu machen, wenn es um die Endschlacht mit dem inneren Schatten geht, ist selbstzerstörerisch, wenn man noch mit blinden Flecken bzw. toten Ecken gesegnet ist. Es bedarf meisterhafter geistiger Chirurgie und höchster Wachheit, die nur ein Erwachter, befürchte ich, aufbringen kann. Aber danach ist der innere Beobachter freigelegt. Das Bewusstsein ist erwacht, der Geist geklärt und der Verstand ist zum Diener geworden.

Direkte und indirekte Wege

Nun haben Sie Wege dargeboten bekommen, Ihren inneren Beobachter zu aktivieren. Einen eher langsamen und umständlichen sowie einen schnellen und direkten Weg, mit Aussicht auf Erwachen. Jeder, wie er will und wie der Reife- und Mutgrad, sich dem eigenen inneren Kampf mit der Schattenseite, die das Trauma hervorrief, zu stellen, eben vorhanden ist. Nur am Leeren unseres Geistes inklusive unserer Täterschaften und dem inneren Beobachter in uns kommen wir kaum vorbei, wenn wir frei werden wollen und den Geist klären möchten. Umwege sind manchmal dienlich, wenn sie das Bewusstsein und das Unterscheidungsvermögen schulen. Auch ich ging viele verschiedene Wege, bis ich bereit war, mich meinen tiefsten Lebensthemen auf direktem Wege zu stellen. Aber es half mir, denke ich, unterscheiden zu lernen und falsche von wahren Meistern auszusortieren. Viele Wege, die ich ging, schulten meine medialen Fähigkeiten, dienten letztlich auch meinem spirituellen Ego, räumten aber meine Themen nicht wirklich auf. Somit erntete ich ein weiteres Ego-Thema, das noch hinzukam, um aufgeräumt zu werden. Und die Zahl falscher „Meister" ist bestimmt nicht gering. Die Zahl spiritueller Egos somit natürlich auch nicht! Man erkennt sie meiner Meinung nach vor allem daran, dass der falsche „Lehrer" das eine lehrt und das andere lebt. Er brüstet sich zumeist auch mit dem, was er alles kann und weiß, definiert oder profiliert sich über andere und erzeugt eher Abhängigkeit als Freiheit. Der wahre Meister lebt, was er lehrt, er ist ein Beispiel für Verstandesleere, Liebe, Vergebung, Hingabe an den Moment, Humor, Lebendigkeit und man fühlt die Liebe selbst in seiner härtesten Schlacht mit dem Ego. Die fühlt man, wenn man sensibel ist; außer man fühlt sie nicht, auch wenn sie da ist, da das Ego, das nicht gehen will, nicht bereit ist, sie zu fühlen, weil der Grad an Dankbarkeit, Demut und Wachheit noch zu wünschen übrig lässt. Auch lässt er den Schüler ziehen, wenn die Zeit gekommen ist, dass dieser seinen eigenen Weg geht, um seine Blume auf seine ureigene Weise kennenzulernen und zu entfalten. Außer beide beschließen, miteinander eine Wegstrecke zu teilen.

Je mehr Sie also anfangen zu beobachten, anstatt blind zu agieren oder zu reagieren, und sich Ihren Themen und Mustern bewusst zu stellen und umzuentscheiden, umso mehr stärken Sie Ihr inneres waches Auge, bis es so wach ist, dass es erwacht ist und Sie zum Zeugen geworden sind. Der innere Beobachter schaut einfach zu und sortiert aus. Stellt fest, was ist, und agiert bewusst, statt unbewusst zu reagieren. Der innere Zeuge ist für den Weg unersetzlich, er wird stärker mit jedem Voranschreiten und Aufräumen von unbewussten Schmerzanteilen.

Unsere Verantwortung ist gefordert

Auf diesen Weg sollten Sie sich nur einlassen, wenn Sie bereit sind, ein wirklich eigenständiger und freier Mensch – ohne kindische Bedürftigkeit – zu werden, der einsieht, dass er für sein Glück, aber auch Unglück die volle Verantwortung trägt. Jedem sollte klar sein, dass nichts ohne unser bewusstes oder unbewusstes Zutun geschieht. Alles hat im Leben Konsequenzen. Überlassen wir unsere Lebensführung unseren unbewussten Prägungen und unreflektierten Verhaltensmustern, die den unbewussten und unerlösten Traumen entspringen, ernten wir deren Früchte. Erkennen wir uns in unserem unbewussten Treiben, entscheiden uns bewusst neu, nehmen wir das Ruder selbst in die Hand und agieren wach und situationsgerecht auf das Leben, dann bedeutet das interpretationslos zu Kommunizieren. Die Verantwortung ist dann auch nicht mehr schwer. Sie ist einfach und wird übernommen. Aus dem Opfer oder Täter ist der bewusst Handelnde geworden. Ein wirklich erwachsenes Wesen, das sich seiner selbst gewahr ist.

Alles, was uns widerfährt, dient unserer Selbsterkenntnis und Befreiung. Wir sind keine Opfer unserer Kindheit und schlimmen Erfahrungen. Wir haben jeden Moment die Chance, mit diesem Spiel Schluss zu machen und die volle Verantwortung für unser Glück und unsere innere Freiheit selbst in die Hand zu nehmen – außer wir wollen das nicht, dann dürfen wir uns aber auch nicht beschweren. Wir müssen uns aus unserer alten Haut (dem Ego, das aus den Traumen geborgen wurde) selbst herausschälen, um wahrhaft erwachsen zu werden, das ist unser Auftrag an uns und unser Leben. Schuldzuweisungen sind kindisch und entspringen einem höchst unbewussten Geist. Die größte Illusion mit der Erlösung ist wohl, dass wir naiv glauben wollen, dass irgendwann irgendjemand kommt und uns rettet, oder Papi und Mama uns doch wieder in das kindliche Nest aufnehmen und versorgen. Die alternative Illusion wäre dann noch die Erlösung vom lieben Gott im Jenseits, wenn wir hier genug gebetet und alle Schicksalsschläge brav hingenommen haben und trotz allem anständige Gutmenschen waren. Das wird nie geschehen. Das ist, befürchte ich, eine große Illusion, wenn wir uns das einreden. Derjenige, der uns rettet, sind nur wir alleine durch unser erwecktes und letztlich erwachtes Bewusstsein! Und, ob dann noch Verschmutzungsgefahr in Wort und Tat besteht oder nicht, sollte beantwortet sein. Der einzige Weg, um die geistige Reinheit zu vervollkommnen. Jedes Thema, jede krankhafte „Egomacke", jedes Trauma, was wir bewusst verabschieden, trägt zu mehr Frieden bei und verändert unser Miteinander, auch wenn der Weg noch nicht zu Ende gegangen ist. Jede Klärung hat Wirkung auf unser inneres wie auch auf unser äußeres Leben und auf das gesellschaftliche Miteinander somit auch.

Kleiner Tipp zum Abschluss:
Wenn Sie sich auf Ihrer Wiederentdeckungsreise entscheiden, äußere Unterstützung zu holen, dann kann ich nur empfehlen: Holen Sie sich einen Coach, der aus eigener „Häutungserfahrung" heraus arbeitet und nicht aus Wissensansammlung heraus lehrt. Wahres Mitgefühl kann nur aus eigener Erlösungsarbeit heraus entstehen, da die Hilfe zur Selbsthilfe nicht dem Selbstzweck mehr dient und diese, vom Ego befreite Liebe, meiner Erfahrung nach, beim Aufräumen für die Heilung fast unerlässlich ist. Aber machen Sie, was Sie für richtig halten. Annehmen müssen Sie diesen Rat natürlich nicht, so wie alles andere, was hier geschrieben wird, auch nicht. Sie können aber, wenn Ihnen das hier Beschriebene sinnvoll erscheint.

3. Ein achtsames Herz

Um interpretationslos zu kommunizieren, bedarf es noch einer weiteren nicht unwesentlichen Voraussetzung: der Nächstenliebe, und als Grundlage hierfür der Eigenliebe. Nur um Interpretationen vorzubeugen, möchte ich zu Anfang das Wort „Eigenliebe" noch etwas genauer abgrenzen, da es schnell mit

„Selbstverliebtheit", das heißt Narzissmus, verwechselt werden kann, was nun wieder der ungesunde Bruder der Eigenliebe wäre.

Fangen wir mit der Selbstverliebtheit an, die nicht gemeint ist und uns eher von unserer Wahrheit abtrennt als verbindet:

Selbstverliebtheit

Diese finden wir verstärkt bei Menschen, die meinen, immer richtig zu liegen, die sich selbst auf ein Podest der Unerreichbarkeit und Selbstverherrlichung stellen. „Königinnen-Trip" nenne ich dies bei Frauen und „Prinzen-Gehabe" bei Männern. Wer kennt diese Gattung nicht? Es sind diejenigen, die meinen, alles im Leben verdient zu haben und es sich einfach überall und ungefragt von anderen holen dürfen. Ohne Rücksicht auf Verluste. Den Grund dafür haben sie sich hart „erlitten", da ihnen schließlich die wohlverdiente Anerkennung und die Liebe als Kind von Elternseite verwehrt oder – wie ihre Vorgaben natürlich lauteten – nicht richtig dargereicht wurden. Als kranke Folge daraus wüten sie herum. Die Vergeltung wird als Liebe verkauft. Das Opfer wird zum unbewussten Täter. Immer im Recht. Fordernd, voll unerfüllter Erwartungen, lassen sie den anderen (z. B. ihren „Partner") am langen Arm verhungern, bis sie bekommen was sie wollen, selbst, wenn der Anspruch ständig schwanken sollte. Nicht selten wird auch noch das, was sie bekommen, mit „ungenügend" abgewertet. Diesen „Königen" ist nur die egoistische Erfüllung ihrer Bedürftigkeit wichtig. Die Bedürfnisse und Empfindungen des anderen zählen für sie nicht wirklich. Das ist „Kuhhandel" und hat für mich mit Liebe nichts zu tun, selbst wenn das Beziehungssystem so verkauft wird. Unverantwortlich, egozentrisch und hysterisch klagen sie an. Sie drehen sich nur um sich selbst! Unbewusst versteht sich! Sie stellen Anforderungen, die unerfüllbar sind, denn Liebe müssen wir in uns finden, die kann uns keiner auf dem Tablett bringen, egal wie ein anderer sich dafür zu verbiegen versucht. Also aussichtslos, und das gilt im Grunde für beide Seiten. Das „Katz- und Maus-Spiel" bringt aber „Schwung in den Laden". Wenn man sonst schon zu keinen großen Gefühlen fähig ist, braucht man dieses wohl, um das Blut in Wallung zu bringen, auch wenn es die Liebe kaputt macht. Diese Spiele sind für manche Egoisten leider sehr anregend. Trotz allem bleiben sie Machtkämpfe, sonst nichts. Kennen Sie diese Spiele? Haben Sie ähnliche auch schon erlebt?

Diese „Kronenträger" manipulieren, kritisieren und halten ihren Schmerz wie eine Trophäe hoch. Die Trophäe, die ihnen das Recht einräumt, um sich zu schlagen, denn sie sind schließlich diejenigen, denen am Übelsten mitgespielt wurde. Wo bleibt da die Liebe? Rache, Hass, Krieg ist das Motiv. Die Liebe, falls sie ihnen wirklich entgegengebracht wird, ist für diese Menschen unerträglich und muss vernichtet werden. Denn es regiert der Hass auf dem Platz der Liebe.

Sie haben immer recht und voller Erwartungen gehen sie bis hin zur Erfüllungs-Erpressung. Sie kommen einem keinen Schritt entgegen, erwarten aber ein „Zu-Kreuze-Kriechen" vom anderen, bis sie bereit sind, ein bisschen Entgegenkommen zu zeigen. Immer sind die anderen die Bösen und für ihre z. B. schlechten Launen oder ihre Aggressionen verantwortlich. Sie sind Meister im Vermitteln von Schuldgefühlen. Machtkampf, verwirren und aushungern lassen, sind ihre Waffen. „Selbstfürsorge" nennen diese blanken Egoisten dann ihr rücksichtsloses Verhalten anderen gegenüber. Realistisch beäugt, sorgen sie jedoch nur dafür, dass sie bekommen, was sie haben wollen. Diese Menschen sind nicht selten hervorragende Verkaufsstrategen und auch gerne darauf bedacht, die schlimmsten Lügen anderen als Wahrheit unterzujubeln. Diese uneinsichtige, trennende und sich selbst verherrlichende Ausgeburt der „Selbst-Verliebtheit" ist für unseren Weg die falsche Variante, wie Sie sich denken können.

Natürlich sind die Schilderungen, die ich wählte, wie bei fast all meinen Beispielen, selten in Reinform bei ein- und derselben Person vorhanden. Anteilig jedoch schon, was ich oft genug beobachte. Aber schauen Sie einfach selbst bewusst hin und machen Sie sich ihr eigenes Bild über so manche Ego-Ausdrucksformen.

Die Menschen, die von dieser kranken Selbstverliebtheit „be"- oder eher „ent"-seelt sind, sind wohl am wenigsten zu wahrer Liebe fähig, auch wenn sie diesen Makel nur zu gerne anderen vorwerfen, anstatt vor der eigenen Tür ihrer Unfähigkeit und Machtgier zu kehren. Ist auch eine Überlebensstrategie, stresst nur auf die Dauer alle ziemlich, bis einer mal härteste Grenzen setzt und das Spiel nicht mehr mitspielt. Vorher wachen diese Nervtöter sowieso nicht auf, außer sie wachen auf, da die Einsicht erwacht und sie aussteigen und bereit sind, sich wahrer Nähe zu öffnen. Dann beginnt auch der Weg zur Eigenliebe …

Eigenliebe

Diese ist eher still. Ein Mensch mit Eigenliebe besitzt ein achtsames Herz. Er weiß, dass er das, was er anderen gibt, sich selbst zukommen lässt. Also behandelt er andere mit der gleichen Würde und Wertschätzung, wie er selbst behandelt werden will und sich selbst behandelt. Wenn ich mich wirklich liebe, das heißt achte, für mich gut sorge – nicht auf Kosten anderer –, reife Wege gefunden habe, mir selbst Gutes zu tun, bin ich frei und gestehe das anderen auch zu. Dieser Mensch kennt seine Bedürfnisse, verlangt nichts von anderen, was er selbst nicht bereit ist zu geben. Er äußert Bitten, lädt den anderen ein, anstatt Forderungen auszusprechen, und sucht gemeinsame Lösungen mit anderen, die niemanden missachten. Ein solcher Mensch kann ein ehrliches „Nein" von einem anderen akzeptieren, da er die Freiheit des anderen respektiert. Seine aber auch. Er zahlt nicht heim, wenn der andere einen Wunsch verwehrt, er sorgt nur für sich und tut sich Gutes, ohne dem anderen die beleidigte Schulter zu zeigen und ihn für sein „Nein", mit Rachegedanken im Hinterkopf, abzuweisen. Das ist Reife. Diese Achtung vor sich selbst oder zu seinem inneren Wesen trägt er in sich, und erkennt das Anderssein des anderen incl. seiner individuellen Vorlieben in gleichem Maße an. Ein Mensch mit Eigenliebe hat gelernt, auf seine innere Stimme zu hören, und ist fähig mit dem gleichen Respekt anderen seine Aufmerksamkeit zu schenken.

Was wir anderen tun, tun wir uns immer selbst! Diese Erkenntnis ist verankert und wird gelebt. Dieser Mensch wird einen anderen nicht angreifen – außer in Abgrenzung mittels klarer Worte einem Angreifer gegenüber –, da er begriffen hat, dass unser Gehirn Geben und Empfangen nicht unterscheiden kann. Unser Gehirn registriert nur ein Empfinden, kann aber nicht unterscheiden, ob es uns angetan wird, wir es uns selbst antun oder anderen. Wenn wir das begreifen, ist Achtsamkeit im Umgang mit uns selbst und anderen einfach eine intelligente Folge.

Das ist Eigenliebe. Gefühlshygiene. Auf sich und andere achten, da wir alles ernten, was wir säen. Wir sorgen dann selbst dafür, dass wir uns harmonisch fühlen, sowohl bei der Aussendung unserer Worte als auch beim Empfangen.

Ein Mensch, der sich selbst liebt, hat das Bedürfnis, diese innere Fülle zu teilen, denn Teilen ist zu seinem Wesen geworden. Er fordert die Liebe nicht von anderen, da er sie in sich hat, sondern hat den Wunsch, den anderen zu beschenken. Ob er sich beispielsweise auf seine Familie oder den Partner einlässt, er tut es mit Hingabe und dem Bedürfnis, zu teilen. Ist auch der Liebesakt von Selbstliebe und Teilen geprägt, wird auch dieses Zusammensein ein sich gegenseitig nährender Genuss auf allen Ebenen. Körperliche Liebe wird zu einem gegenseitigen Schenken und einem göttlichen Akt der Vereinigung und Hingabe. Kein reiner Austausch von Körperflüssigkeiten zum Energieablassen ohne tiefes Einlassen mehr. Ist das nicht der Fall, sondern sind wir bedürftig und abhängig von dem, was wir von außen bekommen, haben wir keine Selbstliebe. Beim Sex ist dies wieder schön erkennbar: Bedürftiger Sex ist hässlich und leer, ein von Eigenliebe und wahrhaftiger Liebe zueinander getragener Sex ist ein ekstatisches Geschenk füreinander. Die reine Erfüllung im Innen und Außen.

Wahrhafte Selbstliebe, von äußeren Umständen unabhängig, bleibt immer bestehen, kann nicht verloren gehen oder genommen werden. Daran können wir unsere Selbstliebe-Quote erkennen. Aus unserer Bedürftigkeit heraus und der daraus resultierenden Wut, die schwächer oder stärker in uns aufsteigt, wenn unsere Bedürfnisse nicht erfüllt werden. Bekommen wir eben mal nicht, was wir vom anderen wollen, oder nicht so, wie wir es wollen, ist unsere Selbstliebe nicht unterbrochen, die bleibt, frei und unabhängig, auch wenn wir uns mal bewusst abgrenzen. Wir lieben, wir fordern nicht Bedürfniserfüllung, denn das hat mit Liebe nichts zu tun, sondern eher mit Machtkampf. Denn, fehlt uns die innere und beständig währende, in uns ruhende Gelassenheit, wenn unsere Bedürfnisse nicht erfüllt werden, oder spielen wir uns gar als Tyrann auf, wenn uns die Erfüllung von außen verwehrt wird, dann fehlt uns in Wahrheit nur unsere eigene Liebe. Wir sind Bettler, keine Könige! Eigenliebe ist die Liebe und Hingabe eines echten Königs, der sich achtet und liebt – auch äußerlich –, so wie er ist, und teilt, anstatt zu fordern! Diese Liebe brauchen wir, und sie ist es wert, sie uns zu erschließen. Dann sind wir wirklich partnerschaftsfähig geworden und aus dem abhängigen Bedürftigkeitshunger nach Liebe im Außen ausgestiegen.

Schönheitswahn oder der Schrei nach Liebe

Dieser Schrei nach Liebe im Außen kann auch andere destruktive Formen annehmen. Selbstzerstörerische und schmerzvolle Ausmaße für den Suchenden zugleich. Aus den Medien kennen wir diese Form nur zu gut. Der Schönheitswahn ist hier gemeint. Menschen, die glauben, dass sie durch Schönheitsoperationen oder Diäten, in deren Verlauf sie sich halb zu Tode hungern, etwas Aufmerksamkeit erheischen können, um diese innere Leere zu füllen. Diese hungernde Leere, die mit der Geistesleere gar nichts gemeinsam hat. Nein, sogar das Gegenteil ist. Und mit Selbstliebe hat das nun auch rein gar nichts zu tun. Diese Opfer, die dem äußeren Schönheitswahn huldigen, verkaufen es nur gerne so, dass sie sich „verschönern" oder liften lassen, da sie sich selbst lieben, oder eher etwas annehmen können? Das Gegenteil der Selbstachtung und -liebe ist hier jedoch der Fall. Von Selbsthass und Blindheit ihrer inneren Schönheit gegenüber werden sie angetrieben ihr Äußeres schmerzvoll zu entstellen. Ein sich selbst liebender Mensch wäre dazu gar nicht fähig. Und Bewunderung von außen ist nun wirklich ein würdeloser Ersatz für wahre Liebe. Selbstachtung und Eigenliebe lernen, das wäre die gesunde „Schönheitsfarm“ für diese armen Bettler, anstatt sich bis zur Unkenntlichkeit entstellen zu lassen.

Hier dient uns das Beispiel von Michael Jackson wieder als großes Warndenkmal für die schrecklichen Ausmaße, die der unbewusste Schrei nach Liebe annehmen kann. Was wäre dieser Mann schön und attraktiv gewesen, hätte er diese körperlichen Entstellungen sein lassen und sich anstatt eines Chirurgen einen Meistercoach gesucht. Viel körperliche Schmerzen hätte er sich auch erspart, wäre er durch seine inneren Schmerz-Themen mit professioneller Unterstützung noch ein Mal bewusst durchgegangen und hätte er seine Zusammenbrüche als Chance zu seinem Durchbruch erkannt. Selbstliebe, innere Freiheit und Frieden mit sich selbst hätten dann die Folge sein können. Dann hätte er nicht nur im Außen einen musikalischen Durchbruch nach dem anderen geschafft, sondern auch im Inneren, und er wäre sicherlich noch unter uns. Jetzt ist er auch unsterblich, aber das Unsterbliche in sich, dieses innere Gewahrsein, hat er während seines Lebens wohl leider nie erfahren und integrieren können.

Verwahrlosung ist nur die Kehrseite

Der Schönheitswahn ist die eine Seite der Medaille, wie Selbsthass zum Ausdruck kommen kann. Die andere Seite ist auch nicht so selten zu finden. Diese ist die Verwahrlosung oder das Desinteresse an dem eigenen Körper. Auch das ist als Gewalt gegen sich selbst zu bezeichnen. Das sind die Menschen, denen einfach schon alles egal ist. Egal, was sie anhaben, was sie essen, ob sie dick oder dünn sind, ungepflegt oder verlottert. Sie haben sich einfach nur abgetrennt. Es ist ihnen alles „wurst". Das kommt in ihrem Äußeren zum Vorschein, aber zuweilen auch in ihrem Wohnbereich und der Nahrungszubereitung. Im Extremfall umfasst dieser Spiegel der eigenen Ablehnung alle Bereiche, oder nur einzelne. Trotz allem hat es nichts mit Selbstannahme oder -achtung zu tun, es ist auch keine Demonstration dahingehend, dass dem Äußeren nicht so viel Beachtung geschenkt werden soll. Denn der inneren Achtung wenden sich diese „Egal"-Kandidaten in der Regel nämlich auch nicht zu. Die Achtung vor sich selbst gilt auf beiden Ebenen, innen wie außen, ohne einen übertriebenen Kult, wie bereits beschrieben, daraus zu machen.

Auch diese Variante ist somit eine Abwandlung der Identifikation mit dem Äußeren. Nur in der verneinenden Form. Denn, Übertreibung ist nie die Lösung. Ob in der Richtung des Schönheitswahns oder in der anderen, der Verwahrlosung. Nicht die achtsame und goldene Mitte!

Die Liebe zur Schönheit

Es ist, glaube ich, klar, dass der Unterschied zwischen „Schönheitswahn" und dem natürlichen und von Selbstliebe getragenen Wunsch danach, sich „schön" herzurichten oder seinen Typ (äußere Schönheit) zu unterstreichen, gravierend ist. Die Liebe zur Ästhetik, sich hübsch machen, sich pflegen – das muss kein Wahn sein. Warum auch. Wir sind Menschen, und wenn wir einen Sinn für Schönheit haben, dann umgeben wir uns auch gerne mit Schönem. Es nährt doch einfach die Sinne, wenn wir unser zu Hause schön herrichten, ein wunderbares Mahl zubereiten, den Tisch romantisch mit Kerzen decken oder uns für unseren Liebsten oder unsere Liebste hübsch machen. Nur bei der Selbstliebe ist kein Zwang und keine Erwartung mehr dahinter. Das „Gefäß" ist somit leer und nur von der Liebe und Hingabe an die Handlung erfüllt. Wir identifizieren uns, wenn wir so handeln, einfach nicht mehr mit unserem Ego-Selbstwert über das Ergebnis, sondern tun es, weil wir den Anblick oder die Atmosphäre genießen oder wir es einfach gerne machen. Das Gleiche gilt natürlich andersherum. Wir definieren auch kein „Ich bin wertlos" darüber, wenn wir ungeduscht mit ganz normalen Klamotten herumlaufen, was bei der Verwahrlosungsvariante meist der Fall ist.

Nichts greift unsere innere Schönheit, derer wir uns gewahr sind, je an. Erlebt sich ein Mensch nur dann als schön oder liebenswert, wenn er tolle Klamotten oder ein perfektes Make-up trägt, dann ist das auch nicht „schön", sondern eher armselig. Ein sich selbst liebender Mensch liebt sich einfach selbst, egal ob der Bauch nun perfekt geformt ist, die Frisur sitzt oder nicht, ohne dabei der Wurstigkeit zu huldigen. Und wenn ihm das nicht gefällt, dann macht er einfach etwas für die äußere Veränderung. Aber das tut er dann wieder für sich, d. h. ohne Erwartung an Außen, dafür Bewunderung zu erhalten. Die Absicht hinter der Handlung ist auch hier wieder entscheidend.

Alles in allem kann man sagen: Wir hassen uns einfach nicht mehr und drücken diesen Selbsthass weder in der einen noch in der anderen ungesunden Richtung aus. Das ist, glaube ich, noch viel wichtiger zu betonen. Wie viele Menschen hassen sich, da sie sich vom Äußeren abhängig machen. Egal, ob andere sie als schön oder hässlich wahrnehmen. Sehr attraktive Menschen haben, meiner Erfahrung nach, ständig etwas an sich auszusetzen. Das ist weg, wenn sie sich selbst annehmen. Sie sind, wie sie sind, und machen sich schön oder nicht. Je nach Belieben und Geschmack eben. Nichts ist besser, nichts schlechter. Ist einfach, wie es ist, und weder das eine noch das andere berühren den inneren Wert, was beim Schönheitswahn und der Verwahrlosung eben anders ist.

Erst Eigenliebe macht beziehungsfähig

Dass sich auch Beziehungen durch wahrhafte Selbstliebe verwandeln, ist wohl selbstverständlich. Partnerschaften, die in meinen Augen oftmals Hahnenkämpfen ähneln, haben bei einem Menschen, der sich selbst liebt, ausgedient. Sich gegenseitig mit Worten offen oder unterschwellig angreifen, kann doch mit wahrhaftigen Beziehungen nichts zu tun haben. Wenn ich mich liebe, dann erlaube ich weder mir selbst noch anderen, solch unwürdiges Verhalten an den Tag zu legen. Selbsthass und gegenseitige Gehässigkeit, aber auch gegenseitiges Vertuschen von Lügengebäuden und das Aufrechterhalten äußerer Masken beherrschen oftmals Beziehungen, die nicht von der Selbstliebe der Partner getragen sind. In wahrer Liebe, sich und dem anderen gegenüber, ist man ehrlich und wahrhaftig. Man hilft einander hoch, dient sich gegenseitig zur Heilung und ist mit einem unsichtbaren Band, anstatt mit einem harten und untrennbaren Ring verbunden. Einem harten Ring ums Herz, der oftmals dem Ehering ähnelt in Form einer selbst gewählten und gegenseitig angelegten Folterkette. Unter dem Motto: Für immer und ewig, auch wenn es die Hölle für einen oder für beide bedeutet. Über Zwangsscheidungen bei Ehen, die sich als einziger Höllentrip entpuppen, sollte zuweilen intensiver nachgedacht werden, anstatt Zwangsehen zu erzwingen, die nur zur Wahrung der gesellschaftlichen Masken gut sind. Ist nicht mehr so oft der Fall wie früher, jedoch in Gegenden, wo das religiös geprägte Regiment noch vorherrscht, sicherlich noch heute eine wohlbekannte „Zwangsversklavungs“-Variante.

Liebe ist. Sie verändert sich zuweilen im Ausdruck zueinander. Aber sie bleibt, auch wenn sie die Form des Miteinanders ändert, wenn die Zeit dazu gekommen ist. In ihrem Wesen bleibt sie jedoch. Man geht vielleicht andere Wege, aber ohne Groll oder Selbstmitleid. Kein Hass, keine Verzweiflung bleibt zurück, etwas das in ungesunden Beziehungen einfach offensichtlich oder unterschwellig wohl schon vorher vorhanden war. Gehren die negativen Gefühle gegen den anderen weiter in uns, war es wohl doch keine wahre Liebe, sondern ein Tauschgeschäft zum Selbstzweck.

Selbstliebe schenkt sich und respektiert das Gegenüber, man geht zusammen eine Wegstrecke, teilt sich total – auch im Sexualakt, der dem Wesen nach eher dem Tantra gleichkommt als dem gegenseitigen Missbrauch zwecks Energieentladung – und lässt sich los, wenn die Zeit vorüber ist. Und, man genießt die gegenseitige Intimität, vertraut einander und teilt den Moment ohne Interpretation. Ist das nicht mehr möglich, da sich die Prägungen und das Ego bei einem oder beiden Liebespartnern einschleichen und den Fluss der Nähe zerstören, heilt man für sich oder zusammen. Geht das nicht, trennen sich einfach die Wege. Dann ist das eben so.

Im Miteinander, das von wahrer Liebe getränkten ist, steht auch jeder als Individuum für sich. Jeder geht seiner täglichen Aufgabe nach und teilt seine Liebe mit dem Partner, aber auch mit anderen Menschen. Diese Menschen, die ein so wundervolles Niveau der Liebe und Nähe erreicht haben, definieren sich nicht mehr über die Quantität der Zuwendung des anderen, das haben sie nicht mehr nötig, denn sie lieben der Liebe wegen. Sie genießen auch die Zeit mit sich selbst, wenn eben keine Zeit füreinander da ist. Sie sind zwei für sich verantwortliche „Säulen", deren Motiv für das Zusammensein die Liebe ist. Sicherlich weisen sich wahrhaft Liebende und reife Menschen auch auf Ungereimtheiten unbewusster Wesenszüge hin, wenn der rechte Moment da ist. Aber nicht hintenherum angreifend, gehässig oder verächtlich, sondern offen und klar, getragen von der Liebe zum wahren Wesenskern des anderen. Verächtliche Hinweisung, um über den anderen Macht zu haben oder um ihn sogar zur selbstsüchtigen Genugtuung noch öffentlich bloßzustellen, wird hier nicht geschehen. Das wäre unter ihrer Würde.

Ein Mensch mit Eigenliebe gibt sich ganz oder lässt es eben, wenn der andere das Niveau auf die Ebene der Bedürftigkeit oder des Machtmissbrauchs herabziehen will. Bitte, seine Wahl. Nur die Freiheit, zu gehen, ist dem sich selbst liebenden Menschen immer gegeben. Wenn er geht, ist es aber nicht ein Akt gegen den anderen, sondern eine bewusste Wahl für sich selbst. Feiner, aber wichtiger Unterschied!

Geben und Nehmen sind im Empfinden eins

Ein achtsames Herz sorgt dafür, dass erneute Verletzungen vermieden werden. Es sorgt sich um sich, aber auch um den anderen, da ihm bewusst ist, dass es alles empfängt und fühlen muss, was es anderen Herzen antut. Wenn das unverständlich klingt, kann ich nur dazu anhalten, es auszuprobieren. Behandeln Sie andere verständnisvoll. Sie werden in sich das fühlen, was Sie anderen geben. Behandeln Sie andere mies. Das müssen Sie auch fühlen. Wir fühlen uns in und durch den anderen und uns selbst. Probieren Sie es aus und Sie werden erfahren, dass Sie Wunder der Heilung selbst vollbringen können. Das ist unsere Macht! Bei uns zu bleiben und das zu geben, was wir selbst empfangen wollen: Liebe, Verständnis und Mitgefühl. Jeder ist verwundet und traumatisiert, nur die Folgen sind unterschiedlich stark in ihrer Ausprägung. Zwar nicht mit den gleichen Wunden versehen, aber im Schmerzempfinden sind wir alle gleich. Keiner anders. Wir gehen mit der Verteidigung oder dem Schutzmechanismus nur unterschiedlich (oder auch nicht) damit um. Wenn wir im Schmerz gleich sind, sind wir es im geheilten Zustand auch. Wir denken anders, so wie wir eben unterschiedlich geschult wurden, sehnen uns aber alle nach dem Gleichen: nach Einheit und Liebe! Sie ist da, sie war nie weg, jeder trägt diesen Funken in sich, der darauf wartet, wiederentdeckt bzw. entmüllt zu werden.

Interpretationsloses Kommunizieren beinhaltet dieses achtsame Herz, aber es führt uns auch dort hin, wenn wir den Weg des Aufräumens, Hinschauens, der Verantwortung, des Beobachtens und Teilens gehen. Unsere Worte bzw. unsere Art zu sprechen, dem Leben zu begegnen und in Verbindung mit anderen zu treten, zeigt uns, wo wir stehen, wo Bewusstsein und Heilung nötig sind, wo es an Liebe mangelt, und führt uns in ein achtsames Sein. Somit haben wir den Anfang und das Ende wieder erreicht, ohne dabei den inneren Weg dorthin auszulassen.

Fazit: Ein achtsames Herz liebt und achtet sich selbst, es ist nicht selbstsüchtig und schon gar nicht vom Schönheitswahn und Narzissmus befallen. Achtsam sein bedeutet nicht, ständig auf der Hut zu sein und zerstörerisch zu wirken, da man hinter jedem Satz einen Angriff hört. Neutral zuhören, hinhören, ausreden lassen, hineinfühlen, sich selbst fragen: „Was machen die gehörten Worte oder die erfahrene Situation mit mir? Löst diese Situation Angriffsimpulse oder ein Gefühl von Wertlosigkeit gepaart mit Hilflosigkeit in mir aus? Werde ich wirklich angegriffen oder höre ich das nur? Zeige ich nur Fassade oder mein wahres Wesen? Weisen mich die als verletzend empfundenen Worte vielleicht auf eine noch ungeheilte Wunde in mir hin? Ist da etwas, was von mir noch nicht gesehen wird? Will der andere wirklich verletzen, oder interpretiere ich das und schlage zurück oder ziehe mich beleidigt und verletzt aus der Affäre?" Das ist Achtsamkeit sich selbst und anderen gegenüber. Innehalten, Nachfragen, wenn Interpretationen drohen. Selbstverantwortlich für sich sorgen, nicht indem ich den anderen oder mich selbst verletze, sondern indem ich zum Beispiel frage, was der andere mir wirklich sagen will, und indem ich mir und ihm helfe zu verstehen. Hier werden Zeit und Energie im Miteinander darauf verwendet, den anderen und sich selbst wirklich in seiner Wahrheit zu hören. Energie und Zeit werden nicht verschwendet, um Schlachtfelder zu hinterlassen, aus denen man als Sieger oder Besiegter hervorgeht und deren Früchte zerschlagenes Porzellan ist, das auch noch aufräumt werden muss. Das kosten weit mehr Zeit und Energie als die bewusste Klärung im Moment jemals einfordern wird.

4. Ein friedvolles Gefühl

Auf dieses Thema werde ich sehr umfassend eingehen, da unser Gefühl die innere Quelle unseres „Seins" darstellt und dieser Ebene in unserer Gesellschaft bisher zu wenig Raum eingeräumt wurde. Auch wenn sich mittlerweile das Bewusstsein von uns Menschen verändert und „Softskills" immer mehr an Bedeutung gewinnen, haben wir hier noch einen ziemlichen Weg vor uns, bis unsere Wahrnehmungsebene „Gefühl" gereinigt und geklärt ist. In unserem Schoße ruht die innere Weisheit, die aus unserer Seele entspringt. Fühlen, Seele, Weisheit und „Sein" sind somit untrennbar verknüpft und offenbaren sich erst, wenn das Gefühl von alten und unbewussten Emotionen geklärt und unser Verstand gleichzeitig von Altlasten entmüllt ist. Ohne bewusstes und klares Fühlen – auch kein Aufwachen!

Die meisten Konflikte und Dramen entstehen doch dadurch, dass diese Ebene noch sehr von unerlösten Emotionen belastet ist und sich der Verstand stattdessen dort einmischt, wo er nichts verloren hat. Die „Weisheit im Fühlen" ist lange unterdrückt, nein, sogar verleugnet worden und beginnt erst langsam wieder ihren würdigen Platz einzunehmen. Da unsere unschuldiges Gefühl aber Ausdruck unseres „Seins" ist, das wir uns zurückholen wollen, werde ich dieses Thema von der Licht- und Schattenseite des Ist- und Soll-Zustandes intensiv behandeln, um aufzuzeigen, welche Macht des Schöpferischen, aber auch des Destruktiven hier verborgen ist. Welche Folgen das innerhalb unseres menschlichen Miteinanders hervorbrachte und weiter hervorbringen wird, wenn wir uns nicht auf den Weg machen unser „wahres Sein", aus dem heraus sich unser friedvolles Gefühl ins Leben ergießt, auszugraben und erblühen zu lassen, betrachten wir auch genauer. Unterstützt von Botschaften großer spiritueller Lehrer, werde ich dieses Thema noch abrunden.

Gefühle färben alles, das ist bekannt. Manche Menschen sind gefühlsintensiv, andere eher abgekühlt.

Die einen stürzen von ganz oben nach ganz unten, andere zeigen nicht einmal eine Reaktion, da sie sich aufgrund von einst erfahrenen traumatischen Ereignissen ängstlich jeder Nähe verschließen. All das hat nichts mit einem friedvollen Gefühl zu tun, wie Sie sich denken können. Das ist aber die Realität. Viele Menschen sind nicht mehr bereit, sich gefühlsmäßig einzulassen, da sie unbewusst Angst vor neuen Wunden und somit auch Nähe haben. Denn, Nähe und Intimität sind gefährlich, da sie verletzlich machen, in Wahrheit aber Heilung und Liebe bringen. Es kommt dann meist sogar noch viel ärger: Wenn ihnen Nähe und Liebe wirklich mal begegnen, schlagen sie blind um sich, da sie (eigentlich nur ihr ängstliches Ego) diese Energie unbewusst nicht ertragen können. Sie sorgen unbewusst dafür, dass die Nähe sie wieder verlässt. Auch wenn sich ihr wahres Wesen danach sehnte, wird die Nähe gehen, da seine Stimme leider noch nicht laut genug war, um der vorlauten Angst den Rang abzulaufen. Und, wer am lautesten schreit, bekommt, was er will, das weiß doch jeder.

Ist es dann ein Wunder, dass Trennung schon fast an der Tageordnung ist? Eigentlich nicht. Es fehlt leider vielfach das Verständnis und Bewusstsein dafür, dass der Schutz vor Schmerz Heilung nicht zulässt. Ein Panzer um Herz und Gefühl, bis an die Zähne bewaffnet – das erlaubt keine echte Berührung und Liebe mehr, lieber leiden wir vor uns hin, geben anderen die Schuld, schlagen blind um uns, verletzen und vertreiben die Auslöser, anstatt den Schmerz anzunehmen, da die Heilung – wenn wir uns diesem alten Schmerz bewusst noch einmal hingeben – schon dahinter wartet. Angst, bis hin zur Todesangst, lässt die Erlösung nicht zu.

Würde mehr Klarheit in unserer Gesellschaft darüber herrschen, dass Beziehungen und deren Schmerzauslöser unsere Heilungschancen sind, würden wir Wundberührungen eher begrüßen, als diese mit allen Mitteln abzuwehren. Die Wahrheit ist, dass der Schmerz oder die Angst davor in unseren Köpfen wohnt und nicht real ist. Einmal durch das Trauma durch und es wäre erlöst! Angst ist da, das ist halt so, aber wir müssen lernen, uns dieser Angst mutig zu stellen und uns von ihr nicht mehr verschrecken zu lassen. Jeder, der diese Erfahrung erlaubt hat, bestätigt das Gleiche: „War gar nicht so schlimm, ich dachte es nur, und der Friede gepaart mit Liebe und Klarheit, was danach an diesem Schmerzpunkt Platz nahm, war unbeschreiblich schön." (Sie erinnern sich an das Thema „Trauma-Erlösung"?)

Das macht doch Mut?! Ausprobieren! Es ist unsere Chance zur Befreiung. Zugegeben, hin und wieder bekommen wir dann nochmals die Chance durchs Leben, ähnliche Situationen zu erleben, sind aber mit neuem Bewusstsein und Erkenntnis ausgestattet und schreiten mutig weiter. Alles halb so wild, man muss es nur einmal wagen, dann ist die Erfahrung geankert und die Angst vor Verletzung sinkt mehr und mehr, bis sie den „Point Zero" erreicht hat. Sie ist weg und kommt nie wieder! Schmerz erlöst! Und um das aktiv anzugehen, ist das Bewusstsein über Traumen und deren Erlösungsarbeit unabdingbar.

Innerer Friede ist ein Ergebnis

Menschen, die durch viele Höhen und Tiefen gegangen sind, dem physischen oder psychischen Tod entkommen sind, Katastrophen gemeistert haben, hingefallen sind, sich bis auf die Knochen blamiert haben und wieder aufgestanden sind und trotz dieser inneren Ängste neu angefangen haben, die sind manchmal sehr friedvoll. Friedvoll, weil sie über sich hinausgewachsen sind, sich und ihre Umstände bzw. Ängste gemeistert haben, nicht aufgegeben haben, sondern sich gewandelt haben. Diese Menschen tragen meist einen Zauber von Frieden in sich. Nicht Frieden, der aus der Kontrolle kommt oder aus dem Abtöten und Abwenden des Lebens, sondern der Friede, der aus der Meisterschaft heraus erstrahlt. Der Meisterschaft, die Höhen und Tiefen überwunden hat, sich selbst durch ihre Ängste hindurch erkannt hat, neu erschaffen hat, mit beiden Beinen auf dem Boden steht und Gelassenheit gelernt hat, dass alles für etwas gut ist und alles seine Zeit hat.

Diesen Frieden meine ich hier. Ein Friede, der aus unseren geheilten Wunden entsteht und als Folge den Kopf wieder leer macht. Ein Friede, der einfach annimmt, was kommt, der uns im Hier und Jetzt verweilen lässt, präsent, wach und ruhig. Ein Friede, der aus unserer inneren Stärke sich eröffnet, uns mit unserer inneren Quelle des Lebens wieder verbindet und daher in sich ruhend erschafft. Ein Friede, der von Kopf bis Fuß reicht, der uns jede Zelle im Körper freudvoll fühlen lässt, dauerhaft und unabhängig davon, was andere uns Mieses hinschleudern. Das ist wahre Gelassenheit. Diese können wir jedoch alle erlangen, aber gehen müssen wir selbst, das kann kein anderer für uns tun.

Unbewusstheit erschafft Unfrieden

Haben wir noch viel Wut, Hass und zerstörerische Emotionen in uns, ist dauerhafter und von äußeren Umständen unabhängiger innerer Friede unmöglich. Kurzfristiger Friede zuweilen schon, zum Beispiel nach gutem Sex, wenn wir mit dem Liebespartner die Einheit und Energieentladung erfahren durften. Aber sonst eher nicht, egal, was das Leben uns Schönes bietet. Nur immer wieder kurzfristig, was aber eher Glücksgefühlen gleicht, wenn alles nach Plan läuft. Von äußeren Begebenheiten abhängig. Aber was ist, wenn diese äußeren Umstände der Glückszufuhr weg sind. Die Wahrheit macht sich wieder breit: Unruhe, Erwartungshaltung, Nervosität bis hin zur Aggressivität oder Depression nehmen als Gegenpol in uns den Raum ein. Im Grunde ist das, was wir von außen bekommen, für unsere Unbewusstheit (Ego) nie genug, nie richtig und wird immer irgendwie oder irgendwo kritisiert. Mehr oder weniger. Ein deutliches Zeichen mangelhafter Heilung, wenig Selbstverantwortung und Reife. „Schwipp-Schwapp-Effekt" im inneren Erleben, der nicht wirklich aufhört. Außer es hört auf, da wir die Heilung bewusst erlaubt haben. Ist die innere Unausgewogenheit in uns jedoch noch vorhanden, wird normalerweise schnell alles persönlich genommen, zu wenig neutralisiert, die Schuld für unsere unguten Empfindungen auf andere projiziert usw. Streitsucht, Anklage und Rechthaberei machen sich in solch Situationen meist auch noch breit und brechen Konflikte vom Zaun. Die Rechtsanwälte haben dann ihren „Spaß“ damit, da sie mit uns ungeheilten und konfliktunfähigen Streitgenossen ihr Geld verdienen, mehr aber nicht.

Selbst, wenn wir nun diese Emotionen kontrollieren und nach außen ruhig wirken, stiftet das Unterdrückte Unfrieden bei anderen, da diese Energien gefühlt werden. Bewusst oder unbewusst. Aber sie werden wahrgenommen. Von Kindern extrem, von sensiblen Erwachsenen auch. Die Kinder spiegeln diese empfangenen Schwingungen meist ungefiltert und direkt zurück, Erwachsene neigen eher dazu, sie zu unterdrücken und/oder an anderer Stelle unbewusst freizusetzen. Meist da, wo sie sich sicher fühlen, in den Familien, den Beziehungen oder bei ihren Untergebenen. Wenn sie das nicht tun, da der „Schluckspecht“-Mechanismus und der antrainierte Gutmensch so stark wirken, richten diese die unverdauten Energien eben gegen sich selbst. Sie werden hochgradig depressiv, drogensüchtig oder verstümmeln sich selbst. Alles bekannt, nichts Neues. Diejenigen, die die Wut wenigsten rauslassen, aber nicht da, wo sie als Abgrenzung hingehört, sondern nicht Betroffene damit belästigen, brechen dann einen Streit vom Zaun. Das ist dann der berühmte Streit um die Zahnpastatube, was noch harmlos ist. Trotzdem sinnlos, hirnrissig, überspannt und unverständlich für Außenstehende.

Das geschieht, da kein Bewusstsein auf diese unbewussten Mechanismen gelenkt wird und die Eigenverantwortung für sich und das eigene Befinden fehlt. Es wird nicht beobachtet, nicht unterschieden, aussortiert, keine Verantwortung übernommen, keine Gefühlshygiene betrieben und es werden keine Grenzen gesetzt. Einfach drauf los, und wenn die angesammelte und nicht aussortierte Wut der energetischen „Schluckspechte“ zu groß wird, platzt halt einfach die Aggressionsbombe, die dann bis hin zur Gewalttat im Affekt wie Amoklauf in der Schule oder Prügelei in der U-Bahn mit tödlichem Ausgang für das Opfer, reicht. Ehepartner knallen sich gegenseitig ab, Kinder werden krankenhausreif geprügelt und ungerecht angebrüllt, wodurch die Traumenwelt erblüht, oder Gesprächspartner werden mies behandelt. Aussetzer geschehen, die so weit gehen können, dass eine totale Persönlichkeitsspaltung des Angreifers stattfinden kann. Unzurechnungsfähig wird das dann genannt. Ich sage: unbewusst, ohne Verantwortung, nicht aufgeräumt. Egal, die Energie muss raus und „erwachsene" Schwache gibt es genug, die einen Täter nur so „einladen", da ihnen das innere Rückgrat und die Würde fehlen, sich abzugrenzen. Nie gelernt, nie selbst entwickelt. Unbewusstheit ist der Grund. Von Kindern will ich gar nicht reden, was die zuweilen an Traumastoff abbekommen, da sie noch hilflos und abhängig sind. Also, die perfekten Opfer für diesen unbewussten Wahnsinn.

Bewusstheit über den Sinn und Zweck von Schmerzen, Wunden und Traumen verbunden mit Reflexionsfähigkeit und Meditation würde einiges an Gewalt eindämmen. Denn, was wir anderen antun, tun wir, wie wir ja bereits wissen, uns selbst an. Ein Teufelskreis, der ohne Bewusstheit und ohne die Erkenntnis, dass wir alle eins sind, auch wenn wir unterschiedlich denken, nie aufhören kann. Würden wir das als Gesellschaft endlich erkennen, könnten wir nichts als Liebe und Frieden verbreiten. Aber das dauert wohl noch, ist aber unumgänglich, wenn der Wahnsinn von Gewalt, Attentaten und Amokläufen aufhören soll. Außer er soll es nicht. Dann müssen wir so weitermachen wie bisher.

Und zu diesem Thema Gewalt und Wahnsinn inklusive ihrer Ausgeburten machen wir an dieser Stelle eine Reise hinter die Fassaden unserer äußeren „Anständigkeit", auch wenn wir oder einige von uns es nicht wirklich wahrhaben wollen, was sich da aufzeigt.

Unangenehme Wahrheiten läuten die Reinigung ein

Friede sei mit dir! Das hören wir bekanntlich gerne in den Kirchen, bei Osteransprachen am liebsten. Aber ist das dann auch so? Schöner Gedanke, aber real schwer umsetzbar. Oft gehört, nicht integriert und von den Gottes- oder eher Kirchendienern nicht selten so überholt übersetzt, dass der Mensch von heute die Botschaften nicht wirklich eindeutig versteht, oder diese nur über sich ergehen lässt, ohne sie wirklich in sich aufzunehmen. Außer er versteht sie, da er die Wahrheit hinter den Worthülsen fühlt. Gute und fromme Wünsche sind schön, verschlüsselte Verse des Evangeliums auch, aber ohne selbst mitzuhelfen und das Problem des Unfriedens in unserem Inneren am Schopfe zu packen, bringt das alles wenig, glaube ich. Es sind dann nur nette, aber leere Worte. Der Friede fällt nicht einfach so auf uns herab und heilt alles, wenn wir lange genug darum beten. Da müssen wir, befürchte ich, schon selbst Hand anlegen. Es ist eine schöne Anregung, Bosheit und Schlechtigkeit einfach aus unseren Herzen zu vertreiben, am besten noch mit Beten irgendwelcher Gebetstexte, wie so manch gläubige Erzkatholiken einem glaubhaft machen wollen. Würde das der Erlösungsschüssel sein, wären alle Betenden doch längst erwacht. Also, sagt mir mein innerer Zweifler: „Das kann so nicht wirklich funktionieren, oder!?"

Ich durfte bzgl. dieser Glaubenshaltung einige Erfahrungen mit streng gläubigen Dogmatikern machen, die mich wirklich zurückschrecken ließen. In meinem relativ nahen Umfeld durfte ich einst unzählige Male miterleben, wie sehr manche extrem religiös erzogene Menschen auch als Erwachsene felsenfest und wortwörtlich daran festhielten, was ihnen in der Kindheit von der Institution „Kirche" und den religiösen Eltern an Glaubenssystemen verabreicht wurde. Wie mir schien, hatten sie das Ganze auch nie wirklich hinterfragt. Wenn sie es glauben wollen, dürfen sie das für sich natürlich auch machen, denn jeder hat ein Recht darauf glauben zu dürfen, was er glauben will. Nur, was mich so abschreckte war das ständige Missionieren und das Erleben, dass sie eigentlich fast nichts von all dem wirklich bei sich selbst im Alltag umsetzten, was sie an Wertvorstellungen nach außen trugen. Im Gegenteil. Es wurde gehetzt, gejammert und beklagt. Die Schuldfragen waren die wichtigsten und das Götzenanbeten und das Auf-den-Knien-Rutschen vor Pfarrern wurde auch nicht ausgelassen. Was für ein Katholiken-Ego! Und, was das mit der ursprünglichen Botschaft der „Lehre Christi" noch zu tun hatte, verstand ich nicht wirklich.

Sicherlich wurde ich mit wahrlich extrem erzkatholischem „Gehabe" konfrontiert, das mehr die äußeren Bilder verherrlichte, als dass diese Menschen ein Vorbild für maskenlose Demut gewesen wären. Aber auch das hatte seinen Sinn: Es förderte mein Zweifeln noch mehr, als dass dieses beruhigt wurde.

Ein friedvolles Gefühl ist somit nicht symptomatisch, es ist ursächlich. Wenn der Boden unseres Hasses und der Traumatisierungen nicht gerodet wird, helfen auch die besten Wünsche und frömmsten Gebete wenig. Sie erleichtern und unterstützen höchstens das schlechte Gewissen, hatte ich mitunter den Eindruck. Aber es heilt noch nichts. Würde das anders sein, würden wir doch in diesen Kirchenreihen die maskenlosesten, demütigsten und friedvollsten Menschen antreffen. Ist doch aber nicht so, sondern eher wie von mir im vorhergehenden Absatz beschrieben, auch wenn das ein Extrembeispiel war. Aber, wie sollten diese gebetstreuen Gläubigen auch durch ausschließliches Beten ihren inneren Frieden außerhalb der schutzbietenden Kirchenhallen finden?

Auch sie haben doch Wunden und unerlöste Traumen und das nicht wenige. Dies durfte ich selbst erfahren, da ich bereits in kirchlichen Einrichtungen Supervisionsarbeit leisten durfte. Mein Auftrag war damals, das in die Klosterräume zurückzuholen, was einst die Begründerin der Ordensorganisation in die Wiege der sozialen Einrichtung legte. Etwas, was im Laufe der Zeit verloren ging und durch den menschlichen Unrat der nicht erlösten Traumen und unbewussten Auswirkungen ersetzt wurde. Dass Schwestern sich Unterstützung von außen holten, finde ich noch heute bemerkenswert einsichtig und verantwortungsbewusst, was bestimmt nicht viele machen, da sie Angst vor dem Maskenfall haben. Ein heiliger Moment war das, wenn ich mich zurückerinnere, als das „wahre Sein", die Seele der Begründerin das Innere der Klosterschwestern wieder berührte. Frieden zwischen den Nonnen und Verbundenheit untereinander war damals die Folge. Die einstige Absicht des wahren Dienens kehrte zu ihnen wieder zurück und die Zweitracht unter ihnen, die einst den vordergründigen Anlass zur Supervision gab, durfte gehen!

Und das, was ich da erfahren durfte, ist, denke ich kein Einzelfall. Denn in einer schulischen Einrichtung, die keine staatliche war, wurde das gleiche Phänomen sichtbar. Auch dort herrschte Zweitracht und Mobbing, da die wahre Absicht der Urheberin im Inneren der Lehrerschaft erloschen war. Das zu erkennen und die Wahrheit der einstigen Absicht wieder anzuerkennen, brachte auch hier das Heil und die Eintracht untereinander zurück.

Die Heiligkeit und Glaubensprägung des Gut-sein-Müssens oder des Besonders-sein-Müssens fördert doch die Unterdrückung des natürlichen Gegenpols. Verborgen im Untergrund bahnt sich die verdrängte Schattenseite nun mal ihre Wege. Entweder auf der Ebene des egoistischen Miteinanders, im kranken Missbrauch, oder einer anderen Form von Gewalt Schutzbefohlenen gegenüber zeigen sich diese Auswirkungen. Die Schlagzeilen der Presse sind derzeit voll mit den Folgen der katholischen Verdrängung, was hilflose Kinder noch dazu ausbaden mussten/müssen. Aber nicht nur dort wird Vertuschtes aufgedeckt. Im Schulbereich offenbaren sich nicht weniger unschöne und bis heute gut getarnte Ereignisse. Die Zeit des „Hinschauen" ist wohl gekommen.

Innere Aufräumarbeit, deren Früchte wahrhafte und gelebte Spiritualität ist, würde den nach Erlösung dürstenden und hungernden religiösen Menschen vielleicht eher Seelennahrung geben. Das, was wir so dringend brauchen, um der Gewalt entgegenzuwirken. Religiöser Dogmatismus trocknet aus und lässt auf Dauer die Seelen verhungern. Wahres, d. h. vom höheren Bewusstsein geführtes Dienen, das, was der Ursprung jeder Religion einst war, sollte anstelle des äußeren Glanzes und Prunk in diesen einst heiligen Tempeln Gottes wieder mehr regieren. Der Tempel des Herrn, die Kirche, die für den geleerten und dadurch heil(ig)en Geist in uns steht, muss wohl auch von egoistischem Unrat und unbewusstem Machtstreben gereinigt werden.

Reinigung ist demnach nicht nur bei uns „normalen" Menschen angesagt, sondern auf allen Ebenen wo der „Schein" statt das „Sein" die Vorherrschaft übernommen hat. Auch hier gilt, wie im Bezug auf die Kommunikationswerkzeuge erwähnt, dass nicht das Gefäß (hier, die Kirche) der Übeltäter ist, sondern das, was der ungesäuberte menschliche Geist in das einst wunderbare Gefäß einfließen ließ und lässt. Der oberste Zen-Meister „das Leben selbst" ist am Wirken und das überall. Nicht nur im weltlichen Rahmen, auch im kirchlichen Umfeld wird gerade die „Spreu" vom „Weizen" getrennt. Hier führen das Schwert der Wahrheit eben die Medien in Form von Aufdeckung dessen, was im Verborgenen verunreinigt war und ist. Denn, auch hier gilt das gleiche wie für unseren menschlichen Geist: Ausmüllen ist angesagt, damit die ursprüngliche Wahrheit überall, auch in den Kirchenhallen, wieder Platz nehmen kann.

Und ob es so ist oder nicht, kann jeder für sich entscheiden, wie bei allen anderen Sichtweisen, die hier angeboten werden, auch. Aber den Unterschied zwischen Heiligkeit nach außen „tragen" und im Inneren geheilt „Sein" und deren sichtbare Folgen sind nun wirklich schwer zu übersehen. Denn „Heiligkeit" ist etwas, was das „Ego demonstriert", d. h. macht und nicht wirklich in den Alltag integriert. „Geheilt sein" hingegen ist etwas, was demütig aus „sich selbst heraus wirkt" und die Umsetzung dieser Haltung im Leben zum Hauptziel hat. Kann da vielleicht etwas dran sein, oder ist das auch sehr weit hergeholt?

Gebetstreue Moralisten, die zwar äußerlich weltlich angezogen sind, aber im Inneren das Pfarrgewand tragen, sind vielleicht – außer sie sind es – auch nicht so „heilig“ wie sie gerne zum Besten geben. Vielleicht nicht so heftig am sexuellen Missbrauch beteiligt, da sie ja offen ihre Sexualität ausleben dürfen. Aber auch hier ist doch oft genug zu beobachten, dass diese zum sonntäglichen Kirchgang Ermahnenden nicht selten die Ersten sind, die über andere herziehen, wenn sie das Kirchenportal verlassen haben. Gewaltpotenzial bleibt Gewaltpotenzial. Stark oder schwach. Im Nenner sind beide Formen gleich und ermahnen zur Vorsicht, das Wort, die Handlung und den geistigen Inhalt auf den Prüfstein zu stellen. Wundern wir uns wirklich noch, wenn wir uns all das angerichtete Unheil ansehen, dass es um unser Miteinander so gestellt ist, wie es ist? Stellt sich tatsächlich noch jemand, der sich das alles bewusst vor Augen hält, die Frage, warum wir diese Krise, in der wir stecken, dringend zur Gesundung für uns alle brauchen?

Ich stelle mir die Frage schon lange nicht mehr, da ich hinschaue, was ist, und sehe, wie weise das Leben eine Reinigung einläutet, ohne die wir uns wohl wahrlich selbst zerstören würden, würden wir so ohne Konsequenzen weitermachen können. Aber, was wir daraus für uns machen, liegt bekanntlich wieder an uns selbst. Unsere Einsichtsfähigkeit gepaart mit einer großen Portion Mut und Kraft entscheidet darüber, ob die alten Fesseln unseres gesellschaftlichen Miteinanders gesprengt werden oder nicht. Zuerst jeder für sich und dann gemeinsam für eine neue Vision, auf die wir unser gemeinsames Leben bauen. Ob das schnell oder langsam vonstatten geht, oder nur eine Fiktion bleibt, wird sich zeigen.

Unsere, zuweilen fast blinde Vertrauen in die Kirche, das, was einst seelischen Halt und Führung gab, bricht gerade auseinander, wie wir sehen können. Auch wenn innerhalb dieser Organisation viel Gutes geschieht. Trotz allem ist es, wie es ist, und es hat Folgen. Was gerade aufgedeckt wird, erschüttert das Grundvertrauen, und was sich daraus als weitere Folgen zeigen wird, weiß noch keiner. Zu lange wurde die Heiligkeit hoch gehalten und alle haben wir weggeschaut. Wer sich zu hoch stellt, wird erniedrigt werden, so ähnlich steht es doch auch in den heiligen Schriften, oder irre ich da? Und auch an diesem Beispiel können wir wieder sehen, das Leben ist sanft aber gerecht. Und es macht nirgends halt. Taten sind Taten und jeder muss dafür geradestehen, ob er will oder nicht. Und das Leben lehrt uns: Vor „Gott/dem Leben" sind wir alle gleich! Keiner ist besser, keiner schlechter, keiner größer, keiner kleiner, nur verschieden.

Auch wenn gerade verheerende Geschehnisse diese heiligen Mauern erschüttern, dürfen wir nicht vergessen, dass es in diesen Reihen auch wundervolle Wesen gibt. Viele unter ihnen nehmen den Dienst am Menschen wahrlich ernst und sind ein Vorbild für Güte und Liebe. Alles hat eben beide Seiten in sich und wenn die eine zu überbetont wird, bricht die andere irgendwann durch. Das höhere Gesetz der Ausgleichung und Harmonie ist auch hier am Wirken.

Und, trotz allem was geschah, sollten wir nicht anklagend den Zeigefinger erheben oder alle „über einen Kamm scheren", auch wenn wir die Realität offen benennen, sondern auch hier vor der eigenen Türe kehren. Schuldzuweisung gegen die Kirche ist hier auch nicht angebracht. Denn, auch wir haben alles ungefiltert geschluckt, was uns von den Repräsentanten dieser Institution angeboten wurde, ohne das kritische Auge mal einzuschalten, um beim Einen oder Anderen mal hinter die Kulissen zu blicken. Das gilt natürlich auch wieder nur für diejenigen, die geschluckt und weggeschaut haben und sich nun auch noch beklagen.

Wir sollten nun einfach die Ereignisse nutzen, um in und mit uns kritischer zu werden und die Kirche sprichwörtlich mal endlich im Dorfe lassen. Was heißen soll, dass wir dem ganzen „Kirchendogma" einfach endlich neutraler, nicht so identifiziert und personifiziert begegnen sollten. Dass all das Aufdecken des Vorgefallenen so lange dauerte, wundert mich sowieso, da wir doch sonst nicht so unkritisch sind. Alles hinterfragen und zerlegen wir, aber hier verhalten wir uns ehrfürchtig wie Kleinkinder, die Bibelsprüche auswendig lernen und aufsagen. Im Grunde unbegreiflich für einen weltoffenen Geist, für den wir uns doch halten. Die Kirche hatte viel, wahrscheinlich zu viel Macht über den menschlichen Geist und folglich ist es ganz natürlich, dass im 3. Jahrtausend nach Christus das Gottesbild auch reformiert gehört und Veränderung stattfinden muss, und wird, glaube ich.

Aber auch hier gibt oder gab es bereits Erwachte, das wissen wir. Nur, wie ging das mit all der leblosen Dogmatik? Ich vermute, dass sie diesen Zustand wohl eher dadurch erreicht haben, da Sie für sich begriffen hatten, worum es wirklich geht und sich als Erkenntnisfolge ihren inneren Schattenseiten mutig gestellt haben. Diese sind auch heute noch Vorbilder für uns. Aber, vom Gottesbilder anbeten und verherrlichen alleine erlösen wir uns selbst nun wirklich nicht.

Warum erkennen wir, wenn überhaupt, Meister oder/und Heilige erst nach ihrem Ableben an? Wir verherrlichen dann ihre Worte oder Taten, lassen uns aber zu Lebzeiten wenig von ihnen nähren. Liegt es vielleicht daran, dass sie uns unsere Verblendung dann nicht mehr aktiv vor Augen halten können? Ein lebendes Beispiel wollen wir wohl nicht so gerne, oder? Warum? Weil es eine Gefahr für unser Ego ist? Könnte das sein? Wer erträgt es denn wirklich, dass jemand etwas erreicht hat, was im Grunde in jedem von uns steckt und wir selbst aber nicht Hand anlegen wollen, um es aus uns selbst heraus zu erschaffen. Das können wir aber, wie wir wissen, und brauchen diese erlösten Menschen auch dazu, sonst wachen wir nicht auf und es ändert sich auch nichts an unserer Misere, für welche die unbewusste Tyrannei in uns doch verantwortlich ist.

Gesunde Wut und Feinfühligkeit brauchen wir zurück

Zu Beginn dieses Themenabschnittes, aber auch immer wieder zwischendurch, lasse ich zu Alltagsbeispielen auch Botschaften von und über „spirituelle Lehrer" einfließen. Lehren, die sie uns mit auf den Lebensweg zum Thema „Sein", „Ego" und unser Verhalten gaben, aber auch weshalb und wie wir uns im Inneren aufräumen können und sollten, so wie ich die Beispiele verstehe. Und, ob Sie meine Sichtweisen teilen, oder nicht, liegt natürlich wieder an Ihnen selbst.

Einst las ich eine Geschichte über Jesus. Auch wenn ich nicht mehr weiß wo, drang die Begebenheit, die angeblich geschah und ich gut nachvollziehen konnte, sehr tief in mein Inneres ein und löste in mir damals neue Einsichten aus. Es war eine Szene aus seinem Leben in der er wütend den Tempel von Händlern reinigte, als sie diesen Ort zum Handel missbrauchten. Ob sie sich wirklich zutrug oder nicht, weiß ich nicht. Wir nehmen diese Geschichte nun einfach als wahr an und hinterfragen, was wohl ihre Botschaft sein könnte.

Es ist eine Szene, die für mich nämlich das zum Ausdruck bringt, was auf den vorhergehenden Seiten über die innere Aufräumarbeit beschrieben wurde. Im Tempel seines Vaters hat Jesus uns vorgemacht, worum es in unserem geistigen Tempel auch geht: Der inneren Reinigung von Unrat, der hier nicht hingehört. Als Zen-Meister zeigt sich Jesus für mich in diesem Beispiel. Er war somit ein wahrhaftiger, auch Grenzen setzender und vollkommener Mensch, kein Gutmensch. Hart zum egomanischen Unrat, aber voll heilender Liebe zu jedem lebendigen Wesen, trug er das Schwert der Wahrheit mit und in sich. Das Schwert der Klarheit somit, das die Realität unserer Verblendungen gnadenlos aufzeigte und in dieser beschriebenen Situation besonders gut zum Ausdruck kommt. Die Peitsche die er einst nutzte, dürfen wir durch unsere Finanz- und Wirtschaftskrise, die uns der inneren Wahrheit wieder zuführen soll, gerade am lebendigen Leibe spüren, glaube ich. (Klingt vielleicht abgehoben, ist aber nicht wirklich unrealistisch, wenn man Spiritualität und Leben nicht mehr voneinander trennt, oder?)

Er hat uns, so gesehen, das vorgelebt, was wir in uns zu erwecken haben, wollen wir aus den inneren Dramen aussteigen. Selbst als er gekreuzigt wurde, gab er uns noch eine Botschaft. Er zeigte uns deutlich auf, wer wir sind und wovon unser Handeln getränkt ist: Kaltblütigkeit und Verblendung und wie leicht die Lebendigkeit zu zerstören ist, wird das innere aber auch äußere „Schwert" (das Wort oder die Handlung) von Hass anstatt von Liebe geführt.

Nun bringen wir diese Lehre mal wieder in ein Gleichnis. Das Gleichnis von der „Rose" und dem „Stein": Trotz seiner geistigen Erlösung musste er sich also dem harten Stein (dem Ego) beugen, denn die Rose (sein erblühtes Sein) konnte nicht zurückschlagen oder sich auf gleiche Weise, wie das steinerne Ego, wehren. Zuschlagen oder vor dem Schicksal weglaufen, das kann das erblühte Sein (die Rose) nicht mehr, wie wir uns denken können. Er nahm an, was das Leben von ihm abverlangte. Sein Ego beugte sich dem höheren Willen, auch wenn dieser hieß: „Opfere dich, um der menschlichen Verblendung ein Zeichen zu setzten". Ob sich das gelohnt hat oder nicht, ob wir daraus lernten und unsere Welt dadurch erhellten, können wir für uns selbst beantworten. Aber das „Sein" fragt nicht nach Sinn oder Unsinn, wenn der höhere Wille zum Dienst aufruft. Das „Sein" gehorcht aus Demut, wenn es seine vom Leben zugedachte Aufgabe ist, dem Aufwachen anderer zu dienen. Und, die Aufgabe von Jesus war nun wirklich kein „Spaziergang". Seine innere Haltung war sehr aufrecht und er hatte einen Gehorsam, der mit unbewusstem und blindem Gehorsam, meist gepaart mit Angst vor Strafe, ganz klar nicht zu verwechseln ist. Eher die Umsetzung dessen bedeutet, was im „Vater unser" zum Ausdruck kommt: „… dein Wille geschehe, wie im Himmel so auf Erden …"

Und, um diesen Unterschied des Gehorsams zu erleben, zu erfahren und zu erlernen, ist es auf der Reise zur Wahrhaftigkeit ratsam und fast unumgänglich, wenigsten ein Mal einem solchen Diener (erwachten Meister) persönlich begegnen zu können. Er offenbart alleine durch sein Beispiel den Unterschied zwischen wahrem Dienen und verlogenem „Dienern" zu egoistischen Selbstzwecken.

Beleuchten wir das Beispiel nochmals genauer: Die „Rose" steht hier für „Leben und Schöpfung", das „wahre göttliche Sein". Der „Stein" für „Vernichtung und Zerstörung", das „Ego". Warum? Weil die Rose lebendig ist und ein Stein diese

Lebendigkeit mit einem Schlag vernichten kann. Auch hier dient uns die Natur wieder als Lehrer. Versuchen Sie es, und schmeißen Sie mal bewusst einen Stein (Ego) auf eine Blume (das wahre Sein), die nicht von einem äußeren Schutz (Abwehrmechanismen) abgeschirmt ist, damit der Stein abprallt. Was geschieht? Sie ist zerstört! Nun liegt es an der Stärke der Gewalt mit der sie getroffen wurde, ob diese Blume vernichtet ist, oder sie sich aus ihrer eigenen Kraft heraus wieder aufrichten kann. Aber eines ist sicher: Sie wird nicht zurückschlagen können, denn sie hat keine Hand, die von einer wahnsinnigen Verstandesausgeburt (dem unaufgeräumten und destruktiven Ego) geführt wird. Sie lebt aus ihrer Quelle und ist dem Leben und seinen Stürmen voll ausgesetzt. Wie ein Erwachter auch. Dieser kann sich, hat er diesen Bewusstheitsgrad und diese Natürlichkeit in sich erreicht, nur noch über Grenzsetzung, Aufzeigen von Ursache und Wirkung oder, wenn das auch nichts bringt, durch bewusstes Herausnehmen von unbewussten und gewaltvollen Angriffssituationen selbst schützen. Er hat verlernt mit harten Steinen blind um sich zu schlagen und anderes Leben im Wahnsinn brutal zu zerstören. Er kann nur Lebendigkeit erschaffen und uns helfen, unser eigenes wahres Sein wieder zurückzuholen!

Daher wehren sich diese Menschen auch nie so wie „normale Leute“, die bei Übergriffen verbal oder physisch „zurückschießen“. Sie sind somit Freiwild für Wahnsinnige, die in sich so tot und kaputt sind, dass sie das Licht nicht mehr ertragen, weil es sie unbewusst blendet und somit ihre unbewussten Schatten erhellt. Oder, warum wurde Jesus hingerichtet?

Daher leben diese reinen Wesen, die wenigen, die wir bisher haben oder haben durften, oftmals auch sehr zurückgezogen. Verständlich, oder? Sie müssen aus ihrer Selbstliebe heraus auf ihre innere Blume achten, d. h. Sie bewusst öffnen und schließen, wie die Blumen in der Natur auch. Sie werden immer sensibler und öffnen ihre Blume irgendwann nur noch denen, die Augen haben, die sehen und Ohren haben, die hören. Osho, um einen weiteren großen spirituellen Lehrer zu nennen, der wohl einer unserer größten Meister des letzten Jahrhunderts war, ist für mich auch ein Beispiel, das von außen nur angefeindet wurde, da er für das unbewusste Ego gefährlich war. Selbstschutz und gesunde Abgrenzung nenne ich das, wenn sich so ein Wesen von der Masse zurückzieht. Mit Arroganz hatte das, glaube ich, gar nichts zu tun. Sein Bewusstsein war so hoch, dass persönlicher Eigennutz hier nun wahrlich keinen Platz mehr hatte. Wer von ihm etwas liest und es auch in sein Inneres dringen lässt, der weiß wovon ich spreche. Seine Abgrenzung war ein Schutz, denn bei so viel Täterschaft und Gewalt, ausgelöst durch spirituelle Blindheit ihm gegenüber, wäre er verrückt gewesen, sich dem täglich bewusst auszusetzen. Könnte das so gewesen sein? Möglich, oder?

Wir werden zwar immer feinfühliger und zugleich friedlicher im Gefühl durch unsere Erlösungsarbeit und die daraus resultierende Bewusstheit, lernen hier aber auch die Abgrenzungsfähigkeit eines Zen-Meisters. Die Abgrenzung nach außen, die schon alleine aus Achtung vor dem eigenen reinen inneren Wesen geschieht, um es zu bewahren und nicht unbewusst missbrauchen oder zerstören zu lassen.

Alles, jeder Schatten unserer totesten Ecken muss integriert werden, sonst funktioniert das mit dem wachsamen Löwen nicht, der weiß, wann er zu brüllen hat und ihnen Schutz vor „Steinewerfern" zu geben hat. Der wohl einzige eigene Schutz der aktiv wirkt, wenn der unbewusste Schutzpanzer des Egos erloschen ist. Aber der innere Beobachter und Schwertträger in uns wird parallel auch immer wacher und achtsamer, um zum rechten Moment eine gesunde Abgrenzung zu machen. Etwas, was im normalen Alltag sicherlich notwendig ist. Vielleicht kommt eines Tages auch jemand von außen, der dieses lebendige und feinsinnige Wesen vor unbewussten Tätern abschirmt. Kann geschehen, dass die Feinheit und das Licht eines solchen Wesens das aus der Todesspirale in die Lebensspirale immer höher emporsteigt, irgendwann so filigran wird, dass es sich nicht mehr unter die „Steiniger" wagen darf, da die

Gefahr, bei der Steinigung „zerstört“ zu werden, immer größer wird. Osho war hierfür wieder ein außerordentliches Beispiel, dessen Schwingung so hoch und lichtvoll gewesen sein muss, dass er sich wohl in keiner Weise mehr selbst abschirmen konnte. Auch wenn ich diesen großen Lehrer nie persönlich kennenlernen durfte, kann ich das, was überliefert ist, gut nachempfinden. Aber auch Jesus traf ich nie in Menschengestalt an und kann seine Wahrheit trotzdem in mir fühlen.

Aber dieser Schutz, der diesen – so wichtigen Lichtträgern – zukommt, sollte dann ein sehr achtsamer Schutz sein, der von Bewusstheit des Abschirmenden beseelt ist und nicht dem Zweck seiner egoistischen Selbstvereinnahmung dienen sollte. Auch wenn hier die Grenze oft sehr verschwommen sein kann, gilt es hier zwischen Wahrhaftigkeit und Lüge sehr achtsam zu unterscheiden. Dieser respektvolle Schutzrahmen (was natürlich auch die Form eines Ashrams haben kann) ist auch vergleichbar mit dem Bild einer „Muschel“, die sich des hohen Wertes der „Perle“, die sie im Innen bewahrt, bewusst ist und diese wie ihren Augapfel hütet. Bewusst hierin, dass diese reine und leuchtende „Perle“, wie z. B. Osho es war, für die Bewusstseinserhöhung von uns Menschen so wichtig ist und deshalb vor der Destruktivität der verblendeten Egos abgeschirmt werden muss.

Wenn wir also mit unserer Unbewusstheit, dem Verletzen und Traumatisieren nicht aufhören, sind wir wie Steine und wundern uns über unsere kahle und öde Welt, da diese Steine (unsere Egos) die lebendigen Blumen (das wahre Wesen) unaufhörlich zerstören. Und, wenn wir mal unsere äußere Welt betrachten, sehen wir auch mehr künstliche Materie die uns umgibt, als lebendige Blumenwiesen und fröhlich spielende Kinder. Machen wir den Fernseher (einen unserer größten geistigen Führer und Meinungspräger) an, was sehen wir? Mehr Gewalt- oder mehr Liebesszenen?

In uns ist es doch auch so: Die Lebendigkeit stirb, bis das Licht erloschen ist und die Kälte uns Menschen voll gefangen hat. Dies geschieht bestimmt nicht bei jedem, versteht sich, aber bei so manchen hartherzigen und abgebrühten Zeitgenossen ist die Gefahr doch sehr groß, wenn wir uns mal bewusst umsehen. Die Ausgeburt verheerender Traumatisierungen und der mangelnden Bewusstheit in uns zeigt sich dann beispielhaft bei diesen eiskalten Racheengeln, die wir aus den Medien kennen, und die hilflose Menschen kaltblütig zusammenschlagen und nicht das Geringste dabei empfinden. Wie auch? Das wahre und lebendige Sein, die Empfindsamkeit ist erloschen. Tot ist tot. Da hilft auch kein Zen-Schlag mehr, da der innere und unerlöste Wahnsinn in diesen Menschen das wahre Wesen bis auf die Grundmauern zerstört hat. Da kann man auch nichts mehr therapieren befürchte ich. Das sind Kampfmaschinen, die leblos und eiskalt vor nichts zurückschrecken. Ein Stein ist keine Rose. Es muss wenigstens noch etwas Lebendigkeit und Wille zum Aufräumen in so jemanden sein, sonst hilft kein Weg zur Bekehrung oder Erlösung. Eigentlich nachvollziehbar, oder? Und das kann es ja nicht sein.

Solchen Tätern, auch wenn wir sie menschlich nicht verurteilen müssen, da wir auch keine Heiligen sind, ist fast nicht mehr zu helfen. Solchen Hass, der sich derart verselbständigt hat, muss man wirklich wegsperren, da sonst Gefahr für das Leben anderer in Verzug ist. Und sich im anderen selbst erkennen und jemand für seine Taten zur Rechenschaft ziehen, muss sich nicht ausschließen. Aber das war nun ein anderes Extrembeispiel, wo es sich vielleicht nicht mehr lohnt, mit der Reise zu sich selbst anzufangen.

Diese Beispiele waren nun vielleicht sehr weit abschweifend, oder auch nicht – je nachdem, wie man es betrachtet – aber möglicherweise auch aufrüttelnd und im Kontext verständlich, weshalb ich sie hier einbaute.

Zurück, zum ersten Beispiel von Jesus und dem Thema „Wut". Jesus zeigte Wut, nur anders als wir sie vielleicht gewohnt sind. Seine Wut war eine reine und bewusste. Eine, die wir auch brauchen, um mit den inneren Lügen in unserem Geist oder sagen wir „Tempel Gottes" aufzuräumen. Erst die Arbeit dann das Vergnügen! Und die Ernte ist es wert. Dann sind Sie friedvoll, anstatt es sich selbst oder anderen vorzugaukeln. Wir brauchen in uns die Stärke eines Zen-Meisters, eine Wut, die nicht gegen andere gerichtet ist, sondern die uns dazu dient, aufzuräumen, wo falsche und zerstörerische Anteile sich in uns breitgemacht haben. Wir brauchen aber auch unsere sensible und achtsame Seite – dem Lebendigen – in uns und um uns zurück, um ein ganzer und wahrhaftiger Mensch anstatt ein „Gutmensch" zu sein.

All das hat mich diese erwähnte Tempelszene gelehrt und sie hat den Nutzen von Wut und die Notwendigkeit gesunder Grenzsetzung in ein neues Licht gesetzt. Eigenschaften, die wir brauchen, solange diese negativen Machthaber in uns und um uns regieren. Mit ihnen kann in uns kein friedvolles Gefühl Einkehr halten, denn diese inneren Machthaber stehen nicht für Frieden, sondern für Unfrieden, Gewalt, Kaltblütigkeit und Unterjochung. Und wenn wir das nicht erkennen wollen, kreuzigen wir unser wahres Sein unaufhörlich weiter, bis wir es zerstört haben oder es zerstören lassen, weil wir die Opferrolle nicht verlassen wollen. Und, ob das geschieht oder nicht, steht alleine in unserer Macht. Und, wenn wir immer noch glauben, dass wir Zeit genug haben, um irgendwann mal neues Bewusstsein in uns, aber auch in die Erziehung, Bildung oder Therapie (dazu im letzten Teil mehr) einfließen zu lassen, dann weiß ich nicht, was wir brauchen, bis wir aufwachen und sehen, wie es um uns – ohne Schöngerede – bestellt ist. Nicht um alle, versteht sich, denn viele haben sich schon mutig auf den Weg gemacht und arbeiten aktiv am Bewusstseinswandel mit, aber im Großen und Ganzen zeigt sich die Realität und der Handlungsbedarf doch deutlich, oder irre ich da?

Aber nun zurück zu unserem weiteren Erkennen, unserer eigenen Aufräumarbeit und deren Ergebnis.

Aufräumen holt den inneren Frieden zurück

Um ein friedvolles Gefühl zu erlangen, bedarf es also der Arbeit an uns selbst. Kraft, Mut, Hinschauen und Aufräumen. Aber dann kommt dieser Friede, dieses friedvolle und sogar freudvolle Gefühl in Bauch und Körperzellen, das uns mit uns selbst verbunden sein lässt, wieder in unser Inneres zurück. Das Einheitsgefühl, das wir als kleines Kind noch hatten, auf dem Weg in die äußere Welt durch traumatische Erlebnisse verloren hatten, um es bewusst wieder zu erlangen. Sind wir dort bewusst angekommen, nehmen wir nichts mehr persönlich, da wir wissen, „wer wir sind". Dieser Friede ist wie die wahre Eigenliebe nicht mehr auslöschbar. Egal, was Ihnen jemand mit Worten präsentiert, Sie hören still zu, interpretieren nicht mehr. Handeln in aller Deutlichkeit in Form von klarer Grenzsetzung, wenn ein Gesprächspartner übergriffig wird oder Sie die Lügen hinter den schönen Masken nur so angrinsen. Dann ist wahrlich Friede mit und in uns. Der schlimmste Angreifer kann Sie nicht mehr zum Täter herausfordern. Ihr Täter ist erloschen und das Opfer natürlich auch. Sie sind innerlich wach und friedvoll, sehen den anderen, gebieten Einhalt, da Sie anderen nicht erlauben, mit Ihnen gewaltvoll umzugehen, auch wenn es ihr wahres Sein nicht mehr verletzten kann. Denn ohne unseren inneren Täter oder inneres Opfer, d. h. unsere unbewussten und nicht erlösten Schattenseiten, gibt es in uns keine Angriffsstellen mehr. Es bleibt nichts mehr kleben, der Klebstoff der Identifikation und ungeheilten Wunden ist weg.

Das, was bleibt, ist Ihre innere Würde, und die verbietet es dem anderen, sie als Mülleimer seiner ungeheilten Emotionsladungen zu missbrauchen. Sie brauchen diese Emotionsenergie nicht mehr, um sich zu fühlen, da sie mit sich d. h. Ihrem Sein und jeder Körperzelle total verbunden sind und sich ständig bewusst fühlen. Das Gefühl des Unfriedens, das der andere auf Sie schleudert, fällt von Ihnen wieder ab. Es kann nicht mehr an Ihnen haften bleiben, da das Gegenstück dazu, Ihr innerer nicht erkannter Unfriede des Täter-Opfer-Dramas, verwandelt ist. Das ist dann: Friede sei mit dir! Aber, den haben Sie sich selbst verdient. Davor, diese Schlachten gewonnen zu haben, können Sie wahrlich Hochachtung haben und diese Würde strahlen Sie auch aus. Vor etwas in sich selbst Hochachtung zu haben und sein Ego mit etwas zu brüsten ist, wie sicher klar ist, ein großer und gewaltiger Unterschied! Auch wenn diese innere Würde unbewussten Geistern Angst macht. Dem Ego macht das immer Angst. Ob das andere also sehen, anerkennen oder sogar wertschätzen und für ihre eigene Transformation nutzen, davon sind Sie innerlich frei! Aber helfen und der Bewusstheit dienen, werden Sie immer. Denn, Bewusstheit ist nichts, was Sie machen, sondern was Sie sind. Und ihr Sein können Sie von sich nicht mehr trennen.

Fazit: Ein friedvolles Gefühl wird kaum der Anfang, sondern eher ein erstrebenswertes Ziel Ihrer Reise sein. Es wird das Ergebnis sein, obwohl die Reise dann weitergeht, nur anders. Aber das können Sie nur erfahren, wenn Sie sich auf die Reise in Ihr Inneres machen. Dorthin, wo Ihr wahrer von außen unabhängiger Reichtum verborgen ist. Haben Sie dieses Ziel der Reise vor Augen, kann Ihnen dieser Weg der Absicht, „interpretationslos zu kommunizieren", dienen, dieses Ziel zu erlangen, wenn Sie ihn gehen, sich wirklich einlassen, um sich neu zu erschaffen.

Und wenn Sie darauf Ihr Augenmerk richten, wie Sie z. B. in Gesprächen oder Begegnungen im Allgemeinen reagieren oder nicht reagieren oder sich verschreckt zurückziehen, wird Ihnen sofort offenbart – wenn Sie es sehen wollen –, wo Ihre Wunden versteckt liegen, und Sie übernehmen dafür direkt die Verantwortung und räumen damit auf. Ihre Reaktionen, Ihre Antworten oder ängstlichen Verstummungen, wenn Grenzen zu setzen sind, werden Ihnen dienen, sich selbst zu erforschen, zu erfahren und mit bewusster Entschiedenheit neu aufzustellen. Dem Menschenbild nach, das Sie für sich entschieden haben zu sein. Sie sind kein Opfer Ihrer Erziehung mehr, das haben Sie – wenn Sie bis hierhin gelesen haben und es annehmen können, da es Ihnen wahr und logisch erscheint – verstanden. Sie haben die Wahl und die Macht, sich so zu erschaffen, wie Sie sein wollen. Und die Kraft haben wir alle, wenn wir sie haben wollen und in uns entfesseln, außer, wir wollen es nicht.

5. Neutralität und Wertfreiheit

„Ich bin immer neutral und werte nicht, nur die anderen tun das", schießt Ihnen jetzt vielleicht durch den Kopf. Vielleicht aber auch nicht oder nicht mehr, da Ihr Grad an Selbstreflexion und Ehrlichkeit, somit auch Bewusstheit sich selbst gegenüber schon ziemlich hoch ist. Denn werten und uns gegenseitig in Schubladen von „Gut" und „Schlecht" zu stecken, machen wir doch bekanntlich fast unaufhörlich. Das, was unser neutrales Miteinander auch so erschwert und uns eher voneinander trennt, als dass es uns verbindet.

Selbsterkenntnis fördert Neutralität

Innere Neutralität und Wertfreiheit setzen einen gewissen Grad an Wachheit voraus und die Erkenntnis, dass wir alle gleich sind, Wunden haben, diese versuchen zu behüten und doch alle im Ursprung des Seins in der Einheit verbunden sind. Alle menschlichen Wesen wollen bewusst oder unbewusst nur eines: Angenommen sein, als der der sie in Wahrheit sind. Da das aber nun mal nicht so ist, macht es das Ganze so schwer und Überlebensstrategien werden erschaffen. Wir verbiegen uns unbewusst, um wenigstens nicht abgelehnt zu werden, wenn schon kein gegenseitiges bedingungsloses Annehmen möglich ist. Und das nur auf unterschiedliche Wege. Dass wir nur andere Strategien verwenden, um uns vor weiteren Wunden zu schützen, aber alle wunde Stellen in uns haben, bis wir sie nicht mehr haben, da wir sie erkannt und ausgemerzt haben, ist einfach so. Alle müssen wir durch das gleiche Nadelöhr, bis wir wieder den inneren Himmel auf Erden erlangt haben. Einige Möglichkeiten, die wir nutzen können, um dies zu erlangen, führte ich bereits an.

Überlebensstrategien sind, solange wir unbewusst sind, notwendig, als Kind fast unumgänglich, da die Reife noch fehlt und die Abhängigkeit von anderen unbewussten Menschen zu groß ist. Einen Erwachsenen unterscheidet aber eine Sache gravierend von einem Kind: Verantwortung und der freie Wille uns innerlich zu befreien.

Ein wirklich erwachsener Mensch hat seine Schubladen erkannt, ist neutral geworden, aufgrund von Lebenserfahrung, und hat Selbsterkenntnis erlangt. Ein alter Mensch muss kein weiser Mensch sein, so wie ein weiser Mensch kein alter Mensch sein muss. Alter und Reife müssen nicht zwangsläufig konform entwickelt sein. Wir haben zwar eine Gesellschaft von vielen alten Menschen, aber sind sie daher auch innerlich reif? Oder finden wir darunter nicht selten verbitterte Kinder, die in alten Körpern wohnen, unaufgeräumt, gehässig, machtbesessen und verantwortungslos. Sicher gibt es auch einige, die nicht nur in alten Körpern wohnen, sondern bei denen Würde aus ihren leuchtenden Augen strahlt. Menschen, die ein Diamant für jede Familie sind und die uns als Gesellschaft das Geschenk der Weisheit und inneren Gelassenheit machen. Gott sei Dank: Es gibt sie. Diese Menschen haben aber meist viel erlebt und waren bereit, sich auf die Höhen und Tiefen des Lebens, mit all der darin gebotenen Lebendigkeit, einzulassen und erlangten dadurch Demut. Das sind Goldstücke, für die wir danken sollten. Genauso wie für die wenigen Meister, die uns heute zur Verfügung stehen, um von ihrem Vorbild zu lernen.

Diesen Goldstücken in Menschengestalt vertrauen wir von Herzen gerne unseren Nachwuchs an. Mit ihrer inneren Ruhe, Ausgeglichenheit sind sie ein Segen für unsere Nachkommen. Sie sind voller Demut, Geduld und Güte, haben sich auf das Leben eingelassen, sind dankbar für alles, was war, ist und sein wird, und verzaubern unser Leben mit ihrer Gabe des Zuhörens, ihrer bedingungslosen Liebe, ihrem Rat und ihrer Geborgenheit, aber auch ihrer inneren Klarheit. Was für ein Geschenk. Sie haben sich selbst gefunden, sie haben aufgehört zu kämpfen und sind angekommen. Ein Friede lächelt aus ihnen heraus. Sie haben Falten, sind aber wunderschön, da ihre innere Schönheit in ihnen erblüht ist. Sie schließen, wenn die Zeit reif ist, ihre Augen und gehen. Sie kämpfen nicht gegen den Tod, sie verleugnen ihn auch nicht, denn er gehört für sie zum Leben. Sie heißen ihn willkommen, da sie ihr Leben gelebt haben, nichts versäumt haben, mit sich im Reinen sind und friedlich in eine andere Dimension wechseln.

Schön, sich einen solchen Menschen vorzustellen, noch schöner, ihn zu kennen und am schönsten, ihn an seiner Seite wissen zu dürfen. Die Vollendung jedoch ist, dieser beschriebene Mensch selbst zu sein. Aber was ist real? Wie viele dieser erwachten Diamanten kennen wir denn wirklich? Das Alter ist so schön, wir brauchen die Lebenserfahrung dieser Menschen, aber unsere Gesellschaft schiebt sie in Heime ab, oder sie selbst jagen noch immer irgendwelchen versäumten Aktivitäten nach und leben eher blanken Egoismus als gütige Demut. Oftmals sind alte Menschen – junge aber auch – derart wertend, zynisch und verurteilend, gehässig und anklagend. Schuld zuweisend, dass es ihnen nicht gut genug geht, jammernd, wie krank sie sind, oder festhaltend an äußeren Gütern, da sie noch immer in blanker Existenzangst leben. Aggressiv und fordernd, indem sie ihre Nachkommen tyrannisieren, anbinden und nicht in ein eigenes Leben ziehen lassen. Diese Sorte alter Menschen gibt es auch. Aber leider auch umgekehrt: Indem der Nachwuchs seine Eltern rachsüchtig ausbeutet, Geld abzockt, sie benutzt und missbraucht, sie peinigt, anstatt sie anzuerkennen und zu würdigen. Diese Varianten sind leider auch verbreitet und mit Neutralität, Wertfreiheit und Respekt hat das wieder wenig gemein. Schade, aber oft real. Das kann uns aber auch blühen, wenn wir unbewusst und unerlöst, ewig auf der Suche nach den Schuldigen, uns nicht aufräumen und mit uns selbst und unserem Leben Frieden zu schließen. Wer wir sein wollen, wenn wir alt sind, haben wir selbst in der Hand. Das wissen wir, also worauf warten? Anfangen und nicht warten, bis wir vielleicht alt sind! Je früher wir beginnen, umso mehr Chancen haben wir, unser Leben noch in Glückseligkeit zu genießen, bevor wir alt und grau sind oder sterben. Auch wenn wir dann die Aussicht darauf haben: in Frieden zu ruhen, oder auch nicht, genau weiß man das ja auch nicht, oder?

Also, die einzige Zeit dafür ist: Jetzt. Jetzt anfangen unsere Schubladen, sprich Wertungen und Schwarz-Weiß-Denken, zu durchbrechen mittels Selbsterkenntnis. Und das gilt für innen wie außen. Wertungen uns selbst gegenüber ausmerzen, die manchmal das Maß der äußeren Abwertung noch übersteigen können und einer geistigen Selbstgeißelung ähneln. Aber auch der nach außen gerichtete Sarkasmus verbitterter Menschen, die viel Schmerzliches erfahren und dieses nicht in Mitgefühl verwandelt haben, kann sich durch ehrliche Konfliktfähigkeit verabschieden.

Ein aufgeräumter Mensch ist neutral, er wertet nicht mehr, er benennt nur und zeigt dem Angreifer eher rein faktisch auf, was er gerade macht und erläutert neutral Ursache und Wirkung des Verhaltens. Ein feiner, aber erheblicher Unterschied! Er nimmt an, was kommt und blickt wach auf die Realität, die sich zeigt und natürliche Folgen hat, anstatt etwas Gutes oder Schlechtes in das was gerade ist, hineinzuinterpretieren. Dies gilt natürlich auch für Angriffe, die er nicht mehr persönlich nimmt, aber auch für das Schicksal, das ihm zugetragen wird. Das, was in uns alles persönlich nimmt und gegen den Fluss ankämpft, ist ja nicht unser wahrer und gebliebener oder wiederentdeckter innerer Kern, sondern unsere Identifikation mit unserem künstlichen Überlebens-Ego. Alles, was Sie persönlich nehmen, hat mit dem Wort „persona" (= Persönlichkeit) zu tun. Diese ist wiederum ein Ergebnis von Prägung, wie ich sie hier meine. Prägung ist das alte Spiel des inneren Panzers, den wir uns zugelegt haben und aus dem heraus wir auf andere unbewusst schießen, um uns zu schützen. Aber auch die Maske, die wir nach außen zeigen, ohne zu offenbaren, wie wir wirklich ganz tief in uns fühlen und denken, hat hier ihren Ursprung. Alles Spielchen, die uns den Teufelskreis der Wertung nicht durchbrechen lassen und uns von unserem wahren Sein entfernen.

Alles ist neutral, bis wir es bewerten

Wahre Neutralität ist notwendig, um interpretationslos kommunizieren zu können, da interpretationslos auch neutral heißt, also ohne Wertung und ohne etwas persönlich zu nehmen. Neutral und die Realität verleugnen ist unterschiedlich, wie hoffentlich erkannt wird. Neutral heißt also: Einfach hören, was der andere sagt, nicht überlegen, was er meinen könnte, oder ihm etwas in den Mund legen, was er gar nicht gesagt hat, wir aber vor lauter Angst, dass er es sagen könnte, unbegründet verteidigen. Neutral hinhören, hinterfragen, wenn wir nicht sicher sind, ob wir ihn richtig verstanden haben, und klären, bis wir ihn verstanden haben, und das ohne persönlich zu werden oder es persönlich zu werten. Diese Neutralität meine ich. Geht nicht, sagen sie. Geht doch, wenn wir gelernt haben, unseren Geist zu leeren, somit auch die Schubladen oder inneren Feindbilder abgebaut haben, in die wir unser Gegenüber normalerweise stecken. Auch unsere Gefühlsmuster und Ängste sollten wir hierfür erkannt haben. Dann geht es. Der andere sagt etwas, egal was. Ob es, subjektiv empfunden, etwas Gutes oder Schlechtes ist, ist egal. Wir können selbst dafür sorgen, dass wir ihn richtig verstehen. Will der andere keine Verständigung, da er sich unbewusst nicht verbinden will, lassen Sie einfach los und beenden das Gespräch.

Alles, was jemand z. B. zum anderen sagt, ist, was es eben gerade ist. Einfach ein Ausdruck der augenblicklichen Geisteshaltung eines Menschen. Erst unsere Reaktion, unser Umgang damit ent-neutralisiert das vom anderen Gesagte. Werten wir, geht die Verbindung verloren. Wir verbinden uns dann nicht mehr von Wesen zu Wesen voll Hochachtung vor der inneren Größe des anderen mit ihm, sondern reagieren unbewusst aus alten Erfahrungen heraus. Geschieht dies, sorgen wir nicht mehr für gegenseitiges Verstehen, da wir uns unbewusst mit der gleichsam von Prägungen verunreinigten Geisteshaltung des anderen vermischt haben. Die Folge daraus werden Interpretationen oder gegenseitige Unterstellungen bis hin zu Schuldzuweisungen sein, da zwei unaufgeräumte „Wahrheiten" aufeinanderprallen. Wir machen auf diese Weise das vom anderen Gesagte zu unserem Problem, obwohl es nur Worte bzw. Gedanken sind, die der andere mitteilt. Er erzählt etwas von sich und zeigt uns auf, wo er als Mensch in seiner Geisteshaltung steht. Das muss mit uns nichts zu tun haben, außer es hat etwas mit uns zu tun, da wir eine Erwartungshaltung nicht erfüllt bekommen und sauer reagieren. Geschieht das unbewusst, sind wir im Opfer-Täter-Spiel gefangen.

Wach bleiben, uns selbst, das heißt unser Denken und Fühlen einfach beobachten und nicht reagieren, würde das, sich unbewusst verselbständigende Drama, stoppen. Still innehalten, unsere erkannten Bedürftigkeiten betrachten, den alten Mechanismen keine Ausbrüche erlauben, abwarten, in uns hören, für uns neutralisieren und dann bewusst antworten. Schießt in solchen Engpasssituationen gleich etwas aus Ihrem Mund heraus, ohne vorher bewusst innegehalten zu haben, können Sie sich ziemlich sicher sein, dass es nicht der Wachheit und Neutralität entsprungen ist, sondern der Unbewusstheit und seinen Überlebensstrategien. (Auf das Thema „Neutralität", auch wie wir diese bewusst erreichen können, werden wir im Teil III unter dem Thema: „Worte, das persönliche „Outing" noch näher eingehen.)

Erwartungen loslassen anstatt in Resignation verfallen

Jeder hat die Wahl. Der Angreifer hat zum Beispiel die Wahl, neutraler zu werden, seine Gehässigkeit abzulegen und Nähe zu erlauben. Tut er das nicht, da er unbewusst die Klein- oder Großkriege liebt, hat das Folgen. Nur weil wir diese Spiele aus Gewohnheit und Unbewusstheit für Liebe halten oder es brauchen, um selbst das Recht zu haben, Täter sein zu dürfen, entbindet es uns trotzdem nicht der natürlichen Folgen. Das gilt auch dann, wenn wir lange genug geärgert wurden und auch der beste Gutmensch mal das Recht erwirbt, seine Wutberge auf den anderen zu schleudern, um quitt zu sein.

Für all diese kindischen und unbewussten Spielchen brauchen wir den anderen, er ist unsere Eintrittskarte, um selbst in den Krieg ziehen zu dürfen mit den Worten: „Der hat mich ja auch lange genug geärgert, das hat er verdient." Hat er das wirklich? Hat er nicht, außer einer klaren Grenzsetzung, die jedoch etwas anders ist, wie wir wissen. Da sage ich einfach: „Stopp – ich erlaube dir nicht, so mit mir umzugehen", und wende mich ab, ohne zurückschlagen zu müssen. Das ist der feine, aber kleine Unterschied. Es ist neutral und folgeorientiert, nicht ursächlich aus nicht erlöster Kampflust heraus. Wenn diese Grenze sein muss, ist das einfach so, es ist schade, aber es zerstört nicht unseren wahren Kern, da die Erwartungen gegangen sind.

Vorsicht: Mit Resignation hat das „Erwartungen loslassen" nichts zu tun. Resignation bedeutet abgestumpft sein, erdulden, Opfertum, nicht wertekonform (kommt natürlich darauf an, welche Werte man hat) handeln. Bitte nicht verwechseln und fehlinterpretieren! Leider ist die Resignation inklusive der damit verbundenen Entwertung des anderen weit verbreitet. Erwartungslos aufgrund von Eigenliebe zu sein, ist würdevoll. Resignieren ist sich und andere entmachten, da man nichts mehr von ihm zu erwarten hat. Diese Frustration ist würdelos. Zuweilen stempeln wir den anderen sogar noch als unfähig ab. In Wahrheit ist man dies aber selbst. Man hat sein Rückgrat gänzlich abgelegt. Ist das geschehen, traut man sich selbst und dem anderen nichts mehr zu. Es ist ein verstecktes „Sich-über-den-anderen-Erheben", aber nicht ein Loslassen von Erwartungshaltungen. Diesen Unterschied zwischen „bewusst Erwartungen loslassen" und „unbewusster Resignation" kann man erkennen, wenn man genau hinschaut. Denn wenn ein Mensch, der resigniert hat, doch bekommt, was er will, das heißt der andere sich doch mal so verhält, wie es von ihm immer erwartet wurde, wird das eher kommentiert mit: „Macht auch keinen Unterschied mehr" oder „Jetzt will ich das auch nicht mehr" oder „Es wurde auch Zeit". Hat hingegen jemand die meist unbewusste Erwartungshaltung anderen gegenüber aus Einsicht losgelassen, da er erkannt hat, dass diese Erwartungen keinen Sinn machen, dann kommt Freude auf. Das vom anderen Erhaltene wird als Geschenk gesehen, und Dankbarkeit hierfür macht sich breit. Feiner, aber wichtiger Unterschied, wie ich hoffentlich aufschlüsseln konnte.

Welcher Typ Sie selbst sind, können nur Sie beantworten, wenn Sie ehrlich und reflexionsfähig sind. Die Feinheiten sind es, die oft so versteckt und unbewusst in uns lauern, und uns verwundern lassen, dass wir nicht weiterkommen. Bevor wir also dem realen „Ist-Stand“ unserer Wertungsskalen nicht ins Auge blicken, werden wir wenig verändern können.

Die innere Zwietracht hat Folgen

Um interpretationslos zu kommunizieren, bedarf es der Neutralität und Wertfreiheit. In jedem Versuch, den wir also starten, neutral, ohne Wertung den anderen ausreden zu lassen (außer der andere versucht uns nur als Mülleimer für seinen unerlösten Unsinn zu missbrauchen), gleichzeitig einfach beobachten, unsere Emotionen zügeln, nicht lospoltern, aber auch nicht schlucken, können wir uns erkennen und ändern. Jede Situation dient uns, wacher zu werden. Wir sollten nur vielleicht weniger, aber bewusster miteinander reden. Vorher die Worte abwägen und in das Wort fühlen, ob es das richtige für das ist, was wir sagen wollen und auch meinen, oder nicht. Das kann man lernen und geschieht, wenn Kopf, Bauch und Herz kooperieren, anstatt sich gegenseitig zu bekämpfen, weil in uns noch so viel Uneinigkeit wohnt. Nicht nur in Streitgesprächen mit uneinsichtigen Gesprächspartnern, sondern vor allem in unserem Inneren ist diese Zweitracht zu finden. Außer sie ist weg, da innere Harmonie entstanden ist.

Bis das alles, was wir anstreben und darüber hinaus in uns harmonisch ineinanderfließt, sollten wir es uns eingestehen, wenn wir etwas sagten und anders meinten. Das geschieht nun mal, ist menschlich, nur, unser bewusster Umgang mit solchen Situationen verändert sich. Verantwortung übernehmen, für alles, was aus uns herauskommt, müssen wir lernen. Das Gleiche gilt für die Dinge, die wir ungefiltert hereinlassen natürlich auch. Und dafür leistet uns der innere Beobachter, ist er entwickelt, wunderbare Dienste.

Wir müssen für uns und unsere innere Balance sorgen und die innere Zwiespältigkeit in Griff bekommen. Es liegt an uns und nur an uns, wie wir mit äußeren Umständen und Reaktionen anderer innerlich umgehen. Wir können nicht Neutralität einfordern, das ist klar, wir können diese nur säen und in uns zuallererst ernten, bevor es woanders durch Vorbildfunktion Früchte trägt. Also, säen Sie Neutralität, hören Sie auf zu werten, auch sich selbst gegenüber, versteht sich. Und, wenn es nicht gleich klappt, dann ist das einfach so und sollte Sie nicht abhalten weiterzuüben, sondern eher motivieren, Ihre Aufmerksamkeit nach innen weiter zu erhöhen.

6. Vertrauen

„Vertrauen in das Leben und zu sich selbst? Wenn ich das nur könnte! Wie soll ich dem Leben vertrauen, wenn ich doch schon so oft enttäuscht wurde, so wenig auf die Reihe bekommen habe und ständig versage?“ Wenn Sie das denken, hören Sie damit ganz schnell wieder auf. Öffnen Sie Ihre Sinne und verändern Sie ihre Sicht der Dinge. Schauen Sie sich Ihr Leben bewusst an und erkennen Sie, dass alles, was war, Sie dahin gebracht hat, dass Sie ein Mensch sind, der sich auf die Suche gemacht hat. Sie kennen Krisen, sind schon oft enttäuscht worden und sind darüber traurig, aber vielleicht genau deshalb veränderungsbereit. Dann ist das doch nichts Schlechtes, oder? Erfolgreiche, bei denen oberflächlich betrachtet alles im Leben glatt läuft und die vielleicht sogar noch mit materiellem Reichtum gesegnet oder verflucht sind – je nachdem, wie man es betrachten möchte – beschäftigen sich oftmals gar nicht damit, dass etwas veränderungswürdig ist.

Außer sie tun es, da sie erkannt haben, dass Geld und äußerer Glimmer auch keinen wirklichen Frieden bringen, nur beruhigen und zuweilen sogar süchtiger und abhängiger machen als alles andere. Sie schon, sonst wären Sie nicht bereits bei diesen Zeilen angelangt. Das liest nur jemand, der sich und das Leben hinterfragt und ein Lebensforscher ist. Jemand, der sucht und sich weiterentwickeln will. Vielleicht haben Sie nur noch nicht Ihre Bestimmung gefunden und den Sinn Ihres Leidens erkannt. Oder doch?

Das Leben ist, wird immer sein und war immer. Es hat öfters seine Form verändert, nicht mehr und nicht weniger. Das Leben ist stetig, so wie das Wachstum. Langsam, aber sicher. Egal, was Ihnen schon alles widerfahren ist, sie leben. Alleine das ist schon Grund genug, ins Leben Vertrauen zu haben. Nicht Vertrauen in einen lieben Gott, der, wenn wir gut genug sind, uns wenigstens in den Himmel aufnimmt, wenn wir sterben, außer er schickt uns in die Hölle, weil wir nicht folgsam waren. Nein, ich meine das Leben. Diesen lieben Gott da oben, der einem Bild aus Kindheitstagen gleicht, meine ich nicht. Das ist eine Erfindung des Menschen, das sollte uns als reife Menschen im 3. Jahrtausend klar sein. Wir sind schaffende Wesen, der liebe Gott unserer Kindheit ist ein Abbild von uns Menschen, nicht umgekehrt. Ob wir das annehmen, liegt jedoch an uns. Das annehmen zu können, bedarf natürlich der Selbstverantwortung. Nehmen wir das an, müssen wir Verantwortung dafür übernehmen, was wir sind und ernten. Anders ist das Leben natürlich leichter, da wir von dem lieben Gott und seinen Launen abhängig und somit Opfer unserer Umstände sind. Dann beten wir und das reicht. Das reicht aber nicht für den Weg, den Sie beschreiten wollen, wenn Sie wirklich zu einem interpretationslosen Wesen werden wollen. Aber über das Thema „Gott“ und unsere kindliche Haltung hierzu habe ich schon einiges gesagt.

Wir können nicht „nicht“ erschaffen

Das sollte uns klar sein, dass wir selbst erschaffen und dass wir das immer getan haben, sonst macht der ganze Rest hier auch wenig Sinn. Nehmen wir also an, diese Grundeinstellung ist auch die Ihre. Dann sind wir bewusst schöpferisch, wenn wir unsere Talente leben und nicht nur etwas beruflich machen, um existenziell zu überleben. Möglicherweise sogar noch etwas, was nicht einmal unseren Gaben entspricht, wir zuweilen sogar hassen, nur um etwas mehr Geld zu verdienen, anstatt uns bewusst zum Ausdruck zu bringen. Bringen wir uns aber voll Hingabe in eine Aufgabe ein, leben unsere Talente, dann erhalten wir auch Geld, aber als wertschätzenden Ausgleich für das, was wir mit anderen teilen. Kleiner, aber wieder feiner qualitativer Unterschied! Ursache und Wirkung sind andersherum gelagert und sind als Folge für unsere innere Zufriedenheit oder Unzufriedenheit verantwortlich. Sie sehen, alleine unsere Arbeit, der wir uns hingeben oder mit der wir hadern, je nachdem, wirkt auf uns ein. Ob wir nun bewusst oder unbewusst sind, wir werden das Ergebnis unsere Schöpfungen ernten. Denn, auch zu einem krankmachenden Job haben wir irgendwann mal „Ja“ gesagt und ernten somit die Auswirkungen dieser Entscheidungen. Zumeist leider noch unbewusst.

Auf unsere unbewussten Schöpfungen macht uns das Leben zumeist aufmerksam, wenn es Zeit ist, diese zu überprüfen. Eine Situation, eine Chance nach der anderen schenkt uns dann das Leben, denn das Ziel seiner Führung heißt: Entfaltung. Darauf können wir vertrauen. Wenn es uns nicht gut geht, wir uns verletzen, eine Krise uns ereilt, uns etwas Unschönes widerfährt, wir krank werden oder was auch immer uns aufrütteln soll. Dann sind das einfach Möglichkeiten innezuhalten und unsere bisherigen Schöpfungen bewusst zu betrachten. Es sind Wegweiser des Lebens, um uns im Wachstum voranzutreiben; auch wenn es die Lernaufgabe ist „Demut und Hingabe demgegenüber zu erlangen, was nicht zu ändern ist“, da auch diese Eigenschaften zu einem ganzen Menschen hinzugehören. Durch unsere Gedanken, unser Wünschen, oder unser Fürchten, gepaart mit unseren Lernaufgaben, erschaffen wir.

Das Leben ist Resonanz

Schreckliches passiert auch oft, um uns zu prüfen, wie tief unser Vertrauen ins Leben wirklich ist. „Aufmerksamkeit und Achtsamkeit", die Zauberworte eines bewussten Schöpfers. Das Gesetz der Anziehung ist hier am Werk. Auf dieses können wir auch vertrauen. Wovor wir Angst haben, werden wir erhalten, da wir uns darauf konzentrieren. Was wir an Situationen im Leben brauchen, um an innerer Stärke oder Demut zu wachsen, wird uns auch zuteil. Nur, leider oft sehr unbewusst, da wir unser Schöpferpotenzial zu wenig bewusst einsetzen. Das ist so, wenn wir mal genau hinschauen. Beleuchten Sie Ihr Leben.

Alte Glaubenssätze über uns selbst, beispielsweise dass wir Versager sind, nicht liebenswert oder schlecht, erschaffen eine Realität. Was auch heißen soll: „Der Geist erschafft die Materie" oder anders ausgedrückt: „Der Geist ergießt sich in selbstkreierte Realitäten, deren süße oder bittere Früchte wir dann ernten dürfen". Wenn sie also unglücklich sind, ohne Geld, ohne Beziehung usw. haben Sie das unbewusst wohl so erschaffen, um zu wachsen und vielleicht endlich bewusst schöpferisch zu werden und das Schicksal selbst in die Hand zu nehmen. Sie strahlen es aus, das Leben antwortet. Zuverlässig und neutral. Wie käme es sonst, dass das Leben anderen Menschen andere Lebensumstände beschert? Leben wir nicht alle auf dem gleichen Planeten? Den einen geht es gut, andere sind benachteiligt. Wenn Sie aber lernen, Ihren Platz im Leben anzunehmen, sich und Ihren Fähigkeiten zu vertrauen und ihre Lebenskrisen mehr als Chancen, statt als Übel zu sehen, können Sie bewusster auf die Fingerzeige des Lebens antworten. Ihre unbewussten und negativen Schöpfungsmechanismen sollten Sie parallel hierzu auch aufdecken und umprogrammieren. Nicht positives Denken üben, was in der Regel reine Makulatur ist, die nur destruktive Programme in Ihrem Kopf überpinseln, ohne diese auszumerzen. Muss nicht sein, kann aber sein, wenn das Unbewusste unreflektiert bleibt und der Beobachter fehlt.

Das Gesetz der Anziehung, wenn wir das durchschauen, lässt uns die Verantwortung übernehmen, um bewusste Schöpfer zu werden und zu sein. Als Erstes sollten wir aber anerkennen, dass alles, was uns vom Leben zugetragen wurde, das ist, was wir selbst unbewusst angezogen haben, um innerlich zu reifen, damit wir unser Potenzial entfalten. Ob ein blöder Liebhaber oder ein tyrannischer Chef, ob Chaos oder Liebe. Ist-Stand erst mal annehmen. Wichtig, da wir sonst nichts verändern können.

Nun hinterfragen Sie sich dann selbst, wo Sie sich nie hinterfragt haben und vermeintlich Opfer der Umstände waren. Außen Sturm, innen einfach ruhig und friedlich, da Sie wissen: Es ist gut, so wie es ist. Auch wenn Sie nicht sofort erkennen, wofür eine Situation gut ist, vertrauen Sie darauf, dass sich der Sinn zeigen wird. Das ist gewiss. Das ist Leben! Es sorgt immer für uns, auch wenn wir das jetzt noch nicht glauben wollen. Außer wir glauben es, dann sind wir bereits jemand, den nichts mehr aus der Ruhe bringt, aber nicht aufgrund von Resignation, sondern Vertrauen, dass sich alles fügen wird und wir wissen werden, wann wir zu handeln haben. Wir dürfen nur nicht verzweifeln und Scheuklappen aufsetzen.

Mit den Spielregeln des Lebens umgehen

Sehen wir die Regeln des Lebens ein und nehmen diese an, dann nehmen wir automatisch die Zügel selbst in die Hand. Dann entscheiden wir, was wir zukünftig wollen und was wir lassen, und bleiben am Ball. Am Anfang dauert es etwas, aber die Dinge beginnen sich neu zu entwickeln. Wir beobachten und handeln, wenn ein Handeln gefordert ist. Das Unterscheidungsvermögen wird geschult, je mehr wir uns darin üben.

Wir lernen uns und die Spielregeln des Lebens bewusst kennen, indem wir mehr und mehr selbst beobachten. Wenn wir die Regeln kennen, können wir die Karten neu mischen. Das ist wie beim Kartenspielen. Wenn Sie die Regeln nicht kennen, werden Sie ausgetrickst und fühlen sich als Opfer. Kennen Sie die Spielregeln, können Sie bewusst und souverän spielen. Und wenn Sie verlieren, ist das auch mal kein Drama. Das Leben ist auch beides: Mal Gewinnen, mal Verlieren, sonst wird es öde und wir lernen nichts dazu.

Machen wir uns nicht die Mühe, hinter die Kulissen des Lebens zu schauen und die Regeln incl. unserer unbewussten Muster, die sich immer wieder zeigen, zu durchschauen, schmeißen uns die Lebensumstände weiter hin und her. Alles geschieht zu unserem Wachstum. Das Gute wie das vermeintlich Schlechte. Obwohl das vermeintlich Schlechte oft das versteckt Gute ist, wie wir bereits wissen. Denn es fördert oft ungeahnte Fähigkeiten und nicht erkannte Möglichkeiten zutage. Wir nehmen einfach an, was kommt, wer weiß, wofür es gut ist, und handeln situationsgerecht. Nicht wertend, nicht widerwillig, sondern einfach den Anforderungen entsprechend. Was sein darf, was nicht, ob es gut oder schlecht ist, ist erst mal neutral. Wir entscheiden selbst, was es für uns ist. Es ist einfach. Das Leben bietet immer wieder neue Möglichkeiten, voranzuschreiten. Das ist alles. Wir müssen nur aufhören, uns dagegen zu wehren. Gehen wir einfach mit, so wie eine gute Tänzerin sich im Paartanz wie eine Feder führen lässt, ohne dagegen zu steuern, so wird das Leben zum Tanz. Das Leben ist der Tänzer, der die Richtung weist, die Tänzerin sind Sie. Hingebungsvoll, wach und fließend folgen Sie dem, was auf Sie zukommt. Greifen Sie es auf, betrachten Sie es, nehmen Sie es an – auch wenn es ein Konflikt ist, dem Sie sich zu stellen haben – und gehen Sie weiter.

Das Vertrauen wächst stetig

Vertrauen ist etwas, das wir prinzipiell in uns haben. Haben wir es verloren, sollten wir es uns zur Lebensaufgabe machen, es bewusst wiederzuerlangen. Um das Vertrauen ins Leben zurückzuerobern, müssen wir nur unsere Scheuklappen ablegen und bereit sein, das Leben und seinen Sinn neu zu betrachten:

Denn, aller Schmerz, alle Traumen sind nun mal geschehen, damit unsere Seele reift. Das ist und war bisher einfach so, auch wenn die Zeit jetzt reif ist unser Bewusstsein zu erhöhen und somit den unbewussten Traumatisierungsstoff bei den neuen Erdankömmlingen endlich zu reduzieren!

Also, alles, was geschieht, ist gut für uns, da es einfach so ist, weil es kein „böses" Leben gibt. Ohne Wertung. Dem können Sie voll vertrauen. Das Leben fließt leicht, wenn wir auf dem Weg unserer Bestimmung sind, es ist beschwerlich oder stockt, wenn ein Richtungswechsel ansteht, der nicht erkannt wurde bzw. erkannt werden soll. Es gibt Probleme, wenn die Zeit reif ist, dass wir uns wieder bewusster erkennen, das heißt unbewusste Anteile loslassen können. Klingt einfach. Ist so, wenn wir aufhören, uns dagegen zu wehren. Solange wir dem Leben vorschreiben, wie es zu sein hat, werden wir in Schwierigkeiten geraten, bis wir die stärkste Kraft der Welt anerkennen, das Leben und das Mysterium, das es ist, und mitgehen, anstatt dagegen zu kämpfen.

Wenn Sie das lernen oder tun, wächst das Vertrauen, denn die Erfahrung wird Sie stärken. Sie lernen, Ihre Fähigkeiten zu entfalten, nehmen bewusst an, dass Sie die Kraft haben, alles zu meistern, was Ihnen das Leben als Hausaufgaben gibt, und Sie werden Vertrauen zu sich selbst als Folge erhalten. Eine Seele bekommt nur so viele Aufgaben, wie sie zu bewältigen imstande ist. Darauf können Sie sich verlassen. Wir wissen nur aufgrund unseres angenehmen und sicheren Lebens oft nicht mehr, was in uns steckt, welche Kreativität und Kraft in uns wohnt, außer das Leben fordert sie aus uns heraus. Das ist wie in der Schule: Haben wir keine schwierigen Aufgaben zu lösen, strengen wir uns nicht an und wachsen auch nicht über uns hinaus. Je schwerer die Aufgabe, umso mehr freut man sich doch über eine gute Note? Je höher der Berg, den wir erklimmen, ohne abzustürzen, umso größer die Freude! Das ist im Leben auch so und macht wirklich Sinn und sogar Spaß, wenn die Höhen und Tiefen des Lebens mit innerer Wachheit erlebt werden. Höhen und Tiefen gibt es immer. Nur der wache und gelassene Umgang mit diesem Phänomen verändert alles, da die identifizierte Dramatik verschwunden ist. Ist diese weg, wird mit den Herausforderungen eher sportlich spielerisch als verbissen kämpferisch umgegangen. Das ist der Unterschied, mehr nicht. Und mit diesem Phänomen befassen wir uns im Teil III auch noch genauer.

Wozu haben diese vertrauensfördernden Worte nun gedient? Weshalb ist es wichtig, Vertrauen in sich und das Leben zu haben, um interpretationslos zu kommunizieren? Die Frage ist im Grunde beantwortet: Es lässt die unbewusste und krankmachende Angst weichen und macht uns zu bewussten Schöpfern. Ohne Vertrauen beschreiten wir keine neuen Wege. Vor allem ohne Vertrauen, dass wir es schaffen können, unser wahres Sein auferstehen zu lassen, und damit unseren Teil beitragen können, etwas für eine schönere Welt zu geben, indem wir uns bewusst dem aktiven Wandel der Zeitqualität hingeben.

7. Intuition

Intuition oder die leise innere Stimme, die uns lenkt und leitet, ist das, was immer hörbarer wird, je leiser unser Kopf wird. Stiller wird er mit der Zeit, da weniger vorlaute Stimmen – bis hin zum Tinnitus, wo sich der innere Lärm schon verselbstständigt hat – in ihm tönen. Intuition lenkt uns durch das Leben, sie gibt die Impulse, zum richtigen Moment am richtigen Ort zu sein oder das richtige „Bauchgefühl" bei Entscheidungen zu haben. Sie weist uns die Richtung, wohin wir gehen sollen oder was wir lassen sollten. Hören wir im richtigen Moment auf sie, wird uns im Nachhinein gezeigt, dass die Entscheidung die richtige war. Die Dinge, egal, für welche Sie sich entschieden haben, beginnen zu fließen. Sachen gehen leicht von der Hand, Geschäfte kommen ins Rollen, Dinge fügen sich oder Beziehungen verwandeln sich, da der richtige Schachzug gemacht wurde – auch wenn dieser manchmal Trennung heißt. Schachzüge, die aus der Intuition kommen, wirken auf uns selbst oder andere manchmal total irrational. Folgen Sie diesem intuitiven Impuls, wissen Sie trotz aller Bedenken, dass die Entscheidung die richtige ist, auch wenn Ihnen nicht klar ist, wo es hingeht, oder wie es weitergehen soll. Sie wissen nur eines: Diesen Weg müssen Sie gehen. Voll Vertrauen, auch wenn innerlich Verstandeszweifel nagen, gehen Sie, öffnen sich für das, was auf Sie zukommen soll. Das ist höhere Führung oder Intuition. Landläufig werden diese Früchte der höheren Führung oftmals als erstaunliche Fügungen bezeichnet. Unverständlich, aber bemerkenswert stimmig und sinnerfüllt.

Mein persönlicher Weckruf

Ich lernte einst eine alleinerziehende Mutter kennen, die ihren Job aufgab und in eine fremde Stadt zog, ohne zu wissen, wie es weitergehen soll. Mein Kopf, der damals extrem sicherheitsgeprägt war, verstand die Welt nicht mehr. Ich dachte damals: „Die spinnt doch. Hat eine Menge finanzieller Verantwortung am Hals, braucht das Geld, das sie in ihrer sicheren Position hatte, um sich und ihr Töchterchen durchzubringen, und schmeißt einfach alles grundlos hin" – so wird eine intuitive Entscheidung von Sicherheitsdenkern oft gewertet. Sie zog also weg, brach alles ab, nur weil sie diese „Gefühle" hatte, an den neuen Ort gehen zu müssen. Es überforderte damals meinen Verstand. Aber was geschah? Voll Wertungen im Kopf, dachte ich mir damals insgeheim: „Die Wahnsinnige wird schon merken, dass sie den größten Fehler ihres Lebens gemacht hat. Wahrscheinlich wird sie nie wieder Arbeit finden, denn wer gibt einer Fremden mit Kind schon einen neuen Job.

Einfach, weil sie darauf vertraut?“ Irre klang das für mich, bis ich später merken musste, dass wohl eher ich die „Irre“ von uns beiden war. Aber das Erlebnis ließ mich nicht los. Irgendetwas faszinierte mich daran.

Monate später hörte ich durch andere, dass sie, dort angekommen, sofort eine Stelle bekam, die wie für sie geschaffen war. Die Stelle wurde genau im richtigen Moment frei und sie übernahm eine leitende Position in einer sozialen Einrichtung. Sie verbesserte sich sogar. Für mich war das unfassbar. Sie wusste es, ohne es vom Verstand her geplant zu haben. Sie ließ alles los und gewann. Heute, nach jahrelanger Suche nach mir selbst, dem anfangs kläglichen Hinhören auf diese leise Stimme in meinem Inneren und den kläglichen intuitiven Gehversuchen von mir, weiß ich, wer sie war. Ein Mensch mit Vertrauen ins Leben, ausgestattet mit einer hohen Intuition und demütig genug, ihr Sicherheitsnetz zu verlassen und sich dem Leben und seiner Führung anzuvertrauen. Ich bewunderte diese Frau auf der einen Seite damals sehr, auf der anderen verurteilte ich sie zutiefst.

Was für einen Spiegel sie mir doch vor Augen hielt, mich zu erkennen „wer“ ich war, oder eher nicht war! Kein Wunder, mit so einer Festhalte- und Sicherheitsprägung, wie ich sie aus meiner persönlichen Leidensgeschichte vorzuweisen hatte. Später wurde mir auch bewusst, weshalb ich eigentlich fast schon verachtend und gehässig auf ihre Entscheidung reagierte. Ihr Vertrauen und ihre Intuition spiegelten mir das, was ich verschüttet hatte und verdrängte. Sie zeigte mir auf, welcher Feigling ich war. Festklebend am Sicherheitsnetz, ohne das geringste Vertrauen ins Leben. Mein Vertrauen ins Leben hieß: „Alles unter Kontrolle halten und mich gegen den Lebensfluss vehement stemmen“. Tja, eines meiner großen Themen, die sie mir nur durch ihr Beispiel um die Ohren schlug. Sie tat gar nichts. Ich fühlte mich aber allein durch dieses Handeln und ihr „Sein“ von ihr angegriffen und tief erschüttert. Gott sei Dank, kann ich da heute nur sagen!

Aber eines erreichte diese Begegnung bei mir auch: Sie traf mich eben auch auf der anderen Seite der Medaille, ich spürte eben noch mehr als diesen Groll und unbewussten Neid auf sie, nämlich etwas, was mich magisch zu ihr hinzog. Denn sie hatte etwas, was mir fremd war: dieses unerschütterliche Vertrauen. Ich hingegen: Kontrollmechanismen bis unter die Zähne, was mir meist auch ein ziemlich hartes und kampfreiches Leben bescherte, da es die ungesunde und lebensfeindliche Variante der Kontrolle war und nicht die, welche ich unter den 7 Tugenden beschrieben habe. (Was das mit meinen unbewussten Schöpfungen zu tun hatte, wollte ich damals natürlich auch nicht sehen.) Und diese ungesunde Form der Kontrolle ist, wer sie kennt, nämlich ganz schön stressig! Also, ich erkannte unter all diesen Neidgefühlen: Ich wollte auch so werden oder sein; so frei, immun gegen Zweifel von außen, so still und friedvoll in meiner Erscheinung. Das alles irritierte mich total, brachte mich völlig aus meinem Lebenskonzept, an das ich fest glaubte. Doch: welche Erkenntnis! Ich wollte nicht wirklich sie werden, nur diese Eigenschaften, diese Ausstrahlung, es war so beeindruckend. Ich wollte auch dieses Vertrauen ins Leben bekommen. Ich sah, es funktionierte, es glich für mich einem Wunder und brachte das, was ich in meiner Erziehung über das Leben gelernt hatte, völlig zum Einsturz. Oft gehört, auch gelesen, dass Vertrauen ins Leben möglich ist, aber nie „live“ erlebt. Ich beobachtete mich und verglich mich mit ihr. Wir unterschieden uns grundlegend: Ich plante, war vollgestopft mit Überlebensangst, alles nach festen Regeln versteht sich, und sie ließ sich einfach führen!

Diese Frau war wie ein Paukenschlag zum Wachwerden für mich, ein wichtiger Hinweis in meinem Leben, mich und meine Lebenshaltung unter die Lupe zu nehmen. Nichts geschieht umsonst. Den Sinn erkennen wir meist hinterher. Heute kann ich für die Begegnung nur dankbar sein und freue mich, dass sie mir diente, mich aktiv (passiv suchte ich ja schon lange nach dem Sinn dieses Chaos' „Leben“) auf den Weg zu machen, um da hinzukommen, wo ich heute bin. Und die Reise geht immer noch weiter, aber neu und anders als vor dem bewussten „Neustart“ vor 17 Jahren, als ich diese Begegnung hatte. Durch diese Frau durfte ich erfahren, dass es einen anderen Weg geben muss. Sie war ein Vorbild, dass sich die Reise lohnt, sich selbst und seine innere Führung zu finden oder wiederzuentdecken, wenn man sie verloren hat. Sie diente mir dazu, dass sich in mir etwas erinnerte, was tief verschüttet war, und brachte den berühmten Stein ins Rollen (auch wenn noch viele andere Steine auf meinem weiteren Weg folgten, ohne die ich aber nie weitergekommen wäre). Es war für mich erschütternd, festzustellen, dass ich so ein Täter war, ihr Gedanken zu schicken, die vor Neid strotzten, nur weil sie mir als Beispiel diente, wonach ich mich unbewusst sehnte. Ich wusste nur nicht, wie ich dorthin kommen konnte. Aber so läuft das mit der Unbewusstheit, und davon hatte ich eine Menge! Aber ich fing damals an, zu erkennen, langsam Schritt für Schritt, hinzufallen, wieder aufzustehen, denn ich wusste, wo ich hinwollte. Ich hatte eine Ahnung, wie es sich anfühlt, angekommen zu sein. Diese Frau zog mich regelrecht durch ihr Beispiel in den neuen Weg hinein. Sie wurde zu einem Sog, immer wieder aufzustehen, weiterzuforschen und nicht zu ruhen, bis ich meine Art Frieden und Aussöhnung mit dem Leben fand.

Wissen ohne Erfahrung wandelt nichts

Erfahrungen wie diese bleiben innerlich haften. Nach 17 Jahren erinnere ich mich noch heute an diesen Auslöser. Dieser zeigte sich damals als schockartiges Entsetzen (so empfand ich das damals aus meiner Prägung heraus), was ein Anhalten meines Verstandes ermöglichte. Es war wie der Schrei eines Meisters, der den Schüler erschüttert, dass das Denken anhält und das Bewusstsein aufsteigt. Wie ein Zen-Schlag traf mich diese Begegnung, die mein Leben grundlegend verwandelte. Etwas in meinem Geist öffnete sich. Dieser Schockmoment hat aus heutiger Sicht genau das erreicht, was mein Gehirn brauchte, um neue Bahnen zu legen. Diese Begegnung wurde für mich zu einem inneren Leitstern, der mich in meiner Suche nach mir selbst und der verlorenen Gabe der Intuition voranschreiten ließ. Vertrauen und Intuition waren für mich keine Worte mehr, sondern sie wurden zu einer verankerten Erfahrung. Nach dieser Erfahrung veränderte sich mein Blick. Ich erfuhr durch das Beispiel eines anderen Menschen, dass das Leben mehr in sich trägt als diese Kleinkariertheit, die ich für das Leben hielt. Dieses Erlebnis wurde in mir zu einem unumstößlichen Ziel, nein, zu einem Versprechen, das ich mir selbst gab, nicht mehr zu ruhen, ehe ich diesen Frieden, den diese Frau ausstrahlte, dieses Vertrauen und diese Hingabe in mir selbst gefunden habe. Eine Willensstärke trat hervor, die mir das Gefühl gab, Bäume ausreißen zu können. Dieser Wille, der sich mit meinem Ziel verband, wurde zu meinem treuesten Begleiter durch die dunkelsten Täler, die ich zu durchschreiten hatte, um wider das Licht am Ende des Tunnels zu erreichen. Eines wusste ich, egal was ist, ich gebe nicht auf. Das war eine Entscheidung, die einem Felsen ähnelte, egal wie stürmisch es wurde. Nichts konnte diese Entscheidung umwerfen …

Und das Leben gab mir recht: Nichts ist mehr, wie es war. Im Außen irgendwie schon, aber im Inneren nicht mehr. Und im Nachhinein kann ich nur feststellen: das war ein Vertrag, den ich mit mir schloss, und das Leben antwortete. Es gab mir alle Chancen, um mein altes Denken abzulegen, neue Wege zu entdecken, da es mir irgendwann, nachdem ich im Kleinen öfter üben durfte, den Boden unter den Füßen komplett wegzog. Ich empfand es damals als Katastrophe, kämpfte wütend und verzweifelt. Das Leben zwang mich durch seine gebotenen Schicksalsschläge mich völlig neu aufzustellen. Denn ich war von der Gattung „taub stellen und weghören, wenn die Intuition Hinweise gibt“. Ich musste/durfte von vorne anfangen, alles loslassen, worüber ich mich einst im Außen definierte, was in mir natürlich, als Meisterin des Festhaltens, nur blanke Angst freilegte und was sich heute als Segen herausgestellt hat. Dass es meine Entscheidung war, die einfach seine Einlösung einforderte, war mir damals, als das vermeintliche Sicherheitsnetz riss, nicht bewusst, heute schon. Wie sonst hätte ich diese alten und festgefahrenen Muster meiner Prägungsmasse abstreifen können? Freiwillig macht das Ego das nicht, ist mir heute auch klar, außer jemand ist einsichtiger, als mein Ego es war, aber ich habe geerntet, was ich gesät habe. Und das auf allen Ebenen. Ich empfand mich lange genug als Opfer, bis ich erkannte, dass ich mir das alles selbst eingebrockt hatte und selbst Täter war. Schmeckte mir damals nicht, das zu erkennen, heilte aber allen Groll gegen meine Täter, die ich so verurteilte und die mir letztlich nur meine verdrängten Schattenseiten im Außen spiegelten, bis ich zu ihnen innerlich bedingungslos „Ja, das bin ich selbst", sagen konnte und diese annahm. Zu vergeben war da nichts mehr, denn Vergebung war die natürliche Folge meines Erkennens.

Alles, was mir begegnete, wo ich vermeintlich durch musste, diente nur einer Sache: meinem Aufwachen und meiner Vertragseinlösung, mit dem Ergebnis, ich selbst zu werden. Die, die ich bin, nicht das ängstliche und angepasste Erziehungs- und Erfahrungsprodukt, das ich einst glaubte zu sein.

Dass Frieden mit sich selbst und seinem Leben zu schließen so schön sein kann, konnte ich mir selbst in meinen kühnsten Träumen nicht vorstellen. Ich hatte dafür kein Konzept im Kopf, was mich so verzweifeln ließ. Hätte ich gewusst, dass es eigentlich so leicht ist, hätte ich früher losgelassen, aber das Alte war zäh und gab lange die Vorherrschaft nicht auf. Jedenfalls bei mir war es so, auch wenn ich heute über meinen Wahnsinn und mein Festhalten nur noch herzhaft lachen kann. Nichts will ich an Erfahrung missen, alles diente mir, mich selbst zu finden. So war es bei mir, das kann bei Ihnen ganz anders sein, wenn Sie es sich nicht so schwer machen, wie ich mir!

Jeder hat seine Geschichte

Erschütternde Erfahrungen, die uns verzweifeln lassen, kann bestimmt jeder berichten. Nichts läuft, wie es soll, die Geschichten, die jeder erzählen kann, sind facettenreich und zahllos. Eine Geschichte „haben“ und diese zu „sein“, macht jedoch den feinen Unterschied aus. Jeder hat mehr oder weniger Leidenserfahrungen darzubieten. Aber wir sind mehr als unsere Geschichten, doch das kann uns keiner wirklich sagen. Wir können, wenn wir wollen, uns von Erfahrenen dorthin führen lassen, es selbst zu erfahren, was wir wirklich sind. Das geht aber erst, wenn wir bereit sind hinter die Fassaden der Geschichten blicken zu wollen und die Bereitschaft mitbringen unser Anklammern an unsere persönlichen Leidensstorys aufzugeben. Wir müssen Suchende werden, die selbst erleben wollen, dass sie mehr sind als ihre angsteinflößenden Erinnerungen und ihre Denkabfolgen. Haben wir uns auf die Reise in unser Inneres gemacht und erlebt, dass in uns etwas wohnt, das größer und erhabener ist, als jedes schmerzlich empfundene Erlebnis, fällt die Identifikation mit der Lebensgeschichte von uns ab. Wir sind dann nicht mehr die Geschichte, sondern das, was aus dieser Erkenntnis geboren wurde und sich als Folge im Moment zum Ausdruck bringt.

Mehr geht nicht, so unter dem Motto: Wenn du einen Rat suchst, frage keinen Gelehrten, sondern einen Erfahrenen! Einen Erfahrenen, der die in sich erlangte Erhabenheit und innere Stille weitergeben und vermitteln kann, auch wenn es nicht ohne deutliches Aufzeigen der nackten Realität über das, wer wir wirklich sind, nicht wer wir uns einreden zu sein, geht. Und es gibt gute und schlechte Führung im Außen, aber wer sucht, der findet auch. Außer die Suche ist vorgeschoben und nicht ehrlich. Aber der Einzige, den Sie damit belügen, sind Sie selbst. Das sollte jedem klar sein, der sich jemanden sucht, der ihn nicht weiterbringt. Derjenige ist bestimmt nicht schuld, sondern wir haben ihn erwählt und die einzige Frage, die wir uns dann ehrlicherweise stellen sollten, ist die:

„Will ich denn wirklich finden oder mich in der Suche verlieren und am Außen insgeheim und unerschütterlich haften bleiben?“

Intuition und Denken unterscheiden

Nun aber zurück zu unserer Intuition und wie diese vom Denken abgrenzbar ist:

Intuitive Momente kennt, glaube oder hoffe ich, jeder, bewusst oder unbewusst. Sie unterscheiden sich gravierend durch den Werdegang. Kopfentscheidungen bedürfen des langen Grübelns. Man wägt Vor- und Nachteile ab, kalkuliert herum, überlegt hundertmal hin und her, zweifelt, hat Bedenken, macht sich einen Kopf, wie man so umgangssprachlich sagt. Intuitive Entscheidungen sind keine Ergebnisse des Nachdenkens, wie oben beschrieben, sondern des Wissens und des Seins-Zustandes (nicht mit intellektuellem Know-how zu verwechseln). Die Intuition ist eher wie ein Geistesblitz aus dem Nichts. Ohne Nachdenken – eigentlich genau deshalb – weiß man plötzlich: Das ist es, wieso bin ich nicht gleich darauf gekommen! Das ist Intuition. Eine Begleiterscheinung hat der intuitive Impuls noch: Sie sind sich todsicher, dass es das ist, was jetzt zu tun oder zu sagen ist oder was auch immer das Leben erfordert. Begleitet von tiefer Zuversicht und einem Vertrauen, das keiner Überprüfung bedarf. Sie wissen: Das ist der Weg und Sie gehen (siehe das vorhergehende praktische Beispiel) und halten einfach die Augen offen, was auf Sie zukommt und Ihnen den Weg bestätigt, und sehen Dinge, die sich fügen und Ihnen die Sicherheit vermitteln: „… und es ist gut so.“

Bei Kopfentscheidungen verhält sich das anderes. Wir halten auch die Augen offen, aber anders. Eher kritisch, auf der Lauer liegend, ob etwas schiefgeht und Ihnen zeigt, dass Sie doch am Alten festhalten sollten, falls Sie eine Richtungsänderung vornehmen wollen. Sie denken einfach zu viel nach, anstatt zu springen. Wir müssen loslassen, um zu empfangen. Geht halt nicht anders. Das Leben lehrt es uns allen.

Betont kopflastige Menschen (wie ich es auch war) suchen nach Brücken, um den Kopf klar zu bekommen, denn sonst dreht ja jeder irgendwann durch. Ich fuhr bei wichtigen Entscheidungen früher immer zwei bis drei Tage alleine in die Berge, um den Kopf klarer zu kriegen (von leer war noch gar keine Rede), oder rannte mir die Seele aus dem Leib oder jettete durch die Weltgeschichte, was meine Jobs immer erforderten, bis ich wieder einigermaßen zur überlebensnotwendigen Ruhe kam. Mit innerem Frieden hatte das auch noch lange nichts zu tun. Der Alltag, den ich mir unbewusst täglich kreierte, ließ es oft nicht zu, mich bis in die Tiefe einzulassen – was mein Ego aus seinen Prägungen heraus auch gar nicht wollte oder hätte ertragen können. Ruhe machte mich eher nervös. Also musste ich mich körperlich verausgaben, damit ich trotz aller Muster etwas abschalten konnte. Nicht reden, mich zurückziehen, bis ich mit mir wieder wenigstens etwas in Verbindung kam. Selbst mir, einem ausgeprägten Kopfmenschen, der sich nur über seine Leistungen und das Denken definierte, wurde es manchmal zu viel des Kopfes. Rückzug, Stille, Kopf leer kriegen, das brauchen wir, damit diese Impulse, die meist auch ungewöhnlicher Natur sind, neu, noch nicht ausprobiert, aber richtig, bei uns ankommen können. So spüren wir diese Gabe oder eher Gnade, die jedem von uns zur Verfügung steht, außer wir verschließen uns davor.

Was ich auf den vorhergehenden Seiten über Meditation, das innere Bewusstmachen unserer „kopfigen" Quälgeister geschrieben habe, sind Wege, wie Sie sich sicher denken können, um den Verstand wieder auf seinen Platz zu verweisen. Der Verstand hat seinen Sinn, er kann viel erschaffen, wird er jedoch überfordert oder überlässt man ihm Aufgaben, für die er nicht vorgesehen ist, wirkt er destruktiv. Das ist z. B. der Fall, wenn der Kopf inklusive seiner vorgefertigten Meinungen und begrenzten Optionen sich inspirieren lassen will. Das wird schwer, denn Inspiration und Intuition werden durch den Gedankenmüll zuweilen gänzlich abgebremst und dann durch Nachdenken ersetzt. Die vorgesehene Eingebung fließt dann (wenn überhaupt) oft genug, auch noch mit persönlicher Prägungsmaße versudelt, aus unserem filterlosen Verstand heraus, der noch dazu Meister der Interpretation ist. Das ist dann einfach so, da der Geist bereits bis oben hin vollgestopft ist. Denn nur ein leeres Gefäß ist empfangsbereit. Ein volles fließt bekanntlich über. Das Ergebnis ist dann natürlich auch ein anders, wie man sich denken kann.

Erst wenn der Kopf wieder „zurechtgerückt“ ist, wir wieder offen werden und staunen können, da die Schubladen der Prägungen sich geleert haben, hören oder fühlen wir die intuitive Führung bewusst, ohne der Interpretation unbewusst zu erliegen. Wir nehmen an, was die Intuition sagt. Frei, interpretationslos und voll Vertrauen, dass es richtig ist. Kein Verstand, und das sage ich aus harter Erfahrung, schafft diese weisen Schachzüge wie die Intuition. Leichtigkeit, Vertrauen, Zuversicht und Freude begleiten uns bei der Umsetzung dessen, was sie uns anbietet.

Die Intuition führt immer: unbewusst vehement – bewusst sanft

Je stärker diese intuitive Führung in Ihnen wird, umso weniger interpretieren Sie herum. Sie haben das nicht mehr nötig. Sie müssen nicht mehr „herumwerten“, aufwerten, abwerten, denn das innere Wissen, die Stille und Selbstzufriedenheit nehmen mehr und mehr Raum ein, bis sie Sie befreit haben. Sie werden immun. Nicht in Form eines Abgeschottet seins und Desinteresses an anderen. Da Sie wissen, wer Sie sind, werden Sie mit dem Leben fließen und in sich ruhen und sich genährt fühlen. Das Energieabsaugen durch Aufmerksamkeitsspielchen mit anderen oder das sich von unbewussten Aggressionen anderer hilflos attackieren zu lassen, ohne zu einer deutlichen Grenzsetzung fähig zu sein, hört auf. Sie brauchen es nicht mehr. Sie sind bei sich angekommen, fühlen sich von Ihren Eingebungen geführt, sind frei, liebend und in sich tief drinnen ganz still, auch wenn Sie zuweilen brüllen wie ein Löwe, wenn Sie eine Grenze setzen. Sie setzen diese und fertig! Ohne Groll, ohne dass es Sie innerlich getroffen hat, auch wenn Sie von einer übergriffigen Situation betroffen waren. Sie nehmen den Handschuh nicht mehr auf! Sie nehmen, was Ihnen begegnet, stellen sich der Situation oder entziehen sich bewusst unguten, ohne sie zu bekämpfen. Sie tun, was zu tun ist, und bleiben im Moment. Das Leben führt, Sie wissen es nicht nur, Sie haben es erfahren und vertrauen darauf. Das ist Intuition, das, was uns so führt, dass es uns gut geht. Außer wir hören nicht darauf, worauf jedoch auch die deutliche Variante der Intuition folgt, zuweilen in Form einer größeren Krise, die ein Umdenken und Neuhandeln einfordert. Hilft das auch nichts, gibt uns das Leben oder die „laute Intuitionsvariante für Taube" die Chance einer schicksalhaften Wendung, die zuweilen als Schicksalsschlag bezeichnet wird. Spätestens dann sollten wir nach innen hören und uns hingeben. Wer kennt das nicht? Unfall, Tod, extremer Misserfolg oder andere einschneidende Erlebnisse lassen uns anhalten, aus dem Hamsterrad aussteigen, das Leben überdenken, uns in uns zurückziehen, bis wir endlich etwas ändern.

Mir schenkte das Leben, im Nachhinein betrachtet, all die Schicksalsschläge, die ich am meisten fürchtete. Ich sprach die Befürchtungen sogar laut aus, dass mir der Sinn zu leben abhandenkommen würde, wenn mir diese Dinge widerfahren würden. Ich bekam sie alle. Eine Begebenheit nach der anderen wurde mir vom Leben serviert und ich hatte die Wahl, mich durch die Zusammenbrüche vom Leben abzuwenden oder mich für Durchbrüche zu entscheiden. Ist nicht schön, das weiß jeder, der schon mal alles was ihm wichtig war verloren hatte, krank ans Bett gefesselt war, tatenlos, nur mit seinen Gedanken und Gefühlen konfrontiert. Oder sein eigenes Kind begraben musste und von Schuldgefühlen und vom Schock gelähmt irgendwie zum Weiterleben gezwungen wurde. Katastrophen, die geschehen können, natürlich auch andere Ausmaße haben können, nur um einige Möglichkeiten aufzugreifen. Aber oftmals heilsam, und lebensverändernd, da man auf sich und das, was wirklich zählt, zum Beispiel das blanke Leben, zurückgeworfen wird und erfährt: Es geht weiter und aus dem Unglück, das man gemeistert hat, erwächst innere Stärke. Harte Schläge müssen nicht sein, werden aber geschehen, wenn wir zu stur und unbeugsam sind, obwohl Veränderung geschehen darf und sollte. Zuweilen geschehen aber auch Krisen, um aus den gemeisterten Situationen tiefe Erkenntnisse über das Leben oder das Mysterium „Leben" gewinnen zu dürfen. Ein Geschenk im Nachhinein für viele, die diese Chance, oftmals auch erst die harte Variante annahmen und sich hingaben. Meine Tiefschläge kamen Schlag auf Schlag hintereinander, bis ich anhielt und still wurde, aufgab, mich hingab, somit auch anerkannte was nun mal war und dann anfing meine Steinbrüche aktiv aufzuräumen.

Im Laufe meines Lebens begegneten mir auch andere Menschen, bei denen alles, was für sie wichtig war, zusammenbrach, je nach Lernaufgabe eben etwas anderes, zum Beispiel die Firma, Ehe, Gesundheit oder was auch immer, und grundlegender Wandel geschah. Schicksalsschläge kann jeder verzeichnen, große, kleine, je nach Lerninhalt, aber wer kennt sie nicht. Das ist das Leben und es hat Sinn. Tiefen Sinn! Den Sinn, uns selbst zu finden, indem wir nach innen gehen. Äußere Ablenkung behindert das, das weiß jeder. Also werden wir durch das Leben dazu gedrängt, denn der Sinn ist nicht das Totenhemd mit Geld und Ansehen zu füllen, sondern mit innerem Reichtum und Frieden diese Dimension zu verlassen.

Unterm Strich kann man sagen, Intuition ist immer am Werk. Welcher Variante wir uns hingeben, liegt an uns. Aktiv oder Passiv. Der Weg hin zum interpretationslosen Kommunizieren kann der aktive sein und erhöht die sanfteste Variante der inneren Führung und Selbstfindung, wenn Sie wollen. Aber, darauf können Sie auch vertrauen, kommen Sie mal vom Weg ab, rennen in die falsche Richtung, weil alte Verhaltensmechanismen unbewusst wieder die Führung übernehmen, werden Sie eine Krise geschenkt bekommen oder schon erahnen. Geschieht das, dann können Sie wieder neu ausprobieren und eine Richtungsänderung vornehmen. Wie wir wissen, die Früchte, die wir ernten, und der Grad unserer inneren Ausgeglichenheit werden uns ein Wegweiser sein, wenn wir gehen. Ausgeglichenheit gepaart mit Offenheit, Empathie und Leichtigkeit. Wenn es schwer und zäh verläuft, könnte es ein Hinweis sein, den Weg zu überprüfen.

Zusammenfassung

Folgen Sie Ihrer Intuition, werden Sie meditativ, offen und voll Vertrauen lebensbejahend und nehmen das Geschenk der Neutralität und Wertfreiheit wirklich an, dann werden Sie Immunität erlangen. Immunität, die nicht von außen gegeben wurde. Sie ist auch kein Produkt völliger Abgeschottetheit, sondern ein Ergebnis davon, dass Sie interpretationslos geworden sind. Sie kämpfen nicht mehr gegen das Leben, sondern kommunizieren mit dem Leben und seinen Hinweisen, Sie nehmen Dinge von außen nicht mehr persönlich, da Ihr innerer Friede von äußeren Umständen frei geworden ist. Sie nehmen alles, was kommt, wichtig und kümmern sich auch gebührend um Ihre Aufgaben, jedoch nicht mehr verbissen, gestresst, jammernd oder verzweifelt. Nein, eher mit einer Prise Humor, wenn mal was daneben geht, da Sie sich (ihr Ego) nicht mehr so wichtig nehmen. Dinge sind einfach, wie sie sind, und da kann man auch mal herzhaft über sich oder seinen Unsinn, wenn man einen gemacht hat, lachen. Das Ego macht aus Mücken Elefanten, nicht Sie, der Sie in Wahrheit sind. Ihr Sein weiß: Ereignisse kommen, Ereignisse gehen und hält nichts mehr übermäßig fest.

Diese Immunität der erblühten inneren Größe ist hier gemeint. Eine Größe, die es nicht mehr nötig hat, laut und selbstdarstellerisch zu agieren, außer die Situation fordert Sie bewusst dazu auf. Was Sie dann auch bewusst machen können, nur nicht mehr unbewusst machen müssen. Feiner Unterschied! Denn im Wesenskern ist diese innere Größe, die sich offenbart eher eine leise, aber wirkungsvoll und demütig zugleich. Frei von Bestätigung, frei von Titel, sondern nur für sich stehend, mit allem verbunden, als Vorbild dienend und teilend. Entscheidungen werden nach Vorlieben getroffen und nicht mehr weil ihre unbewusste Prägungsmaße ein Handeln oder Nicht-Handeln erzwingt. Dann haben Sie das interpretationslose Kommunizieren für sich integriert. Nachdenken, was jetzt richtig oder falsch ist, hat ausgedient. Sie haben eine Entscheidung zu treffen, sie warten, still, aber offen, und wissen es dann einfach. Sie bleiben bei sich, übernehmen die Verantwortung und zerreden nicht mehr alles, da Sie gelernt haben mit sich zu kommunizieren. Intuition ist interpretationslos: unmissverständlich und klar! Begegnung von Seele zu Seele ist zu einem Seins-Zustand geworden und eine reine Bereicherung für jeden, der es annehmen will. Daher ist dieser Weg hin zum interpretationslosen Kommunizieren kein Konzept, sondern ein Weg zur Erlangung einer erfüllten, in sich ruhenden inneren Haltung, woraus sich die Umsetzung als natürliche Folge ergibt.

Einladung zum aktiven Lebenswandel

Wenn Sie nun alles bis hierher gelesen haben und der Meinung sind, dass an den Ausführungen über die Zustände in uns, mit uns und in unserer Gesellschaft, die über die Landesgrenzen hinausreichen, etwas dran ist, sollte Ihnen klar werden, dass es so nicht weiter gehen kann. Ich hoffe, dass Sie dadurch erkennen, dass aktiver Wandel in jedem von uns stattfinden kann und sollte, damit sich der Wandel im Großen auch vollziehen kann. Die Veränderung ist am Wirken. Unaufhörlich kommen vertuschte Realitäten an die Oberfläche. Desillusionierung geschieht. Die wohlbehütetsten äußeren Machtstrukturen und ihre Masken fallen zu Boden. Das Leben hält uns den Spiegel unserer Verblendungen und Lebenslügen, die wir lange genug geglaubt haben und treu-doof geschluckt haben, gnadenlos vor Augen. „Aufwachen" ruft es „Hinschauen und Aufräumen", damit eine neue Welt entstehen kann. Tun wir es nicht, halten wir den Wandel auch nicht auf, das sollte uns klar sein. Er greift nur unbewusster ein. Also warum nicht aktiv werden? Und wie Sie das noch aktiver als bisher vielleicht für sich selbst machen können, folgt nun im nächsten Teil. Und wie Veränderung auch auf äußeren Ebenen erfolgen kann, damit befassen wir uns auch noch im letzten, dem IV. Teil des Buches.

Teil III
Die alchemistische Wandlung

Ohne Einsehen – kein Wandlungsbedarf

Um „Interpretationsloses Kommunizieren" wirklich umsetzen zu können, indem es zu einem Seins-Zustand geworden ist, bedarf es einer inneren und unwiderruflichen Entscheidung, die heißt: „Ja, ich mache mich auf den Weg, das Ziel lohnt sich". Ist diese Entscheidung halbherzig, werden Sie das Ziel nicht unbedingt erreichen können. Grund hierfür lehrt uns das Leben. Haben Sie sich zum Ziel gesetzt, in einer Sportart, zum Beispiel Weitsprung, Ihre Leistungen zu perfektionieren, um bei der Olympiade antreten zu können, sollte Ihnen bewusst sein, dass das mit ein- bis zweimal die Woche eine halbe Stunde Sport machen nicht wirklich funktionieren kann. Außer Ihr Talent ist so immens groß, Vorarbeit wurde bereits geleistet, Ihre Fitness ist auf dem Höhepunkt, dann schon. Nichts ist unmöglich, wie wir wissen. Aber um diesen hohen Fitnessgrad zu erlangen, haben Sie bestimmt bereits vorher eine andere Sportart trainiert. Damit ist natürlich gemeint: Wenn Sie schon sehr fortgeschritten sind in Ihrer Disziplin der Bewusstwerdung, kann „Interpretationsloses Kommunizieren" auch der berühmte letzte Tropfen sein. Wenn Sie wollen. Wer will, schafft alles, egal auf welchem Weg und egal mit welchen Methoden und welchem Lehrer. Nicht der Lehrer oder die Lehre bringen Sie ins Aufräumen und Erlösen, sondern allein Ihre wahrhafte Absicht, Ihr Wille und Ihre innere Stärke. Der Lehrer kann Sie inspirieren, an seiner Wachheit und seiner klaren Präsenz teilhaben lassen, Ihnen gesunde Grenzsetzung vorleben, die das wahre Sein schützen und unbewusste Täter im Innen und Außen ausbremsen. Er ist dadurch fähig, Ihren Prozess des Aufwachens zu erleichtern. Eines kann er jedoch nicht: für Sie den Weg gehen. Vielleicht ist der Weg, der Ihnen hier geboten wird, eine sinnvolle Ergänzung oder ein Meilenstein oder was auch immer. Eben das, was es für Sie ist und was Sie daraus machen. Auch wenn es das ist, dass Sie es unter „totaler Unsinn“ abhaken und nie ausprobieren werden. Ihre Entscheidung.

Die Abwägung und Entscheidung

Nun sollten Sie, bevor Sie sich der Wegweiser annehmen, grundlegend entschieden haben, was Sie vom Leben wollen bzw. wer Sie sein wollen. Das ist bekanntlich unterschiedlich, entscheidet aber, ob dieser Weg Sie weiterbringen kann oder nicht:

- Dem einen Menschen ist es wichtig, materiell abgesichert zu sein, dem anderen, einen sicheren Job zu haben (auch wenn es den real nie geben wird, was uns die Wirtschaftskrise gerade beibringt).
- Dem anderen ist es von Bedeutung, gesellschaftliches Ansehen, Bewunderung, Kinder, ein Haus, ein Boot, eine attraktive Gefährtin oder einfach andere rein am Außen orientierte Dinge zu besitzen; oder eher vorzuzeigen?
- Anderen Menschen ist die Abarbeitung ihrer Pflichten wichtig, egal ob sie dabei Freude empfinden oder nicht, ob der Job ihren Gaben entspricht oder nicht. Die Rente, das Großwerden der Kinder und die Hoffnung, den Rentenabend noch genießen zu können – falls er erlebt wird –, sind das Lebensziel.
- Einigen Menschen reicht im Leben die Genugtuung, über andere oder etwas Macht zu haben und diese auch noch

zur Schau zu stellen. Sie sind „zufrieden" mit sich, wenn sie andere missbrauchen, ausbeuten oder am langen Arm verhungern lassen. Hauptsache, ein „gutes" Geschäft. Sie freuen sich, wenn sie jemanden übervorteilt haben, ihren Dickkopf durchgesetzt haben, man Angst vor ihnen hat und sie ihr Macht- und Lügengebäude aufrechterhalten können. Sie lieben es, ihrer Selbstsucht und Rücksichtslosigkeit zu frönen und ihr aufgeblasenes Ego hochzuhalten.

- Es gibt Menschen, die sind mit sich zufrieden, wenn sie sich kulturell beglücken lassen (aktiv oder passiv).
- Anderen wieder genügt es, zweimal im Jahr Urlaub zu machen, teure Klamotten zu tragen, ständig Partnerwechsel vorzunehmen. Oder immer auf der Suche nach dem Prinzen oder der Prinzessin sind, der oder die all ihre Wünsche erfüllt, bis sie erkennen oder nicht, dass es diese Erfüllung ohne ihr volles Einlassen und ihre Kompromissbereitschaft gar nicht gibt u. v. m.
- Andere wiederum sehnen sich nach Lebenslust in Form von Freiheit und Unabhängigkeit, tingeln durch die Welt, leben hier und dort, genießen ihr Leben, jobben sich durch und überlassen alles dem Zufall und wollen auch gar keine Verantwortung für etwas oder jemanden übernehmen.
- Wieder andere entfalten ihre Kreativität, bringen ihre Talente zum Erblühen, wollen etwas erschaffen, der Nachwelt etwas hinterlassen, etwas weitergeben oder Talente anderer fördern.
- Anderen reicht es im Leben völlig, sich passiv „hinter den Ofen zu setzen". Sie fristen ihr Dasein in einer Abwarte- und Hand-aufhalten-Position, lassen sich von Papa, Mama oder Vater Staat aushalten, ohne selbst aktiv zu werden, und warten darauf – oder auch nicht, weil eh alles egal ist –, dass ein Wunder geschieht und alles sich im Außen von selbst regelt. Das Add-on wäre dann noch das: Wenigstens die Genugtuung zu erlangen, dass diejenigen, die an der Misere schuld sind (Eltern, Staat oder wer auch immer), endlich ausbluten. Passiv, abhängig und sich selbst niemals

entfaltend, dafür aber rächend, an allem und jedem. Das Leben abhakend, voll Selbstmitleid und Vergeltungsdenken, da ihnen so übel mitgespielt wurde und sie nie bekommen haben, was sie verdienen. Sie bestrafen alles und jeden mit ihrer Faulheit und Nichtsnutzigkeit für ihre miserablen Umstände. Auch wenn eigentlich nur einem damit wehgetan wird, ihnen selbst, egal. Rache ist auch schön, bringt wenigstens Energie. Der Samen geht nie auf, er fault vor sich hin, bis er unerblüht irgendwann stirbt.

- Einige Menschen suchen aber auch nach dem wahren Sinn des Lebens oder suchen „sich selbst“ auf die eine oder andere Art.

  Je nachdem, wo auf welcher Bedürfnisstufe jemand angesiedelt ist, fallen seine Lebensziele aus.

Es gibt bekanntlich viele Formen von Lebenszielen. Hier habe ich nur einige aufgezählt, obwohl die Liste sicherlich individuell erweiterbar und veränderbar ist.

„Alles können wir machen, schließlich haben wir einen freien Willen, und der kann genutzt werden, egal ob es die Freiheit anderer beschneidet oder nicht. Das ist unser Bürgerrecht!“ Klingt ziemlich zynisch, ist aber nicht selten die unterschwellig verbitterte Meinung vieler Menschen, auch wenn sie selbst beim Kochen dieser versalzenen Suppe kräftig mitmischen. Was andere machen, gibt vielen Menschen das Recht dabei zu sein, auch wenn es ihnen im Grunde zuwider ist. Ja nicht zu kurz kommen, ist hierbei die Devise!

Alles ist gut, außer es ist für uns selbst irgendwann nicht oder nicht mehr gut, da die wirkliche innere Zufriedenheit durch all die erwähnten und vielfach nach Außen orientierten Lebensziele oder das rücksichtslose Mangeldenken nicht erzielt wird. Das geschieht wenn wir anspruchsvoller und einsichtiger zu gleich werden. Anspruchsvoller im Hinblick darauf, mehr aus uns und dem Leben herauszuholen. Einsichtiger, wenn uns klar wird, das kann es nicht gewesen sein! Bis es dann zum bewussten Wendepunkt kommt, ist es eben so: Läuft alles nach Plan, sind wir gut drauf. Geht etwas daneben, reißt es uns aus der „Mitte“, oder das, was wir dafür hielten. Auch wenn uns diese Haltung belastet und wir still oder laut vor uns hin leiden, beschäftigen wir uns doch mehr mit der Schuldfrage als mit unserem Aufwachen. Das Leiden bleibt, trotz goldener Schlösser im Außen oder einem attraktiven Äußeren. Irgendwann befriedigt es doch nicht mehr und wir sind am Umkehrpunkt, um das kurze Leben, das uns noch bleibt, doch selbst in die Hand zu nehmen und für unser Glück aktiv etwas im Innen zu unternehmen.

Dass es im Großen und Ganzen so ist, sollte erst mal erkannt und anerkannt werden. Dann folgt die Entscheidung: Es muss einen Weg aus dem Dilemma der Höhen und Tiefen, der Trauer und dem Schmerz, der Lügen und des Selbstbetrugs geben. Dann lesen Sie weiter, versuchen Sie sich auf neuen Wegen, schauen Sie selbst, wie machtvoll Sie sind, Ihr Leben und Ihre Umstände zu beeinflussen, indem Sie einen geistigen Richtungswechsel bewusst vornehmen. Nehmen Sie das für sich an und wenden Sie die Anregungen an, die nachfolgend zur Verfügung gestellt werden bzw. unter Teil II angeregt wurden, muss sich etwas verändern. Tut es das nicht, überprüfen Sie Ihren Weg einfach selbst daraufhin, wo Sie das Neue wirklich an sich herangelassen haben, angewendet haben oder wo das alte Verhalten noch immer geheimer und unbewusster Platzhalter Ihres Denkens, Fühlens und Handelns ist. Holen Sie sich professionelle Unterstützung, wenn Sie nicht weiterkommen, es aber wirklich wollen.

Der Schlüssel für das Gelingen des Ganzen verhält sich eins zu eins wie bei einer Gebrauchsanleitung: Sie wollen ein neues Gerät installieren, lesen nicht oder nur oberflächlich die Anleitung und sind dann sauer auf den Hersteller, weil das Gerät nicht voll funktionsfähig ist. Vielleicht liegt das Problem ja gar nicht am blöden Hersteller, sondern daran, dass Sie sich mit der Anwendung nur oberflächlich auseinandergesetzt haben. Schauen Sie genauer hin, probieren Sie mehr aus. Stück für Stück, bis das Gerät die volle Kapazität erreicht hat. Mit unserem interpretationslosen Kommunizieren ist das ganz genauso. In der oberflächlichen Betrachtung und Anwendung bleibt es Makulatur. Die eine oder andere Kleinigkeit verändert sich, aber nicht anhaltend und nicht ursächlich. Sie müssen sich wirklich intensiv damit auseinandersetzten. Es annehmen oder ablehnen. Wenn Sie entscheiden, anzunehmen, was da steht, und selbst erforschen wollen, was an den Ausführungen dran ist oder nicht, dann sollten Sie es ausprobieren. Nicht einfach konsumieren, in die Schublade „gut" oder „schlecht" stecken, sondern durch die Anregungen, die hier gegeben werden: Selbst hinschauen und herausfinden, was für Sie wahr ist, und was nicht. Also, dann sammeln Sie Ihre Erfahrungen, forschen und integrieren, wenn Sie bereit sind. Dann geht es, sonst eben nicht.

Einfaches Beispiel:
Kaufen Sie sich statt eines Dell-Computers einen Apple-Computer. Wollen Sie diesen zur Gänze beherrschen und meisterhaft bedienen, müssen Sie mehr tun, als nur die Anleitung einmal durchzulesen. Außer Sie sind bereits PC-Profi und transferieren das erlernte IT-Grundlagenwissen auf das neue Gerät. Dann sind Sie aber die Sorte Mensch, die schon weit fortgeschritten ist, und das, was Sie bisher gelesen haben, fällt ohnehin auf fruchtbarsten Boden. Die Saat wird schnell aufgehen. Müssen Sie Ihren Geist bzw. Ihr Bewusstsein erst in eine neue Richtung drängen, völlig umdenken, haben nie zuvor über sich, das Leben und dessen tieferen Sinn nachgedacht (außer zu bestimmten Anlässen wie Geburtstagen vielleicht), wird es möglicherweise etwas anstrengender sein, sich dieser neuen „Sprache" deren Urheber sie selbst sind bzw. ihrer inneren Haltung, ausgerüstet mit den Tugenden, bis zur Vervollkommnung zu bemächtigen. Muss aber auch nicht sein, wenn Ihre Gaben sehr groß sind, nur noch nicht erweckt wurden. Die Grundlagen im Inneren jedoch schon lange schlummern, um wie bei Dornröschen endlich wach geküsst zu werden, um zu erblühen.

Wegweiser zum „Interpretationslosen Kommunizieren“

Wie bereits bewusst sein sollte, sind die nachfolgenden Vorschläge für die Umsetzungsunterstützung keine normalen verbalen Werkzeug-Konstrukte, die, wenn Sie diese einfach wortgetreu anwenden, die Erlösung und das Endziel garantieren. Das Wichtigste bei allem ist die wache und achtsame Grundeinstellung, die innere Haltung, die permanente Bewusstwerdung der eigenen Masken-, Opfer- und Täter-Spielchen, die Neuentscheidung, die Selbstüberprüfung, das Sich fühlen und verbinden mit dem anderen und dem Leben selbst. Das ist das Ursächlichste an allem. Der Rest ist eine natürliche Folge.

Um die Ausgeburten unserer eigenen Traumen, die das wahre Sein haben zurückschrecken lassen, wie Sie wissen, noch genauer zu kennen und sich darin selbst zu erkennen, werden wir uns diesen Anteilen in uns, in den nachfolgenden Abschnitten auch noch präziser zuwenden. Unbewusste Spielchen werden wir aufgreifen, die unseren Abwehrmechanismen entspringen, um uns selbst darin zu erkennen, damit Neuausrichtung machbar wird. Wie wir das machen können, wird natürlich auch angeboten.

Alles was hier beschrieben wird und der Selbsterkenntnis und dem bewussten Wandel dienen soll, kann natürlich auch missbraucht werden, wie alles andere auch. Jedoch hat alles natürliche Folgen. Missbrauchen wir also das Ganze, ernten wir die Früchte. Gebrauchen wir es, um nicht nur Befriedigung zu erhalten, dass wir Macht über andere besitzen, da wir unser waches Auge geschärft haben, um die Muster anderer zu durchschauen, sondern um unsere eigenen blinden Flecken zu entlarven, ernten wir das Ergebnis auch. Wir können jedoch auf diese Weise auch erfahren, wie sehr wir unser Leben positiv beeinflussen können, da wir ein Schöpferbewusstsein erlangt haben. Die Früchte in Form von innerer Gelassenheit,

Frieden und Verbundenheit werden hier die Ernte sein. Vertrauen Sie dem Leben, es ist gerecht, sehr sogar. Denn, was wir säen, werden wir ernten. Säen wir Gewalt, werden wir diese ernten, säen wir Frieden, wird er in Ihnen erblühen.

1. Das Wort, eine tote Hülse

Die innere Haltung, die Energie, womit wir die Worte aussprechen, entscheidet über die Auswirkung auf uns und andere, nicht die Worte selbst. Diese sind neutral. Hülsen, ohne Bedeutung, erst wir selbst, unsere innere Frequenz der Liebe, des Mitgefühls, der Achtung, der Demut, der Würde, Verbundenheit und Wachheit wird die Richtung weisen. Das gleiche Wort mit unerlöstem Hass ausgesprochen, wird im Sinne des Ursache-Wirkungs-Prinzips auch die entsprechende Wirkung haben. Liebe erschafft, hebt nach oben, Hass zerstört, drückt nach unten. Alles hat Folgen, bewusste oder unbewusste. Alles Energie, machtvoll und formbar.

Die Energie hinter dem Wort ist entscheidend

Sprechen wir zum Beispiel das Wort „Scheiße“ aus – ein böses Wort, wie Kinder oft sagen –, ist es erst einmal nur ein Wort. 7 Buchstaben, sonst nichts. Unser Geist, unsere Einstellung und Prägungsmaße dazu, sowie der Kontext, in den wir es setzen, lässt es erst lebendig werden. Warum sagen Kinder „böses Wort“ dazu? Weil es oft im Zusammenhang mit Wut – zumeist ungesunder, die von alten Geschichten versudelt ist – ausgesprochen wird. Nicht neutral. Es bekommt einen dunklen Anstrich, was heißt, es entspringt einer unbewusst destruktiven Geisteshaltung und dem dazupassenden Gefühl. Das macht es dann „böse“, um in der Kindersprache zu bleiben. Aber nicht nur das macht das Wort „böse“, sondern auch die Tatsache, dass vielen Kindern noch immer eingetrichtert wird, dass Wut generell etwas Böses ist. Sie unterdrücken diese, anstatt dass ihnen gelehrt wird, wie mit dieser kraftvollen Energie bewusst umgegangen werden sollte.

Nun anders: Sagen wir das Wort mit innerer Freude und einem Lachen im Gesicht (außer es ist das Maskengesicht), macht es einen Unterschied, den jeder bewusst oder unbewusst fühlen kann. Außer er fühlt es nicht, da er so verkopft ist, und nur in Schubladen und Wertungen denkt. „Scheiße" wird nicht differenziert, es wird schubladisiert. Fertig. Es geht natürlich nicht um dieses Wort, es geht um ein Prinzip, das ich hier deutlich machen will. Daher auch das krasse Beispiel.

Nehmen wir nun das allgemein positiv gewertete Wort „Schatz". Ich kann dieses Wort liebevoll und verbindend aussprechen, ich kann es aber auch mit einem gehässigen Unterton schmücken, sodass es einen sensiblen Menschen innerlich erstarren lässt. Oberflächlich, wortbezogen kann man niemanden festnageln, denn es ist doch ein „gutes" Wort. Diese Worthülse wird vom Missbrauchenden dann nicht selten verteidigt, auch wenn er dabei heimlich grinst, da er gerne hintenherum verletzt und die Hilflosigkeit seines Gegenübers genießt. Dass diese Variante nicht die erlöste sein kann, spricht denke ich für sich. Vordergründig ist einem solchen Täter natürlich nichts nachzuweisen, oder? Aber warum machen wir das? Warum sagen wir nicht einfach ein ehrliches neutrales „Arschloch", wenn wir jemandem zeigen wollen, wie wir ihn erleben. Wäre doch ehrlicher, oder? Haut einen kurz vom Stuhl, ist aber direkt und nicht interpretierbar. Manchmal mehr als angebracht, wenn sich jemand übergriffig und gehässig verhält. Aber nein. Wir verschleiern, vertuschen und missbrauchen Worthülsen zur unbewussten Täterschaft.

Deutlichkeit bedarf des Mutes, Schweigen der Weisheit

Zuweilen sind deutliche Worte wichtig und notwendig, um anderen eine Grenze aufzuzeigen. „Arschloch", wie vorher beschrieben, gleicht manchmal auch einer ehrlichen und unverblümten Grenze. Damit kann jeder etwas anfangen. Dazu gehört Mut und das täte manchem Tyrannen wirklich mal gut.

Doch weiter verbreitet ist wohl eher, sich das duckmäuserisch zu denken, es aber nicht auszusprechen, da man die Konsequenzen scheut. Das ist eine offene Konfrontation, der viele rückgratlose Gutmenschen nicht gewachsen sind. Rückzug, Groll ist leichter. Auch wenn es feige ist. Macht es aber nicht besser. Aber gesellschaftstauglicher, versteht sich. Man will ja nicht aus der Rolle fallen und das Gesicht wahren.

Manchmal ist es auch besser, nichts zu sagen, da es so sinnlos wäre, wie einem Affen das Fliegen zu lehren. Man erntet nur noch mehr Tyrannei und muss dafür büßen. Dann ist es weise, den Mund zu halten, aber ändern wird sich dann nie etwas, außer es ändert sich, weil ein mutiger Mensch mal aufsteht und dem Tyrannen die Meinung geigt und ihn die Folgen spüren lässt. Schweigt man immer aus Angst, obwohl man die Macht und Stärke hätte, diesem „Arschloch" in den Hintern zu treten, wird sich nie etwas ändern. Denn interessanterweise warten diese Ekelpakete nur darauf, dass jemand Rückgrat beweist und ein würdiger Gegner ihnen Paroli bietet. Das ist im Außen wie im Innen das Gleiche. Der Tyrann braucht einen würdevollen Gegner, wie wir wissen. Alles schon da gewesen, kennen wir. Aber denken Sie vielleicht, das soll mal ein anderer machen, zum Beispiel dem ekelhaften Chef die Meinung sagen. Wer riskiert schon gerne seinen Kopf? Sicherheitsdenken, nicht für sich Einstehen, mit voller Konsequenz. Nicht unbewusst um sich schlagen, meine ich, wach, gezielt und klar eine Grenze setzen, in Form von: „Nein, so gehen Sie nicht mit mir um, und wenn Sie das nicht ändern, werden wir uns trennen müssen" – „Oje", denken Sie vielleicht, „ich brauche aber den Job", dann eben nicht. Auch okay, Ihre Entscheidung und nur Ihre, nicht die des Chefs. Das sollte aber klar sein.

Feigheit ist ein Armutszeugnis

Der gesellschaftlich anerkannte und weitverbreitete Gutmensch darf das aber nicht: Aufmucken. Wegschauen und unter den Teppich kehren, sich gegenseitig bei miesen Taten Rückendeckung geben, das ist wohl die noch weitverbreitete Form der Kollegialität. Oder ist es nur ein Trick, der dem Deckungsgeber Kredit für seine eigenen Machenschaften einräumt?

Im Grunde will man ja nicht auffallen, ist schließlich nicht frech oder ungezogen, stellt auch keinen Missetäter offen bloß, sonst müsste man ja Farbe bekennen und Konsequenzen ziehen. Die sind ja bekanntlich ungewiss. Unangenehm! Im Selbstbetrug sind wir zuweilen wirklich meisterhaft! Diese Zeitgenossen, die keine Farbe bekennt, machen ihre Machenschaften dann eben hintenherum, versteckt und aalglatt, wie z. B. beim Mobbing; manchmal auch jammernd und andere damit belästigend. „Mieses Spiel", denken Sie sich vielleicht. Aber, wer beherrscht es nicht? Weiter verbreitet als uns allen lieb sein sollte, denn interpretationslos ist das nicht annähernd. Das ist die Masche der feigen Täter, wohl bekannt, schwer zu greifen, aber zu begreifen, wenn man keine bessere Methode des Miteinanders kennt. Ein Armutszeugnis, das sich jeder so handelnde Mensch selbst ausstellt, denn er offenbart sich durch sein Benehmen, wer er im Inneren wirklich ist: ein feiger Täter mit freundlicher Maske. Wenn so jemand auf sein Verhalten angesprochen wird, setzt er zuweilen sogar noch eine Botschaft über sich selbst darauf, die wie folgt lautet: „Ich bin nicht nur Täter, ich toppe das Ganze! Ich erzähle euch noch von mir, dass ich keine Verantwortung für das, was ich tue, von anderen mitbekomme oder sage, übernehme." Diese aalglatten Zeitgenossen sind Nervtöter, denen man nur klare Grenzen setzen kann. Einsicht sollten wir von derart verblendeten Wesen nicht erwarten. Aber wir müssen uns dem auch nicht aussetzen, denn auch wir haben eine Wahl, mit wem oder was wir uns umgeben wollen. Außer wir haben diese Option nicht, da unter unserem eigenen Teppich ähnliche Spielvarianten gären und da unten auch unentdeckt weiter brodeln sollen. Ist der bewusste oder unbewusste Ego-Nutzen zu groß, dann haben wir eben keine Wahl. Auch gut oder nicht. Je nachdem wie man es wieder betrachtet!

2. Worte, das persönliche „Outing“

Das Bewusstsein über unsere eigene Selbstoffenbarung, persönliches „Outing“ und das von anderen, ist das Nächste, das wir noch intensiver aufgreifen werden und das ein Schlüssel sein kann, sich selbst und sein Gegenüber sowie Begegnung und Austausch neu zu betrachten.

Jeder Mensch, der etwas sagt, sagt in erster Linie nichts über den anderen, sondern zu allererst etwas über sich selbst. Auch wenn ich dieses Phänomen innerhalb der vorhergehenden Ausführungen bereits am Rande mit erwähnt habe, gehe ich hier nochmals ganz gezielt darauf ein, da es von großer Bedeutung ist, ob oder wie wir etwas persönlich nehmen. Denn nichts persönlich zu nehmen ist für kaum einen Menschen möglich, glaube ich. Und etwas nicht an sich heran zu lassen und etwas, das man an sich heranlässt nicht persönlich zu nehmen, ist wiederum ein großer Unterschied.

Ich wiederhole also nochmals die gerade erwähnte Aussage:

Was wir zu einem anderen sagen, sagt etwas über uns, unsere Prägung, unsere Reife, unsere Kompetenz oder Inkompetenz, unsere Bedürfnisse und unseren emotional und geistig heilen oder ungeheilten Zustand oder einfach unser momentanes Befinden aus.

Nehmen wir – was zumeist der Fall ist und bei Kindern besonders – alles persönlich, was uns ein anderer präsentiert, und schauen wir nicht bewusst hinter die Fassaden, was er eigentlich über sich selbst aussagt und nur auf uns projiziert, hat das Folgen, fatale bisweilen.

Alles persönlich zu nehmen, kann fatale Folgen haben

Wir beginnen gleich mit einem gar nicht so unrealistischen Beispiel:

Die 17-jährige Tochter kommt fröhlich singend nach Hause. Nichts ahnend öffnet sie die Tür und ihr Vater brüllt sie an: „Geht es dir zu gut? Schau dich doch mal an, wie du aussiehst! Du Schlampe hast dich bestimmt wieder mit einem Typen herumgetrieben! Sieh, wie es hier aussieht! Du Nichtsnutz, du Hure, was machst du eigentlich den ganzen Tag! Sieh zu, dass du aufräumst und zieh diese scheiß Klamotten aus oder willst du wie die Schlampe von nebenan enden!" – Vielleicht schlägt er sie sogar noch oder jagt sie aus dem Haus, obwohl sie keinen greifbaren Anlass bot.

Szenen, die wir aus Spielfilmen oder sogar aus dem eigenen Leben vielleicht kennen. Traumatische Situationen, die entsetzliche Folgen haben können. Situationen, die, wenn sie unbewusst und ohne Wachheit erlebt werden, das innere Wesen eines Menschen total zerstören können, wenn das Bewusstsein fehlt, was hier eigentlich geschieht und was wirklich gesagt wurde.

Was ist normal? Die Tochter nimmt das persönlich, sie weint, fühlt sich dreckig und schlecht, nicht richtig und nutzlos. Glaubenssätze sind unbewusst erschaffen, der Schutzpanzer um das wahre Sein ist geboren oder er verstärkt sich, wenn sie das schon öfters erleben musste. Der unbewusste Panzer schließt sich, um das natürliche Sein der Unschuld vor neuen Traumatisierungsversuchen zu beschützen. Überlebensstrategien werden zum Selbstschutz erschaffen. Unbewusst versteht sich.

Was aber hat der Vater „wirklich" gesagt, was das Mädchen hätte hören können, wenn ihr innerer Beobachter bereits bewusst entwickelt gewesen wäre und sie bewusste Selbstfürsorge durch Grenzsetzung z. B. in der schulischen Erziehung gelernt hätte. Sie hätte somit, wäre Sie bereits in diese Thematiken bewusst eingeführt worden, den Vater vielleicht sagen hören: „Mir geht es beschissen, ich sehe Scheiße aus, keiner mag mich, nichts bringe ich zuwege, ich bin ein elender Versager und weiß mir nicht mehr zu helfen.“ Das, was er eigentlich wohl eher über sich erzählte. Sie hätte bewusst unterscheiden können und die traumatische Wirkung hätte vermieden oder eingedämmt werden können. Die Früchte ihrer daraus resultierenden Lebenshaltung hätten somit ein anderes Ergebnis hervorgebracht.

Auf das, was der Vater an unbewusster Täterschaft hierbei geliefert hat, müssen wir nicht wirklich eingehen, oder? Das Verhalten sagt wohl alles.

Persönliche Identifikation ist das Dilemma

Das Dilemma ist also nicht nur, was der andere sagt, es ist somit auch, was wir unbewusst daraus machen. Wir nehmen alles persönlich, beziehen es auf uns, da wir unseren inneren Wert damit identifizieren und durch ähnliche Traumen, wie oben beschrieben, unseren natürlichen Zustand des Seins immer mehr verlassen, was die Illusion nährt, „verkehrt“ zu sein. Die Verblendung verstärkt sich. Dass wir hier nicht hingehören, dass wir nicht liebenswert und wertvoll sind usw., da uns das Bewusstsein über den Sinn des Lebens und der Grund des Leidens immer noch zu sehr fehlen, ist so erlebt auch eine ganz „normale“ Folge.

Dieses Beispiel mit der 17-jährigen Tochter war ein krasses Beispiel, es hätte auch ein abgemildertes sein können wie:

Sie sitzen mit Ihrem Chef und anderen Kollegen in einer Besprechung. Er wirkt angespannt, unzufrieden, nervös oder ablehnend. Er schaut Sie kaum an, oder nur die anderen.

Das reicht uns schon, um in Interpretationsschleifen abzudriften, wenn wir ein Selbstwertthema haben, nicht bei uns bleiben können, alles auf uns selbst beziehen und meinen, immer alles falsch zu machen. Wir verkrampfen uns und fühlen uns schlecht. Wir interpretieren in das Verhalten des Chefs, dass etwas mit uns oder unserer Leistung nicht stimmt, dass er mit uns unzufrieden ist usw. Die Folge, wir bekommen Angst, drehen uns im Kreis, der Verstand mit seinen Qualattacken erhebt sich, die Realität verblasst, wir verzweifeln oder überlegen, was wir falsch gemacht haben könnten. Das kann so weit gehen, dass wir Angst haben, dass er uns eigentlich kündigen will und er nur noch gute Miene zum bösen Spiel macht.

Diese Schleife kann unendlich werden, wenn wir nicht aus dieser Nummer aussteigen und interpretationslos werden, was heißt:

Sie sind in einer Besprechung, der Chef ist nicht wirklich bei Ihnen, er ist mit seinen Gedanken woanders. Es hat nichts mit Ihnen zu tun. Sie nehmen sein Verhalten nicht persönlich, da Sie mit sich selbst im Einklang sind. Sie sind voll Vertrauen in das Leben und dass alles gut ist, so wie es ist. Sie machen Ihren Job, beobachten und gehen dann weiter. Kein Muster meldet sich, Sie bleiben, trotz seines sichtlichen Unfriedens, mit sich verbunden. Liegt Ihnen dieser Mensch, Ihr „Chef“, am Herzen, werden Sie ihn einfach nach der Besprechung unter vier Augen fragen, ob es ein Problem gibt oder ob etwas los ist, was Sie wissen sollten. Will er antworten, gut, wenn nicht, auch gut. Nichts von alledem beeinflusst Ihren inneren Frieden.

Der Chef hat durch sein Verhalten nicht Ihnen etwas mitteilen wollen – wenn er das gewollt hätte, hätte er das schon getan, das ist seine Verantwortung –, sondern er sprach durch sein Verhalten einfach über sich selbst und sein momentanes Befinden. Er sagte einfach nur, dass er gerade angespannt ist, Sorgen hat, zum Beispiel weil ein Kunde gerade Probleme macht, und er noch keine Lösung weiß oder einfach nur müde und abgespannt ist usw. Kann alles sein, aber es hat mit Ihnen nichts zu tun. Und sein Problem ist nicht Ihr Problem. Sie machen einfach Ihren Job, geben Ihr Bestes und bleiben im Moment.

Und dass diese beschriebene innere Gelassenheit nichts mit Kälte und Desinteresse zu tun haben kann, ist hoffentlich selbstredend. Ich erwähne es an dieser Stelle nur, da manch abgeschottete Menschen zuweilen ähnlich „bei sich“ wirken. In Wahrheit aber einfach nur abgekühlt sind, da ihre Kopflastigkeit so stark ist, dass ihre Sensibilität bereits verschwunden ist. Das sind Menschen, die nichts und niemanden mehr an sich heranlassen. Außer manchmal, und dann aber auch nur mit einem „Vielleicht".

Solche, gerade erwähnten Situationen können bekanntlich immer und überall auftreten. Wenn Sie sich selbst besser kennenlernen, Ihre Muster, Ihre Ängste und deren Folgen auf Ihren Geist und Gefühl, dann können Sie immer besser hinhören. Den anderen hinter seinem Verhalten oder seinen Worten hören, was er über sich sagt oder nicht sagt und es einfach bei ihm lassen, ohne es unbewusst auf sich beziehen zu müssen. Das Gleiche gilt auch umgekehrt, wenn Sie etwas zum anderen sagen.

Alles ist erst einmal neutral. Lernen Sie sich in jedem Moment, der Ihnen geboten wird, besser kennen und durchschauen Sie Ihre eigenen Interpretationen, die Sie in Bezug auf andere Menschen oder Situationen entwickeln und die sie auf sich persönlich beziehen. Was hören Sie so alles über sich, wenn andere mit Ihnen sprechen, oder Sie auch nur ansehen? Hören oder schauen Sie neutral zu. Hören Sie rein sachlich hin, oder interpretieren Sie Dinge, die jemand über Sie sagt und die Sie persönlich nehmen oder die Sie womöglich noch zu unausgesprochenen Handlungen verleiten. Beobachten Sie also mehr Ihre eigenen Reaktionsmuster und versuchen Sie anzufangen, mehr bei sich zu bleiben und dem anderen nichts in den Mund zu legen, was er nicht gesagt oder gedacht hat.

Wie Sie selbst zuhören, was Sie interpretieren, das können Sie für sich selbst herausfinden. Sie können zum Beispiel damit anfangen, sich zu fragen, mit welchem Ohr Sie hinhören, wenn Sie eine Botschaft erreicht. Schulz v. Thun hat das wunderbar in die „vier Seiten einer Botschaft" eingebettet. Hören Sie mit dem Sach-Ohr zu, mit dem Beziehungs-Ohr, dem Selbstoffenbarungs-Ohr oder dem Appell-Ohr?

Es ist ein Konzept, das ein sehr hilfreicher Wegbegleiter für eine gewisse Zeit sein kann, um sich seiner Wahrnehmungs-Ohren bewusster zu werden. Haben Sie sich erkannt, gehen Sie weiter und lassen das Instrument los. Es gibt viele solch wunderbarer „Tools“, die es auch lohnt zu nutzen. Nur: Aufpassen, dass Sie immer Herr ihres Werkzeuges bleiben und nicht umgekehrt!

Selbsterkenntnishilfen annehmen und loslassen
Ein Klassiker: Sie sitzen mit jemandem im Auto, stehen an der Ampel und sie schaltet von Rot auf Grün. Der Beifahrer sagt zu Ihnen: Die Ampel zeigt Grün.

Nun die verschieden Varianten, wie Sie damit umgehen können:

Das Sach-Ohr: Sie hören ausschließlich die Fakten, es ist eine reine Tatsache, keine Interpretation. Sie handeln oder nicht. Sie nehmen nichts persönlich.
Das Beziehungs-Ohr: Sie hören etwas über sich selbst oder darüber, wer Sie sind. Sie können zum Beispiel hören, wenn Sie von Schuldgefühlen geprägt sind oder immer meinen, nicht richtig zu sein – ein weitverbreitetes Muster –, dass Ihnen jemand sagen will, dass Sie blöd sind, da Sie es nicht selbst gesehen haben, unfähig, falsch oder was auch immer. Eine versteckte Botschaft einfach, die der andere nicht sagte, die Sie aber in Ihrem unbewussten Prägungsmechanismus hören (wollen).
Das Selbstoffenbarungs-Ohr: Sie hören zum Beispiel vom anderen die Botschaft, oder interpretieren seine Aussage so, dass er es eilig hat, ungeduldig ist. Kann sein, muss aber nicht sein. Sie stecken es eben in diese geistige Schublade.
Das Appell-Ohr: Sie hören die Aufforderung, jetzt endlich loszufahren. Er hat es nicht gesagt, Sie interpretieren es aber und fahren deshalb los, nicht weil die Ampel einfach „Grün“ ist. Feiner, aber wichtiger Unterschied.

Alles Möglichkeiten, um etwas, was gesagt oder nicht gesagt wurde, zu hören. Das Sach-Ohr ist das Ohr, das der wertfreien und interpretationslosen Variante am nächsten kommt. Diese jedoch nicht sein muss, wenn das innere Gewahrsein und die Liebe darin noch fehlen. Das kleine „Ad-on“, was uns mit uns und dem Gegenüber trotz Sachlichkeit achtsam und bewusst verbindet. Das Sach-Ohr ist aber zumindest tatsachenorientiert. Neutral. Ein guter Anfang, aber nicht das Ende.

Welche Wahrnehmungs-Variante Sie normalerweise nutzen, sagt wieder etwas über Sie aus. Sind Sie beispielsweise ein starker Gutmensch, wollen es allen recht machen, da Sie befürchten, nicht gut genug zu sein, um gemocht zu werden, dann könnte das Appell-Ohr greifen. Sie fühlen sich immer aufgefordert zu handeln, um den Wunsch des anderen zu erfüllen – ob er es fordert oder nicht. Das Beziehungs-Ohr kann uns dazu dienen, uns nicht gut zu fühlen. Wir können Botschaften über uns hören, die nicht da sind. Haben Sie immer das Gefühl, nicht richtig zu sein, können Sie dies in alles hineininterpretieren. Beispielsweise, dass Ihnen der andere dies gesagt hat, ohne es gesagt zu haben. Beim Selbstoffenbarungs-Ohr können Sie lernen, bewusst herauszuhören, was der andere über sich und sein Befinden sagt. Sie können aber auch verleitet werden, in ihn etwas hineinzuinterpretieren, was Sie hören wollen, was er über sich sagt, um sich von sich selbst abzulenken. Das ist dann aber nicht die bewusste Variante des reinen Beobachtens, wie Sie sicherlich wissen.

Sorgen Sie selbst für Klarheit

Also, wenn Sie genauer wissen wollen, was der andere meint, ob an Ihrer Interpretation etwas dran ist, sprich dass der andere doch mehr gesendet hat, als er wörtlich formulierte, können Sie das für sich klären. Wenn Sie wollen. Der andere kann dann Klarheit schaffen. Aber Sie übernehmen nicht die Verantwortung für die unausgesprochenen Sätze des anderen und lassen sich unbewusst leiten. Wenn Sie sich das mehr und mehr aneignen, dient Ihnen das auch dazu, immer weniger manipulierbar zu werden, da Sie nicht auf alles „drauf springen“, was man Ihnen an bewussten oder unbewussten Botschaften hinschmeißt. Hinschmeißen kann jeder, was er will, auch Beschimpfungen. Jedoch annehmen, was Sie nehmen wollen oder nicht, ist doch Ihre freie Entscheidung. Oder nicht? Je bewusster Sie werden, umso weniger sind Sie als Opfer, und als Folge auch weniger als Täter, solchen Situationen hilflos ausgeliefert.

Nur mit diesen 4 Varianten können Sie schon mehr Klarheit in sich und Ihr unbewusstes Agieren und Reagieren bringen. Sie sind nicht Opfer der Umstände, Sie haben immer die Wahl, wenn Sie bewusst sind. Diese „vier Seiten einer Botschaft“ sind eine Möglichkeit, die einen Rahmen vorgibt, an dem man sich zu Beginn festhalten kann, wenn man will, um diesen auch wieder loszulassen. Haben Sie herausgefunden, wie Sie unbewusst zuhören, dann können Sie das ändern, wenn Sie wollen. Sie können zentrierter werden, sich nicht einschüchtern lassen, aber auch nicht zurückschlagen, da Sie glauben sich verteidigen zu müssen. Das ist eine Entscheidung, damit aufzuhören und das Spielchen nicht mehr mitzuspielen. Muster erkennen, aussteigen, das brauchen Sie, wenn Sie neutral und interpretationslos werden wollen.

Worte sind ein Geschenk, über das wir selbst bestimmen

Bedenken Sie Ihre eigenen Worte und lassen Sie die Worte anderer erst wirken, bevor Sie reagieren. Wägen Sie ab, fühlen Sie in sich hinein, was Sie wie sagen, und schauen Sie auf das Ergebnis, das auf natürliche Weise folgen wird. Anfeindungen können Sie einfach stehen lassen. Das baut die Spannung ab. Ein Geschenk, das Ihnen gegeben wird – wenn wir es damit vergleichen wollen –, müssen Sie nicht annehmen. Oder? Sie geben es wieder zurück, wenn Sie entscheiden, es nicht anzunehmen, da es Ihnen nicht guttut oder Ihnen missfällt. Oder würden Sie Gift trinken, nur weil es Ihnen jemand schenkt? Bestimmt nicht! Und feindselige Angriffe sind nichts anderes: Gift für unser Wohlbefinden. Keiner ist schuld, wenn Sie das Gift trinken, obwohl Sie es erkannt haben, und es nicht zurückgeben. Das ist alleine Ihre Wahl.

Genau so ist es mit den Anfeindungen, die wir bekommen, aber auch aussenden. Wenn Sie entscheiden, diese z. B. nicht anzunehmen, bleibt die Sendung stehen und geht folglich wieder an den Absender zurück. Fertig. War seines, ist wieder seines. Muss mit Ihnen nicht das Geringste machen, außer es macht etwas mit Ihnen, da Sie sich entschieden haben, es doch anzunehmen. Dann geht es meist hin und her im Schlagabtausch. Das eine Giftgeschenk fordert das nächste, und so geht es weiter. Daher macht es in meinen Augen wahrlich mehr Sinn, sich seinen eigenen Gift-Geschenken zuzuwenden und sich zu fragen, wie viele wir selbst ausschicken und uns dann wundern, dass der andere wieder Gift zurückspeit. Das Spiel kann nur von einem unterbrochen werden. Von uns selbst, das heißt unserem Bewusstsein.

Es ist somit eine Frage des Seins-Zustandes. Was Sie hören wollen und was Sie geben und nehmen auch. Wenn Sie entscheiden, nicht zu interpretieren, das heißt nichts mehr als persönlichen Angriff zu werten, was Ihnen begegnet, und lernen, einfach neutral nachzufragen und gleichzeitig bewusst mit Ihren Gefühlen und Denkmechanismen verbunden zu sein, während Sie sprechen oder zuhören, sind Sie auf einem wunderbaren Weg, um sich von äußeren Umständen frei zu machen. Ein Weg, um zu erfahren, dass es etwas in Ihnen gibt, das still ist, Zeuge ist und unantastbar friedvoll. Egal wie stark der Hurrikan im Außen tobt.

3. Opferhaltung überwinden – Täterschaft stoppen

„Unser Verstand hört, was er hören will", diese Aussage ist viel zitiert, fast strapaziert, nur wenig integriert. Unserem Verstand und seinen krank machenden Ausgeburten wurden hier bereits viele Zeilen gewidmet. Diesem überstrapazierten Kollegen, der unser größtes Hindernis auf unserem Weg der Rückbesinnung zu dem, wer wir wirklich sind, ist. Unser Kopf ist voll mit

Erfahrungen, die bei jeder kleinen Ähnlichkeit die gleichen Angst- oder Angriffsmechanismen auslösen. Gedanken und Gefühle sind verbunden. Untrennbar löst ein Gedanke das dazugehörige Gefühl in uns aus, bis wir Herr darüber geworden sind und uns über diese unbewussten Mechanismen bewusst erhoben haben. Entweder sagen wir schon beim negativ gefärbten und uns selbst oder andere vergiftenden Gedanken: „*Stopp,* das erlaube ich nicht", oder spätestens beim aufkeimenden und mit dem vergifteten Gedanken kooperierenden Gefühl. Je früher wir diese miteinander korrespondierenden Gedanken und Gefühle erkennen, ihnen eine Grenze setzen, umso weniger Folgen haben wir zu ernten. Aber eines ist sicher, wenn wir diese giftigen Gedanken und Gefühle wirklich ausmerzen wollen, müssen wir sie zuerst kennen, dann im Moment erkennen und an die bewusste Kontrollleine legen, damit Sie nicht unbewusste Folgeketten auslösen. Hier brauchen wir die zu Beginn ausführlich beschriebenen Tugenden der Kontrolle und der Disziplin zusammen mit dem inneren Beobachter, der die Mechanismen aufspürt. Hier finden diese Tugenden ihre wichtigsten Einsatzbereiche.

Beispiel:
Sie haben schlechte Erfahrungen mit Liebhabern gesammelt. Angst vor Nähe ließ Sie sich erstmals zurückziehen. Um sich wieder zu sammeln, die Wunden zu lecken, sie zu heilen oder um sich vor erneutem Schmerz zu schützen. Egal, ein neuer Lover tritt in ihr Leben. Wunderbar! Ob Sie geheilt sind, oder nicht, wird sich schnell zeigen. Er ist anders, als alle, die vorher da waren, aber was wir aus ihm machen, wird sich zeigen. Wie ist die Reaktion auf ihn? Jede Berührung, jedes Wort kann, wenn wir unbewusst sind, uns nicht erforscht und Frieden mit der Vergangenheit geschlossen haben, alte Wunden wieder aktivieren. Der Neue kann ganz anders sein, aber wir hören immer noch die alten Worte, bekommen die alten Gefühle, brechen die alten Streite vom Zaun und landen wieder in der Einsamkeit. Setzen noch einen drauf unter dem Motto:

„Die sind alle gleich, wusste ich es doch." Nein, Sie haben ihn dazu gemacht und die unbewusste Angst vor Heilung hat die Nähe zerstört! Das ist wohl eher die Wahrheit, der wir ins Auge sehen müssen, außer er war wirklich wie die Vorgänger, aber was das war, müssen wir nicht nochmals aufgreifen. Verbittert und vom Leben verraten ziehen wir uns wieder zurück. Pech gehabt. Wäre eine Chance gewesen, sich selbst zu erkennen und zu heilen. Freier Wille, das war eine Entscheidung, auch wenn diese unbewusst war. Die Verantwortung bzw. die Folgen ernten wir aber doch, ob es uns nun schmeckt oder nicht. Ist einfach so, bis wir mit diesen projizierenden Interpretationen aufhören und beginnen, wirklich zu kommunizieren, uns einzulassen, von Mensch zu Mensch, von Seele zu Seele, offen und verletzlich, denn wir wissen, dass nur eines verletzt werden kann, unser Ego, unsere Prägungen, aber niemals das, was wir wirklich sind.

Um dieser neuen Liebe wirklich eine Chance zu geben, wenn Ihre Erinnerungen so offen für Verletzungen sind, sollten Sie Ihre Gedanken kennen. Wertungen stoppen, Vergleiche eindämmen und sich neu einlassen. Beobachten Sie sich. Wenn Gedanken auftauchen, die in Ihnen Ängste hervorrufen, lösen diese zuweilen Fluchtmechanismen aus. Wenn Sie nicht flüchten, kann es durchaus sein, dass Ihr Abwehrmechanismus, der Gegenpol oder Täter, dafür unbewusst sorgt. Also beobachten Sie Ihre Verhaltensmuster, stoppen Sie diese Mechanismen, brechen Sie den inneren Bann und erfahren Sie sich neu. Auch wenn es Überwindung kostet, gehen Sie über Ihre Angst hinaus, öffnen Sie sich, reden Sie und erlauben Sie wieder Nähe. Er ist kein Feind, der alte Wunden willkürlich und bewusst mit der Absicht der Vernichtung ihres Herzens aufreißt, wie es oft genug im Schmerz dem ahnungslosen Auslöser unterstellt wird. Nein, er ist ein Geschenk, das Ihnen das Leben macht, Ihre Wunden zu heilen, Angst zu überwinden, um sich neu und geheilt in Liebe bewusst einzulassen. Sie wissen ja: Nichts kann aufreißen, wäre es geheilt. Geheilt geht mit innerem Frieden einher. Ist das nicht der Fall, steht die

Heilung wohl noch aus. Also: Heißen Sie den Heilprozess willkommen! Ihre Wahl und vielleicht sogar eine sehr wohltuende in der Endkonsequenz. Alter Eiter muss aufgerissen werden, ausgeschabt und von unten zuwachsen. Weiß doch jeder, der schon mal eine eiternde Wunde hatte. Ist im Innen nicht anders, nur ungewohnt, mehr nicht. Tut noch einmal weh und dann – puff! – weg. Die Lösung ist also: sich einlassen. Die Chance dabei ist, den reaktivierten Schmerz zu begrüßen und dem Leben dafür zu danken, dass es Ihnen diesen Hinweis zur Heilung gibt. Einem Arzt oder guten Coach zahlen Sie für so einen Akt sogar Geld! Und akzeptieren Sie, dass Sie beide nur eines haben: diesen Moment. Morgen kann alles vorbei sein, das weiß niemand. Denken Sie jedoch heute bereits an morgen, ist der Zauber weg, die Zeit vergeudet. Wenn das versiebt wurde, kommt der nächste Kopfeinsatz, der sich im Nachtrauern zeigt. Nichts bringt Ihnen Genuss oder Heilung, nur der Moment. Das muss akzeptiert werden. Ist der Moment vorbei, gibt es kein Zurück. Wer das Leben und die verpassten Chancen etwas bewusst betrachtet, weiß das.

Wenn es so läuft, können sie damit aufhören. Das wissen Sie. Wenn Sie glücklich sein wollen, Altes loslassen und Ihre Prägungsgeschichte endlich hinter sich lassen wollen, können Sie zwei wichtige Umsetzungsanregungen incl. deren Ursachenerforschung für Ihre Bewusstwerdung und Heilung beachten:

Das eine ist
die Angst, ihr Ursprung und der bewusste Umgang damit,

das andere ist
der Aggressor (egal ob im Inneren oder Äußeren) sein Ursprung und der bewusste Umgang hiermit.

Die Angst und ihre Folgen

Wann immer Ihnen Angst begegnet, stellen Sie sich ihr mutig entgegen. Sie ist nichts, wovor Sie zurückschrecken müssen, es sind nur Bilder im Kopf, vor denen Sie erschrecken. Bilder im Kopf, die alte unerlöste Gefühle bzw. Erfahrungen binden. Angst, die zur gesunden Angst abzugrenzen ist, da sie Sie aufruft, vor beispielsweise einem Auto auszuweichen, das Sie gerade zu überfahren droht. Das ist existentielle Angst, die auch gut ist, sie fordert Sie zum Handeln auf, um Ihr Leben zu schützen. Dass diese Angst hier nicht gemeint ist, versteht sich von selbst. Hier reden wir von den Ängsten, die wir in unserer Vorstellung somit in unserem Verstand erschaffen und die aus der Vergangenheit stammen. Auch wenn der Geist diese Ängste irgendwann in die Realität umsetzt, sind sie primär von der erwähnten existenziellen Angst zu unterscheiden. (Sie erinnern sich an das Thema „bewusste oder unbewusste Zielerreichung"?)

Also, die Ängste sind gemeint, die unser nicht von altem Unrat gereinigter Kopf hervorruft und die uns abhalten, neue Erfahrungen, egal auf welchem Gebiet zu machen. Da wir Schöpfer sind, machen wir dann auch keine Erfahrungen. Geht auch nicht, da unser innerer Schutzmechanismus uns „Nur keine Risiken eingehen" einflüstert und wir brav gehorchen. Aber das ist nicht das Leben! Denn wahres Leben ist „gefährlich" und lebendig zugleich sowie ein ständiger Prozess des Werdens und Vergehens.

Angst entsteht im Kopf

Die Ängste, sind also unsere Vermeidungsstrategien, die uns unbewusst vor Verletzungs-Wiederholungs-Gefahren bewahren sollen. Die Ängste, welche bewirken, dass wir uns verschließen, dass wir erkalten, die uns die Lebensfreude und Erfahrungen wegnehmen. Ängste, die wahre Begegnung unmöglich machen, da der Kopf schon vorher weiß, dass ein Ereignis schlecht ausgehen wird. Hier ist nicht die Intuition gemeint, die uns warnt. Diese Unterscheidung möchte ich hier nochmals betonen! Nur um sicherzugehen, dass hier keine Verwechslungen hineininterpretiert werden.

Angst, die sich wie ein Kloß im Hals anfühlt, wenn wir beispielsweise aufgefordert werden, unsere Meinung zu sagen, da wir Angst haben, abgelehnt zu werden. Angst, die uns abhält, unserem beispielsweise uneinsichtigen, herumtobenden und zerstörerischen Kind eine Grenze zu setzen, da wir selbst nur ungesunde Grenzen erfahren haben und bei jeder Gelegenheit unbewusst an unsere eigenen unerlösten Traumen erinnert werden. Dass wir dadurch keinen Halt geben können, sondern Tyrannen züchten, wird ignoriert. Anderes Beispiel sind unsere Verlustängste, da wir uns selbst als Kinder nie gehalten und geliebt fühlten, und uns somit z. B. an einen wahnsinnigen Partner binden. Jemand, der uns betrügt, misshandelt oder belügt. Anstatt dass wir ihm eine gesunde Ohrfeige geben, inklusive einem Fußtritt, buhlen wir weiter um das bisschen Zuwendung, auch wenn es nur Schläge sind. Ganz schön krank, denken Sie vielleicht, aber normal, wenn man mal genauer hinsieht, was so hinter den verschlossenen Türchen wohnt.

Diese Ängste meine ich und die wir zu durchbrechen haben, wollen wir unser wahres Wesen wieder auferstehen lassen. Ängste also, die aus dem Schutzpanzer kommen und uns von situationsgerechtem Handeln abhalten. Wann immer sich somit diese ungesunden Angstzustände zeigen, sollte Sie erkennen, dass es sich um Chancen handelt, die uns das Leben schenkt, um über uns hinauszuwachsen, um Neues, Situationsgerechtes zu wagen. Diese Chancen sind nichts Schlimmes, sie sind, neutral gesehen, nur Weckrufe des Lebens, uns neu zu definieren. Auf Situationen zu antworten und nicht in der unbewussten Opferhaltung, wie gewohnt weiter zu verharren. Alles auch nur Ausgeburten unserer Unbewusstheit, die nichts mit Liebe zum Nächsten zu tun hat (auch wenn wir das gerne so verkaufen), wenn wir derartig Destruktives aushalten. Eher mit Feigheit.

Ängste zu durchbrechen, ist eine Entscheidung

Wir brauchen nicht viel, um uns zu erkennen, unsere Ängste herauszufinden, wir müssen nur entscheiden, dass wir bereit sind, diese zu überwinden, und abwarten. Das Leben wirft uns die Chancen und somit die natürlichen Folgen unserer entschlossenen Entscheidung, nur so vor die Füße. Das Gesetz der Anziehung, darauf ist Verlass. Sie bekommen Gelegenheiten, ob in der Partnerschaft, Familie, im Beruf oder bei Freundschaften, Ihr Wort oder Ihre Entscheidung lebendig werden zu lassen. Nicht reden, handeln ist die Devise. Situationen ergreifen, sich der Angst stellen, sich beobachten, weshalb Sie schweigen, wenn Sie beispielsweise einer jammernden Freundin mal den Kopf zurechtrücken müssen. Manchmal ist ein Anbrüllen und Rausschmeißen das einzige, was den anderen aufweckt und ihm hilft, aus seiner Endlosschleife des Selbstmitleides aussteigen zu können. Uns selbst hilft es auch, da wir die Opferhaltung überwinden. Warum machen Sie nicht diesen Zen-Schlag? Ist das Freundschaft? Nein, das ist: nach dem Munde reden, Angst vor Abwendung und Verlust. Nutzen Sie diese Aufforderungen des Lebens neu zu handeln, hören Sie mal nicht mit einer Opferhaltung zu und denken sich Ihren Teil: Setzen Sie eine Grenze, das spart so manche Therapie. Sie wissen doch: Freunde sagen sich die Wahrheit ins Gesicht, Feinde tun das hintenherum.

Sich selbst erforschen, wo Ängste sind, und diese z. B. aufschreiben, ist eine Möglichkeit aufmerksamer zu werden. Beobachten Sie Ihr Leben, was Sie sich durch Feigheit alles selbst verbaut haben. Das dient dem Bewusstwerden der Eigenverantwortung und Schöpferkraft, die in uns allen wohnt. Denn Feigheit beschert uns nur ein starres Leben im Hochsicherheitstrakt unerlöster Ängste.

Brechen Sie den Bann! Tun Sie, was das Leben erfordert. Fühlen Sie in einer Situation Angst, stürzen Sie sich hinein und erschaffen Sie sich neu. Ein altes Schreckensbild zu überwinden, bringt enorme Kraft zurück. Sie erfahren, dass in Ihnen mehr wohnt als ein Hasenfuß, der davonläuft, wenn eine Herausforderung auf ihn wartet, oder der den Mund hält, wenn er sprechen soll. Mit aller Konsequenz, überwinden Sie Ihre Ängste, Ihre Opferhaltung, übernehmen Sie die Verantwortung und der Gegenpol, der innere oder äußere Täter, auch wenn er nur die Gestalt des Jammerers hat, kann auch gleich die Koffer packen. Denn, Opfer und Täter in uns halten sich wie Zwillinge an den Händen. Zieht der eine nach vorne, läuft der andere gleich hinterher. Untrennbar. Übersetzt heißt das natürlich, sind Sie ein Hasenfuß und stellen Sie sich nicht der Herausforderung, ihrer Angst, muss die blockierte Energie an anderer Stelle wieder raus. Wir schlagen woanders zu, auch wenn die Energie gegen uns selbst gerichtet ist.

Bewusst neues Verhalten erlernen

Haben Sie viele unbewusste Ängste, gleicht das manchmal fast schon einer Lähmung. Sie werden starr, verdeckt gewalttätig, vielleicht mittels Sarkasmus oder Zynismus, was nur verschleierte Aggression ist, nur hintenherum. Oder ein Gutmensch, ein Sunnyboy, der immer gut drauf ist, immer lächelnd und fröhlich, der es jedem versucht recht zu machen, jedoch nie echt ist. Irgendwann muss auch da der verdrängte Gegenpol, die Trauer, raus. Wir leben in der unbewussten inneren Dualität. Nutzen wir diese Pole nicht bewusst und situationsgerecht, schlagen sie unbewusst hin und her und machen uns zu Marionetten der inneren und unbewussten Gefühlsbäder, denen wir wehrlos ausgeliefert sind.

Erlauben Sie sich also Ihre Ängste zu durchbrechen! Probieren Sie es aus. Wunder geschehen, Türen öffnen sich, Erleichterung tritt ein, wenn Sie sich stellen und sich mutig für neues Handeln entscheiden. Sind Sie mal wieder Ihrer Angst zum Opfer gefallen, obwohl Sie sich entschieden haben, das zu ändern? Macht nichts. Weitermachen, nichts klappt sofort. Wenn es sehr neu für Sie ist, werden Sie vielleicht zu Beginn das Falsche sagen, auf die Nase fallen, Ärger kriegen. Egal, es ist anders als zuvor, das bessert sich, Ihnen fehlt zu Beginn nur die Erfahrung, mehr nicht. Alles nicht so schlimm, als im

Alten zu verharren und wie ein Angsthase weiterzumachen. Training ist alles, Übung macht den Meister. Im Fitnessstudio ist es doch nicht anders. Das eine trainiert den Körper, das andere das Bewusstsein, nur ist Letzteres noch nicht so verbreitet. Aber, auch Fitnessstudios waren einst Rarität und wurden kritisch beäugt – heute nutzt sie fast jeder, da die Einsicht sich verbreitet hat, dass Vorbeugung besser ist als Reha. Auf geistiger Ebene sollte das Gleiche gelten. Auch hier sind Vorsorge und Wachheit inklusive Selbstbefreiung unerlöster Ängste besser, als ewig auf der Therapeuten-Bank in altem Kram herumzurühren oder sich selbst zu bemitleiden.

Lernen Sie einfach aus jeder Erfahrung, ob gut oder schlecht, egal, und Sie bekommen mehr und mehr ein Gefühl für sich selbst und was wann angebracht ist oder nicht. Ist etwas total danebengegangen, gibt es doch die Möglichkeit einer Entschuldigung. Dann bitten Sie um Verzeihung, wenn der Befreiungsakt danebenging. Daneben gehen oder unverhältnismäßig sein kann dieser doch nur, wenn wir mit unserer Wut oder anderen in uns wohnenden Emotionen noch etwas unerfahren sind. Dann wird es eben etwas zu heftig, da noch zu viel Altes und Unerlöstes mitschwingt. Alles besser als z. B. weiter Wut zu unterdrücken, wenn sie aber da ist. Um das Erlauben von nicht sofort und bewusst kontrollierbaren Emotionsausbrüchen werden Sie nicht herumkommen, da Sie nichts meistern können, was Sie nicht kennen. Auch hierfür ist der geschützte Rahmen, den Ihnen ein Lehrer/Meister bieten kann, nicht zu unterschätzen, da die Folgen im Außen keine unangenehmen Früchte tragen, die dann wieder aufgeräumt werden müssen.

Wann immer etwas nicht so recht gelungen ist, sollten Sie sich zuerst selbst vergeben. Wer lernt, macht Fehler. Wer keine Fehler macht, lernt auch nichts. Also, nur Mut. Bringen Sie Ihr Leben wieder in Fluss und überwinden Sie alte und überholte Ängste. Sie werden feststellen: Sie sterben nicht dabei, im Gegenteil: Sie werden neu geboren. Wir sind keine Kleinkinder mehr, die Angst vor Papas oder Mamas Liebeentzug oder ihren Schlägen haben müssen, wir sind groß und können für uns einstehen, oder nicht? Wir müssen uns auch nicht mehr vor Fremden in Acht nehmen und ängstlich nach Mami umschauen, die uns die Verantwortung abnimmt oder beschützt. Wir können selbst entscheiden, ob wir und wie wir Begegnung wollen oder nicht. Mit jedem inneren Schreckgespenst, dessen Sie sich entledigt haben, wächst Ihre innere Größe! Opferleben ade! „Ich bin Handelnder und fähig, für mich zu sorgen, da ich mich liebe und achte" wird ihre Erkenntnis sein. Darum geht es doch. Den Täter brauchen wir nicht mehr, da wir diesen unbewussten und vergiftenden Ausgleichsschaffer nicht mehr nötig haben werden, wenn wir uns des Opfers entledigt haben. Wir reagieren nicht mehr unbewusst aus Angstmechanismen heraus und ernten das, was wir immer geerntet haben, Verdruss, sondern antworten auf den Moment. Schreien, wenn das angebracht ist, lachen, wenn etwas komisch ist, weinen, wenn etwas traurig ist, oder sagen einfach „Nein", weil wir etwas nicht wollen. Neutral, ohne zu urteilen, ob etwas gut oder schlecht ist. Sie sind ein ganzer Mensch und der hat alles zur Verfügung, was menschlich ist. Sie verbiegen sich für nichts mehr, Sie sind einfach echt und total lebendig, obwohl Sie gleichzeitig innerlich wach und bewusst sind.

Angstreste sind normal

Am Anfang bleiben oftmals noch Angstreste übrig, wenn wir neu entschieden und gehandelt haben. Das sind nur Ausläufer. Denken Sie daran, lassen Sie sich nicht blenden. Sie sind mit einem Band vergleichbar, das nachschwingt, wenn es zerrissen wurde. Es ebbt ab. Je stärker das Angstband war, das Ihr wahres Wesen und Ihre Natürlichkeit eingesperrt hat, umso stärker werden Sie das Aufbrechen und Nachschwingen spüren. Völlig normal, nichts, was uns den Mut rauben muss oder verzweifeln lassen sollte. Weitermachen und mutig bleiben, denn es ist eines Tages einfach weg! Nachprüfungen bekommen wir natürlich schon. Wir dürfen schließlich für uns überprüfen, wie stark die überwundene Angst noch im Kopf nachlebt oder unbewusst nachgewachsen ist, weil wir unachtsam waren und uns unbewusst von unseren alten Ängsten wieder haben einfangen lassen. Also, auch ganz normal, dass uns angstbesetzte Situationen vom Leben öfter präsentiert werden. Das Schöne daran ist, wir fühlen uns mit jeder bestandenen Prüfung innerlich stärker und stärker. Irgendwann erinnern wir uns nur noch daran, dass diese Ängste einst unser Leben beherrscht haben, bis selbst die Erinnerung erloschen ist, da unser wahres Wesen auf dem Thron des Angsthasen Platz genommen hat. Das war es dann, Schluss damit. Sie sind authentisch geworden.

Sind Sie also eher der ängstlich geprägte Typ, können Sie sich über die Erforschung Ihrer Ängste auf Ihre Selbstentdeckungsreise machen. Ein Angsttyp ruft an jeder Ecke Chancen hervor. Er zieht aggressive Täter nicht selten magisch an. Das ist einfach Magnetismus, nichts Schlimmes, sondern etwas Natürliches, solange die starke Anziehung durch Weglaufen bestehen bleibt. Ergreifen Sie also eine Gelegenheit nach der anderen und räumen Sie mutig und bewusst mit Ihrem Unbewussten auf! Hören Sie auf, sich gegen das Außen und die blöden und bösen anderen aufzulehnen oder sich einschüchtern zu lassen. Hilft eh nichts, bringt Sie nicht weiter. Lenken Sie diese Energie nach innen. Lehnen Sie sich gegen Ihre Feigheit und Mutlosigkeit oder Risikoangst von Neuem auf. Die aggressiven Täter werden im Außen auch langsam verschwinden bzw. ihre Macht über Sie wird gehen, da ihr ängstlicher Gegenpol abnimmt. Das ist wahre Macht! Macht über die eigenen Schatten!

Stellen Sie sich also mit Ihrer ganzen Kraft gegen die Macht ihrer Ängste und drehen Sie das Rad um. Es wird immer leichter, je öfter Sie es tun. Und Ihr Leben bekommt eine neue Richtung, Sie werden Ihre Angst steuern und nicht Ihre Angst Sie. Meistern Sie ihre Prägungen aktiv und Sie werden die Folgen ernten.

Nehmen wir einige Beispiele heraus. Beispielsweise Ihre unbewussten Existenzängste, denen Sie keine Macht mehr über Ihr Leben geben. Sie lösen sich, da plötzlich kreative Wege mutig gefunden werden. Oder, Beziehungen befreien sich, da Sie sich von sexuellen Verklemmungen frei machen. Ihre Kinder hören auf Sie, da Sie ihnen gesunde Grenzen im Auslösemoment setzen, und bekommen endlich Achtung vor Ihnen. Sie sind folgsam aus Achtung, nicht aus Angst – ein gravierender Unterschied. Ein neuer Job winkt, da Sie sich zeigen mit allem, was Sie drauf haben, und sich nicht mehr hinter anderen verstecken. Und so kann es bunt und lustig weitergehen. Ohne zu kämpfen, würdevoll, sich selbst und anderen gegenüber, aber mit innerer Klarheit. Für sich stehend und befreit, ohne, dass dies auf Kosten anderer geht, ohne Argwohn und Arroganz. Sie tun, was zu tun ist, zeigen sich einfach, machen aber kein Egogehabe mehr daraus.

Der Aggressor und seine Ausgeburten

Nun beleuchten wir den Gegenpol des Ängstlichen, den aggressiven Täter in uns, und wie wir diesen erkennen und ihm die unbewusste Macht entziehen können, falls wir ihn in uns entlarven. Entlarven, um ihn anzuerkennen und bewusst zu integrieren, damit er nicht mehr unbewusst sein Unheil anrichten kann und wir wie Marionetten unserer Unbewusstheit ständig seiner ungesunden Folgen ausgesetzt sein müssen. Denn erst wenn wir ihn annehmen, können wir der Mensch sein, der wir wirklich sind und bewusst sein wollen: liebend, voll Würde, wertfrei, aber Grenzen setzend und beobachtend im Moment. Die Kraft, die diese Anteile in uns unbewusst bindet, wird, da sie überzogen zum Ausdruck gebracht wird, sich durch Bewusstheit neutralisieren und transformiert sich in gereinigter Form zu unserem bewussten Schwertträger, der klare und angemessene Grenzen im Moment und zum

Schutze seines wiedererlangten unschuldigen Wesens, setzen kann. Oder ein Schwertträger, der für seine Wahrheit mutig aufsteht. Vermutlich sogar beides. Nicht gebändigt und unerlöst schlagen diese Teile sonst weiterhin gnadenlos um sich, da sie versuchen den unerlösten Schmerzen, der unser Wesen einschließt, zu verteidigen. Diesen Erkenntnisse und der bewussten Aufräumarbeit mit unseren inneren Schatten sollten wir uns auf diesem Wege ganz bewusst stellen.

Ein Beispiel:
Haben Sie schon mal einen voll aufgedrehten Wasserschlauch beobachtet, der ohne bewusste Führung einer sicheren Hand wild umher schlägt? So ist es mit unseren unbewussten Täteranteilen auch. Ohne Bewusstheit und inneren Beobachter schlagen diese unerkannten Anteile in uns wild umher. Wir müssen Sie bändigen und unserer Führung unterstellen. Der Schlauch wird auch erst zielgerichtet seine Arbeit machen, wenn er von einer Hand dorthin gelenkt wird, wo er Wasser spenden soll. Hat sich der unbewusste Teil in uns, der bewussten Führung und Kraft eines Kriegers untergeordnet, macht er das, wofür er vorgesehen ist: der Schwertträger zum Schutze unsers wahren Wesens zu sein!

Nun betrachten wir diese Anteile unserer Verteidigungs- und Abwehrarmee in uns, die wir zu bändigen und unter unsere wache Führung zu bringen haben, genauer und wie diese unbewusste Armee unser wahres Wesen bis zur Unkenntlichkeit entstellen kann, übernehmen wir hierfür nicht die Verantwortung. Welche Gesichter diese Anteile nun im Alltag tragen und wie wir diese ausbremsen können, wenn wir bereit sind sie zu neutralisieren, beleuchten wir auch.

Der offensichtliche Typ

Kennen Sie einen offensichtlichen Aggressor (oder sind Sie selbst einer?), das heißt jemand, der schnell hochgeht, andere gerne ungerecht oder gehässig behandelt, weil er ständig und unbewusst auf einem Pulverfass der Wut und des Hasses sitzt, ist diese Variante leicht erkennbar. Es sind die Choleriker unter uns, die Menschen, denen wir lieber aus dem Weg gehen, wo wir Deckung suchen, wenn das Pulverfass hochgeht. Bei den offensichtlichen Typen ist der Umgang eher einfach, da bewusst oder unbewusst jeder, der diesen Typus kennt, eine gewisse Achtsamkeit im Umgang entwickelt. Eine Art Eigenschutz aufbaut, um sich schnell aus der Affäre zu ziehen, wenn der Ausbruch droht. Dieser Typ ist nicht wirklich unbekannt und auf Dauer leicht einschätzbar. Zuweilen legt sich das Umfeld, das mit einem solchen Menschen, zum Beispiel Vater oder Chef, leben „muss", ein dickes Fell zu unter dem Motto: „Er hat wieder einen Ausraster, das meint er nicht wirklich so." Meist beruhigen sich diese Choleriker auch recht schnell. Die Kehrseite für diese Menschen ist aber zumeist, dass sie nicht mehr ernst genommen werden. Man hat nur noch Angst vor ihnen, den Respekt haben sie selbst verspielt. Jemand der ständig aggressiv wird, den meidet man auf Dauer, oder man lässt die Attacken einfach über sich ergehen, ohne demjenigen noch wirklich Aufmerksamkeit oder irgendeine andere Form der Achtung zu schenken. Statt Nähe und Begegnung entwickelt sich im Umgang mit diesem Zeitgenossen eher eine Habtachthaltung. Immer auf der Hut und die Fluchtschuhe im Gepäck, um zu rennen, wenn der Aggressor zuschlägt. Könnte sein, dass das Pulverfass schon hochgeht, wenn derjenige nur die Tür betritt und ihm etwas nicht passt. Das kann ein Essen sein, das nicht so schmeckte, wie es sollte, das kann der Minirock der Tochter sein, der den Vater zu einer Prügelaktion reizt. Alles, jede Kleinigkeit kann diesem Typus dienen, wodurch der Wahnsinn sich das Recht herausnimmt auszubrechen.

Ursache und Wirkung der unbewussten Verdrängung

Derartiges passiert nicht selten und niemand von uns ist vor etwaigen unkontrollierbaren Ausbrüchen gefeit, denke ich, bis wir uns nicht in Gänze aufgeräumt haben und im Hier und Jetzt leben. Unerkannt, nicht immer so offensichtlich bahnt sich dieses unbewusste Potenzial seinen Weg. Das Potenzial in uns, das Gewalt birgt. Gewalt, die uns im Außen gespiegelt wird, bis sie erlöst ist und keine Macht mehr über unser Leben hat. Die Füllmenge die unbewusst in jedes Wort und jede Tat, wenn nicht erlöst, heimlich einfließt und alles versudelt oder zuweilen hintenherum wieder zerstört, was wir erschaffen haben. Das was es uns so schwer macht im Moment zu bleiben und situationsgerecht zu agieren.

Mit anderen Worten, die Füllmenge in unserem Geist, die die schönsten Worte und Taten mit unreiner Energie versudeln und was uns Menschen negativ manipulieren und traumatisieren lässt, ohne dass wir es bemerken. Das was wir zu erkennen und anzuerkennen haben, dass es in uns allen schlummert, bis es durchbricht, oder den Platz für das wahre Sein geräumt hat, da es entmachtet ist. Es ist einfach, so wie Tag und Nacht. Wir haben beides bewusst oder unbewusst in uns. Diese Anteile in uns zeigen sich dann (sind sie nicht bewusst integriert) in schwacher Ausprägung in der Gestalt des Sarkasmus, der Schadenfreude, der Gehässigkeit, der Feigheit oder ähnlichen heimtückischen Varianten. Ist von diesem verdrängten Gewaltpotenzial mehr in uns, dann werden wir richtig übergriffig, was bis zum Missbrauch oder Amoklauf gehen kann. Im Ursprung aber ein und dasselbe ist. Bei jedem von uns ist es vorhanden, nur anders dosiert und unterschiedlich bewusst integriert.

Was ist das nun, was uns nicht rein sein lässt? Wofür waren all die Seiten des Buches gut, die unser persönliches aber auch gesellschaftliches Miteinander aufzeigten? Warum sahen wir uns all die Spiegelungen an? Nur für eines:

Um uns bewusst zu machen, dass es da etwas in uns geben muss, dessen wir uns nicht gewahr sind und dem wir, halten wir hier nicht bewusste Innenschau, ständig unbewusst durch unsere unreflektierten Gedanken und Gefühle Nahrung geben. Nahrung, die nicht den Frieden im Miteinander nährt, sondern die Gewalt, auch wenn das nur unterschwellig der Fall ist.

Das ist das in uns, was wir durch Unbewusstheit in uns verdrängten, anstatt uns dessen bewusst anzunehmen, anzuerkennen und zu integrieren und mittels Gutmenschallüren zu übertünchen versuchen. Hiermit beschäftigen wir uns als Nächstes. Wir erforschen somit die „Urmutter" des Unrates in unserem Unbewussten, die unseren Geist nicht leer werden lässt und als Folge unsere Gefühlsebene nicht in inneren Frieden bringt. Das, was uns hin und her reißt, was hetzt, was anfeuert, was lähmt, lügt und betrügt und uns Illusionen von „gut" und „schlecht", „richtig" und „falsch" usw. über uns vorgaukelt, die nur einem dienen, der Schmerzzufuhr und dem Leid. Und das, ohne, dass wir es merken. Es ist etwas in uns, das aus den nicht erkannten Traumen entstanden ist und so starke Wirkung auf unseren Geist bzw. unbewusstes Leben ausübt, dass ich es schon als eigenständiges Wesen bezeichnen würde. Als „Schmerzwesen", das all die Dinge, die bis hierher beschrieben wurden, die nicht aus unserem wahren Sein sich in unserem Leben und unserem Miteinander zeigen, anrichtet. Das, was die Regie im Untergrund führt, bis wir aufwachen und Erlösung einfordern, indem wir diesen Anteil in uns ausmerzen.

Dieses Wesen, das ich schon als eigenständige „dunkle Einheit" (auch wenn sie bei vielen nur grau gerastert mit Gutmensch-Blümchen geschmückt sich zeigt) in uns bezeichnen will, beleuchten wir nun aufs Genaueste. Auch seine Entstehungsgeschichte lassen wir nicht aus. Denn, wenn wir verstehen, woher etwas kommt und dass es uns Menschen einfach alle in irgendeiner Form betrifft, den einen eben mehr, den anderen weniger, dann nehmen wir auch unsere Verurteilungen und unser verständnisloses Kopfschütteln zurück, da wir uns wieder selbst erkennen können und dadurch eher Mitgefühl als Vorurteil entsteht. Denn, wie kann ich mit dem Finger auf jemanden zeigen, wenn mir bewusst ist, dass auch ich dieses Potenzial in mir trage. Geringfügig vielleicht, aber nicht weg. Nur, wenn es weg ist, zeigen Sie sowieso auf keinen mehr mit dem Finger, da Sie sich ja in allem erkannt haben. Sie benennen klar unmissverständlich, zeigen auch Ursache und Wirkung auf, klagen aber nicht persönlich und identifiziert an, wie wir wissen.

Eines sollte auch klar sein: Dieses Schmerzwesen in uns ist von seiner Natur gesehen ja nichts Schlimmes. Sie erinnern sich an die „Tore zum Sein". Es ist einfach und wirkt nur so lange destruktiv, bis wir es annehmen, ihm die überspannte durch Traumen und Ego-Strategien entstandene Energie entziehen und es in unser Leben bewusst integrieren. Es gehört zu uns, wie der Tag zur Nacht. Nehmen wir beide Seiten an, stellen wir die ursprüngliche Harmonie wieder her und was einst destruktiv war, wird zur gesunden Abgrenzungsfähigkeit im Moment. Wir haben diese Seite in uns nur zu stark verleugnet bzw. als böse verteufelt. Dabei ist es doch nur der unbewusste Auswuchs einer Seite, die nie bewusst geschult wurde. Denn, kümmere ich mich nicht um etwas Lebendiges (z.B. ein Kind), lasse es verwahrlosen, sperre es weg, schreie es nur ungerechtfertigt an, schlage es, weil ich selbst einfach schlecht drauf bin usw. bis hin zum Verleumden, dass es existiert, weil ich es ablehne, was passiert mit ihm? Es wird aggressiv, wenn es sich noch aufbäumt, es wird ängstlich verschreckt (ein Hasenfuß), wenn es aufgegeben hat. Dieses Beispiel zeigt einfach, dass all die Ausgeburten, die sich in unserer Gesellschaft zeigen, nichts anderes sind als neutral gesehen Ergebnisse von Verdrängung und Unbewusstheit. Im Innen drückt sich das einfach etwas anders aus. Daher ist es so fatal die Gutmenschmasken weiter zu polieren, wodurch der Gegenpol die Ereignisse des realen Lebens weiterhin unkontrolliert beeinflusst. Das geschieht dann so lange, bis wir die „Tritte gegen unser Schienbein" wahrnehmen und hinschauen, was in uns da alles verborgen ist und wiederentdeckt bzw. ins Leben bewusst integriert werden will! (Sie erinnern sich an das Kapitel mit der rebellischen Generation und der Sinn unserer Krisen?)

Und, um all diese Auswüchse in uns, die unsere Probleme und Krisen heraufbeschworen haben, zu erkennen und anzuerkennen, damit wir hier bewusste Grenzen setzen können, um die destruktive Überspannung aus dem Kandidaten herauszunehmen, dienten die Beschreibungen der Tugenden und Grundhaltungen incl. der realitätsnahen Beispiele die zu Veranschaulichung verwendet wurden. Diese Erläuterungen, die uns aufrütteln sollten, aber auch für den Weg fit machen können, um die bewusste Einheit beider Seiten im Innen und Außen wieder herzustellen. Und, nun zu unserem verleugneten „Freund" in uns, dem „Schmerzwesen" und seinem Dienst für unser Aufwachen.

Das „Schmerzwesen", die unbewusste „Einheit"

Dieser Kandidat in uns, der nicht bewusst ist, keiner Kontrolle des bewussten Beobachters untersteht, kann verheerende Ausmaße annehmen, erkennen wir ihn nicht an und zwingen ihn nicht bewusst in die Knie. Die Beispiele, die ich zur Veranschaulichung unserer „Schatten-Einheit" verwende, sind wie Sie gleich erkennen werden wieder intensive. Extrembeispiele, die wir vielleicht wieder nur aus den Medien kennen, die uns aber veranschaulichen sollen, was entstehen kann, fehlt jedes Bewusstsein über den Sinn von Schmerzen und Leid. Aber auch, weshalb das Verbreiten dieser Erkenntnisse so wichtig ist, um der Gewalt in und um uns herum ein Ende zu bereiten.

Auch wenn in uns dieses Schmerzwesen nicht so stark vertreten und zum Großteil durch bewusste Innenschau und Ego-Aufräumarbeit schon sehr gereinigt ist, bleibt es trotzdem so lange in uns und verdunkelt eben wohl dosiert, statt extrem unseren Geist, bis es sich in Bewusstheit aufgelöst hat, da es integriert wurde. Der Kopf ist wieder leer, da keine Verurteilungen und Lügen mehr unseren Geist beherrschen. Erst dann hat das voll geladene und verdrängte Schmerzwesen für das wahre Sein den Platz geräumt. Das Wahre in uns, das ohne Wertung im Moment lebt, da es Licht und Schatten bewusst in sich vereint hat und zum Ausdruck bringt, ist dann auferstanden. Es lebt situationsgerecht, statt unbewusst hintenherum sich oder andere Menschen angreifend.

Bis das in uns angenommen bzw. integriert wird, zeigen sich diese Anteile eben weiter verdrängt, was bis zur Abspaltung gehen kann, wird in unserer Gesellschaft das Bewusstsein nicht erhöht. So ist es dann nun mal, außer es ist nicht so, da wir aufwachen und das Rad bewusst herumdrehen, wie Sie wissen.

So, wie macht sich unser verdrängtes Schmerzwesen nun im Alltag wieder bemerkbar. Durch z. B. unrealistische Angst, wie vorher schon erwähnt, aber auch anders, worauf wir noch eingehen werden. Das Schmerzwesen, der negative Pol in uns, der neutral einfach nur der Teil unserer gesunden kämpferischen Kraft ist. Der Teil, der zu unserer Ganzheit fehlt und sich daher im Untergrund austobt. Nicht selten verdrängt mittels der Gutmenschmaske:

Ist der Schmerz und seine Abwehrmechanismen sehr unbewusst, haben wir leider keinen bewussten Zugang mehr zu der abgespaltenen und verdrängten Wut. Ist das so, dann steigt die unerlöste Emotion eben spontan auf, das „Schmerzwesen" bricht durch und verzieht sich zuweilen auch schnell wieder. Das ist manchmal verwirrend, kommt man mit so jemanden in Berührung. Das sind Momente, wo man fassungslos dasteht und nicht mehr weiß, wie einem geschieht. Situationen, die schizophren wirken, da dieser Mensch von einem Moment auf den anderen das Gesicht wechseln kann. Kennen Sie das? Bei sich oder bei anderen? Schwer zu greifen, aber verheerend in den Folgen, wütet das Wesen blind drauflos, ohne, dass ein innerer Beobachter darin wohnt und dieses tobende Wesen in Zaum hält. Verheerende Traumatisierungen und tödliche Verbrechen können derartige Ausbrüche zur Folge haben. Das macht keinen Spaß mit einem solch zweigespaltenen Menschen umgehen zu müssen. Dem Schmerzwesen des „Zweigesichtlers" scheint das aber schon Befriedigung zu geben, da es sich von derartigen Ausbrüchen mittlerweile ernährt. Mit einer dicken und besonders höflichen oder entgegenkommenden Maske getarnt, pirscht sich dieser Teil nur zu gerne an seine Manipulations-Opfer heran, um irgendwann, ist das Vertrauen erlangt, zuzuschlagen und seine Vernichtungsfeldzüge abzuziehen. Verheerende Taten können die Folge eines so vollgeladenen, nie aktiv geleerten und unbewusst agierenden Schmerzwesens sein. Das Schmerzwesen, das in unserem Geiste haust, richtet, wenn wir den Geist nicht bewusst gereinigt, kleinere Traumatisierungen bis hin zu größeren Verbrechen an. Ausgeburten der Gewalt, von denen uns die Medien fast schon täglich berichten.

Dem Menschen, der hinter diesem Wahnsinn verborgen ist, macht das in Wahrheit natürlich keinen Spaß, versteht sich, aber dem Schmerzwesen schon, das von ihm abgespalten agiert und hier deutlich die Oberhand hat. Dieses „Wesen", das natürlich aus selbst erfahrenen Traumen entstand, ernährt sich von Macht und Aggression, aber auch Angst. Das haben wir selbst so erschaffen, da wir dem Gegenpol in uns lange genug die Liebe und Anerkennung entzogen haben. Das ist im Innen wie im Außen gleich. Unbewusstes Aufbäumen gegen Blindheit und Ungerechtigkeit, kann man das auch nennen.

Hier ist meist eine derartige Trennung zwischen Schmerz und Mensch oder Maske bereits vorhanden, dass der Zugang zum Verständnis dieses Menschen äußerst schwer werden kann. In diesem Menschen ist keine Wachheit vorhanden, sondern eher eine Verselbstständigung der Unbewusstheit. Der Schmerz und der Mensch scheinen sich voneinander abgelöst, anstatt erlöst zu haben, bis sich der Schmerz inklusive seiner Abwehrattacken so verselbstständigt hat, dass der Ausbruch so erscheint, als geschehe er einem anderen. Deshalb erinnern sich manche Täter auch nicht mehr an ihre Taten. Somit ist das ein Teil, der kommt und geht und den Zugang zum Bewusstsein desjenigen völlig verloren hat. Gespaltene Persönlichkeit oder Schizophrenie heißt das dann wohl in der psychologischen Fachsprache. Oder religiös angehauchte bezeichnen diesen Wahnsinn als Ausgeburt des Bösen. Egal, ob man das Schmerzwesen in eine intellektuelle oder religiöse Schublade steckt, es macht den Umgang mit diesen Schattenwesen nicht wirklich leichter, da sie so unberechenbar durchschlagen. Ohne inneren Beobachter und wacher Aufmerksamkeit ist man diesen Ausgeburten nicht selten hilflos ausgeliefert. Schreckliches richten diese unbewussten und abgespaltenen Schatten an. Die notwendige Einsicht zur Heilung werden wir nicht erwarten können, ist der Prozess der Trennung und Verdrängung schon zu weit fortgeschritten. Nachvollziehbar?

Dunkelheit ist auch nicht auslöschbar. Sie geht, wenn ein Licht angezündet wird. Bewusstheit, Aufwachen, Erkennen was real ist, Annehmen was zu uns gehört, das sind Wege, um wieder Licht ins Dunkel zu bringen. In der Vergangenheit dieser Schattengestalten zu wühlen, um noch mehr Energie in das Schmerzwesen zu pumpen, bringt nichts, wie hoffentlich eingesehen wird. Es lenkt nur die Energie vom Moment weg, schwächt somit die bewusst auszurichtende Geisteskraft, die aber dringend zum Aufräumen und Umentscheiden gebraucht wird. Ist das jedoch aus der eigenen Kraft heraus nicht mehr zu schaffen, braucht es hierfür deutlichere Aufwachmethoden von Außen, als „Über das Problem der Gewalt z. B. mit einem Gewalttäter oder Klienten zu reden“. Da ist Zen-Arbeit gefordert, wenn noch etwas vom wahren Sein vorhanden ist und ein Wille zur Gesundung deutlich wird.

Diese Symptomatik der Unbewusstheit erinnert mich manchmal an den Schutzmechanismus unseres Körpers, wenn ein schlimmer Unfall passiert. Der Körper schüttet eine Art eigenes Morphin aus, sodass der Schmerz beispielsweise eines zerquetschten Beines bei einem Unfall nicht empfunden wird. Der Körper reagiert im Schockzustand und macht „zu“.

Ähnlich ist es bei traumatischen Schocks im Inneren. Es wird nichts mehr gefühlt, da sich das wahre Wesen im Unbewussten einschließt. Auf der körperlichen Ebene muss, wenn die Verletzung sehr schlimm war, nach Abklingen des körpereigenen Morphins, diese oder eine ähnlich wirkende Substanz von außen zugeführt werden, da der Verletzte sonst vor Schmerzen nur noch schreien würde. Wird das aber zum Dauerzustand, wird der Verunglückte zum Süchtigen und kann ohne diesen „Stoff" nicht mehr existieren. Mit den inneren Traumaschocks verhält sich das ähnlich. Das traumaeigene Morphin oder andere äußeren Suchtstoffe sind in diesem Fall einfach Ausbrüche, Machtakte – ob offensichtlich oder über Gehässigkeit hintenherum – bis hin zu Gewalttaten, die als befriedigend für das abgespaltene Schmerzwesen empfunden werden, da sie den inneren ursächlichen Schmerz der Abtrennung überlagern. Je größer der Schmerz und das Schmerzwesen, umso stärkere Aggressions- oder Schmerzreize müssen als „Morphin" dienen. Kommt der ursächliche Schmerz unbewusst an die Oberfläche, wird das individuell als so unerträglich empfunden, dass „starker Stoff", vom verbalen Angriff bis hin zum Amoklauf, her muss. Hier gilt: Andere leiden zu sehen gleicht dann dem „energetischen Morphin", das dem Schmerzwesen ein kurzes Hochgefühl verleiht. Da das Innere und Sensible (das wahre Sein) in diesen Wesen so abgetötet wurde, kann keine „normale" Freude mehr empfunden werden, obwohl der menschliche Wunsch nach Gefühlen einfach bleibt. Hier gilt dann: Wenn nicht schön, dann eben hart und grausam. Aber irgendetwas wird wenigstens „gefühlt", auch wenn es nur noch die erbärmlichste Form wie Rache, Hass, Vergeltung, Wut oder Gier ist.

Diese Ausgeburten müssen aber nicht breitflächig in Erscheinung treten, das heißt jede Situation betreffen und den ganzen Menschen in seinem Handeln beeinflussen. Nein, dies sind oftmals nur vereinzelte, von unerlösten und extremen Traumen besetzte Situationen, in denen die Abwehrmechanismen auftreten. In anderen Situationen kann der gleiche Mensch auch total liebevoll und sensibel sein, was den Umgang mit diesen „Doppel-Gesichtern" nicht unbedingt erleichtert. Aber zur Wachheit aufrufen muss.

Die Schmerzattacken müssen jedoch nicht nur in den bereits erwähnten Formen stattfinden, sondern können natürlich auch in einem sexuellen Kontext in Form von „Sado-Maso-Spielen" ausgelebt werden. Orgasmen durch Erniedrigung und Schmerz: wunderbar! – Auch das ist bekanntlich eine Reizüberflutungs-Sucht. Denn ein normal empfindender sensibler Körper, der ein offenes und nähebereites Wesen in sich hat, könnte das wohl kaum ertragen, was „S-M-Geneigte" ertragen können und als lustvoll erleben. Da wäre gar kein Bedürfnis dazu da. Einige dieser derartigen Praktiken zugeneigten Wesen können allerdings durch diese bewussten Schmerzerfahrungen in die Heilung kommen. Durchaus möglich, da die Ursprungs-Schmerzen reaktiviert werden (was zur Erlösung, wie bekannt, unbedingt notwendig ist, jedoch kein Dauerzustand und Selbstzweck werden darf, sondern ein gezielter therapeutischer Akt sein soll) und durch das liebende Auffangen des „Sadisten" durchaus Heilung passieren kann. Ob sich die Mehrheit der „S-M-Praktizierer" dieser Zusammenhänge wirklich bewusst ist, ist fraglich. Sind sie sich dessen nicht bewusst, halten sie den Spannungsbogen der Schmerzsucht auf wohl ungesunde Weise aufrecht. Dann kann das eine nicht endende Geschichte werden, wenn Bewusstsein und ein liebendes Herz beim Zusammenbruch fehlen und der Durchbruch zur wahren Heilung und Befreiung ausbleibt.

Fazit: Verdrängen wir nun weiter unsere vom Gutmenschen empfunden „unschönen" Anteile, schieben wir unser Schmerzwesen immer mehr von uns weg oder nähren es auf ungute Weise immer weiter, was dieses Wesen nicht gerade beruhigt und schwächt. Wir müssen es hervorlocken, kennenlernen und ihm die überladene Energie entziehen, um es dann bewusst umzuerziehen. Daher immer wieder mein Appell: Hinschauen, Anerkennen, Annehmen und Aufräumen! Ist das nachvollziehbar?

Traumen, die Mutter des Schmerzwesens

Ist nun ein Mensch durch entsprechende unerkannte und unbearbeitete Traumen und Schocks zu einem wandelnden Schutzmechanismus geworden, muss sich die verdrängte Schmerzenergie eine neue und unbewusste Bahn suchen. Die Energie muss raus. So oder so. Das Wesen „Schmerz" ist da erfinderisch, das den Täter am Schalthebel sitzen hat und wie ein Wahnsinniger unkontrolliert seine Vernichtungsfeldzüge abzieht. Das verhält sich ähnlich wie mit z. B. verwahrlosten und zur Zerstörung neigenden Kindern, die nie geliebt, abgeschoben oder deren Talente nie anerkannt oder gefördert wurden.

Ob die Destruktivität nun gegen sich oder andere, partiell oder vollumfänglich ausgelebt wird, ist nur individuell verschieden. Die Folgen sind zuweilen dramatischer Natur, wenn unsere Wachheit und Stärke nicht eingreift. Schauen wir da nicht endlich hin und erhöhen unseren Bewusstseinsstand, hört die Gewalt und Traumatisierung vor allem gegen schutzlose Kinder, nicht auf. Das sollte sie aber. Die Kosten für z. B. Heiltherapie bei extrem traumatisierten Kindern kann der Staat doch auf Dauer gar nicht mehr tragen, machen wir nicht mehr Präventivarbeit.

Nehmen wir ein Beispiel für die Sturzgeburt eines Schmerzwesens bei einem Kleinkind, das z. B. erst 2 Jahre alt ist, um die Entstehungsgeschichte unseres Schmerzwesens noch etwas zu vertiefen:

Erfährt dieses Kleinkind eine solche, der Unbewusstheit und Unverantwortlichkeit entspringende Ausbruchattacke z. B. bei seinem Vater, der unverhältnismäßig aggressiv voll alter unerlöster Wut seines Schmerzwesens auf eine Banalität, wie sagen wir „Stifte vom Tisch herunterschmeißen" reagiert, geschieht dies nicht ohne einschneidende Folgen für das Kind und sein wahres Sein. Er brüllt das Kind an, reißt es noch vom Schoß der Mutter, wo das Kind saß, stellt es alleine in einem anderen Raum, obwohl das Kleine schon vor Schock brüllt und dunkelrot anläuft, ab, um ihm noch zusätzlich die Leviten zu lesen und verbietet der Mutter das Kind zu beruhigen. So etwas kann passieren. Ich kenne ein Kind, bei dem derartiges einst geschah und weiß von der Mutter, welch dramatische Persönlichkeitsveränderungen das Kind dadurch erfuhr. Passiert also ein so heftiger Schock, kann man sagen: Volltreffer, Schifferl (wahres Sein) versenkt!

Was ist geschehen und was sind die Folgen? Das ist ein Beispiel für eine totale Entwurzelung des wahren Wesens, was man dann als starkes Trauma bezeichnet. Das Schmerzwesen erfährt sozusagen eine Sturzgeburt und wenn das „Wahre" sich zurückzieht, muss das „Falsche", also ein künstlicher Ersatz, doch auferstehen, oder? Dramatische Folgen entstehen daraus, da das Schmerzwesen nicht langsam durch viele kleine Traumen erschaffen wird – was nicht so stark auffällt, da der Prozess langsam voranschreitet – sondern blitzartig. So wird beispielsweise ein Mensch erschaffen, der von einem Moment auf den anderen von liebevoll-ruhig in total aggressiv-destruktiv wechseln kann. Wird er nun mit ähnlichen Situationen, das können schon Geräusche sein, die an die Auslösesituation erinnern, weiter konfrontiert oder wirkt der Traumatisierer weiter auf das kleine Wesen so ein, dass die Wunden ständig unter Reiz bleiben, stärkt es das Schmerzwesen immer mehr, bis ein dickes Ego sich als Schutzpflaster darauflegt. Dann haben wir den Ärger am Hals und müssen sehen, wie wir mit diesen Ausgeburten zurande kommen.

All das kann geschehen, da das wahre Sein und das Schmerzwesen durch die Vehemenz des Traumas die Verbindung zueinander völlig verloren haben. Da leben zwei Wesen in einer Brust und das schon im Kleinkindalter! Schwer zu erziehen kann man sich denken. Eine dunkle und eine helle „Einheit" sozusagen. Je nachdem wer gerade am Zug ist, so wird dieser Mensch dann seine zwei Seiten ausagieren. Das Opfer ist zum Täter geworden und lebt das erlittene Schicksal unbewusst weiter. Um dieses Rad mal umzudrehen und diese ungesunden Abspaltungen wieder zu verbinden, braucht es meisterhafte Führung und ein hohes Maß an Wachheit.

Ein enormer Wille, Einsicht, höchste Disziplin und Kontrolle machen es möglich dieses Schmerzwesen zu transformieren, wenn das Kind reif genug ist, um seinen inneren Krieger gepaart mit Bewusstheit in die Aufräumarbeit zu schicken. Je später jedoch die Einsicht und das Wissen „worum es geht“ in die Bewusstseins-Erziehung einfließen, umso mühsamer wird der Weg der Rückbesinnung werden. Verständlich, denke ich, da sich der abgespaltene Teil immer stärker auflädt und unbemerkt immer weiter ins Unbewusste abdriftet.

Und ob derartige Ereignisse eher selten oder gängig sind, kann jeder für sich beobachten, wenn er will. Und weshalb ich daran appelliere, so früh wie möglich Bewusstseinsarbeit in die Erziehung einfließen zu lassen, müsste auch beantwortet sein. Aus dieser Sicht zumindest, wenn man sie nicht akzeptieren will, dann eben nicht.

Fazit: Alles, was eben nicht bewusst erkannt und geschult wird, lebt im Verborgenen sein Eigenleben, bis es sich derart abtrennt oder in der schockartigen Abtrennung bleibt, dass das Schmerzwesen anderen Wesen oder sich selbst schreckliche Schmerzen zufügt, bis es erkannt wird. Wäre mehr Bewusstheit in der Gesellschaft vorhanden, würden solche Schmerzwesen nicht so viel Chancen haben, unerkannt im Verborgen weiter ihr Unwesen zu treiben.

Solche Wesen haben starke unbewusste Wunden, die jedoch vom Täter selbst in Form des natürlichen Mitgefühls nicht mehr nachempfunden werden können. Wie denn? Die üblen Taten richtet nun mal nicht das wahre Sein an, sondern die dunkle „Einheit“ und die steht nicht für Leben, sondern für Tod. Wenn man es genau nimmt, sind diese Taten dann auch nur Hilfeschreie in Form von: „Schaut her, ich fühle nichts mehr und bin hilflos und tot, da mein wahres Wesen völlig zerstört ist. Kann mir denn keiner helfen, damit ich wieder sensibel, liebend und schmerzfrei werden kann?“ Kann sein, wenn vom wahren Sein noch ein Funke übrig ist und genug Willen zur Befreiung vorhanden. Wenn nicht, wird der Erlösungsversuch zu einem Selbstzerstörungsakt desjenigen, der das sich verselbstständigte und wütende oder sich schlafenstellende Schmerzwesen „bekehren“ will, indem ausführlich geredet und intellektuell analysiert wird. Mit diesem Kandidaten kann man nicht reden, der verhandelt nur zu seinem Vorteil, denn ihn regiert der verzerrte Verstand. Wir brauchen den Zugang zum wahren Sein, welches alleine fähig ist zu verstehen, denn es „ist“ die Einsicht und Liebe. Diese beiden Seiten haben unterschiedliche Absichten, wie man sieht. Die eine will erschaffen, die andere vernichten. Das nennt man dann einen klassischen Interessenkonflikt. Man sollte ihn aber mit dem nach Erlösung rufenden Teil austragen, nicht mit dem Konfliktliebhaber, der kein Interesse an Versöhnung hat, sondern Ärger sucht. Das, was ihm als Nahrung dient. Liebe ist für ihn unverdaulich geworden, da er nur noch tote Nahrung aufnehmen kann. Dem dunklen Wesen wird sozusagen „schlecht“, wenn er mit zu viel Nähe und Klarheit in Berührung kommt. Das was ihn aber heilen würde. Aber das versteht sich von selbst, oder?

Reden wir mit dem präsenten Schmerzkandidaten nun über seine Probleme oder schreckliche Vergangenheit, da uns jegliche Wachheit fehlt, mit wem wir da eigentlich reden, ist das kontraindiziert, nein sogar gefährlich. Über derartige Versuche lacht das dunkle Wesen nur und freut sich, wenn sich jemand ihm unbewusst zum Fraß vorwirft. Das kann nur ein sehr wacher Therapeut machen, der die eigenen Abgründe seines Schmerzwesens kennt und integriert hat. Nur so kann er sich, wenn er das für sich wagt, mit einem derart dunklen „Meister“ wirklich anlegen, um ihn in die Transformationsarbeit zu schicken. Wachheit höchste Wachheit ist da gefordert. Nur keine Schubladen im Kopf und Streicheleinheiten. Das kann ins Auge gehen, wie man sich denken kann, hat man dieses Prinzip erkannt und angenommen.

Das Schmerzwesen bewusst erlösen

Sollten Sie das Schmerzwesen in irgendeiner Form in sich erkannt haben und bereit sein, von dieser Energie- und Schmerzgier abzulassen, um sich diesem inneren Übeltäter bewusst in den Weg zu stellen, sind die Anteile in Ihnen auch erkennbar und spürbar, wenn Sie wollen. Bei anderen erkennt man sie sowieso am leichtesten. Etwas schwieriger ist es schon, in der eigenen Hölle zu forschen. Logisch, weil da die berühmten blinden Flecken, alias Abwehrstrategien auf unserem dunklen Gefährten thronen und diese destruktiven Anteile verschleiern. Denn das Schmerzwesen hat an Erlösung kein Interesse, nur das wahre Wesen. Und welche dieser beiden Seiten stärker ist, wird über Siegen und Verlieren nun mal entscheiden. Fehlt jegliches Bewusstsein über diese Hintergründe, ist Erlösung kaum möglich. Denn total unbewusste und mit ihrem Schmerz identifizierte, werden diesem Unheilstifter nicht freiwillig das Futter entziehen. Sie werden ihn hüten, wie ihren Augapfel, da sie glauben ihr Schmerz zu sein, anstatt ihn zu haben, um ins wahre Sein zu gelangen! Der Schatten in uns wird sich aufbäumen und um sich schlagen. Egal wie viele dafür bluten müssen. Manchmal erinnert mich derartiges Verhalten höchst unbewusster Zeitgenossen an einen Werwolf. Der bricht bekanntlich auch durch und der Mensch hat keine Macht mehr darüber. Hinterher ist das Unheil angerichtet und das Jammern ist zumal auch groß. Ändert aber nichts an der Tatsache und dem Ausgeliefertsein diesem Schattenwesen gegenüber.

Jedoch, wir können es ändern, da wir keine Werwölfe sind! Unser Bewusstsein und unsere Erkenntnisfähigkeit gepaart mit einem unbeugsamen Willen, kann dieses Drama stoppen, wenn wir wollen und nicht zu feige sind uns mit diesen Ausgeburten in uns anzulegen. Das müssen wir aber. Das ist die große Schlacht in uns, die wir gewinnen müssen, sonst nützt alle andere Heiligkeit und Wachheit incl. spirituellem Wissen oder perfekter Beherrschung vollendeter Wortkonstrukte und Gesprächsleitfäden auch nichts, wie Sie nach diesen Erläuterungen einsehen werden. Außer Sie sehen es eben nicht ein, da es Ihnen vielleicht noch immer zu unwirklich klingt. Tut es das wirklich? Oder wollen Sie es einfach nicht erkennen, da auch Sie ein wohlbehütetes Schmerzwesen in sich tragen und bewachen? Aber solange wir dieser Realität nicht ins Auge sehen und wie bisher unbewusst weitermachen, wird einfach alles was wir tun von dieser Dunkelheit in uns verdreckt sein, bis wir sie bewusst integrieren und den überzogenen Spannungsbogen wieder in eine gesunde Mitte bringen. Face the devil! Sie erinnern sich?

Wenn diese Beschreibungen Einsicht geben, fragt es sich dann nicht, weshalb diese Aufräumarbeit dann so schwer ist? Dafür gibt es mindestens zwei Gründe:

1. Es ist die hohe Unbewusstheit, die Uneinsichtigkeit und diese enorme Kraft, die so stark werden kann, dass das Bewusstsein bis zur Bewusstlosigkeit durch die unerlösten Schmerzen getrübt wird. Kein Bewusstsein – keine Einsichtsfähigkeit.

2. Unsere Liebe zu unserem Retter, dem Schmerzwesen! Denn diese Ausgeburt fing uns auf und brachte uns gute Dienste, um auf dieser schmerzerfüllten Welt zu überleben. Von dieser „Mutter", die uns half – mittel Egoentwicklung – Wege zu finden, um einigermaßen schmerzfrei mit Hilfe von Abwehrmechanismen dieses Leben zu überstehen, trennt sich doch keiner freiwillig, oder? Auch wenn der Preis für diese kranke Liebe hieß: „alle andere wahre Nähe zu vermeiden", folgen wir den Vorschriften dieser dunklen „Urmutter". Blind und beugsam im festen Vertrauen darauf, dass wir von unserem künstlich entwickelten Begleiter „Ego" genug geschützt sind, um zuzuschlagen, wenn erneuter Schmerz im Außen droht, bleiben wir in diesem Teufelskreis stecken. Ob nach innen oder außen, egal. Das sind die Regeln der Welt des „unbewussten Schmerzes" und können erst durchbrochen werden, wenn wir sie durchschauen.

Eine Todesspirale, die nicht endet, wenn sie nicht unterbrochen wird. Hierfür müssen wir jedoch aufwachen und die Realität der schmerzlichen Ausgeburten in uns anerkennen. Und das können nun mal nur wir selbst und unser innere Krieger, der mutig in die Konfrontation mit seiner dunklen und versteckten Seite zieht. Aufwachen, hinsehen sind unabdingbar, um sich auf den Weg in die eigenen Abgründe zu machen.

Schmerzen müssen als das erkannt werden, was sie sind: Wachstumschancen und Tore zum „Sein", wenn wir deren Macht über uns zerstören (die positive Zerstörungsvariante). Als Erstes muss die Tatsache, dass es da etwas gibt, das die totale Regie übernimmt, erkannt und anerkannt werden, sonst wird es schwierig (Sie erinnern sich an die Tugend der Einsichtsfähigkeit?). Dann beginnt die bewusste Eigenarbeit, was heißt: es müssen die bewussten Zügel angelegt werden, die die inneren „Höllenhunde" oder Angreifer an die Leine legen, wenn sie sich verselbstständigen wollen. Wenn die Dressur und Gesundung mit der Unterstützung des inneren Beobachters und Kriegers gelungen ist, wird es Zeit, zu lernen, mit diesen Energien konstruktive Wege zu finden. Diese einst verdrängten Genossen haben viel Kraft, oder eher: sie sind unsere einst abgelehnte und nicht neutral gelebte Kraft. Kraft, die dienen kann, um bewusst zu erschaffen, zu heilen, Schwache zu beschützen, aber nicht, um sie zu missbrauchen. Das Bewusstsein über den Sinn schmerzhafter Kindheitserfahrungen, die vom seelischen bis körperlichen Missbrauch reichen können und sich im Schmerzwesen verselbstständigt haben, kann somit dazu dienen, aufzuwachen und den Wendepunkt einzuläuten.

Vorher sollte allerdings das Bewusstsein in uns noch weiter erhöht werden und das Verstehen über den Sinn von Schmerzen und Abwehrmechanismen, auch. Meditieren, bis die Erfahrung der Einheit gemacht ist, kann das Verstehen und das Einheitsbewusstsein fördern, sodass sich die unbewusste Trennung in unserem Inneren auflöst und wir uns im anderen erkennen. So können wir erfahren, dass wir mehr sind, als die innere Zwiegespaltenheit in uns, die Angst hat in die innere Schlacht mit unseren Schatten zu ziehen. So können wir uns für die Schlacht mit unserer „Dunkelheit" vorbereiten. Mit dem Teil in uns, der auf unserem wahren Wesen thront und die Themen unbewusst beschützt, die wir in diesem Leben erlösen wollen, um zu wachsen und aufzuwachen. Erst wenn das Schmerzwesen und seine Ausgeburten erkannt und von uns bewusst entmachtet wurden, hört die innere Zerrissenheit in uns auf, unter der wir eigentlich permanent leiden. Wir leiden, da wir diese Seite in uns so lange weggesperrt und dadurch den bewussten Zugang verloren haben. Als Folge dieses Sieges über unsere Unbewusstheit kehrt die gesunde Einheit wieder zurück. Der Himmel in uns (der erlöste Geist) senkt sich auf die Erde (das wahre Sein lässt sich im Körper nieder). Licht und Schatten gehen Hand in Hand, anstatt voreinander davonzulaufen, was vorher der Fall war. Der Sieg über den eigenen inneren Drachen (oder Schatten) ist gelungen. Der Sinn des Lebens ist vollbracht. Der bewusste Schöpfungsprozess kann beginnen!

Haben wir uns selbst in unseren Schatten erkannt und machen uns auf den Weg der Erlösung, können wir doch eigentlich nicht mehr unbewusst verletzen und hören mit diesen Traumatisierungsattacken einfach auf, da wir begriffen haben, was wir da tun. Außer wir haben es nicht begriffen oder wollen es nicht begreifen.

Um uns selbst zu befreien, bedarf es eines hohen Grads an Bewusstheit, Kraft und Selbstliebe aber auch Einsichtsfähigkeit und Willen. Wir müssen unser Auge nach innen schulen, damit wir dieses Schmerzwesen, das viele Gesichter und Masken zum Schutze trägt, aufspüren können. Nur, dazu muss reflektiert und ganz bewusst neu entschieden werden. Und, wenn Sie die Beschreibungen nachvollziehen können, sich selbst aufräumen wollen und alleine nicht weiterkommen, dann gibt es doch noch immer Hilfe im Außen. Nur nicht aufgeben, es lohnt sich!

Mit anderen Schmerzwesen lernen bewusst umzugehen

Was tun, wenn Sie mit dem Ausbruch des Schmerzwesens eines anderen Menschen innerhalb einer Beziehung, egal, ob privat oder beruflich konfrontiert sind. Da haben Sie einige Wahlmöglichkeiten, die sich natürlich wieder aus dem heraus ergeben, wie der andere und Sie bewusst oder unbewusst agieren und reagieren. Hier mein Vorschlag und mein Umgang mit derartigen Situationen, vielleicht ist er dienlich. Vielleicht auch nicht. Ausprobieren und selbst beobachten ist immer ratsam, auch hier.

Meine Erfahrung ist, dass wenn dieses eigenständige Wesen, das keiner Kontrolle eines wachen Beobachters untersteht, auf der Matte steht, jede Verständigung unterbrochen ist. Der Kopf übernimmt das Regiment und dann folgen Schuldzuweisungen, Rechtfertigungsarien und Verleumdungen. Die Erkennungszeichen des unbewussten Abwehrpanzers zum Schutze des Egos. Und wenn dieser Mechanismus einsetzt, ist kein Durchkommen mehr möglich. Als ginge es ums blanke Überleben, so wird gekämpft und die Realität verleugnet. Ohne Einsicht des Gegenübers ist die Verbindung in derartigen Situationen nicht wieder herstellbar. In solchen Situationen eine Verbindung zu erreichen ist eine Illusion, von der Sie sich schnellstens lösen sollten. Erkennen Sie das und gehen Sie bewusst damit um. In diesen Situationen hilft nur noch ein gezielter Aufweckschrei, damit der Wahnsinn anhält, d.h. ein Zen-Schlag, um diese Traumblase zum Platzen zu bringen, oder das Feld zu räumen. Trauen Sie sich den Angriff auf die Abwehrmechanismen noch nicht zu, oder ist der „Schlag" nicht gelungen, da ihr Gegenüber sich in seine eingebildeten Hirngespinste zu sehr verrannt hat, und null Bereitschaft hat vom Unsinn abzulassen, dann kann ich nur raten: Abgrenzung, aber schnellstens. Selbstfürsorge und wieder bei sich ankommen ist die einzige Lösung mit solchen verbohrten Sturköpfen. Stehen Sie mit dergleichen in engerer Beziehung, tut zuweilen eine Auszeit gut. Danach ist Begegnung manchmal wieder möglich, da sich das Schmerzwesen wieder beruhigt hat und als Folge zurückzieht. Erlöst ist es nicht. Nein, im Gegenteil: Es liegt auf der Lauer, um beim nächsten Reiz noch stärker bewaffnet die Verteidigung antreten zu können. Welch Anwaltspotenzial sich da zuweilen entpuppt ist frappierend! Das ist so, weil das Schmerzwesen jetzt seinen Gegner kennt: Sie. Und, da braucht es einen Anwalt, da es sich unbewusst unter Anklage fühlt. Der innere Anwalt entsteht, da das Schmerzwesen anstatt erlöst zu werden, eben intelligenter geworden ist und die Verteidigungsstrategie verfeinert. Meine Beobachtungen. Machen Sie ihre selbst!

Ist Ihnen der Mensch trotz Ihres Erkennens dessen, was real ist, wichtig, vermeiden Sie das Thema. Es bringt erfahrungsgemäß nichts da weiterzumachen. Außer die innere Bereitschaft desjenigen wandelt sich von stur in offen. Kommt auch vor, zwar eher selten. Wenn es aber jemand ernst meint und die Liebe stärker ist als das Ego, wird der Stein weggehoben alias der Konflikt aktiv und mutig angegangen und eine neue Ebene des miteinander Seins wird möglich. Geht das aber nicht, raten Sie ihm Unterstützung zu holen. Ein Rat den das Schmerzwesen hasst, außer sein Bewusstsein über das worum es geht: die Erlösung seiner Themen, die den Lebensfluss abschnüren, ist bereits stärker als das Festhalten und Verteidigen alter und krankmachender Hirngespinste. Will er dies aber nicht, das Thema aber ein elementares innerhalb ihres Miteinanders ist, dann werden Sie die Form der Beziehung verändern. Egal ob berufliche oder private Beziehung, damit leben müssen Sie nicht, wenn Sie nicht wollen. Sie lockern die Bande des Miteinanders, grenzen bewusst die Berührungspunkte ein. Das tun Sie dann für sich und nicht gegen ihn, was ein ganz gravierender Unterschied ist, wie wir wissen. Ist dann halt so. Steht nicht in ihrer Macht, den anderen zu ändern. Er muss wollen. Dann trauern Sie und lassen los. Entweder geht es anders weiter oder eben nicht.

Angst und Aggression gehören dem Schmerzwesen an
Der Ordnung halber möchte ich hier noch erwähnen, dass das Schmerzwesen, das ich unter dem Abschnitt „Aggressor und seine Ausgeburten" einfließen ließ, nicht ausschließlich bei diesem Kandidaten in uns sein Unwesen treibt. Nein, auch die Angst, wie bereits erwähnt, ist eine Ausdrucksform dieses unerlösten Genossen. Sie ist nur die nach innen gerichtete Tätervariante, die uns im Bann hält. Das Opfer, das die Angst gepachtet hat, ist genauso betroffen. Wer sonst täte uns das an. Das wahre und erlöste Sein bestimmt nicht. Dieser Täter entlädt sich nur nach innen, womit wir uns selbst Leid zufügen, und lädt den Täter im Außen durch Nichthandeln passiv ein. Er ist derjenige, der uns nicht aufstehen lässt, wenn klare Grenzen gefordert sind und durch Nichthandeln dem Missbrauch Tür und Tor öffnet. Auch das richtet das Schmerzwesen an, unser wahres Sein niemals. Die nach außen gerichtete Variante fügt anderen Schmerzen zu, die nach innen gerichtete erlaubt Schmerzzufügung. Der einen fehlt die Liebe zum Nächsten, der anderen die Selbstliebe. Im Ursprung beide gleich: unerlöst und schmerzgeladen. Dass sich beide Varianten innerhalb des Schmerzwesens munter abwechseln, dürfte klar sein. Somit müssen wir beide Seiten ins Visier unserer Beobachtungsgabe bekommen, um unser unbewusstes Selbstzerstörungs-Muster des Hin- und Herschwappens beider Pole und wie sie sich zum individuellen Ausdruck bringen, zu erkennen und auszumerzen.

Der Angreifer und sein Dienst für unser Bewusstsein

Da wir uns als Letztes mit der Natur des Schmerzwesens und seiner Entstehungsgeschichte und deren Folgen beschäftigt haben, aber auch den offensichtlichen Angreifer beäugten, gehen wir nun weiter. Wir nehmen uns das vor, was diese Varianten uns darüber hinaus über uns und unser eigenes Unbewusstes zu erzählen haben. Welche Chancen geben Sie uns zur Selbstreflexion und -erkenntnis.

Ich glaube, dass diejenigen, die dieses Buch lesen, nicht mehrheitlich dieser überdeutlichen Variante des offensichtlichen Aggressors bzw. der völlig unbewussten Ausgeburt des Schmerzwesens angehören (was ich jedoch nicht ausschließen will), sondern eher einer anderen, der wir uns unter „der nicht offensichtliche Typ" im Anschluss an das nächste Thema zuwenden werden. Wir greifen also diese eher hinterhältige Täterschaft in uns auch noch auf, um wieder weitere Inspirationen zu erhalten, uns selbst in unserem unbewussten Ego-Gehabe zu erkennen. Sie auch anzuerkennen, um dann den Unsinn aufzuhören, da uns dieses nicht erwachsene/erwachte Treiben unsinnig vorkommt, da wir zu viel Bewusstsein und Erkenntnis erlangt haben.

Für uns, die sich auf den Weg gemacht haben, sollten diese offensichtlichen (die nicht offensichtlichen natürlich auch) Tätervarianten ein warnendes Beispiel der Unbewusstheit und Gewalt sein und uns aufzeigen, wie aus verdrängten Schmerzverteidigungsmechanismen der grenzenlose Wahnsinn entstehen kann. Aber sie dienen uns noch zu mehr: Sie sind Prüfsteine, die uns das Leben zuspielt. Abgrenzung zu üben und zu praktizieren, und uns selbst im Gewaltpotenzial, egal in welch abgeschwächter Form, zu erkennen. Denn ob 1 Prozent Gewalt oder 100 Prozent in uns wohnen ist zwar im Ausmaß verschieden, jedoch im Ursprung das gleiche und somit lohnenswert es in sich anzunehmen.

Die Angreifer-Anteile dienen uns also trotz allem dazu, wertfrei und neutral zu bleiben und uns daran zu erinnern, welche Schattenaspekte auch in uns schlummern. Auch wenn nur die 1-Prozent-Variante greift, hat doch jeder ein großes oder kleines Schmerzwesen in sich beheimatet, das er beschützt und das ein Eigenleben im Unbewussten führt, solange es nicht erkannt und neutralisiert ist. Der eine Mensch ist bewusster und geheilter, der andere eben weniger. Also, daher sollten wir uns gegenseitig doch eher helfen als verurteilen, auch wenn wir wach erkennen. Denn, erkennen muss auch hier nicht verurteilen heißen. Hier besteht der große, aber feine Unterschied, wie wir wissen. Und, bevor wir nicht erwacht sind, ruft uns das Schmerzwesen zur Aufmerksamkeit. Auch dieses kleine Wesen müssen wir sehen, damit sich Licht und Schatten in uns wieder gesund verbinden können. Fehlt ein Teil, passiert es nicht. Ist wie beim Puzzeln. Wenn ein Teilchen fehlt, ist es einfach nicht fertig. Stimmt's?

Übeltäter locken unser Verdrängtes hervor

Die Täter im Außen, von denen wir hören oder lesen, geben uns die Chance, uns, wenn wir unbewusst sind, unsere Vorurteile bewusst zu machen. Wie schnell geht bei Nachrichten über Übeltäter, Kinderschänder oder Familientöter ein Entsetzen über unser Gesicht, gefolgt mit Worten des Unverständnisses und der Abwertung? So schnell können wir oft gar nicht schauen, schon verurteilen wir sie. Stadtgespräche lösen diese Täter aus. Alle schließen wir uns zusammen und erheben uns über diese Menschen. Sie zeigen uns doch so deutlich, dass wir anders, eben die „Guten" sind. Sind wir das denn wirklich? Sind wir nicht, wie wir wissen. Denn auch hier lauert wieder unsere berühmte Gutmensch-Maske, die den „Schein" statt das „Sein" zum Gefährten hat.

Kann aber auch sein, dass wir wach und „gut" (aufgrund von Selbsterkenntnis) sind, dann halten wir uns aber eher dezent zurück, distanzieren uns von den Verbalattacken der „Guten", da uns bewusst ist: Wären wir in dieser Lage, hätten wir dessen Vergangenheit erlebt, wir wüssten nicht, ob wir nicht genauso wären. Oder wissen Sie das sicher? Woher wollen Sie wissen, was ihr Schmerzwesen alles kann. Vielleicht wurde es nur noch nicht so sehr heraufbeschworen? Kann doch sein? Also lieber mal achtsam sein.

Fragen Sie sich lieber, wenn Sie den Impuls empfinden, sich über diese gewalttätigen Menschen zu erheben, was Ihnen angetan werden müsste, dass Sie unbewusst ähnlich handeln würden. Vielleicht wurde Ihnen das, was diesem Wesen einst Traumatisches widerfuhr und woraus sein Schmerzwesen unbewusst entstand, nie angetan. Ist doch eine Möglichkeit, oder? Wann werden Sie zum Berserker, haben Sie das schon mal überlegt? Wann drehen Sie durch? Ist vielleicht noch nie passiert, aber das Potenzial trägt jeder in sich, bewusst oder unbewusst. Oder nicht?

Vielleicht war dieser Mensch, der andere abschlachtet, einst selbst Opfer verheerender Wundzufügungen. Vielleicht musste er zusehen, wie seine Frau vergewaltigt und halb tot geprügelt wurde, um extrem zu werden. Das sind Traumen vom Feinsten, die das wahre Wesen nur so aus dem Körper katapultieren und der Geist mit Schmerzwesen-Energie bis oben hin vollgeladen werden kann. Durch solche Vorkommnisse werden Menschen erschaffen, die nur noch besinnungslos toben, wenn der unbewusste Schmerz ausbricht. Und jedem von uns kann ähnlich Verheerendes geschehen, wie wir wissen. Also, wissen wir wirklich ob wir anders sind? Tun wir nicht.

Viel und noch immer zu viel an Gewalt passiert im Verborgenen und speziell in der sogenannten Privatsphäre „Familie", die der Öffentlichkeit nicht zugänglich ist. Traumatische Ereignisse, nicht erkannt, nicht gestoppt, töten manche Wesen so ab, dass sie als einzige Überlebenschance für sich sehen, sich total zu verschließen. Gefühllos werden sich selbst und anderen gegenüber. Das kann, wie bereits erwähnt so weit gehen, dass einst lebendige Wesen zu eiskalten Kampfmaschinen werden, in denen nur noch das unbewusst Regie führende Schmerzwesen wohnt. Dann müssen die Schmerzen so stark gewesen sein, dass das letzte Quäntchen Lebendigkeit abgetötet wurde, da jedes Bewusstsein über das fehlt, was ich im Abschnitt über das „Schmerzwesen" und seine Ursachen und Folgen beschrieben habe.

Das Schmerzwesen ist immer präsent und liegt unbewusst auf der Lauer, um durchzubrechen, das sollten Sie einfach annehmen oder es lassen. Irgendwann kommt ein Auslöser und öffnet dieses Fass. Unkontrolliert schlägt die Welle zu, die Welle des Schmerzes, die den Täter besinnungslos um sich schlagen lässt. Ein Wunder? Nein, nicht wirklich, oder? Also, was müsste passieren, dass sich in Ihnen diese zerstörenden Kräfte breitmachen. Wer suchet, der findet. Wir haben alles in uns, denn wir sind alle Menschen, alle aus dem gleichen Stoff, nur mit anderen Lernaufgaben ausgestattet.

Jeder entwickelt seine Abwehrstrategie, aber jeder tut es, bis er es wieder bewusst aufhört, wie wir wissen. Also ist nicht eher Mitgefühl für diesen Menschen angebracht. Unabhängig von den Opfern, versteht sich von selbst, aber diese haben, glaube ich, auf jeden Fall unser tiefstes Mitgefühl. Das hoffe ich zumindest. Mitgefühl und Menschlichkeit, das was diese einst unschuldigen Wesen wohl nie hatten. Hätten Sie diese Qualitäten erfahren, wären sie wohl nicht zu wahnsinnigen Zerstörern mutiert. Unbewusstheit hat einen hohen Preis und den zahlen wir gerade alle und das nicht in geringem Maße, wie wir alleine aus den Medien erfahren. Mitgefühl und die Aufforderung vor der eigenen Tür zu kehren, wenn wir Derartiges hören, heißt nicht: Wegschauen und die Übertäter laufen lassen! Kaltblütige Mörder müssen zur Verantwortung gezogen werden und das voll und umfänglich. Anklagen, über sie erheben, das können wir uns aber sparen. Grenzsetzung hat nichts mit Arroganz zu tun, sondern mit bewusstem Selbstschutz und ist eine natürliche Antwort auf verheerende Taten. Und, wie bereits erwähnt, bei manchen Tätern ist das Schmerzwesen so blind, dass selbst therapieren nichts mehr bringt, nur wegsperren. Da muss man genau hinschauen, wie viel Licht und Wille zur Gesundung vorhanden sind. Ist da nichts, bringen die besten Therapieversuche nichts. Präventivarbeit ist die Antwort, Wachheit und Wege aufzeigen, wie mit persönlichem Schmerz umgegangen werden kann, bevor die Folgen Verwüstungen anrichten. Nützt niemals bei allen, aber bei vielen kann es, wenn das notwenige Bewusstsein frühzeitig vermittelt wird, etwas verändern, glaube ich.

Solche Nachrichten sollten uns zur Rückbesinnung einladen, uns selbst zu hinterfragen, wo, in welchen Winkeln in uns auch Gefahr lauert. Unerkannt und jederzeit durch einen entsprechenden Reiz auslösbar. Demut könnte auch eine Antwort sein. Dankbarkeit, dass wir nicht das Opfer waren, das Geschenk des Lebens genießen dürfen; und dass diese Taten uns eine Chance geben, um wieder einmal in unser Inneres leuchten zu können. Das eben als Beobachter, Gott sei Dank nicht als Betroffener. Haben wir nicht auch alle Täter in uns? Gutmenschen oft mehr, als ihnen lieb ist. Denn auch diesen wurde vielfach, zumindest in unserer Kultur, nie wirklich beigebracht, was Wut ist und wie damit konstruktiv und situationsnah umgegangen werden kann. Auch wenn sich das mittlerweile langsam ändert, nachdem die Grausamkeiten auch in Schulen bereits Extremformen angenommen haben. Und das wird wohl noch etwas so weitergehen, bis sich das Bewusstsein bis in die letzten Winkel gewandelt hat. Derzeit sind zwar Vorbeugungsmaßnahmen im Gange, aber ausreichend sind sie wohl noch lange nicht.

Aber was uns die Nachrichten auch mitteilen, ist, dass die größten Gefahren nicht ausschließlich bei den offensichtlichen Aggressoren und deren Schmerzwesen zu finden sind. Sondern eher bei den Menschen, die unauffällig, zurückgezogen und unzugänglich, aber auch mit ihren feinen aber wirkungsvollen Attacken schwer festzunageln sind. Diesen wenden wir uns nun zu: den „Schluckspechten“ und den „Hintenherum-Angreifern“.

Der nicht offensichtliche Typ

Schwer festzunageln, schwer erkennbar, außer man hat ihn in sich selbst erkannt, dann ist es leicht. Man kennt die Spielchen bestens, die schöne Maske, die wir selbst einst trugen oder noch immer tragen, und das Lügengebäude, das sich dahinter verstecken kann, wenn es nicht bewusst und erlöst ist.

Der **Schluckspecht:** Die oftmals gutmütig wirkenden Zeitgenossen, die stillen und unauffälligen Ducker und Wegschauer, sind meist auch nicht so wirklich voll Liebe, Güte und Mitgefühl, wie es scheint. Oftmals haben sich diese Menschen einfach nur diese Überlebenslist angeeignet, um sich zu schützen, um für nichts geradestehen zu müssen, da sie durch ihre Unscheinbarkeit fast schon übersehen werden. Wenn man mal genauer hinschaut, sind das diejenigen, die nie Farbe bekennen, alles über sich ergehen lassen, alles hinnehmen und erdulden, nur um ihre Konfliktunfähigkeit zu verbergen. Meist fällt auch jeder darauf rein und lässt sie in Ruhe, anstatt ihnen den Rücken zu stärken, sie bewusst aus der Reserve zu locken, um sie zu fordern und zu fördern. Tut sich keiner an, geht einen ja auch nichts an. Sein Problem, denken sich viele. Diese Menschen lassen sich gerne als seelische Mülleimer missbrauchen, da ihnen nicht nur Rückgrat, sondern auch Selbstachtung fehlt. Sie haben nie gelernt, Grenzen zu setzen, sie leben so dahin, bis sie ausbrennen, zusammenklappen oder irgendwann doch mal ausrasten. Dann geht aber meist unkontrolliert der Topf auf und niemand versteht den Zusammenhang. Aber jeder hat vorher weggesehen.

Dieses „Schluck-Specht-Syndrom" haben viele Gutmenschen zu ihrer unbewussten Masche gemacht. Dieser Typ ist mit der Angst-Variante in der Regel fest verbunden und zu dieser wurde schon einiges gesagt. Was sonst lässt ihn keine gesunden Grenzen setzen oder alles in sich hineinfressen. Meiner Erfahrung nach liegt fast immer die Prägung zugrunde, Wut ist böse. Also wird sie unterdrückt, bis sie hervorbricht, und dann wissen wir selbst, was geschehen kann. Ist nun das Schmerzwesen trotz Zurückgezogenheit und anhaltender Unterdrückung ein sehr starkes, geschehen dann zuweilen, wenn das Fass voll ist, die uns allen aus den Nachrichtensendungen wohl bekannten lebensbedrohlichen und vernichtenden Entladungsaktionen. Die Amokläufe in den Schulen, mit Benzin übergossene und angezündete Ehefrauen sind Beispiele genug. Unauffällig, bis der Kragen platzt. An wem die Wut dann ausgelassen wird, ist denjenigen dann egal. Das Schmerzwesen interessiert das nicht, wie Sie wissen, da es vor blinder Wut nur um sich schlägt. Egal wann, egal auf wen. Entladung ist das einzige unbewusste Motiv! Hauptsache, die

Energie ist raus, selbst wenn der Täter dabei selbst zum Opfer seines Wahnsinns wird, indem er sich noch selbst mittötet. Das Schmerzwesen hat zugeschlagen, unbekannt, unerkannt und zügellos unbewusst.

Die Gesundung des Schluckspechtes

Das ist eine Gesellschaftsbilanz, die erschreckt. Weshalb sehen wir das nicht klarer, erkennen diese Gefahrenträger im Innen und Außen nicht früher? Weil uns selbst oft genug das Bewusstsein und der innere Beobachter fehlen. Wir kategorisieren dann die Missetäter und stecken sie in psychologisch-pathologische Schubladen, verordnen Erziehungsmaßnahmen oder Medikamente, aber erweitern noch immer zu wenig das Bewusstsein, um dem „Kranken" Hilfe zur Selbsthilfe zu geben, indem er lernt zu meditieren, sich innerlich aufräumt, seinen Täter erkennt und seine Themen bewusst erlöst. Das Schmerzwesen, wie ich es einfach versuche darzustellen, ist wie ein Tier, das ständig neue Nahrung sucht. Süchtig verleibt es sich von außen oder durch eigene Gedanken Schmerznahrung ein. Erkennen Sie sich darin? Suchen Sie nicht auch immer wieder unbewusst Situationen, Auslöser, um sich schlecht, schuldig oder nicht gut genug zu fühlen, um die Glaubenssätze bestätigt zu bekommen, die das Schmerzwesen lebendig sein lassen. Nach innen, aber in der Natur der Sache nicht anders. Das geht dann eben so lange weiter, bis wir erkannt haben, dass es der unbewusste Unsinn, die Hypnose unseres Schmerzwesens incl. „Ego" ist und dass dies im Endeffekt nur unsere Lebenslüge in Bezug auf das, was wir glauben zu sein, nährt. In Wahrheit gibt es nur bewusst oder unbewusst. Sind wir unbewusst in Schmerzprägungen verhaftet, füttern wir ständig diesen Teil des Schmerzwesens in uns. Hauptsache, es tut weh. Es tat in der Kindheit weh, und Liebe wird mit Schmerz verwechselt. Jedes Schmerzwesen muss sich irgendwann entladen. Das lernt man schon in der Technik. Zu hohe Stromzufuhr zerstört ein Gerät, indem die Sicherungen durchbrennen. Bei uns sieht das nur etwas anders aus, aber Funken sprühen wir auch. Nicht auf die gleiche Weise sichtbar, aber fühlbar und zuweilen auch in den Folgen sichtbar. Reflektieren Sie sich also nicht bewusst, werden Sie sich nicht auf die Schliche kommen!

Wichtig ist somit, um das Ganze zu stoppen, dem Schmerzwesen die Nahrung zu entziehen, die es sich durch diese Selbsthypnose, falsch und richtig, gut und schlecht betreffend, selbst holt. Unsere unbewussten Interpretationen, Angriffsworte, die wir zum Beispiel in Gesprächen hören, die aber nicht gesagt werden, nähren diese Glaubenssätze. Das können wir nur selbst erkennen und unterbinden, dass wir Dinge hören, die niemand gesagt hat, die wir aber unterstellen und die uns zum Ausrasten bringen. Die eigenen Schmerzzufuhrmechanismen, die aus alten Glaubenssätzen bestehen, müssen wir uns bewusst machen. Die Stimmen im Kopf, die uns einreden, nicht gut zu sein, zu versagen, nicht liebenswert zu sein oder was auch immer das Schmerzwesen an Glaubenssätzen parat hat, müssen wir erkennen, um dem Schmerz die Nahrung zu nehmen. Der bewusste Beobachter ist die Kontrollinstanz, die sofort aufleuchtet, wenn wir uns wieder Mist einreden wollen. Mit dieser Hypnose geben wir aber nur unserer dunklen Seite Macht, indem wir die Lügen nähren, an die wir glauben, die aber nicht wahr sind. Denn wir, die wir in Wahrheit sind, sind in Ordnung, so wie wir in unserem Ursprung sind. Leider zeigen wir davon vielfach zu wenig, sodass wir fast oder total vergessen haben, wer wir wirklich sind.

Eigene Varianten erkennen und neu handeln

Wer kennt nun diese Schluckspecht-Varianten nicht? Irgendwo hat doch jeder von uns Bereiche, in denen er hinnimmt, nicht zu verwechseln mit „sich hingibt“. Großer Unterschied. Hingabe kann nur mit innerer Größe geschehen, mit dem Bewusstsein darüber, dass wir groß genug im Inneren sind, um zu dienen. Die Menschen, die hinnehmen, in Form von erdulden, nicht aufmucken, identifizieren sich eher mit dem Gegenteil. Sie fühlen sich klein, minderwertig, rückgratlos und unwürdig, was wieder Schmerznahrung bedeutet. Sie fordern Täter geradezu heraus, sie als Fußabstreifer zu missbrauchen. Nein, sie schreien förmlich danach, sind wie Fähnchen im Wind, reden jedem nach dem Munde, machen alles, auch unaufgefordert, immer in der Hoffnung, ein paar Krümel an Zuwendung abzukriegen, oder wenn das nicht geht, wenigstens Energie über negative Zuwendung zu bekommen. Erwachsen ist das nicht wirklich, oder? Nur Schmerzwesen nährend. Unser Sein nährt sich aus sich aus der eigenen inneren Quelle und hat all diese unbewusste Nahrungszufuhr nicht nötig.

Kennen Sie die erwähnten unbewussten Energiezufuhrvarianten bei sich oder bei jemandem, bei dem Sie sich wirklich beherrschen müssen, dass Sie nicht aggressiv werden? Unbewusst aggressiv, da dieser Mensch einfach nicht auf Augenhöhe geht und immer nur dieses Schmerzwesen und seine Würdelosigkeit nährt, sie das aber bewusst nicht sehen können?

Aber auch Vorsicht! Unsere Verurteilungen sind auch hier fehl am Platz. Wie schnell erheben wir uns selbst auch über diese „Schlappschwänze", anstatt, wenn wir damit konfrontiert sind, vor der eigenen Tür zu kehren und uns durch diese Auslöser zu fragen: Wo, in welchen Lebenssituationen bin ich ähnlich? Mitgefühl breitet sich dann wieder in uns aus, wenn wir uns in diesem Typ erkannt haben. Auch wenn das Schmerzwesen dieser Menschen uns unbewusst auffordert, ihn zu missbrauchen und uns über ihn zu stellen, werden wir die Chance ablehnen. Wir entscheiden doch bewusst, was wir nehmen oder nicht. Wir nehmen auch dieses nicht persönlich. Wir schauen bewusst hin und reichen die Hand, helfen dem wahren Wesen hoch, anstatt das Schmerzwesen bewusst zu füttern. Ist das nicht eher Liebe. Hochhelfen, ermutigen. Der Täter braucht unsere Liebe in Form des Stopps bzw. der Grenze. Klar, deutlich und mit innerer Würde. Der ängstliche Typ braucht das Hochhelfen, auch wenn das zuweilen ein Tritt in den Hintern ist, damit er für seine Würde aufsteht. Wenn Sie innerlich über so jemandem stehen, sprich mehr Selbstwert haben, helfen Sie dem anderen, Selbstwert zu entwickeln, anstatt Ihr unbewusstes Ego damit zu polieren, dass Sie erhaben, das heißt ihm überlegen sind. Auch Tätervariante.

Unentschuldbar, selbst wenn wir uns einreden wollen, dass der andere sich doch anders verhalten könnte, unter dem Motto „Selbst schuld!". Kann er aber vielleicht nicht, wenn er noch kein Bewusstsein über die Ausmaße seines Schmerzwesens hat!

Also, wo fängt die Verantwortung an, wo hört sie auf. Sie sehen, es gibt reichlich zu hinterfragen, zu erkennen und anzuerkennen, was real ist. Nicht das, was wir uns vormachen wollen, dass es ist.

Die **Hintenherum-Angreifer** (also auch Täter), wie soeben beschrieben, werden meist nicht leicht erkannt. Der Schluckspecht greift seine Würde ständig selbst an oder fordert es unbewusst von anderen, ihn schmerzvoll und unwürdig zu behandeln. Alles keine wahre Liebe füreinander oder zu sich selbst. Sind Sie total unbewusst und glauben, selbst gut zu sein, können Sie dieses Selbstbild schnell überprüfen, wenn Sie jemandem begegnen, der Sie durch sein Verhalten zum Machtmissbrauch herausfordert. Von diesen Menschen gibt es in unserer Angstgesellschaft noch immer reichlich. Jemand, der sich nicht wehrt, keine Grenzen setzt, nicht weiß, wer er ist, und keine Würde in sich trägt, ist eine Verlockung für unser überhebliches Ego.

Jammern oder lästern ist „normal"

Auch die Überheblichkeit von Lästerern wohnt in jedem von uns, da auch diese Eigenschaften dem unbewusst lebenden Schmerzwesen angehören. Auch wenn diese Anteile nur in der Form zum Ausdruck kommen, dass wir jemanden nicht die Meinung sagen, wenn er es braucht und wir die Chance dazu haben, sondern es hintenherum tun. Das bedeutet, jemanden hintenherum anzugreifen. Verrat, sonst nichts. Noch extremer kommt diese Variante zum Ausdruck, wenn sich zum Hintenherum-Anklagen noch der Schleimer hinzugesellt. Der Schleimer, der sich beim anderen einschmeichelt, ihm nach dem Munde redet und so tut, als würde er zu ihm stehen, obwohl er ihm das symbolische Messer in den Rücken sticht, sobald sich dieser abwendet. Was für eine Steigerung des Verrates dies ist, muss ich, denke ich, nicht betonen. Und wer macht das alles? Das wissen Sie bereits, oder?

Ein echter Freund sagt einem die Wahrheit ins Gesicht, ein Feind agiert hintenherum. Lästern ist an der Tagesordnung, nicht bei jedem, aber immer noch bei zu vielen. Eine unbewusste Strategie der Energiezufuhr von außen, mehr nicht. Was versprühen wir alle an Gift, füttern unser bedürftiges Ego (Schmerzwesen) mit verlogener Nahrung, was nicht notwendig wäre, wenn wir einfach bei uns bleiben und uns selbst aus unserer inneren Quelle nähren würden. Diese Art des Energie-Klaus ist menschenunwürdig. Wenn wir etwas zu sagen haben, dann bitte an der richtigen Adresse. Hintenherum ist ganz mies und hat mit Gutsein wenig gemeinsam, eher mit Feigheit. Nur ein Mittel, uns selbst zu erhöhen. Würden wir etwas ändern wollen, würden wir die Meinung demjenigen geigen, der sie braucht, und nicht andere damit belästigen, diese noch mit in den Sog ziehen und Unbeteiligte zu Mittätern machen. Aber das ist auch die Realität. Wie viel Zeit des Tages verbringen wir unbewusst damit, über andere zu reden oder eher herzuziehen? Uns zu beklagen, über unser Leid im Allgemeinen oder unsere Krankheiten, und uns über unsere bedauerlichen Lebensbedingungen, das fürchterliche Wetter oder unsere missratenen Kinder oder Partner auszulassen. Das ist unbewusstes Um-Aufmerksamkeit-Buhlen der Unbewusstheit und Missbrauch der Aufmerksamkeit des Zuhörers.

Über uns selbst sagen wir in der Regel wenig, außer oberflächlichen und außenorientierten Kleinkram. Oder wird verbrüdern uns mit anderen Hintenherum-Angreifern, um das abgebaute Rückgrat auf diese Weise künstlich zu errichten. Armselige Ablenkmanöver unserer Unbewusstheit sind das. Von Selbstachtung keine Spur in diesen Menschen. Je mehr wir über andere reden oder uns anderweitig beklagen, umso mehr lenken wir die Aufmerksamkeit von uns selbst und dem, was unsere dunklen Seiten in uns ständig verbocken oder durch unsere Unbewusstheit nicht in Angriff nehmen, weg. Das ist alles. Eine Strategie der Ablenkung. Das nennen wir Menschen dann meist: Unterhaltung.

Eine zuweilen auch recht beliebte unbewusste Hintenherum-Variante des Schmerzwesens ist das den Nerv tötende „Verschweigen". Es gibt Menschen, die lieben es, in ihrer Unbewusstheit und ihrem Hochmut verschleierte Botschaften in den Raum zu stellen. Dinge, die sie über oder von jemandem (am besten noch von einem Anwesenden) wissen, vielleicht sogar noch entsetzlich finden, nur andeuten, aber nicht direkt ansprechen, im Sinne von: „Ich weiß etwas, was du nicht weißt, will aber nicht darüber reden …", zuweilen getoppt mit dem Spruch „… habe ich dem andern versprochen", wenn noch ein Dritter diese Attacke mitunterstreichen soll. Es ist eine derart fiese Strategie, Schuldgefühle zu verteilen, aber niemandem, geschweige denn demjenigen, den es betrifft und der Stellung nehmen könnte, die Möglichkeit zu geben, die Sachverhalte zu klären. Es ist eine Falschheit, die da angewandt wird, die beim Gegenüber eine Hilflosigkeit und Endlosschleife des Rätselns im Kopf erzeugt, die den „Verschwiegenen" zu einem solchen Täter macht, dass das nicht mehr lustig ist. Und diese Täter halten sich tatsächlich noch für „gut", da sie andere „beschützen", was ihr „gutes Werk" heilig spricht. Ist das wirklich „gut", wenn es den Betroffenen derart wehrlos und wütend macht? Nein, das ist es nicht, und wenn man das als Mensch mit Rückgrat und innerer Würde mitbekommt und duldet, stellt man sich mit dem Täter sogar auf eine Ebene. Wie armselig diese Art des Hochmuts ist, muss ich, glaube ich, auch nicht erwähnen. Nichtsdestotrotz noch immer eine gerne gewählte Heimtücke unseres scherzerfüllten und trotzdem armseligen Egos.

Eine weitere „schöne" Hintenherum-Erhebungsmasche des Egos ist auch die Herablassung des Besserwissers. Das sind Menschen, die alles, was andere falsch machen, versteht sich, erkennen und die Lösungen parat haben, wie es richtig sein müsste. Sie haben dann so etwas Distanziertes, über allem Erhabenes und nähren ihr Ego durch Aufwertung, dass sie die Klugen und die anderen eben die Dummen sind. Auch Hintenherum-Angriff, nur über die Klugscheißer-Schiene. Mit Demut und Dienen oder Mitgefühl und Selbsterkenntnis hat das auch wenig zu tun. Unbewusst und abwertend, außer diese Menschen krempeln ihre Ärmel hoch und unternehmen etwas gegen das, was sie als „nicht richtig“ empfinden.

Die Handelnden unter ihnen haben dann aber eher weniger von dem „Erheben“ und mehr vom „Erkennen“ und anderen „Dienen“. Diese Menschen sprechen dann schon auch über die Missetäter oder Missetaten, aber anders. Dieses darüber Sprechen ist mehr in der Weise erkennbar, dass die unbewussten Verhaltensmechanismen einfach benannt und aufgedeckt werden, mehr zum Dienste der Selbsterkenntnis als zur Verurteilung. Darin ist dieser abwertende und verurteilende Aspekt nicht zu finden. Die Worte sind einfach nur klar und benennend sowie Folgen aufzeigend, sie laden aber auch ein, sich selbst darin zu entdecken.

Sicher gibt es noch unzählige weitere Varianten, wie sich der Täter, die Ausdrucksform unserer unerlösten Schmerzen, in uns gut getarnt und unentdeckt ausleben kann, ohne das Schutzschild „Gutmensch-Maske“ gefährden zu müssen. Solange wir alle nicht bereit sind, hinter die äußeren Blendungs- und Ablenk-Strategien unserer eigenen Schmerzwesen zu schauen, und selbst damit aufhören, wird sich auch wenig daran ändern lassen. Aber schauen Sie einfach selbst, welche Strategien Sie noch selbst entdecken können, wenn Sie wollen. Das gilt natürlich nicht nur für Ihre Mitmenschen, sondern auch für Sie selbst.

Und nicht vergessen: Nicht nur diejenigen, die all die beschriebenen Varianten unbewusst oder zuweilen auch mit voller Absicht nutzen, sagen in erster Linie etwas über sich selbst und ihre unbewussten Ausgeburten des Schmerzwesens aus. Sie erzählen Ihnen, „wer sie sind“. Wenn Sie darauf einsteigen und mitmachen, sagen Sie das Gleiche auch über sich selbst!

Hintenherum-Varianten sind Begegnungstöter
Mit einer Begegnung von Mensch zu Mensch, von Sein zu Sein, in Liebe und Wertschätzung verbunden, den Augenblick bereichernd und sich „mitteilend", haben alle diese Schmerzausdrucks-Varianten, wie Sie sich denken können, auch nichts gemeinsam. Um dieses Miteinander zu erlangen, brauchen wir unser wahres Wesen zurück. Nur das ist fähig sich so nah und tief einzulassen, ohne zu verletzen oder persönlich verletzt zu werden.

Keinem tut das Gezeter und die Anklagen, das Herziehen und Hinrichten, Schönreden und Verschleiern gut (außer unserem Schmerzwesen), es vergiftet und ist verlogen. Auch wenn sich nach den Hintenherum-Attacken dann zuweilen Schuldgefühle breitmachen und darauf das Einschleimen und die unbewusste kindliche Wiedergutmachung folgen, bleibt es doch das, was es ist: Ein Ausdruck von Unbewusstheit. Und fleißig rühren wir unbewusst in der Suppe des Verrats mit, wenn wir uns nicht einmischen und für unsere Werte der Offenheit und Fairness eintreten. So nähren wir gegenseitig weiter die Dunkelheit, anstatt all das zu stoppen und uns gegenseitig bei der Heilung behilflich zu sein. Solange wir unbewusst nur „dazugehören" wollen, ohne das „wozu eigentlich" zu hinterfragen, zahlen wir alle einen hohen Preis. Wir verkaufen unsere innere Würde und verraten die Wahrheit in jedem Moment, ohne mit der Wimper zu zucken, selbst.

Machen wir da irgendwann aber nicht mehr mit oder stehen dagegen sogar auf, werden wir nicht selten als „persona non grata" aussortiert. Massendruck, nicht wahr. Menschlich verständlich, denn das Bedürfnis oder eher die Bedürftigkeit nach Zugehörigkeit – auch wenn es eine kranke Form ist – ist noch immer groß, da wir nicht mit uns alleine sein können. Außer einsam, und das wird als grausam empfunden. Ist halt so, außer es ist anders, dann werden wir aber das Thema wechseln, wenn wir in derart giftige Gespräche eingeladen werden, oder ablehnen mitzumachen bis hin zur Grenzsetzung und der direkten Konfrontation mit dem Angreifer. Das müssen wir sogar tun, haben wir nur annährend angenommen, was hier erläutert wurde. Da gehört dann aber Rückgrat dazu, welches wir nur zu oft „um des lieben Friedens willen“ abgelegt haben. Haben Sie das Rückgrat und Ihre inneren Werte wie Nächstenliebe, Würde und Achtung nicht verkauft oder wiedergewonnen, werden Sie verzichten.

Moralische Werte halten viele hoch, um zu zeigen, wie „gut“ sie sind, aber wenn wir diese Werte nicht ständig im Bewusstsein haben und selbst vorleben, fallen sie unter den Begriff „Worthülsen“. Große Klappe, nichts dahinter. Einfordern, aber kein Vorbild für Wahrhaftigkeit sein. Man muss auch nicht perfekt sein, der Moment entscheidet, aber wir müssen dann auch etwas gütiger mit anderen Menschen werden. Keiner ist perfekt, wir auch nicht. Das Leben zeigt es uns. Den Anspruch müssen wir loslassen. Wir sollten eher total lebendige und situationsgerechte „Momentantworter“ werden. Eins sein mit dem, wer wir sind, und nach Vervollkommnung unserer Fähigkeiten streben. Das wäre dienlicher und würde so manches unbewusste Schmerzwesen stoppen. Wäre unser Streben, perfekt zu sein, nicht so ehrgeizig, müssten wir nicht hintenherum den Täter herauslassen, indem wir lästern und andere verurteilen, wenn sie unseren Wertvorstellungen nicht entsprechen. Diese Gutmensch-Masken sind, wie Sie sehen, nicht unproblematisch. Die Verführung, durch sie selbst zum Täter zu werden, da unser Schmerzwesen unkontrolliert mitmacht, indem es mit lästert, ist doch auch nicht besser. Diese Variante ist nur fein dosierter, nicht so explosiv und deutlich, wie bei den offensichtlichen Angreifern, nur eben schwerer zu entlarven. Aber auch da können wir unser Auge schulen.

Unerlöste Täterschaft ist wie Müllverursachung

Der nicht offensichtliche Typus des unbewussten Schmerzwesens in uns, das wir erlösen wollen, um Wort und Tat in Reinheit zu bringen, ähnelt eher einem Menschen, der in seiner Wohnung überall etwas Unordnung verursacht. Überall liegt ein wenig herum, gut verteilt, zum Teil auch gut verstaut, trotzdem altes Zeug, das entsorgt gehört, es ist nur auf den ersten Blick nicht so klar auszumachen. Der offensichtliche Typ, um im Unordnungsbeispiel zu bleiben, schmeißt alles auf einen Haufen, jeder fällt drüber oder stößt sich sofort daran. Im Grunde, im Kern sind beide gleich: Müllverursacher, unordentlich und störend und weit von dem Wesen entfernt, das wir in Wahrheit hinter dem unbewussten Müllhaufen sind. Sie sehen, es gibt kaum Unterschiedlichkeit, die nicht im Kernpunkt Ähnlichkeiten aufweist. So verhält es sich mit unseren unbewussten Tätereigenschaften. Die einen sind laut, die anderen leise. Keine wirklich besser, keine wirklich schlechter, nur anders in der direkten Konsequenz. Es ist ähnlich wie beim Selbstmord: Es gibt den direkten und den langsam, aber trotzdem zielorientierten Selbstmord. Der eine schießt sich gezielt eine Kugel in den Kopf, der andere säuft oder spritzt sich langsam zu Tode. Das Ergebnis ist gleich: Exitus.

Angreifer ist Angreifer, Schmerzwesen bleibt Schmerzwesen. Wir sind alle gleich. Innerhalb der dunklen wie der hellen Einheit in uns. Nur etwas anders dosiert. Alle haben wir ein stärker oder schwächer geladenes Schmerzwesen, aber alle haben wir bewusst oder eher unbewusst eines. Oder wie kommt es, dass wir als Gesellschaft da stehen, wo wir nun mal stehen, und die Gewalt, die wir uns täglich antun, kein Ende findet? Kein Ende, trotz all der guten Bemühungen und Friedensparolen?

Alle haben wir aber auch ein gesundes Einheitsbewusstsein und das gehört unserem wahren Wesen an. Das, was wir durch gezielte Traumaarbeit, verbunden mit Meditation wieder freilegen können. Das Schmerzwesen verletzt uns und andere ständig, manchmal leicht, zuweilen auch heftig, das andere segnet uns und andere immer und überall. Wir haben immer die Wahl und die Konsequenzen zu tragen. Alles hat Folgen, ob uns das bewusst sein mag oder nicht. Was das Schmerzwesen anrichtet, ob bewusst oder unbewusst, dafür werden wir zur Rechenschaft gezogen. Was das wahre Wesen vollbringt, dafür erhalten wir auch unseren Lohn, auch wenn der nicht in harten Münzen sichtbar wird. Ist das so, dann können wir doch auch bewusst die Verantwortung dafür übernehmen. Vom Schmerzwesen können wir dann doch langsam, aber sicher oder auch schneller, ins wahre Wesen wechseln, indem wir unser Schmerzwesen mit seinen Glaubenssätzen und Prägungen erkennen, ihm die Nahrung entziehen und es ins Aus setzen, da es neutralisiert wurde. Klingt das nicht logisch?

Also macht es doch durchaus Sinn, sich ständig selbst zu beleuchten und auf eigene verborgene Tätereigenschaften zu durchforschen.

Unbewusste Mechanismen selbst durchforsten

Um unsere bewussten oder unbewusst schlummernden Schmerzeigenschaften nun zu stoppen, bedarf es eines wachen Auges. Durchforsten Sie Ihr Leben. Die Opfersituationen fallen uns meist leichter ein, daher nutzen wir diese zuerst. Wo immer Sie sich im Jetzt zum Beispiel als Opfer fühlen, setzen Sie mit der Beleuchtung an und betrachten Sie Ihre Worte und Ihr Verhalten, ob und wann Sie in den Gegenpol rutschen.

Beispielsweise waren Sie heute Opfer einer Anfeindung eines Kunden. Er beschwerte sich und griff Sie persönlich an. Sie nehmen nun nichts mehr persönlich, sondern hören einfach nur hin, hören seine Verzweiflung und Hilflosigkeit, aber interpretieren nichts Persönliches rein, selbst wenn er Sie als blöde bezeichnet. Sollten Sie jedoch noch nicht so weit sein, dass Ihnen dies gelungen ist, da Sie noch üben, rekapitulieren Sie, wie Sie sich fühlten: Niedergeschlagen, gereizt, traurig, wütend, was auch immer sichtbar wird. Dann leuchten Sie den Rest des Tages aus. Konnten Sie im Moment bleiben, loslassen, ohne weiter an diese Situation zu denken, gelassen und friedvoll weiterarbeiten? Falls nicht, was ging in Ihnen vor? Rachegedanken oder Zorn, Selbstverurteilung oder -zweifel? Was geschah dann? Wann und wo entlud sich diese Energie? Sie haben auch keine Grenze gesetzt am Telefon, oder? Vielleicht ging der ganze Tag noch gut, aber im Kopf waren Sie immer noch im Gespräch. Stunden später, bis das Gespräch, die dazugehörigen Gedanken und Gefühle weggedrückt wurden. Der Heimweg lief auch noch gut, Sie ließen sogar im Stau jemanden vor, doch dann kommt die Tochter mit einer „5“ in Mathe nach Hause. Das war zu viel! Was bekommt die Tochter zu hören? Eine Momentaufnahme oder die angestauten Gefühle des ganzen Tages? Eine „5“ ist eine „5“. Sie hat Folgen, klar. Die Welt geht dadurch nicht unter, auch Ihr Überleben ist dadurch noch lange nicht gefährdet, aber Sie rasten total aus: Schreien die Tochter an, machen ihr Vorwürfe, klagen sie der Faulheit an usw. Hinterher tut es Ihnen leid, Sie entschuldigen sich vielleicht sogar, da Ihnen klar wird, dass es nicht fair war. Aber haben Sie den Zusammenhang erkannt? Jetzt schon. Da müssen Sie sich stoppen, wenn das so ist, und wenn das Angestaute so mit Ihnen durchgeht. Sie waren Opfer beim Kundengespräch und wurden zum Täter bei der Mathe-Fünf. Ist ein Beispiel, kann ganz anders sein, kann auch länger dauern und sich erst beim „Zahnpastatuben-Streit“ wieder entladen, wie auch immer. Durchschauen Sie Ihre Muster, und stoppen Sie diese.

Wo sind Sie Opfer, wo ist das Zwillingsbrüderchen Täter unterwegs. Kann man entdecken, wenn man will und bewusst hinschaut. Die Tricksendung „Tom und Jerry“ ist hierfür ein wunderbares Beispiel wie das „Katz- und Maus-Spiel“ zwischen Opfer und Täter funktionieren kann. Die beiden Kumpels sind Freunde und Feinde zugleich und identifizieren sich ständig mit jedem Ärgernis. Tom, die Katze besonders. Er repräsentiert somit unser Schmerzwesen-Verhalten ziemlich deutlich.

Also fangen Sie an, wenn Sie entschieden haben, dass ihnen eine Schmerzwesen-Diät gut tun würde. Wenn Sie zum Beispiel bei einer Tätersituation beginnen wollen, dann tun Sie das. Ist eigentlich egal, ob Sie beim Opfer oder Täter beginnen. Mit dem Opfer zu starten ist vielleicht leichter, denn als Gutmensch ist es schwer genug sich mit dem inneren Schatten bewusst zu verbinden. Und diese Position kennt nun auch jeder, da sich doch jeder Mensch in irgendeiner Weise vom Leben betrogen oder benachteiligt fühlt und wir dadurch dieser Variante in uns näher sind, als zumeist dem Täter. Es obliegt jedoch dem Gesetz der Dualität, dass beides im Unbewussten wohnt, bis wir unseren Ursprungszustand des wahren Seins wiederhergestellt haben. Im Bewusstsein nutzen wir einfach Verhaltensweisen unterschiedlicher Natur, die der Moment erfordert, ohne von der unerlösten Vergangenheit versudelt zu sein. Da gibt es das Gut und Böse, Richtig und Falsch nicht mehr. Nur eine Momentaufnahme, die nach einer situationsgerechten Antwort verlangt. Der Moment ist vorbei, der nächste ist da. Die Gegenwart hat gesiegt. Hier und jetzt, nichts bleibt mehr im Geiste kleben und fordert seinen unbewussten Heimzahlungstribut. Opfer und Täter sind Vergangenheits- und Zukunftsprodukte unseres Verstandes und unserer Prägungen. Gefahr erkannt – Gefahr gebannt.

Die Angst fordert „pushen“, der Angreifer „zügeln“

Im Angstmechanismus müssen wir uns „pushen“, im Angreifermechanismus „stoppen“. Tun wir das nicht, lösen wir einfach weiterhin unbewusst natürliche Konsequenzen aus. Beobachten, unsere Verbalattacken an die Leine legen, erst mal durchatmen, vielleicht eine kritische Situation kurzfristig verlassen, nach innen gehen und erst dann bewusst agieren. Täter und Opfer aussortieren, auf den Platz verweisen, Mut zeigen oder Zurückhaltung walten lassen. Stop and Go. Durchforsten Sie Ihr Denken, Sprechen und Handeln auf Opfer- oder Täterfunktionen. So erziehen Sie sich innerlich langsam aber sicher selbst bewusst um und bringen ihre unbewussten Schmerzausdrucksformen wieder in ein gesundes Maß. Sodass der unbewusste Täter irgendwann einfach ein bewusst handelndes Wesen im Moment wird. Sie erinnern sich an die Beschreibungen mit der geistigen Diät und Gefühlshygiene? Diese Anregungen setzen Sie nun einfach bewusst in die Tat um. Ist wie beim Abnehmen. Kalorien zählen, bewusst gesunde und fettarme Nahrung zubereiten, unbewusstes Vollstopfen mit ungesundem Essen vermeiden, die Auslöser für Fressanfälle aufspüren und zügeln. Salat und Gemüse (lebendige Nahrung) sollten das Fastfood ersetzen. Ist der Entschluss gefasst, zeigen sich auch noch die ersten Diäterfolge, dann geht es immer leichter mit der Umstellung. Geistige Umerziehung ist, wie Sie hoffentlich sehen können, nicht wirklich anders. Auch hier gilt: Einsicht, Wille, Disziplin, Kontrolle aufbringen und das Ziel rückt in greifbare Nähe!

Ich vergleiche das innere Durchforsten, um unbewusste Mechanismen zu entlarven, gerne mit dem Bild eines Radars. Stellen Sie sich vor, dass in Ihrem Geiste ein Radar installiert ist, der immer dann einen roten Punkt zum Leuchten bringt, wenn sich ein bekanntes Thema und deren Verhaltensmodus zeigen. Bei jeder Begebenheit, die z. B. von außen auf Sie zukommt, schalten Sie diesen Radar imaginär ein und leuchten nach innen, ob Sie Ähnlichkeiten mit schon mal Erlebtem feststellen. Beobachten Sie, wie Sie reagieren. Reagieren Sie unbewusst wie immer oder agieren Sie, da die rote Erkenntnislampe aufleuchtet, diesmal neu und anders. Für mich leistete dieses Instrument oftmals gute Dienste und tut es immer wieder. So können Sie z. B. Ihr Gedankenfeld, Ihre Emotionswelt, Ihre Worte und Ihr Handeln bewusst dem inneren Beobachter unterstellen; oder wählen Sie für sich etwas, womit Sie sich gut fühlen, egal was, Hauptsache es ist der Sache dienlich. Erkennen Sie Anteile, die nach innen oder außen vergiften und Sie an die Dualität der Wertung und an die wohl bekannten und immer wiederkehrenden Schmerzen binden. Aufwachen, aufhören, neu entscheiden und neue Verhaltensweisen, nicht altbekannte, ausprobieren.

Egal wie weit Sie schon mit Ihrem Bewusstseinswandel sind, wenn in Ihnen der Durchbruch in ihre wahre Lebendigkeit und Interpretationslosigkeit noch nicht vollbracht ist, forschen Sie noch etwas. Holen Sie sich Unterstützung von jemandem, der es ehrlich mit Ihnen meint. Niemand, der Ihnen nach dem Munde redet und Sie hochhebt, sondern jemand, der Ihnen die vielleicht noch nicht erkannten blinden Flecken Ihres unbewussten Schmerzwesens und seiner Ausläufer und Schutzmechanismen vor Augen hält. Jemand, der Ihnen die

Wahrheit ins Gesicht, nicht hintenherum sagt, damit Sie Ihre unbewussten Tätereigenschaften ins Bewusstsein heben können. Sind alle erkannt, sind Sie aus dem Masken-Opfer-Täter-Spielchen raus, und das Schmerzwesen kann gehen. Der Mohr hat seine Schuldigkeit getan, der Mohr kann gehen. Oder, das Schmerzwesen, das die Festplatte unserer zu erlösenden Themen in diesem Leben ist, kann gelöscht werden. Die Themen sind erkannt, aufgeräumt und Sie werden frei den Weg zu Ihrer Wahrheit antreten. Die Unschuld in Ihnen ist zurückgekehrt. Ihr Geist ist wieder offen und frei. Trennendes Interpretieren weicht dem interpretationslosen Kommunizieren mit sich, anderen und dem Leben selbst.

Nun müssen wir noch eine Sache des dualistischen Prinzips, mit dem wir uns gerne identifizieren und unbewusst hilflos ausgeliefert wegschwemmen lassen, meistern. Die Höhen und Tiefen des Lebens und der bewusste Umgang damit.

4. Die Höhen und Tiefen des Lebens meistern

Die „Ups and Downs" des Lebens, wen plagen sie nicht. Mal himmelhoch jauchzend, dann wieder zu Tode betrübt. Die Dualität unserer Licht- und Schattenseiten, wie wir wissen. Erst der Traummann, dann die Erkenntnis, eine Niete gezogen zu haben. Der Traumjob entpuppt sich als Albtraum, der Urlaub, der uns über Wochen mit Vorfreude erfüllte und den Alltagsstress ertragen ließ, wird zum einzigen Desaster. Ein Auftrag, der uns die lang ersehnte Beförderung einbringen sollte, stürzt das Unternehmen fast in den finanziellen Ruin, da der Kunde insolvent wurde. Das Date mit der neuen Internet-Liebe, auf das wir lange hinfieberten, wird eine einzige Enttäuschung usw. Zahlreiche Beispiele vermögen wir alle noch hinzuzufügen. Freude und Leid, ein weiteres Zwillingspärchen, das uns herausfordert und dem wir meist hilflos ausgeliefert sind, denn unverhofft wechseln die beiden oftmals die Positionen, ohne

Vorwarnung und ohne Gebrauchsanleitung für den bewussten Umgang damit.

Das Leben ist eine Sinuskurve

Jeder kennt sie, die Höhen und Tiefen, außer wir sitzen im Schutzpanzer der Abgetrenntheit und Einsamkeit, lassen nichts und niemanden mehr an uns heran, um nicht mehr enttäuscht zu werden. Dass wir dadurch auch keine Freude und Lebendigkeit mehr haben, ist egal, das wird in Kauf genommen, wie wir wissen. Es gibt schließlich noch das Fernsehen und den Computer als Zeitvertreib. Leben in der Konservendose oder auf der inneren Totenbahre. Da belustigen wir uns dann wenigsten oder identifizieren uns mit dem Unglück, das täglich über die Nachrichtensendungen zu uns strömt. Wir „erfreuen" uns beim Chatten, geilen uns im Cyberspace auf, „holen" uns durch virtuelle Sex-Reize „einen runter" oder fühlen uns bei PC-Gefechten, die wir gewonnen haben, stark. Reicht manchen auch. Wer jedoch nicht auf dem selbst erschaffenen und abgetrennten Sofaplaneten der Konservendose lebt, ist der natürlichen Dualität, den Höhen und Tiefen, der Freud und dem Leid des Lebens oder der Lebendigkeit, „unterworfen". Und wer in uns diese unlebendige Lebensform liebt und auch einfordert, ohne dass wir uns dagegen sträuben mitzumachen, ist beantwortet, oder?

Gesetzen unterworfen zu sein, impliziert nicht unbedingt, ihnen ausgeliefert zu sein. Feiner, aber gravierender Unterschied. Ausgeliefert fühlen wir uns doch nur, wenn wir die Gesetzmäßigkeiten nicht durchschauen und somit ständig zum Opfer werden, wenn das Gesetz wirkt und wir passiv und unbewusst die Konsequenzen ertragen müssen. Wir machen sie uns also bewusst und finden einen anderen Weg des Umgangs mit der Sinuskurve des Lebens.

Der Zauberspruch für ein neues „Auskommen" mit dem Leben ist wie der rote Faden dieses Buches, die Voraussetzung der Interpretationslosigkeit: Nehmen Sie es nicht persönlich, es geschieht und ist einfach das Leben selbst, seine Natur!

Die Hochs und Tiefs sind einfach und untrennbar verbunden. Sie sind das Mysterium des Lebens, neutral wie Wind und Sonne, Regen und Schnee, sie sind, kommen und gehen. Wie Gezeiten. Der innere Zeuge beobachtet und bleibt davon im Inneren jedoch unbeeindruckt. Das wahre Sein nimmt an, was kommt, und fließt mit. Ein wunderbarer Seins-Zustand, für dessen Erreichung wir all diese Mühe des Reflektierens und Transformierens auf uns nehmen.

Was wir mit den Gezeiten im Außen machen, liegt ja bekanntlich in unserer eigenen Macht. Die Gezeiten können wir nicht ändern, ob sie uns in die höchsten Lüfte tragen oder in den Abgrund reißen, entscheiden wir selbst. Eines bedingt das andere. Solange der innere Zeuge und das wahre Sein nicht Herr der Lage sind, schlagen nun mal nicht nur die äußeren Wellen sondern auch die inneren in beide Richtungen aus. Und das exakt in gleicher Intensität. Extremes Hoch erzeugt somit extremes Tief und umgekehrt. Was bedeutet das im Detail? Nutzen wir zur Veranschaulichung dieses inneren Dilemmas wieder ein Praxisbeispiel.

Ein Beispiel aus dem Alltag einer Freundin:

Eine Freundin bewarb sich bei einem Unternehmen, das wie für sie geschaffen schien. Alles passte, sie fieberte und bangte, ob sie die Erwählte sein würde oder nicht. Es trieb sie hin und her. Freude, Hoffen, Sehnen und Angst wechselten bunt durcheinander. Hin und her. Sie machte aus einer Bewerbung ein Lebenselixier. Es war ein Job, sonst nichts. Zuweilen schien ihr Leben davon abzuhängen, ihre Identität wäre bedroht gewesen, wäre sie auf der Straße gestanden. Alles geschah ziemlich unbewusst. Ständig redete sie davon, wägte ab, zweifelte usw. Dann kam die Zusage. Rein faktisch gesehen, einfach eine Zusage. Aber sie machte ein himmelhochjauchzendes Szenario für sich daraus. Es beflügelte sie, Schmetterlinge schienen in ihrem Bauch zu fliegen, das Adrenalin stieg so sehr, dass sie kaum mehr schlafen konnte. Das hatte mit einem wachen und zentrierten Umgang mit einer Situation nichts mehr zu tun. Der Gegenpol ließ auf sich warten. Sechs Monate später war es dann so weit: Kündigung ohne Voranmeldung. Bum! Nun war der Höhenflug vorbei. Sie landete am Boden der Tatsachen. Wie ein Schlag ins Gesicht traf sie die Entlassung. Hatte sie ihre Identität, ihr „was bin ich im außen" doch so sehr darüber identifiziert. Durch ihre übermäßige Identifikation und ihre Egoverliebtheit, da sie sich nur um sich selbst drehte, die Vorwarnungen übersehen. Vor lauter Schönreden und ihrer Selbstverliebtheit, dem Höhenflug, dass sie jemand im Außen war, da sie in einer namhaften Firma arbeitete inklusive erster eigener Visitenkarte, war sie nicht mit den Strömungen verbunden, die wirklich in der Firma liefen. Sie hätte es fühlen können, da sie über eine hohe Sensibilität und Intuition verfügt. Aber die Antennen waren eingefahren, da das eitle Ego sich selbst genügte. Das Ergebnis folgte auf den Fuß, unverhofft aus dem Nichts stand sie mit weniger da als vorher. Selbstwertthemen kamen hervor, die sich hinter ihrem schönen Titel versteckten. Der Abgrund, der Boden unter ihren Füßen klaffte auf. (Im Außen brach ihr genau zu dieser Zeit auch noch der Boden am Auto durch – was für ein Zeichen!) Erst Himmel dann Hölle. Die Identifikation, die Identität und der überzogene Stellenwert, den sie dem Ganzen gab, lösten die beiden Seiten der Medaille in dieser Intensität aus. Sie machte den Job und die damit verbundenen Situationen zu etwas Persönlichem. „Macht doch jeder", denken Sie vielleicht, ja, aber das ist die Krux an der Sache. Kann auch jeder machen, außer wir wollen in die Mitte kommen.

Alles hatte aber etwas sehr Gutes. Denn nichts passiert umsonst, wie wir wissen. Sie nahm Unterstützung an und erkannte ihre krankmachenden Ego-Spielchen. Sie nutzte die Chance des Zusammenbruchs in der Außenwelt, die ihren vermeintlich inneren Selbstwert gleich mit in den Abgrund riss, und setzte sich bewusst damit auseinander. Sie betrieb wahre Selbstreflexionsarbeit, erkannte ihre Prägungsmaße in dem Spiel, stoppte den unbewussten Wahnsinn ihres Schmerzwesens und definierte sich neu. Sie hatte den Mut, ihren Ängsten und ihrem inneren Abgrund ins Auge zu schauen. Sie entschied sich bewusst, ihr Thema der Wertlosigkeit aus ihrem Leben zu verbannen, stand mutig auf, vertraute sich endlich selbst, wechselte ins Vertrauen und gründete ihr eigenes Unternehmen, das trotz Wirtschaftskrise und familiären Warnungen super anlief und läuft. Und sie ist mit sich und ihrem Leben zufriedener und verbundener als je zuvor. Und für ihre Kinder hat sie nun auch endlich Zeit, da sie in ihrer Selbstständigkeit ihre Zeit besser einteilen kann. Auch diese Schuldgefühle einer Mutter, die ihre Kinder ständig nur wegen eines Jobs irgendwo abgeben musste, konnte sie damit entlassen.

Schicksalsschlag erkannt, Gefahr gebannt – sie hat sich nach ihren Werten und dem Menschen, der sie wirklich sein will, neu erschaffen. Gratulation an sie! Sie machte ihren Zusammenbruch zum Durchbruch! … Und das kann jeder, wenn er will!

Identifikation trennt uns vom Annehmen, was einfach ist

Es geht nicht darum, dass Sie Situationen nicht total auskosten, sich freuen, in die Luft springen, wenn etwas Schönes passiert. Nein ganz im Gegenteil! Das wahre Wesen ist die Freude und Lebendigkeit in Reinform! Es ist dabei aber auch wach, zentriert und bewusst. Die aktiv erworbenen Eigenschaften, die in der kindlichen Reinheit noch fehlen. Das wiedergeborene wahre Sein hat Weisheit erlangt und kann selbst für sein Leben und Wohlbefinden sorgen. Kinder noch nicht, daher brauchen Sie ja auch unseren wachen Schutz und klare Führung, da ihnen die bewusste Lebenserfahrung noch fehlt, bis sie selbst ihren Weg hin zur zweiten Geburt, der des wahren Seins, antreten können, nachdem sie sich in der Außenwelt auf ihre Weise erfahren und gemeistert haben.

Sie sind und bleiben ein echter Mensch und lassen sich auf das Leben auch voll ein. Sie bleiben dabei einfach innerlich zentriert, trotz aller äußeren „Hochs" und „Tiefs", das ist der Unterschied zur Unbewusstheit. Bewusstheit interpretiert nur keine Fantasiegeschichten mehr in das, was einfach ist, die Ihnen auch noch eine Identität geben sollen. Ein Job ist ein Job. Er bringt das nötige Geld, er gibt Ihnen die Möglichkeit, Ihre Gaben zu teilen, einer Sache zu dienen. Das ist der Zweck der Sache. Ein Job sagt nichts darüber aus „wer Sie sind", nur „was Sie machen". Eine Identität darüber schaffen Sie sich nur, wenn Sie diese brauchen, da Sie nicht wissen „wer Sie sind" mittels äußerer Positionen oder Titel. So sind wir abhängig. Verlieren wir Position, Statussymbol oder Titel, die uns erhaben machen, da wir uns ohne sie klein fühlen – nicht demütig –, fühlen wir uns erniedrigt und nichts wert. Schwipp-Schwapp-Effekt. Die Identifikation erzeugt somit den inneren Schwipp-Schwapp-Effekt, der, sind wir bewusst, da bleibt, wo er hingehört: im Außen.

Ein Beispiel:
Waren Sie schon mal auf einem Ruderboot und gerieten in starke Wellenbewegung, da Ihr Gegenüber unverhofft aufstand und das Boot dadurch zu kippen drohte? Was haben Sie getan? Wurden Sie hysterisch oder klammerten sich sogar am Gegenüber fest, um nicht zu kippen? Angst macht unbewusst, denn diese Meldung incl. ihrer Unbewusstheit signalisiert das Schmerzwesen, das kein Vertrauen bzw. keine wache Zentriertheit kennt. Und dann handeln wir nicht mehr situationsgerecht. Bei diesem Verhalten wäre das Boot vermutlich gekippt und Sie hätten erreicht, was Sie glaubten vermeiden zu wollen. Sie glaubten es nur, denn Ihr Handeln sprach eine andere Sprache. Was wäre also die weisere Variante gewesen? Innerlich wach, verbunden mit dem Moment, hätte Sie die unheilvolle Bewegung des Gegenübers nicht aus der Bahn geworfen. Zentriert wären Sie geblieben, die Rufe des Schmerzwesens ignoriert und hätten auf den Moment mit seinen Anforderungen reagiert, indem Sie ganz ruhig stehen geblieben wären und die Balance instinktiv gehalten hätten. Die hysterische Variante schockt, die gelassene dient dem Augenblick. So ist es mit dem Hin und Her im Leben auch. Mal schwappt was im Außen eben hierhin, mal dorthin, mal kommt unver-

hofft etwas anderes auf Sie zu und Sie gehen einfach damit um und bleiben innerlich wie der Ausbalancierende auf dem schwankenden Boot. Das ist wache Zentriertheit im Moment. Es kommt und ist auch wieder vorbei.

Es muss uns nur bewusst sein, dass, wenn wir nicht nur den Moment genießen und uns freuen, sondern mehr aus einer zum Beispiel beglückenden Situation machen, auch der Gegenpol an der Ecke wartet. Das ist alles. Dann ist das nicht mehr unverhofft. Wir beobachten unsere Freude, während wir sie total genießen. Ist sie extrem, identifizieren wir unser Ego damit, wird die Sache sich auch von der anderen identifizierten Seite früher oder später zeigen. Die zwei in sich zerrissenen und unbewusst vorherrschenden Seiten in uns bringen sich zum Ausdruck, wie Sie wissen. Mehr nicht. Genießen wir einfach den Moment und bleiben innerlich trotzdem still und bewusst, pegeln Sie diese Seiten in sich aus, obwohl aufwühlende Geschehnisse Sie ereilen. Sie kleben nicht mehr daran oder halten krankhaft fest, was das Schmerzwesen mit seinen Kontrollmechanismen beliebt zu tun. Ist der Moment vorbei – teilen Sie Ihre Freude auch noch mit jemand anderem, wenn Ihnen danach ist –, gehen Sie zum nächsten Moment, um nun diesem ihre volle Aufmerksamkeit zu schenken.

In jedem Moment unseres Daseins können wir Freude empfinden. Wenn wir in den Garten gehen und die Blumen betrachten, das Lachen unseres Kindes hören oder sonst etwas Lebensbejahendes erfahren. Dann sind wir frei. Nicht nur negativ hängen wir in der Zukunft oder Vergangenheit fest, auch positiv. Wir machen das Glück von einer Zeit in der Zukunft abhängig und verlieren die kleinen und bescheidenen Glücksmomente aus den Augen. Nein, es geht so weit, dass wir sogar sauer reagieren, wenn uns jemand aus unseren Zukunftsbeflügelungsaktionen herausholt, indem er etwas Unschönes erzählt oder Zweifel kundtut. Dann reagieren wir ablehnend, werden zum Täter und greifen den anderen, der eigentlich nur die Realitätsglocke läutet, mit den Worten an: „Lass mich doch auch mal glücklich sein, du bist gemein." Aber bitte auch realistisch bleiben. Nicht in Form von kalt, sachlich, rein kopflastig, wie das Wort gerne missbraucht wird, sondern zentriert und realitätsverbunden. Wer zu hoch hinausfliegt, kann tief fallen.

Beobachten Sie einfach wieder Ihr Leben, Ihre Tiefschläge zuerst. Das ist wie mit der Opfernummer, an diese erinnert sich unser überfüllter Kopf/Schmerzwesen (oder innere Gutmensch) auch am liebsten. Wo hingen Sie am meisten durch, wenn etwas nicht so lief, wie erhofft? Woran hingen Sie fest, wenn es Zeit war loszulassen und Sie die Zeichen ignorierten? Schauen Sie in sich nach, ob Sie vielleicht vorher zu unrealistisch waren, sich Dinge schönredeten, Ihr Glück davon abhängig machten, Ihr Ego mit etwas stärkten, etwas dazu benutzten, sich auf- oder abzuwerten, besser oder schlechter zu fühlen, weil Sie für sich nicht in der Lage sind, sich gut zu fühlen, oder ob Sie sich total mit etwas Äußeren identifizierten. Zu Beginn des Kapitels zählte ich einige Beispiele auf. Irgendetwas hat schon jeder erlebt. Dann holt uns das Leben wieder in die Realität zurück, damit die Kopfkapriolen keine zu übertriebenen Ausmaße annehmen. Das ist auch ein Gesetz, das Gesetz des Ausgleichs: Auf viel Schwipp folgt viel Schwapp. Sind wir innerlich nicht ausgeglichen und still, zeigt uns das Leben unsere innere Unausgeglichenheit so lange auf, bis wir diese in Harmonie bringen. Dazu müssen wir aber loslassen und uns einlassen, mitfließen, unsere Konzepte aufgeben und im inneren Zentrum ankommen. Fest verwurzelt mit dem Boden, jedoch frei und offen im Geiste, um anzunehmen, was einfach ist. Das ist innere Balance und die Verbundenheit zur Mitte.

Die Phase der Desillusionierung muss bei der inneren Unausgewogenheit eintreten, da wir uns vorher Illusionen hingaben. Das geht eben so lange, bis wir uns dem Lebensfluss und seinen Gezeiten hingeben. Schon der Glaube, dass ein Job uns eine Identität geben kann, ist totaler Unsinn und sagt nichts über das aus, wer wir sind, nur über das, was wir eben gerade machen. Dies ist ein verblendeter Traum und eine Interpretation zugleich, die uns das Leben immer wieder vor Augen führt, bis wir uns erkennen, wer wir in Wahrheit sind.

Zeit und Raum sind relativ

Alles hat den rechten Zeitpunkt im Leben, wir müssen ihn nur erkennen und annehmen. Es gibt so einen Spruch, der besagt, dass wir Menschen „7 Pfeile (Chancen) im Leben bekommen“, um etwas zu verändern. Nutzen wir die Chancen, werden wir wachsen, lassen wir diese ungenutzt vorbeiziehen, gehen wir in unserer Entwicklung zurück oder treten auf der Stelle, bis hoffentlich die laute Form der Intuition (Sie erinnern sich an das Kapitel?) die Glocke läutet. Zuweilen hören wir die leider ja auch nicht und wundern uns dann, dass das Leben uns übel mitspielt. Tut es aber in Wahrheit gar nicht, nur wir uns selbst, da wir unbeugsam im Widerstand verharren. Daran ist aber wirklich nicht der böse/liebe Gott schuld, sondern unser starres Ego (unser Schmerzwesen), sonst niemand. Mit Schicksalsergebenheit und einem tapferen Erleiden hat das auch nichts zu tun, eher mit Lebensblindheit, wie Sie sich denken können. Selbst erschaffen, denn auch durch ein Nichthandeln im rechten Moment haben wir erschaffen, zwar unbewusst, wie bekannt ist, aber an der Verantwortung diesbezüglich ändert das nun mal auch nichts.

Was ich damit andeuten will, ist, dass wir uns wahrlich einfach auf das einlassen sollen, was gerade ist oder ansteht, und die Chancen der Zeit oder des rechten Zeitpunktes nicht übersehen sollten. Manchmal zwingt uns das Leben zum Handeln, und was machen wir? Wir zwingen das Leben abzuwarten und sich unserem erdachten Zeitpunkt unterzuordnen. Das geht bekanntlich schief, zeigt leider die Lebenserfahrung. Da beginnt ein Machtkampf zwischen unserer Angst und dem Leben. Wer wird wohl gewinnen, ist hier die Frage. Wir natürlich zuerst, aber wer zahlt den Preis? Auch wir, oder wer sonst? Wie hoch er ist, wird sich zeigen. Der Situation angemessen, würde ich sagen. Denn, das Leben ist immer fair, daran glaube ich fest. Fair und gerecht! Aber einen Tod müssen wir bei Entscheidungen bekanntlich immer sterben. Den Tod des Alten oder den des nicht erfahrenen Neuen, was vielleicht eine noch unbekannte Erfüllung gebracht hätte. Diese wird uns nur selten vorher schon auf dem Silbertablett präsentiert, damit wir dann abwägen können, ob wir das für gut oder schlecht befinden. Nein, so läuft es nicht. Da müssen wir schon ins kalte Wasser springen und Vertrauen in das Leben beweisen. Chance und Risiko liegen eben eng zusammen wie wir alle wissen. Und, wenn wir vorher kontrollieren, was kommt, hat das mit Vertrauen wenig zu tun, oder nicht? Wäre somit ein Widerspruch in sich, denke ich.

Haben wir nun aber zu viele prägungsbelastete Konzepte (nicht bewusste Visionen) und ängstliche Vorbehalte im Kopf, da wir uns gegen Veränderungen stemmen, das Leben unseren Regeln unterwerfen wollen und nicht andersherum, dann werden wir blind für die Zeichen der Zeit und wundern uns, dass das Leben mit uns so unfair und launisch kommuniziert. Tja, Kommunizieren ist eben eine gegenseitige Angelegenheit. Das Leben ruft oder der Zeitpunkt der Veränderung ruft uns, wir denken aber gar nicht daran, interpretationslos (ohne Hirngespinste und egoistische Vorstellungen) einfach auf den Ruf, mit unseren inneren Werten abgeglichen, zu antworten. Das Leben ist nicht schuld, die anderen lassen uns nicht oder machen uns das Leben schwer, ist es nun mal auch nicht. Sondern unser innerer Feigling, der keinen Mut hat für sich und seine Wahrheit aufzustehen und wie ein Baby am ausgedienten Alten festhält. Wir tragen jedoch alleine die Verantwortung für unsere Art mit Richtungsweisungen des Lebens umzugehen. Ohne Vertrauen in den Lebensfluss und mit Interpretationen von angstbelasteten Konsequenzen im Kopf, was alles Schlimmes geschehen wird und wie was wann zu sein hat, obwohl die Zeichen und Situationen mehr als eine deutliche Sprache sprechen, stemmen wir uns gegen das Unbekannte und Neue. Dabei fehlt uns doch oftmals einfach nur der Mut ins Unbekannte zu springen, um festzustellen, dass alles gar nicht so heiß gegessen wird, wie es gekocht wird. Dafür müssen wir aber aufstehen und dürfen nicht wegrennen, auch wenn die Angst uns penetriert in Situationen auszuharren, die uns Leid bescheren. Auch wenn es bekannt ist und wir gelernt haben damit zu dealen. Das ist aber wohl die ungesunde Form des Antwortens auf die Rufe des Lebens, trotz allem nicht selten der Fall. Unsere Entscheidung und unsere Ernte, die wir einfahren, ob wir wollen oder nicht.

Aber es geht doch auch anders, indem wir dem Leben und seinem Fingerzeig mutig folgen, interpretationslos und vertrauensvoll dorthin, wo das Leben uns hinführen will und wo wir unserer inneren Wahrheit näher kommen können und wichtige Erfahrungen, die unserem Wachstum dienen, machen dürfen. Und wenn es weitergeht, dann werden wir das schon rechtzeitig spüren, wenn wir in uns wirklich präsent sind. Aber dafür müssen wir auch eines opfern: unsere Arroganz, dass wir bestimmen, wie das Mysterium des Lebens zu fließen hat. Mut und Hingabe, Bescheidenheit und Demut sollten stattdessen in uns einkehren.

Bescheiden und aufmerksam im Moment bleiben

Nichts mehr persönlich nehmen. Immer im Moment und innerlich bescheiden bleiben, sind das größte Glück und das Geschenk unseres wieder zurechtgerückten Kopfes. Die Voraussetzung, damit sich das wahre Sein wieder erhebt. Es ist ein vom Außen unabhängiges Glück. Etwas, das immer bleibt, auch wenn Dinge mal schiefgehen. Nehmen Sie was kommt, machen Sie, was zu tun ist, bleiben Sie dabei innerlich wach und klar, wenn Ihnen Glück widerfährt, aber nehmen Sie gleich freiwillig das Loslassen in die andere Hand. Dann muss Ihnen das interpretierte und übertriebene Glück nicht gewaltsam und unverhofft vom Leben wieder entrissen werden. Denn Festhalten ist eine Eigenschaft des Schmerzwesens/Egos, Loslassen eine des wahren Wesens. Das ist wie mit dem Leben und dem Tod, dem Annehmen und Loslassen, beides gehört zusammen. Wir können nicht nur eines bejahen und das andere verneinen. Beides ist gut, alles zu seiner Zeit. Wie Schwarz und Weiß, Zerstörung und Erneuerung. Nichts ist besser, nichts schlechter. Nur anders und alles zum rechten Moment. So wie der Tod uns keine Angst macht, wenn wir ihn als zum Leben gehörig angenommen haben, muss uns das Loslassen einer Sache auch keine Angst machen. Der Tod kommt, und wir lassen das Leben los. Freiwillig, ohne zu ringen, zu verhandeln. Wir haben gelebt, jeden Moment in vollen Zügen. Ein schöner Job kommt, wir freuen uns, wenn die Zeit abgelaufen ist und wir weiterziehen müssen, dann lassen wir ihn los. Damit lassen wir nicht unsere Identität fallen. Das Bewusstsein, das in uns ist, verändert sich nicht. Nur die Situationen verändern sich, in denen wir uns erfahren dürfen, lernen, wachsen und uns zum Ausdruck bringen und mit anderen teilen.

Innen still, auch wenn im Außen der Hurrikan tobt. Dann, wenn Sie sich nicht mehr aus diesem inneren Stillehort vom Schmerwesen und seinen Lügenmärchen herauskatapultieren lassen, wissen Sie wahrscheinlich, wer Sie sind. Und diese Wahl treffen wir wieder selbst. Selbst wenn Sie schreien, weil Sie ein Verhalten aufregt, das übergriffig ist, und sie eine Grenze setzen, sind Sie nach außen laut, aber innen, ganz tief innen mit sich verbunden und still. Sie fühlen sich trotzdem, Sie werden nicht von Ihren unbewussten Emotionen weggeschwemmt. Sie werden es auch keinem mehr erlauben, dass er Sie als energetischen Mülleimer missbraucht. Oder, dass jemand von Ihrer Energie zehrt, indem er zum Beispiel Ihre Aufmerksamkeit überstrapaziert, Sie ständig mit Belanglosigkeiten stört in dem er Ihnen z.B. uneingeladen seine unbewussten Geschichten aufs Auge drückt. Zuhören ist auch nichts anderes als Energie geben, daher sollte dieses Geschenk auch nicht überreizt werden. Diese Energiepiraterie werden Sie auch nicht mehr mit sich machen lassen, außer Sie entscheiden sich bewusst dafür. Auch nach einer lautstarken Grenzsetzung, was so manchen unbewussten Energieräuber erst dazu bringt, von Ihnen abzulassen, bleibt diese innere Stille bestehen. Die Situation ist vorbei, kein Gedanke mehr daran, der nächste Moment zählt. Wenn Sie total wach und präsent, mit dem was ist, verbunden waren, bleibt nichts haften, kein Ärger, kein Groll, keine Heimzahlung, kein Grübeln.

Außer Frieden. Von Moment zu Moment. Sie bleiben bei sich, grenzen jedoch Missbrauch, der an Ihnen begangen wird, ab und missbrauchen natürlich selbst auch nicht mehr. Sie haben gelernt, für sich zu sorgen. Das ist alles. Mochte Sie vorher jemand nur, weil Sie ihm ständig als Energiespender dienten, wird sich das schnell herausstellen und erledigt sich meist auch „zufällig" von selbst.

Wenn Situationen Sie trotzdem wegschwemmen

Wenn Situationen Sie auf Ihrem Weg zur Wiedergeburt ihres wahren Wesens wegschwemmen und aus Ihrer Mitte reißen, achten Sie bewusst darauf und handeln Sie. Nehmen Sie in solchen Augenblicken Ihre Emotionen oder Gedanken wieder an die imaginären Zügel und bedienen Sie sich eines Wundermittels, das mir immer gute Dienste geleistet hat und leistet: Konzentrieren Sie sich total auf jede Körperzelle. Fühlen Sie Ihre Hände, Füße, Ihren Bauch, Kopf, Rücken usw. Nehmen Sie die Lebendigkeit Ihres Körpers ganz bewusst wahr und atmen Sie tief und tiefer, bis der Atem im Beckenboden und den Fußspitzen angekommen ist. Dann sind Sie wieder da, der Verstand wird still, Frieden tritt wieder ein. Das ist gesunder Rückzug in sich, das Gegenteil der ungesunden Zickennummer, die aus dem unbewussten Schmerzwesen hervortritt und wohl jedem bekannt ist: schmollend und grollend im unbewussten Waffenlager verschanzt, bis der Moment der Vergeltung kommt und die „Zicke" – meist hintenherum und lästernd – zum Gegenschlag ansetzt. Mobbing: eine wunderbare Entladungsmöglichkeit für würdelose Hintenherum-Rache unbewusster und mit dem Schmerzwesen noch hochgradig identifizierter Zeitgenossen.

Unser Körperbewusstsein ist wie eine Verbindungseinheit zwischen Körper und Seele. Unser wahres Wesen sollte in ihm ruhen. In der Realität ist es jedoch eher so, dass wir unseren Körper kaum fühlen, da unsere meiste Energie im Kopf ist. Das was im Kopf zu viel ist, fehlt in unserer Körperpräsenz, wo das Schmerzwesen sich mit seinen Ausgeburten in den

Traumalücken breitgemacht hat. Lücken innerhalb unseres Energiefeldes, die durch Schocks entstanden und mit dunkler Schmerzenergie unbewusst aufgefüllt wurden. Die unbewussten Schmerzwesenanteile in uns, die das Gesetz der Anziehungskraft hervorrufen, und an denen die Spiegelungen von anderen so lange kleben bleiben, bis an diese Stelle Wachheit und Transformation eintritt.

Der Körper ist aber das Gefäß, das unserer Seelenenergie oder wahren Sein den Boden gibt oder geben sollte. Ist die Energie des wahren Wesens voll im Körper präsent, fühlen wir diese innere Stille und den Frieden. Das Wahre in uns ist mit jeder Zelle jeden Moment verbunden, was uns diese Immunität beschert, da der Verstand leer und die Seins-Präsenz im Körper voll entfaltet ist. Das Hier und Jetzt regiert. Unsere unaufgeräumten und ein unbewusstes Eigenleben führenden Themen jedoch, die mit Ängsten, Gefühlen von Wertlosigkeit, Sorgen, Verzweiflung, Hass, Groll usw. (Ausgeburten des Schmerzwesens und Platzhalter des verlorenen Seins) aufgeladen sind, ziehen unsere bewusste Präsenz förmlich aus dem Körper heraus und buchen diese Energie in den Kopf (sie erinnern sich? „… ist der Kopf so voll …“). Geschieht dies, werden wir flachatmig und nervös, aggressiv oder hilflos. Alles Anzeichen, die wir lernen können zu erkennen, dass wir nun nicht mehr bewusst und präsent in uns sind, sondern die ganze Energie sich in unseren Verstand verflüchtigt hat und das Schmerzwesen wieder füttert. So geschieht es, wenn es uns aufgrund unerlöster Traumen, aus der inneren Balance reißt. Wir stehen dann sprichwörtlich „neben uns“. Merken Sie das, wissen Sie, dass das Schmerzwesen im Vormarsch ist oder bereits aktiv wirkt. Dann haben Sie die Macht zu handeln, da Sie nicht mehr unbewusstes Opfer des Geschehens sind. Und auch hier gilt wieder: selbst ausprobieren und beobachten, ob da etwas dran ist und die Beschreibungen für Sie dienlich sind.

Also wenn Sie sich so wie beschrieben fühlen, erinnern Sie sich, dass ein Thema gereizt wurde, das Schmerzwesen inkl. der Verstand die Oberhand haben und ziehen Sie sich zurück, um zu meditieren, zu reflektieren und mit Ihrem Körper wieder in Verbindung zu kommen. Denn, wo das Schmerzwesen Platz nimmt, hat das wahre Sein keine Sitzgelegenheit mehr. Verständlich?! Daher ist es auch so wichtig, das Meditieren, Reflektieren und Beobachten nach Innen ernst zu nehmen. Schneller als der Schall, missbraucht der dunkle Schatten in uns sein Vorrecht. Er war lange Platzhalter und verzieht sich nicht einfach auf eine freundliche Bitte hin. Nein, das muss schon eine starke Respektsperson tun, Ihr wacher innerer Krieger, der ihn wieder vom Platz verjagt.

Ist nun Ihr Geist, Ihr Sein in Gänze im Körper verwurzelt, der Kopf geleert, sprich sind Ihre Themen gelöst, somit auch das Schmerzwesen erlöst, kann Sie nichts mehr aus der Mitte reißen. Das Sein ist still und ruhend immer gegenwärtig. Nichts bleibt mehr an diesem Wesen haften. Ist es das nicht, sorgen Sie selbst dafür, dass Sie sich so lange mit jeder Zelle wieder verbinden, bis Sie wieder ganz still und ruhig in sich sind. Und dann räumen Sie das bewusst auf, was als Thema angesprochen wurde. Bekommen Sie das Thema nicht ins Bewusstsein, da ihr Schmerzwesen mit seiner Verschleierungstaktik besser ist als Ihre Wachheit, fragen Sie eben jemanden, der sich damit auskennt. Die innere Unruhe dient Ihnen also zur Selbsterkenntnis und nicht zum unbewussten Ärgernis, das man mit Tabletten abstellen sollte. Es ist ein Thema in Ihnen, das sich meldet und gehen will, damit ihr wahres Sein wieder mehr Raum in Ihnen einnehmen kann. Mehr nicht. Würde es sich nicht zeigen, könnten Sie es nicht erkennen, wenn die Zeit reif ist. Daher ist es gut, wenn es so ist. Nur wenn Sie sich wegschwemmen lassen, Schuldzuweisungen vornehmen und sich damit identifizieren, bringt es Leid. Innehalten, Erkennen und bewusstes Umentscheiden bringen Befreiung. Dann ist der Kampf zwischen Ego und Sein von Letzterem gewonnen worden. Ihr innerer Krieger hat volle Arbeit geleistet. Wurde er jedoch von Ersterem gewonnen, bleibt der stille Frieden aus und gewaltvolle Kampfeslust macht sich breit. Dann hat Ihr innerer Krieger versagt. Nicht schwer zu erkennen, wenn man seine Sensibilität und sein Gewahrsein schult und das Prinzip hinter Schmerz und Leid, Traumen und Schmerzwesen verstanden und angenommen hat. Aber auch dann, wenn es mit dem Sieg halt nicht geklappt hat, der Krieger versagte, nicht verzagen, denn auch hier gilt: Neue Chance – neues Glück! Weitermachen, irgendwann klappt es bestimmt …, wenn Sie wirklich wollen.

Das Leben drängt zu mehr Wahrhaftigkeit

Wenn Sie sich also aktiv auf ihre Bewusstseins- und Wiedererschaffungsreise machen, lernen Sie das Annehmen dessen, was ist. Nehmen Sie also, was kommt, freuen Sie sich. Weinen Sie kurz, aber heftig, wenn es wieder geht, und öffnen Sie sich für das, was neu auf Sie zukommen wird. Geben Sie immer Ihr Bestes, mehr können Sie nicht tun, und wenn es nicht sein soll, dann kommt etwas anderes. Wer bestimmt denn, was richtig und was falsch ist? Niemand, außer Sie selbst. Situationsgerecht sollte es sein und zu Ihnen, der Sie wirklich sind, passen. Das erkennen Sie sehr schnell an Ihrem Wohlbefinden und daran, dass Ihr Leben ohne Stress verläuft. Probieren Sie sich einfach mutig aus! Vielleicht kommt etwas auf Sie zu, das Sie viel mehr erfüllt, wo Sie sich viel mehr einbringen können oder das Ihnen mehr Freiräume für anderes, was Sie noch gerne machen wollen, bietet. Aber hören Sie auf hinter Geld, Ruhm und Ansehen her zu rennen und den Lügen des Schmerzwesens und seinen Sicherheitsfloskeln unreflektiert zu glauben. Im Außen sind Gewinnen und Verlieren so nah beieinander. Das zeigt uns auch unsere Wirtschaftskrise. Finanzgiganten wurden zu armseligen Würstchen, dass Vater Staat dem Größenwahn Grenzen setzen musste. Unternehmen mit hervorragender Bonität geraten in die Schlagzeilen, Kündigungswellen sind die Folge, todsichere Branchen inklusive der Jobs fallen zu Boden und schreien nach Hilfe. Insolvenzen hageln auf uns ein. Nichts ist mehr, wie es einst war. Und es ist gut so, da es Gesundung bringt und den aufgeblasenen künstlichen Illusionen und Lebenslügen die Realitätsdusche verschafft. Der Preis, den wir bezahlen, da wir unser Leben (Haus) nicht auf unserem wahren Sein (dem Felsen) sondern auf den Ausgeburten unseres Schmerzwesens (dem Sand) aufgebaut haben. Nun ist es eben an der Zeit die Rückreise zur Wahrheit anzutreten, um ein festes Fundament für ein wahrhaftiges Miteinander zu erschaffen. Der Zen-Schlag des Lebens, der uns alle erreicht und unserem gesellschaftlichen Schmerzwesen die Grenze setzt. Die Reinigung unserer unbewussten Ausgeburten dieses Wesens wird nicht weniger intensive Aufräumarbeit einfordern, als unser persönlicher Aufräumakt im Inneren es macht. Innen wie Außen, muss die Arbeit getan werden, damit der Boden für eine neue und wahrhaftigere Gesellschaftsform bereit werden kann.

Und wenn wir ehrlich sind, wissen wir doch, dass wir schon lange mehr haben, als wir brauchen, um glücklich zu sein. Dazu braucht es nämlich gar nicht so viel Geld, auch wenn es schön ist und nicht abgelehnt werden sollte, wenn es zu uns kommt, aber es kompensiert nicht die innere Sinnlosigkeit und Leere, die unser Schmerzwesen in sich trägt. Schauen Sie sich um. Aus vielen „reichen" Gesichtern, „armen" aber oftmals auch, blickt diese innere Leere oder der Wahnsinn des überfüllten Verstandes heraus. Manchen springt auch die Machtgier aus dem Gesicht und ein verkrampfter Blick, der nicht selten verrückte Züge annimmt, lässt einen zurückschrecken. Verkniffen und verbissen springt der nicht endende Lebenskampf, der aus der Identifikation mit dem Schmerzwesen und dem unbewussten Festhalten daran, geboren wurde, aus diesen Gesichtern. Nur sehr, sehr selten leuchtet uns ein inneres Strahlen entgegen, das aus dem inneren Frieden und der Verbundenheit mit der eigenen Quelle herrührt, obgleich das eher die Spiegelung unserer wahren Natur wäre, hätten wir unsere Lebensillusionen fallen gelassen. Dann schauen uns auch leere Augen an, aber diese Leere kommt aus dem Himmel der Befreiung und diese ist in ihrer Natur wahrlich das Gegenteil der vorher beschriebenen Leere, die der sinnlosen und abgestumpften Unbewusstheit inkl. dessen Schmerzwesen entstammen.

Wir sind an einem Wendepunkt angelangt. Das äußere Leben gerät aus den Fugen. Sicherheiten brechen zusammen. Neubeginn. Wertewandel, ein Schlagwort, das Umsetzung einfordert. Wir Menschen werden mehr und mehr auf uns und das Nichts zurückgeworfen. Die Wiedergeburt kündigt sich an. Geburtswehen, die wir in Form großer Krisen erleben, kündigen uns an: Das wahre Sein will in uns allen endlich wiedergeboren werden. Gewaltsam werden uns äußere Sicherheiten entrissen, bis wir loslassen und uns dem Wandel anvertrauen, um neue und lebensbejahendere Entscheidungen zu treffen, die der schöpferischen und dem Leben dienenden Gemeinschaft und nicht nur wenigen von Schmerzwesen „beseelten" Machthabern Nutzen bringen.

Die Wissenschaft hat einen Höhepunkt der äußeren Forschung erreicht. Alles dort ist erklärbar geworden, nur die Kluft zwischen der Erforschung im Äußeren und der Erforschung des Bewusstseinszustandes in unserem Inneren, der Seelenreise, der Wahrheit und wahren Spiritualität klafft beängstigend auseinander und schreit nach Integration. Wir müssen uns endlich nach innen wenden. Bewusst und verantwortlich. Alles wird im Außen zerlegt, getrennt und einsortiert, im Inneren müssen wir auch lernen, die Spreu (Ego/Schmerzwesen) vom Weizen (dem wahren Sein) zu trennen, uns neu zu verbinden und wieder in die gesunde und wahre Einheit zurückfinden. Liebender werden, das Seelenwesen hinter der äußeren Fassade erkennen und anerkennen, dann kann die Forschung dem Menschsein dienen und nicht umgekehrt. Die Menschenwürde und der Nutzen für eine lebenswerte Gemeinschaft stehen dann im Vordergrund. Der Missbrauch und die Gewalt gegeneinander hören auf. Verbundenheit, Nähe und Menschlichkeit erhalten wieder ihren würdigen Platz in unserer Erdengemeinschaft zurück. Dafür müssen wir aber das „Kranke" opfern. Altes und nicht mehr Zeitgemäßes aussortieren und neue Möglichkeiten im Miteinander ausprobieren. Entscheidungen treffen, die dem Lebendigen und dem Kreativen (was ja pure Schöpferkraft ist) in uns mehr Raum zum Selbstausdruck geben, als alte vom unbewussten Schmerzwesen erzeugte Machtstrukturen zu nähren.

Unser Miteinander kann dann zum Wohle aller dienen und nicht nur Einzelnen. Jeder übernimmt seinen Teil der Arbeit, gibt jederzeit sein Bestes und fließt somit ergänzend zu anderen in das große Ganze, was zu tun ist, ein. Das kann ein großes Bau-Projekt sein, das kann aber auch im Kleinen einfach der Hausputz sein, an dem sich jeder auf seine Weise beteiligt. Wertfrei und zielführend teilt jeder seine Gaben, ob groß oder klein – unwichtig, doch gleichermaßen wertvoll –, zum Wohle aller und nicht nur für seinen egoistischen und finanziellen Selbstzweck.

So viel durchschauen wir im Außen, es ist Zeit uns im Inneren zu durchschauen und uns auch da nicht mehr blenden zu lassen. Denn die Veränderung wird uns zum Bewusstseinswandel drängen, wir können aber auch freiwillig mitgehen und glücklich sein, unabhängig, was kommt. Das ist die Wahl jedes Einzelnen, ob er sich für das Festhalten oder das Loslassen von alten und ausgedienten Konzepten und Ausdrucksformen der Unbewusstheit entscheidet. Und jeder kann jetzt gleich seinen Beitrag leisten, indem er anfängt sich zu hinterfragen „wer bin ich wirklich" und „wer will ich in Wahrheit sein". Wie und wo kann ich mit dem eigenen Wandel aktiv beginnen, um mich neu und bewusst zu erschaffen, damit mein wahres Wesen zum Ausdruck kommt.

Und mit dieser Reflexionsarbeit, die Sie für sich aktiv – wenn Sie wollen, und all das einsehen – ins Leben integrieren können, beschäftigen wir uns als Nächstes.

Jeder Moment kann uns zum Erkennen dienen

Hören Sie also auf, unbewusst durchs Leben zu wanken, ein Opfer von Umständen zu sein und nur nach Schuld zu suchen. Nutzen Sie täglich jede Chance zur Selbsterkenntnis und fangen Sie gleich „Jetzt" damit an. Nicht jammern, was Sie alles nicht sind, wie hilflos oder böse Sie sind (alles unbewusster Prägungsquatsch des Schmerzwesens), sondern bewusst entscheiden, wer Sie sein wollen, und danach handeln. Wenn Sie wissen, wer Sie sein wollen, dann haben Sie einen Soll-Zustand vor Augen. Dann schauen Sie nach dem Ist-Zustand und machen sich auf den Weg, den Soll-Zustand zu erreichen und die Steine auf dem Weg zum Ziel wegzuräumen.

Was bisher war, das war. Wir können das Rad nicht zurückdrehen, nur bewusst aussteigen und neu anfangen. Und das jeden Moment. Also fangen wir gleich damit an:

Hier einige Vorschläge:
Schreiben Sie auf, wer Sie sein wollen.

Beispielsweise:
Ein Mensch, das heißt jemand, der

- dankbar ist
- seine Stärke zum Dienen einsetzt
- achtsam mit sich und anderen umgeht
- Grenzen im Moment setzt, wenn sie gefordert sind
- seine Gaben teilt
- liebevoll zu sich selbst ist
- Verantwortung für alles, was er tut oder lässt, übernimmt
- das Leben annimmt
- für sich einsteht
- für Gerechtigkeit aufsteht
- andere unterstützt
- Visionen hat
- den Mund aufmacht, wenn er etwas zu sagen hat

- seine dunklen Seiten kennt und annimmt
- Glück und Freude verdient hat
- in sich ruht
- wahre Begegnung lebt
- auf sich und andere achtet
- eine beglückende Partnerschaft lebt
- das Allein sein genießen kann
- liebt
- Familie genießt
- respektvoll ist
- Gefühle zeigt
- bewusst ist
- mutig ist
- lebendig ist
- das Leben genießt
- der ins Leben vertraut
- wahrhaft und ehrlich ist
- Fehler oder Krisen als Chancen zum Wachstum sieht
- die Schönheit der Welt sieht, jeden Moment
- seinen Körper annimmt und mit ihm voll verbunden ist
- im Hier und Jetzt lebt
- usw.

… und Ergänzungen können Sie so viele machen, wie Sie wollen. Sie entscheiden selbst.

Nehmen Sie sich Zeit, sich zu fragen, wer sie wirklich sein wollen, und beobachten Sie Ihre täglichen Handlungen, ob Sie sich auch Ihren Werten entsprechend verhalten oder nicht. Wollen Sie sich neu aufstellen, nach den höchsten Visionen von dem, der Sie sein wollen, dann beobachten Sie andere Menschen, die diese Werte bzw. Eigenschaften leben. Lernen Sie von jedem, der Ihnen begegnet. Zuweilen inspiriert das sehr, bringt neue Ideen in Ihnen hervor, was Sie neu oder anders machen können. Werteorientierter eben. Zuweilen beobachten Sie auch das Gegenteil bei anderen, das, was Sie nicht sein wollen, und können sehen, welche Folgen diese Handlungen und Verhaltensweisen haben. Auch daraus können Sie lernen. Sie haben erfahren, wer Sie nicht sein wollen. Das eine übernehmen Sie von anderen – Ihrer Individualität angepasst, versteht sich – das andere unterlassen Sie. Auch wenn generell nichts besser oder schlechter ist. Es ist nur wichtig, was für Sie (wer Sie entschieden haben zu sein) zielführender und wertekonformer ist und welche Folgen Sie ernten wollen. Jeder Mensch, jede Begegnung, egal mit wem, kann Ihnen etwas über sich, Ihre Außenwirkung und Ihre Haltung zum Leben lehren und etwas in Ihnen verändern. Wenn Sie offen sind und hinschauen.

Wenn Sie nun entschieden haben, wer Sie sein wollen, sich neu ausrichten und ausprobieren – auch wenn der Erfolg manchmal nicht sofort eintritt, egal, weitermachen, bis das Neue integriert ist – dann schauen Sie parallel dazu bewusst hin, wer Sie derzeit wirklich sind.

**Schauen Sie der Realität ins Auge,
wer Sie wirklich sind, und schreiben Sie es auf.**

Beispielsweise:
Ein Mensch, der noch

- neidisch und gehässig ist
- voll Hass, Groll oder Heimzahlung ist
- eifersüchtig ist
- herumzickt und schnell beleidigt ist
- mobbt
- missbraucht
- beleidigt
- verurteilt
- Machtmissbrauch betreibt
- ein Energieabzocker ist
- andere für eigene Fehler verantwortlich macht
- Schuldzuweisungen bevorzugt, anstatt Verantwortung zu übernehmen

- alles ungefiltert hinnimmt
- Erlebtes in sich hineinfrisst
- allen Verdruss schluckt
- das Leben ablehnt
- sicherheitsbezogen ist
- unglücklich dahinvegetiert
- Nähe und Intimität ablehnt
- mut- und kraftlos ist
- feige und rückgratlos ist
- sich einschleimt
- schweigt, wenn er sprechen muss
- wegschaut, wenn Unheil geschieht
- andere oder sich selbst verletzt
- lästert, hetzt und jammert
- passiv dahinlebt
- sich selbst nicht durchschauen will
- ziemlich unbewusst ist
- selbstzerstörerisch ist
- undankbar ist
- gefühlskalt ist
- respektlos und unfair ist
- unachtsam und rücksichtslos ist
- selbstsüchtig ist
- sich profiliert
- seinen Körper ablehnt
- sich selbst ablehnt
- sich für äußere Schönheit verunstaltet
- sich über seine äußeren Erfolge definiert
- schnell ausrastet und sich wenig im Griff hat
- lügt und betrügt
- Masken trägt
- einfordert, was er selbst nicht lebt
- das Leben bekämpft, anstatt es anzunehmen
- im Außen versucht sein Glück zu finden
- usw.

Diese Liste können Sie auch wieder individuell gestalten und nach Herzenslust erweitern oder kürzen. Aber seien Sie ehrlich. Jeder hat alles in sich, denn alles ist menschlich und ein Teil von uns, auch wenn das gerne abgelehnt oder verdrängt wird, da der Nutzen der Integration all unserer Schattenseiten noch nicht bewusst erkannt ist. Wir brauchen aber alles im Bewusstsein verfügbar, damit wir ganz sind und zu einem „Momentantworter" werden können. Ohne etwas als gut oder schlecht zu bewerten. Das geschieht, wenn wir unsere unbewusst überzogenen oder unterentwickelten Anteile wieder in den Urzustand zurückgebracht und somit neutralisiert haben. Das, wofür wir diese Arbeit machen.

Generell ist ja auch an diesen Eigenschaften nichts Schlimmes. Es geht auch nicht darum, diese Ausdrucksformen Ihres Wesens abzuurteilen, wie Sie wissen. Im Gegenteil, es geht um das Annehmen aller menschlichen Attribute. Wichtig ist nur, ob es das ist, was Sie wollen. Wollen Sie zum Beispiel gehässig sein, dann seien Sie es bewusst und ernten Sie die Folgen aus dieser Entscheidung. Wollen Sie das aber nicht, da Sie jemand anderes sein wollen, dann nehmen Sie diese Eigenschaft trotzdem an, achten aber auf diese Täterschaft und verzichten auf das unbewusste Ausleben dieses Verhaltens. Das ist alles. Es ist nur eine Sache der inneren und bewussten Ausrichtung und der Folgen. Mit Gehässigkeit werden Sie einfach etwas anderes ernten, als Sie vielleicht wollen. Aber das sollte klar sein. Ist Ihnen Fairness und Gradlinigkeit wichtig und wollen Sie auch diese Früchte ernten, Sie bisher aber darin nicht erfolgreich waren, dann sollten Sie neu säen: Fairness und Gradlinigkeit sich selbst und anderen gegenüber.

Machen Sie dieses bewusste Aus- oder Umsortieren ihrer Eigenschaften, so bringen Sie langsam aber sicher ihre individuelle „Bilanz" alias Ihre beiden inneren völlig überzogenen (Täter) oder unterernährten (Opfer) Seiten der Unbewusstheit wieder ins bewusste Gleichgewicht. Das zentriert! Die „Konten" (Soll und Haben) werden somit bereinigt und eine ordentliche Buchhaltung ist das Ergebnis, um mal wieder ein bildhaftes Beispiel zu verwenden. Sie wissen ja, dass es bei der Neutralisierung des Schmerzwesens darum geht, die unbewusst überstrapazierten Anteile einzudämmen, die unterernährten aufzufüllen, wenn Sie in die gesunde Mitte gelangen wollen. Schauen Sie also innerlich nach, wo Kontenausgleich notwendig ist. (Da kommt der ehemalige „Banker" in mir durch, wie Sie sicherlich bemerkt haben)

Gehen wir nun aber davon aus, dass Sie hohe Werte für sich erkoren haben und die Täterschaften alias ihr Schmerzwesen in Ihrem Leben ausmerzen wollen, damit ihr wahres Wesen ihr Leben endlich regiert, dann sollten Sie anfangen, nach den Wurzeln zu forschen, um diese bewusst auszureißen. Zuweilen sind die Wurzeln sehr verschlungen und nicht sehr offensichtlich und zuweilen sogar nur von anderen erkennbar. Dann holen Sie sich Feedback von außen oder einen Coach, wenn Sie es wirklich richtig ernst mit Ihrem Neuerschaffungsprozess meinen. Dafür brauchen Sie nun dieses wache innere oder äußere Auge und die disziplinierte Innenschau. Sie erinnern sich? Sie können nur in die Schlacht ziehen, wenn Sie Ihren Gegner (alias Ihr Schmerzwesen samt seiner Ausdruckformen) kennen.

Durchforsten Sie Ihre Lebenssituationen und wo Sie das leben, was Sie nicht sein wollen

Nehmen Sie sich täglich ein Gebiet heraus und durchforsten Sie es auf Ihre inneren oder äußeren Täter, Opfer oder Masken, die Sie nicht sein und haben wollen, und wo sich diese zeigen. Sie wissen ja, Sie lernen nur denjenigen kennen, der Sie von Ihrem wahren Sein und seinen hohen Werten, trennt. Niemand den es lohnt weiter zu verteidigen oder zu beschützen. Sie erinnern sich?

Also wo zeigen sich diese Ausgeburten, denen Sie auf die Schliche kommen wollen. Beispielsweise im Job, im Umgang mit sich selbst oder Ihrem Körper, Ihrem Vorgesetzten oder in der Familie, Partnerschaft, im Freundeskreis, im Verein, nur um einige Situationen zu nennen. Hören Sie bei der Suche auch damit auf oder fangen Sie erst gar nicht damit an, sich mit all dem, was Sie da Unangenehmes finden, zu identifizieren. Sondern sehen Sie die Forschungsreise in Ihre Untiefen doch einfach sportlich, wissenschaftlich und nicht persönlich. Das erleichtert und lädt ein zu mehr. Ausprobieren!

Es ist also durchaus möglich, dass Sie zum Beispiel im Job Ihre Werte und das, was Sie sein wollen, vollständig leben, im Privatleben oder sich selbst gegenüber jedoch das Gegenteil praktizieren. Wo fühlen Sie sich als Opfer, wo sind Sie Täter, wie und wo zeigen sich Ihre künstlichen Masken. Schreiben Sie die Situationen auf und überprüfen Sie diese Erkenntnisse immer wieder. Diese Arbeit kann Spaß machen, wenn Sie die Erforschung ihres inneren Ungleichgewichts aus abenteuerlicher Sicht eines z. B. Sherlock Holmes erleben, als aus dem Blickwinkel eines Verbrechers (wozu erfahrungsgemäß viele Gutmenschen neigen), der seine Spuren vertuschen muss, um nicht entdeckt zu werden. Okay?!

Hier noch ein Hinweis, der vielleicht nützlich ist, um sich zu erkennen:

Wenn Ihnen zum Beispiel jemand ein Feedback über Ihr Verhalten gibt und es Sie wütend macht, dann könnte das durchaus sein, dass es ein wertvoller Hinweis auf ein Verhalten ist, das Sie nicht leben wollen, unbewusst aber tun. Schlucken Sie die Wut, die in diesem Moment aufsteigt, mal nicht runter, drücken diese auch nicht weg, sondern ersetzen Sie das, was da hochkommt, einfach durch Aufmerksamkeit. Dann verschwindet das Gefühl, „angegriffen zu werden", sofort. Nehmen Sie es einfach erst mal an und beobachten Sie. Dann können Sie immer noch entscheiden, ob es ein wertvoller Hinweis oder ein Verletzungsversuch des anderen war und nichts mit Ihnen, sondern mit dem anderen zu tun hatte.

Beispiel:

Sie wollen Ihre selbstdarstellerische Maske ablegen. Jemand macht Sie darauf aufmerksam, dass Sie gerade wieder unbewusst „posieren". Unbewusst macht Sie das – nein eigentlich nur ihr Schmerzwesen –, wütend und der Groll gegen den Feedbackgeber breitet sich aus, wenn Sie diesem Genossen die Oberhand lassen. Wenn Sie das merken, ersetzen Sie diese destruktiven Empfindungen sofort durch Ihre wache Aufmerksamkeit und sagen Sie innerlich „Danke“ für den Hinweis. Sie haben sich (ihr dunkles Wesen) wieder ein Stück mehr erkennen können und wissen jetzt, wo das Maskenmuster noch unbewusste Auslöser hat. Zeitgleich zum Erkennen, entscheiden Sie sich, sich den Beobachter der Maskerade noch stärker an die Seite zu stellen. Groll: Ade, Wachheit: Hallo! Das ist „Soll- und Haben-Konten“ in Ordnung bringen, nur eben im Inneren!

Beleuchten Sie die ungewollten und unbewussten Ausdrucksformen im Detail

Sie haben zum Beispiel erkannt, dass Sie (nicht Sie, Sie wissen das ja, oder?) ein neidischer Mensch sind und diese Eigenschaft im Beruf am meisten zum Ausdruck kommt. So, dann schreiben Sie täglich auf, was Sie erkennen und was der unbewusste Neid-Anteil aus Ihnen und Ihrem Leben macht.

Vorsicht: Sie müssen nicht in der Kindheit wühlen, wer daran schuld ist, das bringt nichts. Die Gefahr, sich mit der Vergangenheit und dem Schmerzwesen noch stärker zu identifizieren und beim Wühlen in der Kindheit hängen zu bleiben, ist sogar ziemlich hoch und in diesem Fall kontraindiziert. Also: Ärmel hoch und aktiv aufräumen. Erkennen Sie die Tatsache des Neid-Ist-Standes an und ändern Sie es einfach. Das ist erwachsenes und eigenverantwortliches Entscheidungen treffen und diese umsetzen!

Schauen Sie nun bewusst hin, wann diese Eigenschaft auftaucht. Neid zeigt sich meist, wenn wir uns selbst nicht zum Ausdruck bringen. Beispielsweise wenn wir kein Rückgrat haben, uns der Mut fehlt, zu zeigen, was wir drauf haben. So blockieren wir diese Energie, die dann ungesund zum Ausdruck kommt, indem wir andere beneiden, die mutiger sind, gradliniger, erfolgreicher usw. Der berühmte Teufelskreis zieht auf diese Weise weiter seine unbewussten Kreise, wenn Sie damit weitermachen. Beleuchten Sie Ihr Leben, was dieser unbewusste Neid Ihnen schon alles an Schönem im Leben versaut hat, da er ein unerkanntes Eigenleben im Untergrund führte. Schauen Sie, was Sie anderen dadurch angetan haben, und wo Sie selbst zum Täter wurden, indem Ihr Neid Sie beispielsweise unbewusst verleitet hat, andere, die vermeintlich besser sind als sie, auflaufen zu lassen, zu hintergehen oder Ähnliches. Schauen Sie selbst nach und Sie werden fündig werden, wenn nicht, holen Sie sich Feedback von außen.

Hören Sie also auf neidisch zu sein und stehen Sie ab jetzt für sich ein. Somit harmonisieren Sie die überzogene Seite des überspannten Schmerzwesens aktiv. Überwinden Sie Ihre Feigheit. Erkennen Sie das Gefühl, wenn es in Ihnen aufsteigt, und handeln Sie neu. Es zeigt Ihnen, wo Ihre Muster sind, und lädt Sie ein, diese zu durchbrechen.

So können Sie mit jeder persönlich bewerteten Ausdrucksform umgehen. Überprüfen Sie Ihr Leben und Ihren Umgang mit anderen. Jede Empfindung, jede Schattenseite lebt irgendwo in uns, wir müssen Sie nur entdecken und wieder ins Bewusstsein aktiv zurückholen. Also machen Sie sich auf die Forschungsreise und erkennen Sie alles, was in Ihnen ist, an. Die Probleme, die wir damit haben, kommen nur aus unseren unbewussten Interpretationen und Wertungen, sonst nichts. Bewusst genutzt, sind sie einfach nur das, was sie sind und was der Moment zuweilen erfordert.

Ein weiteres Beispiel:
Nehmen wir an, jemand hat Sie hintergangen und Ihnen Geld gestohlen. Sie bekommen es mit und sind aufgefordert, Konsequenzen zu ziehen. Auch wenn Sie normalerweise ein friedliebender Mensch sind, ist hier mal deutliche Abgrenzung notwendig. Der Täter, der Sie bestohlen hat, braucht eine klare Grenze. Meinen Sie, da ist es angebracht zu schmollen und wegzuschauen, da Sie als Gutmensch entschieden haben, immer alles liebend hinzunehmen. Immer liebend und gütig zu

sein, ist Selbstbetrug vom Feinsten. Auch Lügenmärchen des Schmerzwesens, das sollten Sie erkennen. Blödsinn, da öffnen Sie dem Missbrauch Tür und Tor. Hier ist gesunde Wut angebracht, oder macht Sie so etwas nicht wütend? Hier sollten Sie wahrlich mal auf den Tisch hauen und den Dieb rausschmeißen. Haben Sie diesen Teil in sich abgespalten oder liegt eine Verurteilung von Ihnen darauf, sind Sie nicht vollständig und unfähig, den Moment mit der Kraft zu füllen, die gefordert wird. Sie machen sich somit selbst zum Opfer Ihrer auferlegten Fesseln. Das Leben wird Ihnen das dann immer wieder vor Augen halten und Sie zur Annahme dieser Anteile in Ihnen auffordern.

Also nehmen Sie alles in Ihr Werkzeugköfferchen auf und setzen Sie es bewusst und weise ein. Was Ihnen nicht bewusst ist, können Sie nicht bewusst nutzen und es treibt unbewusst seine Spielchen in Ihrem Leben. Logisch? Also macht es doch Sinn, sich aller Eigenschaften in uns bewusst zu werden und diese anzunehmen, damit sie uns nicht hintenherum und im Außen eiskalt erwischen. Sie wissen: Der zu sein, der Sie sein wollen, und situationsgerecht zu antworten, schließt sich nicht aus! Das eine ist das, wer Sie als Mensch sein wollen, und das andere, wie Sie auf Lebenssituationen bewusst und interpretationslos reagieren und dabei doch innerlich zentriert bleiben. Eine Mücke bleibt einfach eine Mücke und Sie machen kein Fantasiegebilde „Elefant" mehr draus und tragen ihn noch zusätzlich stundenlang mit sich herum, um wieder im Bildhaften zu bleiben. Sie schlagen einfach die Mücke weg, wenn Sie von ihr gebissen werden. Fertig! Nichts bleibt haften, weiter geht's im Lebensfluss, der nächste Moment wartet. Selbst wenn Sie auf den Tisch hauen, ist das kein Widerspruch zu dem, der Sie entschieden haben zu sein: zum Beispiel jemand, der in Frieden mit sich selbst lebt. Das, was es zu einem Widerspruch machen würde, wären nur die nicht eliminierten und unverhältnismäßig zum Ausdruck gebrachten persönlichen Täteranteile. Die unbewussten Teile, die den Momentausdruck verschmutzen und die Sie daher mit in die Zukunft nehmen müssen, bis diese losgelassen bzw. genesen sind. Das ist der ganze Unterschied. Und darum können Sie sich aktiv kümmern, wenn eine Situation Ihre Aufmerksamkeit über den Moment hinaus bindet.

Beobachten Sie Ihre Prägungspersonen bewusst

Eltern, Großeltern, Geschwister oder wer auch immer für Sie prägend war, ist für manch Suchende ein heikles Thema, obwohl sie auf dem Weg zur Selbstannahme sehr dienlich sein können. Entweder werden diese Prägungspersonen (nachstehend einfach „Eltern" genannt) von uns verdrängt, abgelehnt oder verherrlicht und führen dadurch unerkannt ihr Eigenleben in uns. Nur selten werden sie erfahrungsgemäß neutral betrachtet. Sie sind aber einfach, wer sie sind oder waren, haben oder hatten ihre Rolle in der Erschaffung unserer Prägungsmasse, die ja nichts weiter ist, als das, wodurch wir uns bewusst erlösen können. Nicht mehr und nicht weniger. Auch diese Menschen sitzen oder saßen im gleichen Boot wie wir auch, sind oder waren von ihren Schmerzwesen und dessen Folgen unbewusst vereinnahmt und haben aber trotzdem auf ihre Weise ihr Bestes weitergegeben, außer sie haben das nicht. Somit hinterließen sie ihre Spuren und „Tore zum Sein" in uns, damit wir unsere Themen erkennen und aufräumen können. Talente gaben Sie uns zumeist auch mit auf den Weg. Das sollte bewusst sein.

Da wir aber keine Opfer unserer Erziehung sind, sondern freischaffende Künstler unseres eigenen Lebens, können wir diese Menschen auch bewusst nutzen (nicht benutzen!), um uns wieder selbst zu erkennen. Denn, Sie erinnern sich, jeder hat ein Schmerzwesen, bis es erlöst ist. Bewusste oder unbewusste Vorwürfe oder Schuldzuweisungen sind nicht zielführend, außer sie sind es, da wir uns darin auch wieder selbst erkennen, um zu heilen. Vergebung ist die Folge. Schmerzhaftes Leid, das von Generation zu Generation übertragen wird, hört erst auf, wenn einer den Bann bricht und aus den Familienthemen aussteigt. Also, wenn nicht Sie, wer dann. Worauf warten.

Auf die nächste Generation? Nein, seien Sie die Generation, die die Kraft und Wachheit hat, hinter die Fassaden zu schauen und die Ketten zu sprengen. Ihre Kinder, wenn Sie welche haben oder haben wollen, werden es Ihnen danken!

Wie ist nun Ihr Verhältnis zu Ihren Eltern gestrickt. Schauen Sie einfach genau nach und entscheiden Sie sich neu und bewusst, wer Sie in der Beziehung zu Ihren Eltern – oder Kindern, falls Sie schon welche haben – sind oder sein wollen, es aber noch nicht wirklich sind. Alle Themen wiederholen sich, wie Sie wissen, bis sie sich nicht mehr wiederholen, da Sie diese erkannt haben und ausgestiegen sind. Steigen wir nicht aus, übertragen wir das Unaufgeräumte und Verdrängte in uns auf die nächste Generation. Wenn Sie das nicht wollen, forschen Sie und stoppen Sie die Prägungsmasse!

Sind Sie nun jemand, der seine Eltern ablehnt oder noch immer auf sie zornig ist, dann ist es vielleicht eine sinnvolle Sache, sich die Zornauslöser mal genauer anzuschauen. Sind sie zornig, muss in Ihnen noch etwas wohnen, was Sie unbewusst übernommen haben und eigentlich nicht übernehmen wollten. Zuweilen tut es gut, den Zorn zu beobachten und bewusst die Begegnung zu suchen. Beobachten Sie sich, wo Sie sich in ihnen wiederfinden. Das sind zuweilen Momente, in denen wir vor uns selbst erschrecken. Aber das müssen Sie nicht mehr. Sie beobachten sie, erkennen sich darin, erkennen es an, nehmen es auch an und es wird gehen. Dadurch ist die Überspannung raus. Der Zorn verflüchtigt sich meist auch gleich mit und an seine Stelle treten Frieden und Vergebung. Denn, Selbsterkenntnis entzieht den Nährboden für das Schmerzwesen und seine unbewussten Machenschaften.

Sind Sie nun jemand, der seine Prägungspersonen verherrlicht, schauen Sie auch da genau hin, weshalb das so ist. Warum stellen Sie jemanden auf ein Podest? Ist das unbewusste Schmerzwesen-Huldigung? Sind es einfach Ihre Eltern (mit Kindern kann das Gleiche geschehen) oder machen Sie diese zu Götzen, die Sie unbewusst anbeten? Das ist auch nicht die Mitte. Zwischen lieben und anbeten liegen Welten. Könnte es sein, dass Sie da etwas versuchen schönzufärben, da Sie damit einen unbewussten Schmerz übertünchen wollen, da Sie Angst davor haben, wenn das Verdrängte hervorkommt, die Gutmensch-Maske fällt und der Hass nur so aus Ihnen herausbricht? Vielleicht warten Sie auch bewusst oder unbewusst noch auf Anerkennung oder Liebe und Sie glauben, diese irgendwann doch noch zu bekommen? Das ist dann aber auch keine Liebe, sondern Berechnung. Oder könnte es sein, dass Ihnen eingeredet wurde, dass Sie nur ein gutes Kind sind, wenn Sie Mama/Papa nicht verlassen, und Ihnen Böses widerfährt, sollten Sie es wagen, eigenständig zu werden. Dann ist der Urgrund Angst. Auch keine Liebe. Klingt für mich alles nach Lügenmärchen, die uns unsere inneren Schmerzwesen auch ewig auftischten und denen wir lange genug unbewusst auf den Leim gegangen sind, oder? Aufhören, bringt nichts! Das Schmerzwesen kann keine Liebe schenken. Es steht für Lügen, Kaltherzigkeit und Berechnung. Nur das wahre Sein kann das und das wohnt wo? In uns selbst und wartet auf Befreiung durch einen mutigen Krieger! Sie erinnern sich?

Also, hinterfragen, was sich alles zeigt! Neigen Sie zur Verherrlichung der Eltern, obwohl Sie eigentlich sehen, was in Realität da abläuft. Fragen Sie sich, ob Sie diese Selbstverherrlichung selbst entschieden haben oder sie Ihnen eingeimpft wurde. Was macht der Gedanke mit Ihnen, wenn Sie sich vorstellen, die Eltern zu verlassen, um Ihr eigenes Leben zu führen? Halten Sie an etwas fest, da Sie Angst vor dem Leben haben, oder halten die Eltern Sie fest, da diese Angst haben, alleine zu sein, oder Sie sich von Ihrer Aufmerksamkeit ernähren? Schauen Sie einfach mal genau hin. Ist es Liebe oder ein Abkommen der Abhängigkeit? Weshalb brauchen Sie dieses? Kommt ein schlechtes Gewissen auf? Stürzen aus Ihnen Rechtfertigungen heraus, warum Freiheit nicht möglich ist? Wollen Sie das wirklich oder glauben Sie, nicht anders zu können? Wenn Sie glauben, es selbst so zu wollen, warum ist das so? Fühlen Sie das Gefühl der Wut oder Abhängigkeit, oder verdrängen Sie es, da Sie es nicht fühlen wollen? Oder sind das alles Ausreden alias Abwehrmechanismen unserer Unbewusstheit, um ja nicht frei zu werden. Klingt doch ähnlich, wie die Hypnosestrategien unseres inneren Schmerzwesens, das uns abhalten will, ihn von seinem Thron zu stoßen, damit das wahre Sein an seine Stelle tritt. Sind das nicht nur die Spieglungen im Außen, die ähnliche Strategien anwenden. Was erkennen Sie? Hinterfragen Sie es einfach. Wenn Sie die Anbindung trotzdem wollen, dann ist es wenigstens Ihre bewusste Entscheidung, die ihre natürlichen Folgen hat.

Egal welche der unfreien Pole innerhalb der Eltern-Kind-Beziehungen Sie leben (bewusst oder unbewusst), beide zeugen nicht von einer freien und erwachsenen Beziehung. Lieben heißt loslassen können, wenn die Zeit reif ist. Jeder hat seine Freiheit verdient. Auch unser Schmerzwesen müssen wir mal loslassen, an dem wir wie Kinder kleben, um erwachsen bzw. erwacht zu sein.

Vorsicht und daher ein kleiner Exkurs in Sachen Elternschaft:

Loslassen, bitte nicht mit wegstoßen, Verantwortung abgeben oder fallenlassen verwechseln, das ist auch nicht in Liebe loslassen und hat seine Folgen. Das ist Desinteresse und Verantwortungslosigkeit, also keine Liebe, die freilässt, da der andere alt und reif genug ist, sein eigenes Leben zu führen! Tun Sie das zu früh, das heißt in jungen Jahren, wo Kinder die Fürsorge brauchen, ist das unreif, lieblos und verantwortungslos. Wäre auch nur Schmerzwesen-Ausdruck, der feige und verantwortungslose eben und nährt noch zusätzlich das Schmerzwesen des zu früh fallengelassenen Kindes!

Also schauen Sie nach und bringen Sie die Pole in eine gesunde Form der Mitte. Nähe und Distanz. Fürsorge, Liebe und Freiheit. Je nach Alter des Kindes und der dazugehörigen elterlichen Verantwortung. Die bleibt, egal ob Eltern getrennt sind oder nicht. Jeder hat seinen Teil zum Schöpfungsakt beigetragen und dieser Verantwortung wird sich niemand, und ein bewusster Mensch schon gar nicht, folgenlos entziehen. Der Eltern Pflicht ist der Kinder Recht. Und diesen Vertrag hat jeder geschlossen, ob es ihm im Nachhinein schmeckt oder nicht. Das Beste geben, sollte auch hier das Prinzip sein, das für alle Beteiligten gilt. Und sich nebst der Erziehungsverantwortung selbst aufzuräumen, ist, glaube ich, das allerschönste Geschenk, das wir unseren Nachkommen mit auf den Weg geben können.

Freiwilligkeit sollte im Umgang zwischen erwachsenen Kindern und Eltern herrschen, auch wenn jeder für den anderen da ist, wenn er ihn braucht. Dann geschieht das aus desillusionierter Liebe und Dankbarkeit, aber nicht aus Abhängigkeit oder Schuldgefühlen heraus.

Eltern-Kind-Beziehungen sind so lehrreich. Aber bewusst hinschauen, innerlich wach und bewusst dabei bleiben, ist wichtig. Und: sich nicht darin verlieren! Nicht auf der einen und nicht auf der anderen Seite. Wenn Sie also noch abhängig sind von Ihren Eltern, obwohl Sie eigentlich ein Volljähriger und erwachsener Mensch sind, dann suchen Sie einfach mal die Freiheit. Was sich hinter der Fassade der „schönen" Fesseln in Ihnen oder den anderen verbirgt, werden Sie durch diesen Akt schnell herausfinden. Zieht es jemandem den Boden weg und bekommt er Angst, dann war es keine freie Liebe. Andersherum ist es ähnlich. Wenn Sie also die totale Distanz bisher bevorzugt haben, dann suchen Sie einfach mal bewusst die Nähe. Sie wissen ja, es gilt die überzogenen oder unterernährten Seiten zu genesen, nicht mehr und nicht weniger. Auch hier greift das Bilanzierungsbeispiel, das uns auffordert unsere Konten bewusst zu bereinigen. Und, machen Sie das aktiv, könnte Selbsterkenntnis und Gesundung der Lohn sein. Verborgenes und Verdrängtes könnte so berührt werden, dass Sie sich wundern, wie aufschlussreich die Begegnungen und die Selbstbeobachtung sind. Was das ist, was sich da zeigt, und wie Sie mit den Dingen umgehen, die hochkommen, wissen Sie, wenn Sie bis hierher gelesen haben.

Sind Sie der neutrale Elterntyp, bleiben gelassen und zentriert, sind in Liebe und Freiheit mit Ihren Eltern oder auch Kindern verbunden, dann kann das nur als wundervoll bezeichnet werden. Das ist dann wirklich eine reife Beziehung. Aber mal genauer hinschauen, ob das wirklich so neutral ist, kann auch nicht schaden. Zuweilen reden wir uns ja auch Dinge schön oder ein, da wir uns Konflikten nicht stellen wollen, wie Sie wissen. Einen Versuch sollte es aber wert sein, oder nicht?

Hierzu noch ein äußerer Vergleich: Will man sein Haus von Ungeziefer befreien lassen, dann sollte man auch keinen einzigen Raum aussparen, auch wenn man glaubt, dass sich da beispielsweise keine Motten vergraben haben. In unserem inneren Haus, alias Geist, wo das Schmerzwesen mit seinen Lügen haust, gilt einfach das gleiche Prinzip. Stellen wir im Nachhinein fest, dass wir trotz „Ungeziefer-Check" nichts gefunden haben, ist das doch einfach beruhigend. Sie wissen: Da ist alles sauber!

Haben Sie nun alles genau betrachtet, Ihre Einsichten geerntet und alte Leidens-Themen transformiert, dann wählen Sie einfach bewusst, wie nah oder distanziert Ihre Beziehungen sein sollten. Stellen Sie fest, dass Ihre Eltern oder Kinder versuchen, Sie trotz Erkenntnisse und Ihrem inneren Gewahrsein weiter mit Ihren unbewussten Schmerzwesen zu attackieren oder Sie als Energiespender zu missbrauchen, dann werden Sie einfach Ihre gesunden Grenzen ziehen. Fertig. Das haben Sie vielleicht schon vorher getan, dann werden Sie das jetzt nicht anders machen, nur vielleicht noch ein Stück bewusster, ohne Groll oder Schuld und im Frieden mit sich selbst.

Alles annehmen, was ist, und sich neu aufstellen

Machen Sie einfach mal ein Experiment. Gehen Sie zum Beispiel einmal einen ganzen Tag durch das Leben und sagen Sie zu allem, was Ihnen begegnet – egal ob es noch als gut oder schlecht von Ihnen bewertet wird –, einfach mal: „Ja, das bin ich." Danach schauen Sie, wo Sie das alles, was Sie von anderen Menschen gesehen oder erlebt, gehört oder gelesen haben, selbst sind. Wenn Sie ehrlich sind, werden Sie feststellen, dass Sie alles in sich tragen. Gutes wie Schlechtes, Schönheit wie

Hässlichkeit. Nehmen Sie es einfach bedingungslos an und es wird etwas verändern. Demut wird aufsteigen, Annehmen geschieht und Wertungen hören auf. Sie werden einfach das, was ist, als das nehmen, was es ist, und es beobachten.

Kleiner Hinweis am Rande:
Diese Übung erleichtert auch die bewusste Reflexionsarbeit mit unseren Prägungspersonen/Eltern. Es ist dienlich, dieses Annehmen von allem, was ist, zu üben, bevor Sie sich mit Ihren Prägungs-Erschaffern bewusst auseinandersetzen wollen, denn nirgends kommen unsere unbewussten und noch nicht durchschrittenen „Tore zum Sein" so intensiv und stark gereizt zum Vorschein wie bei den Prägungs-Erzeugern! Spätestens in diesen Begegnungen wissen Sie wirklich, wie gut es um Ihren inneren Frieden wahrlich bestellt ist.

Haben Sie nun alles was es so Schönes und Unschönes gibt angenommen und in sich selbst erkannt, können Sie das, was Sie sein wollen, leichter ins Leben integrieren, da Sie sich vor sich selbst nicht mehr verstecken müssen. Sie beginnen mit dem Aufräumen, ohne Verzweiflung, ohne Wut, ohne Jammern oder Wegschauen, weil Sie sich selbst und andere nicht mehr verurteilen. Dann drücken Sie im Leben einfach bewusst das aus, was der Moment fordert, ohne Wertung, ohne Urteil. Das ist einfach, wie es ist. Sie fangen an, Ihr unbewusstes Verhalten, Ihre alten Muster, Machenschaften usw. aufzudecken, Sie wissen ja, wem diese Ausgeburten angehören und wovon Sie diese abhalten, und entscheiden, was davon Sie zum Ausdruck bringen wollen und wann es Sinn macht. Sie wissen doch: Es geht nicht darum, was gut oder schlecht ist, denn alles hat seinen Platz im Leben. Es geht nur darum, ob wir bewusst oder unbewusst im Ausdruck sind und dadurch verantwortungsvoll oder unverantwortlich damit umgehen.

Sie lehnen auch Wut nicht mehr ab, nur die ungesunde Form, alias die alte Wutbergentladungs-Form, werden Sie entlarven, unter Ihre Herrschaft bringen und deren unbewusste Verselbstständigung nicht mehr dulden. Sie legen Ihr erkanntes Schmerzwesen an die Kontrollleine und entscheiden, welche Ausgeburten dieses unbewussten Gefährten gezügelt und welche eher gepusht werden müssen, um neutral zu werden. Sie lernen nun auch Wut als etwas zu erkennen, das manchmal einfach wichtig ist. Sie werden Sie zum Ausdruck bringen, um eine Grenze zu setzen, um für etwas einzustehen, wenn Unrecht geschieht oder Sie einem Tyrannen die Stirn zu bieten haben. Wut, wenn Sie aus dem Moment kommt, ist etwas Gesundes. Haben Sie die alten Wutpakete erkannt und abgebaut, wozu auch die bewusste Auseinandersetzung mit den Prägungspersonen dienen soll, wird diese Wut gereinigt sein, kein Wort und keine Tat mehr verunreinigen oder andere mit ihr traumatisieren. Dann ist es reine Wut, die dem Moment entspringt und vor der Sie sich nicht mehr fürchten müssen. Aber, bis es so weit ist, gilt es wach und innerlich aktiv zu bleiben!

Gesunde Wut kann man vor allem von Kleinkindern lernen. Betrachten Sie ein Kind, das noch nicht vom Schmerzwesen vereinnahmt ist und dem noch nicht gelehrt wurde, was Gut und Böse ist. Es ist einfach nur wütend. Tobt sich kurz aus, sammelt nichts an, bleibt situationsbezogen und dann ist wieder alles gut. Da sind noch keine angesammelten Prägungen, die diese Wut vergiften. Sie ist ein natürlicher Ausdruck. Und wenn Sie alles angenommen haben, was ist, ohne etwas abzulehnen oder bekämpfen zu wollen, dann werden auch Sie in sich diese natürliche Unschuld des Momentes wiederentdecken.

Tun Sie alles bewusst und lauschen Sie nach innen

Egal was Sie machen oder sagen, bleiben Sie zentriert. Spüren Sie sich, Ihren Körper bei allem, was Sie am Tag oder Abend machen. Achten Sie darauf, wo Sie sich in Gedanken verlieren, und holen Sie sich bewusst wieder ins Hier und Jetzt zurück. Konzentrieren Sie sich auf jeden Moment, der ist. Stille wird Sie begleiten, Präsenz wird da sein. Aus Konzentration werden Kontemplation und Meditation. Sie fördern damit hochgradig Ihre Interpretationslosigkeit. Sie bleiben einfach immer im Moment. Wenn Gedanken abschweifen, holen Sie sich wieder zurück, und jeder Moment wird zu einem „Gebet" und Geschenk.

Spüren Sie, wenn Sie sich mit Ihrem Tun identifizieren, Ihr Ego aufblasen, das Tun zum Selbstzweck mutiert, und konzentrieren Sie sich wieder auf das, was Sie einfach tun. Egal ob es Klo putzen, Aufräumen, Rechnungen schreiben, Kochen, Gartenarbeit oder Spielen ist, nur um einiges zu nennen. Sonst nichts. Still, gelassen, aber voll einbringend, sich dem Moment und seiner Aufgabe oder Freizeitaktivität hingebend. Jede Handlung wird somit zu einer heiligen Handlung, da der Gedanken- oder Gefühlsmüll ihn nicht mehr entweiht. Ausprobieren und erfahren, was es verändert.

Wenn Sie so stark in die Hingabe gehen, erhalten Sie eine weitere große Chance, sich in Ihren Mustern, Interpretationen über den, wer Sie sind oder nicht sind usw. zu erkennen. Wenn Sie still handeln (nicht dabei reden), können Sie die lauten Stimmen im Kopf besser wahrnehmen. Da, wo sich das hypnotisierende Gequatsche des Schmerzwesens breitmacht. Das, was Sie vom Hier und Jetzt abhält, zeigt sich unverblümt, wenn Sie still sind und sich voll auf den Moment konzentrieren. Schreiben Sie dann einfach alles auf, was Ihnen durch den Kopf schießt und was mit dem Hier und Jetzt einfach gar nichts zu tun hat. Schreiben Sie die Lügen über sich auf, die Ihnen ihr dunkler „Lebensgefährte" so alles einflüstert. Das hören Sie nur, wenn Sie still werden. Ablenken ist kontraindiziert, da fließen die Hypnosen nur so in Ihr Unterbewusstsein ein, die Sie dann nicht mehr ausmachen können. Sie müssen dafür nicht in ein Kloster gehen, um still zu werden und nach innen zu lauschen. Auch wenn Sie zuerst nur die vorlaute Stimme ihres Schmerzwesens hören, bevor die Stimme der Stille in Ihnen zu hören sein wird. Aber das ist einfach so. So können Sie die Hypnosen ihres Schmerzwesens kennenlernen, denen Sie sich als Krieger dann mutig in den Weg stellen und denen Sie die Grenze aufzeigen. Meditation dient hierbei, wie Sie sich sicherlich erinnern werden.

Im Grunde können Sie jeden Moment in die Stille gehen, wenn Sie bereit sind. Wenn das nicht geht, dann suchen Sie nach Auszeiten, machen regelmäßig meditative Übungen, besuchen Sie ein Seminar, das Sie wieder mit sich selbst verbindet, oder gehen Sie doch einige Tage ins Kloster, bis Sie es für sich selbst gelernt haben. Räumen Sie sich einfach mal Zeit für sich ein, einen ganzen Tag oder einige Stunden, und lauschen Sie ohne Außeneinfluss ihrem Inneren. Das ist ein spannendes Experiment. Das muss man aushalten, wenn man ständig nur Außeneinfluss gewohnt ist. Es ist aber so Erkenntnis fördernd und, wenn man sich darauf einlässt, ein Segen für das Wohlbefinden. Work-Life-Balance kann man das auch nennen. Aktivität und Ruhe ins rechte Maß rücken.

Wenn Sie zum Beispiel nichts tun, sondern fernsehen wollen, wählen Sie Filme, die etwas mehr Tiefgang haben, als sich Herumzappend nur berieseln zu lassen. Das ist auch Geisteshygiene! Schauen Sie bewusst hin, wenn Sie fernsehen. Alles, was uns die Medien zeigen, sagt auch etwas über uns selbst aus. Beobachten Sie bewusst Ihre Identifikationen mit dem, was Sie sich einverleiben. Erkennen Sie sich selbst, wenn Gewaltnachrichten kommen. Wählen Sie doch mal einen Liebesfilm aus, auch wenn Sie den vielleicht kitschig finden (Sie nicht, Ihr Schmerzwesen schon), und lassen Sie sich von der Liebe und Zärtlichkeit darin bewusst nähren. Beobachten Sie dabei Ihre Wertungen und Abwehrmechanismen, wenn da welche auftauchen.

Erkennen und Identifizieren sind grundverschieden, wie Sie wissen. Schauen Sie einen Spielfilm an und fragen Sie sich dann, was Sie für sich über sich selbst lernen konnten. Jeder Moment kann uns dienen, über uns mehr zu erfahren, und uns aufwachen lassen. Werden Sie nur bewusster und ergreifen Sie die Chancen, die uns das Leben täglich bietet. Verleiben Sie sich Literatur ein, die Ihr Bewusstsein nährt, nicht Ihre Illusionen oder nur ständig ihren Intellekt füttert. Der braucht eher Diät, wie Sie wissen. Also: Lesen Sie vor dem Schlafengehen Bücher von Meistern, hochwertige Bücher, die Ihr Herz,

Ihre Seele und Ihre Wachheit nähren. Die Buchläden sind voll damit. Wenn Sie Krimis oder Gewalt fördernde Sachen lesen oder im TV ansehen, bevor Sie einschlafen, und dabei noch unbewusst sind, brauchen Sie sich auch nicht zu wundern, wenn Sie unausgeruht oder gereizt aufwachen. Dass auch dies Dinge sind, die Ihr Schmerzwesen unbewusst füttern, sollten Sie sich einfach bewusst machen. Sie sollten bewusster entscheiden, was Sie nehmen und was Sie zukünftig lieber lassen sollten.

Die Informations- und Medienflut ist ja nicht nur etwas „Schlechtes“ oder den Verstand Belastendes. Das ist es doch nur, wenn es von uns unbewusst und ungefiltert ohne geistige „Mülltrennung“ aufgesaugt wird. Diese Fluten können auch viel positiven Nutzen bringen, wenn sie bewusst eingesetzt werden. Es liegt an Ihnen selbst und Ihrem bewussten Umgang damit, ob die Medienfluten Ihren Geist vereinnahmen oder Ihnen helfen, aufzuwachen.

Ergreifen Sie Chancen und Möglichkeiten für Ihre Wandlung. Probieren Sie das Beschriebene – wenn Sie wollen – für sich aus. Wenn Sie die Übungen wirklich ernst nehmen und umsetzen, bringen Sie täglich ein Stück mehr Licht in Ihr Bewusstsein und werden somit mehr und mehr zu einem bewussten Schöpfer, anstatt im unbewussten Opfer der bösen Lebensumstände, die Ihr Schmerzwesen für Sie erschaffen hat, zu bleiben. Jedes Stückchen Licht, das in Ihnen erstrahlt, indem Sie sich bewusster erkennen und aufräumen, trägt ein Stück mehr dazu bei, dass sich unser Miteinander verwandelt und Begegnungen mehr und mehr zu dem werden, was sie wahrhaftig sein sollten: Begegnungen von Sein zu Sein. Die Energien hinter den Worten, die unbewussten Geisteshaltungen lösen sich von Ihnen ab und reinigen Wort und Tat. Diese Ausdrucksformen bekommen eine neue Klarheit und Unschuld. Die innere Neutralität, die dem „Interpretationslosen Kommunizieren“ entspringt, lässt dann den Ton erklingen, der die Musik Ihrer bewussten Lebenshaltung widerspiegelt.

Beobachten Sie, was sich dadurch in Ihrem Leben verändert, Sie werden staunen, wie schön es wird. Stück für Stück werden Sie erwachen, bis Sie aufgewacht sind und die Illusion erkennen, die Sie vom wahren und schönen Leben abgehalten hat. Ein neuer Mensch wird geboren sein, der sich mutig aus dem Traum(a) befreit hat und ein Vorbild für andere ist, um sich endlich dem wahren Leben und der Unschuld hinter den Worten und Taten zu öffnen.

Teil IV
Wandel aktiv gestalten

Die Geschichte hat eine Konstante: Die Veränderung

Nun sind wir im letzten Teil des Buches angelangt, vielleicht aber auch am Anfang einer Veränderung, außer sie ist sowieso schon im Gang, dann hoffe ich, dass das was über den Begriff „Interpretationsloses Kommunizieren" hinaus vermittelt werden sollte, spätestens jetzt nicht mehr in die Schublade „Konzept" oder „kommunikatives Werkzeug" interpretiert werden kann. Dass es sich hier um die Veränderung einer neuen oder bewussteren inneren Haltung handelt, ist, so denke ich, bewusst geworden. Zahlreiche, lebensnahe und aktuelle Beispiele dienten zur Unterstützung die Zeichen der Zeit und den Veränderungsbedarf zu erkennen. Langsam aber sicher schreitet der Prozess des Aufweichens und der Neuausrichtung dessen, was zu verändern ist, voran. Ob wir nun aktiv am Wandel der Zeit teilnehmen oder passiv abwarten, wird diesen, glaube ich, nicht wirklich aufhalten. Denn Veränderung ist, war immer und wird immer sein, solange es Leben gibt. Und auch diese können wir einfach annehmen und aufhören uns dagegen zu stemmen, um mit dem Fluss mitzugehen. Dem Fluss, der uns zu neuen und vielleicht noch unbekannten Ufern, tragen wird. Vertrauen und Loslassen sollten wir dafür aber schon.

Die Integration dieser Haltung, die uns das Annehmen dessen, was einfach ist, erleichtert, ist, wie alles im Leben, ein Prozess. Ein Weg, der über das reine Wort und die Tat hinausgeht. Es ist ein Weg, der einladen soll, dem „Wer bin ich" im Gegensatz zum „Was habe ich an Wissen im außen erworben“ mehr Aufmerksamkeit zu schenken. Ein Weg, den ich selbst gegangen bin und dessen Früchte und Erkenntnisse ich Ihnen hier anbiete. Nicht mehr und nicht weniger. Die Wahl liegt bei Ihnen. Wenn Sie es ausprobieren, da Sie den Sinn für sich erkannt haben, werden Sie auf diese Weise stetig zu mehr Frieden im innen und außen beitragen, da Sie da ansetzen, wo Veränderung machbar ist: bei sich selbst. Eine Vielzahl von Anregung wie Sie es machen können, wenn Sie wollen, haben Sie, hoffe ich, auch erhalten. Anregungen, die Ihnen dienen können tiefer zu blicken, detailorientierter Ihre innere Taschenlampe einzuschalten, um dort aufzuräumen, wo Sie vielleicht noch nicht hingeschaut haben, mit dem Ergebnis auch Ihr individuelles Wohlbefinden zu steigern.

Ich bin mir sicher, dass, wenn immer mehr Menschen den Weg des wachen Gewahrseins und des friedvollen Kriegers für sich als einzelnes Wesen oder innerhalb einer wertekonformen Gemeinschaft gehen, sich unser gesellschaftliches Miteinander zwangsläufig verändern muss. Denn, ändert sich der Einzelne, dann ändert sich das Ganze. Andersherum geht es leider nicht. Vom allgemeinen gesellschaftlichen Bewusstseinsstand dürfen Sie sich natürlich nicht beeindrucken lassen, der ist, wie er eben ist. Und fängt nicht jeder für sich an etwas im Inneren zu verändern, verändert sich niemals etwas. Das sollte bewusst sein. Natürlich können Sie sich auch hinter der Maske der Gesellschaft verstecken, bringt Sie und damit das Ganze nur keinen Schritt weiter, wie wir wissen. Wenn Sie jedoch wollen, dass alles so bleibt, wie es ist, dann können Sie sich all das sparen, was sich von selbst versteht.

Jeder kann nur für sich gehen und damit andere inspirieren. Missionare brauchen wir keine, aber Diener, die mutig für ihre Wahrheit gehen, schon. Denn, je mehr Bewusstsein und wahrhaftige Achtung im Miteinander vom Einzelnen ausgehen, umso höher ist die Chance, dass sich die Gewalt auf unserem Planeten langsam reduziert. Selbstsüchtige Ausbeutung, Mobbing, Wegschauen und Vertuschen zugunsten von Missetätern werden erst dann ein natürliches Ende nehmen, wenn wir Menschen wirklich verstanden haben, dass wir das, was immer wir anderen antun, in Wahrheit nur uns selbst antun. Wir werden es dann einfach lassen, da wir nicht so dumm sind, anderen ein Grab zu schaufeln, in das wir dann selbst fallen müssen, da wir alles ernten, was wir gesät haben. Und das fängt bei der Abholzung des Regenwaldes an, erstreckt sich auf die Ausbeutung der Bodenschätze in ärmeren Ländern und endet bei der selbstsüchtigen und egomanischen Macht- und Wegschaupolitik, deren Früchte unübersehbar sind.

Also, falls sich etwas bei uns verändern soll, dann sollten wir einfach schauen, wo oder in welchen Bereichen Evolution auch im Außen Sinn machen würde und umsetzbar wäre, wenn die Einsicht und der Wille Hand in Hand gehen.

Einige Bereiche fallen mir hierzu ein, die neue Aspekte erfahren könnten und in denen sich zur Tradition auch die Bewusstseins fördernde Innovation verstärken könnte. Denn, ob etwas veränderungswürdig ist oder nicht, ist eigentlich nicht schwer auszumachen. Wir schauen uns die derzeitige Ernte an und überdenken, ob diese das Ergebnis aufweist, welches erzielt werden sollte. Ist das Resultat der Bemühungen zu dürftig, sollten wir nicht an den „Genen herummanipulieren" und in den Schöpfungsakt eingreifen, sondern vielleicht einfach die Saat und den Nährboden überprüfen, ob wir nicht anders säen sollten, da sich der Boden verändert hat. Übersetzt meine ich natürlich: Wir sollten uns mehr auf die Bedürfnisse und Veränderungen unserer Zeit einstellen und den einen oder anderen Kurswechsel vornehmen, als uns beispielsweise über den Ist-Zustand im Außen nur zu beklagen und die Verantwortung an irgendwelche Schuldige abschieben.

Wo immer Menschen lernen oder gefördert werden, können wir beispielsweise innovativer werden, wenn wir wollen. Altes und Ausgedientes eben aussortieren, um Platz für Neues zu machen. Einige Bereiche schreien in meinen Augen förmlich nach Reformation. Bereiche wie Bildung, Erziehung, Psychologie, Therapie, Coaching und Supervision, die wir nun nochmals genauer betrachten wollen. Beginnen wir mit der Bildung.

Äußere und innere Bildung gehören vereint

Das Schulwesen

Wir haben trotz vieler guter Ansätze für eine positive Veränderung und trotz einiger einzelner Wesen, die aufstehen und aktiv für mehr Menschenwürde und Frieden einstehen, noch immer zu wenig Bewusstseinswandel erreicht. Bei der Erziehung sollten wir beginnen. Wir bereiten in Schulen unsere Kinder auf die Berufslaufbahn vor, aber wie sehr bereiten wir sie darauf vor, sich selbst zu erkennen? Wie sehr werden sie gefordert, bewusst und frühzeitig herauszufinden, wer sie im Leben sein wollen. Fragt man Kinder, was sie mal werden wollen, dann hört man maximal Berufe, aber nichts von Tugenden oder Grundhaltungen dem Leben gegenüber. Wer wollen wir sein? Das ist doch die große Frage, die auch gestellt werden sollte. Die Schulung der inneren Haltung zueinander, die Würde, Respekt und Achtsamkeit hervorbringt sollte nach Möglichkeit verstärkt ein Unterrichtsthema sein. Neutraler, d. h. ohne und außerhalb des Religionsunterrichtes, der doch auch gefärbt ist von Bildern, die nie reformiert und der heutigen Zeit nicht wirklich angepasst wurden. Vereinzelt vielleicht schon, umfangreich bestimmt nicht, denke ich. Das erfahrbar und spürbar Machen dieser erwähnten Grundhaltung und deren gesellschaftlich positive Auswirkung kann in meinen Augen das Grundproblem des gewaltvollen und egozentrisch ausgerichteten Miteinanders an der Wurzel angehen und umlenken.

Grundlegend definieren sich, wenn man mal genauer hinsieht, Kinder immer über das, was am meisten Energie im Senden und Empfangen verkörpert. Sie schreien nach Energie und klaren Linien (keinen harten!), wollen sich fühlen und wahrgenommen werden. Wenn sie zu wenig wahre Liebe und klare Grenzsetzung, über die sie sich erfahren können, im Umgang bekommen, dann nehmen sie sich erfahrungsgemäß Ersatzenergie, die Aufmerksamkeit verspricht. Auch wenn diese Ärger oder Konfliktprovokation heißt. Nicht selten agieren sie diese Lücke sogar mit brutaler Gewalt aus. Ihr Leitmotiv ist unbewusst: Energie, egal zu welchem Preis. Sie schreien nach klarer Führung und liebender Wertschätzung ihrem ureigenen Wesen gegenüber. Auf die Hintergründe dieses Dilemmas und die aktiven Wege hier heraus, sollten wir unser Augenmerk auch noch stärker lenken.

Die Gewalt, die unsere Kinder vielfach zum Ausdruck bringen, ist nicht selten auch fehlgeleitete Lebens- und Geisteskraft, die destruktiv genutzt wird, da ihnen der konstruktive Weg fehlt. Kraft, die umgebucht gehört. Umgebucht auf ein Konto, das heißt: Bewusstseinsförderung, auch in Bezug auf den Umgang mit ihrem Körper, dem wunderbaren Gefäß und der bewussten Schulung ihrer Geisteskräfte, wobei die bewusste Förderung des inneren Beobachters hierbei nicht vergessen werden sollte. Auch, wenn auf bewusste Ernährung und Bewegung bereits stark geachtet wird, könnte hier der Aspekt des positiven Nutzens in Bezug auf Körperpräsenz und bewusstes Leeren aber auch Lenken des Geistes noch verstärkt werden. Etwas, was nicht dem Gehirntraining und dem Aneignen von Wissen entgegenwirkt, sondern dieses ergänzen kann. Denn, ein regelmäßig und von Kindesbeinen an bewusst geleerter Geist, lernt doch noch viel besser, wie wir wissen.

Auch Krisenbewusstsein, Meditation und der weise Umgang mit Emotionen (vornehmlich Wut) – wofür sie gut sind, wie sie weise gelebt werden können – könnten unser traditionell ausgerichtetes Bildungssystem noch lehrreicher und lebensnaher machen. Nicht nebenbei am Rande, sondern umfassender, primär auch in den höheren Klassen, um fürs Leben fit zu machen.

Wir gehen in Schulen und Erziehungsstätten schon ganz anders miteinander um als früher, aber das Gewahrsein, die Bewusstheit über das Leben und der sinnvolle Umgang mit Krisen und Konflikten sollten einen natürlicheren und selbstverständlichen Platz im System erhalten. Die Gabe des Beobachtens, des inneren Zeugens zusammen mit dem Folgebewusstsein sollten gelehrt werden. Achtsamkeit nach innen und als Folge nach außen sollte auf dem Lehrplan stehen. Kreatives Denken statt stures Auswendiglernen könnte auch noch mehr gefördert werden, wie das Ausloten von individuellen Talenten. Etwas mehr Maßnahmen, die auf das Leben vorbereiten, individualisiertes Lehren und Talentförderung sollten im Bildungswesen nicht nur auf dem Plan stehen, sondern mehrheitlich wirklich umgesetzt werden, damit Lernen ein lebendiger Akt wird.

Lebensvorbereitung, Beziehungsfähigkeit, Konflikt- und Teamfähigkeit lockern den Verstand auf und machen fit fürs Leben, anstatt nur für die kognitive Berufsausbildung.

Ich kenne so viele Kinder, die in der Schule versagt haben bzw. versagen, obwohl sie sehr intelligent sind. Sie verstehen nicht, wofür dieses Auswendiglernen von vorgedachtem Wissen und alten vornehmlich geschichtlichen Geschehnissen gut sein soll. Gehirnjogging ist wichtig und absolut notwendig, aber lebensnahe und Werte orientierte Ziele, für die es sich lohnt zu lernen, brauchen die Kinder auch. Kann man nicht mehr neutrales Gehirntraining machen, ohne sie mit z. B. veralteten Sachinhalten wie Kriegsdaten, außer sie dienen auch dazu das Bewusstsein über den kranken Geist und dessen Folgen zu erhöhen, vollzustopfen?

Das Hauptmotiv des Lernens ist doch immer noch der äußere Erfolg, gegen den ja generell nichts einzuwenden ist. Doch zumeist scheitert dieser dann an der inneren Haltung, die nicht mitzieht. Für manche Kinder ist der Erfolg im Außen gar nicht erstrebenswert, da sie schon alles besitzen. Wie motiviert man diese, ist die Frage. Bei nicht so betuchten Kindern ist die Motivation über das Erreichen äußerer Ziele wie Geld, Luxus, Unabhängigkeit usw. noch leichter. Viele haben im Außen aber schon alles, werden von den Eltern, die ihr schlechtes Gewissen beruhigen müssen, mit Materie statt Liebe und Hinwendung überschüttet. Sie verstehen nicht, weshalb sie etwas lernen sollen und einen gut bezahlten Job brauchen, um das zu bekommen, was sie in Fülle haben. Diese Kinder haben einen Mangel in den Bereichen Nähe, Verständnis, Liebe, Bewusstsein und Sinnfindung, die nach Erfüllung schreien. Wird dieser Mangel nicht bewusst erkannt und ausgeglichen, besteht die Gefahr, dass sich diese Kinder irgendwann mittels ungesunder Drogen abtöten, um vor diesem inneren Hungergefühl zu fliehen. Sie erinnern sich an Teil I), an das, was ich über die rebellische Generation schrieb?

Vielleicht kann hier etwas mehr Balance zwischen dem Vermitteln von Wissen und der Anleitung zu einer bewussteren Lebensführung im schulischen Bildungswesen hergestellt werden. Auch für Lehrer könnte noch mehr getan werden, was Coaching und der Umgang mit Krisensituationen im Klassenzimmer, angeht. Notfallhandys sind bestimmt eine vorübergehende Lösung, aber an der Wurzel ändert es das Gewaltproblem auf Dauer nicht. Im bewussten Umgang mit dem Gewalt- bzw. Konfliktpotenzial von Kindern und Jugendlichen brauchen Lehrer und Erzieher doch einfach mehr Unterstützung, denke ich. Vielleicht ist es sinnvoll diese Anregungen mal wirken zu lassen, um dann selbst zu beobachten, ob Innovation an der einen oder anderen Ecke sinnvoll wäre, oder eben nicht.

Die Erwachsenenbildung

Die Erwachsenenbildung, vornehmlich für Jobsuchende, erfährt in unserer Zeit der Wirtschaftskrise schon fast eine Hochkonjunktur. Unzählige Maßnahmen, welche die Berufschancen erhöhen sollen, werden von den Arbeitsagenturen angeboten. Nur, wie nutzbringend sind deren Erfolge wirklich? Reichen die Sachinhalte der Maßnahmen wirklich aus, um Arbeitslose oder Arbeitssuchende, wie es positiv ausgedrückt wird, für den Wiedereinstieg fit zu machen? Oder sollte auch hier die Förderung der inneren Bildung verstärkt Einzug halten, um langfristigeren Erfolg zu sichern?

Arbeitsbeschaffungs- oder Qualifizierungsmaßnahmen – dienen doch oftmals nur dazu, die Menschen von der Straße zu holen und „physisch aufzuräumen“, anstatt ihnen wirklich zu helfen, ihr Leben im Innen aufzuräumen. Dort, wo nicht selten die Ursache der Erfolglosigkeit sitzt. Maßnahmen, die ihnen helfen, die Gründe ihrer Arbeitslosigkeit herauszufinden, sich neu zu definieren, ihre Talente herauszufinden, um neue und kreative Wege zu beschreiten. Wäre das nicht vielleicht sinnvoller, als sie um jeden Preis wieder, gestählt durch Bewerbungstrainings, die nur das äußere Erscheinungsbild professionell aufpolieren, das innere aber außen vorlassen, wieder in einen Job zu entlassen, der eigentlich nicht zu ihren wahren Gaben passt. Ist das der Fall, geschieht es nicht selten, dass sie nach kurzer Zeit erneut auf der Straße stehen, um dann wieder Vater Staat um Geld anbetteln zu müssen.

Das ganze Spiel erinnert mich oft an Kinder, die von Papa oder Mama ständig Unterstützung fordern, aber nie auf eigene Beine gestellt wurden oder gelernt haben, eigenverantwortlich ein Leben aufzubauen. Bei vielen behaupte ich, wurde das in der Erziehung einfach versäumt, und zeigt in diesen hilflosen Situationen seine Auswirkungen. Wenn an dem gesagten etwas dran sein sollte, sollten wir dann nicht bewusster darauf reagieren, als es zu ignorieren. Diese Betrachtungen und erwähnten Offerten sollten meiner Meinung nach dringend in die Erwachsenenbildung integriert werden. Zumindest da, wo es offensichtlich ist, dass da etwas versäumt wurde.

Nicht wenige Arbeitssuchende (andere natürlich auch) sind in ihrem Bewusstsein in den Kinderschuhen stecken geblieben und halten sich noch immer am übertragenen Rockzipfel fest. Fördern wir nicht das Erwachsenwerden, nützen die staatlichen Ausgaben für Arbeitslosengeld oder Bildungsmaßnahmen verschiedenster Bildungsträger langfristig auch nichts. Bildung macht frei. Ja, aber nicht nur die Bildung des gesunden Verstandes – die natürlich auch –, sondern auch die Bildung des inneren Wesens und die Förderung individueller Fähigkeiten. Arbeiten sollte ein kreativer und sozialer Akt sein und kein reines Abarbeiten von Stunden, um seinen Lohn zu erhalten. Lohn ja, aber als Ergebnis dessen, weil wir uns voll und mit Inbrunst einbringen. Das kann jemand auch an der Kasse machen, wenn er sich dazu berufen fühlt, oder im Lager, wenn er Kisten transportiert. Er muss nur wissen, wofür er es tut. Der Blick muss mehr auf das Ganze gelenkt werden, anstatt nur auf die sture Arbeitserfüllung nach Vorschrift. Die Menschen müssen ein Teil werden, der dazu beiträgt, eine Vision zu erfüllen. Auch wenn diese heißt: „Wir liefern die Pakete sauber und pünktlich, da wir damit einen Dienst erfüllen, der zum Wohle der Gesellschaft beiträgt". Wir dienen anderen, und durch unseren Dienst am anderen erhalten wir unseren Lohn. Das Bewusstsein gehört natürlich auch in die Arbeitgeberetagen, sonst bringt das auch nichts, wie wir uns denken können. Leider sind auch hier noch genug Machtgerangel und Arbeitnehmermissbrauch, der sich z. B. im Bezahlen von Hungerlöhnen zeigt, am Werk, anstatt die gegenseitige Wertschätzung und das Eintreten füreinander. Dann brauchen wir uns aber auch nicht zu wundern, dass Mobbing als Entlade-Strategie der menschlichen Macht- und Ohnmacht-Spielchen am Werk ist und Burn-out bis hin zur Depression schon fast zum beruflichen Alltag gehören.

Das reine Tun ändert sich durch all das angesprochene vielleicht nicht, aber die Haltung zur Arbeit und voreinander womöglich schon. Die Sichtweisen machen Menschen krank, diese Sinnlosigkeit und innere Leere, die mit dem Abarbeiten oftmals verbunden ist. Bei vielen Arbeitslosen, vor allem Langzeitarbeitslosen droht das innere Feuer völlig zu versiegen, oder ist bereits erloschen, sodass die Resignation und Langeweile aus den Augen gähnt. Unterdrückte innere Schmerzen, die durch leidvolle Erfahrungen mit unwürdigen Jobkündigungen einhergehen, lassen manch Arbeitslose gar nicht offen sein für neue Impulse von außen. Der Geist und der Bauch sind mit Schmerzen voll und binden deren Aufmerksamkeit, bis diese Quälgeister bewusst angesprochen und bereinigt werden. Das ist oftmals so schade zu beobachten. Schade, weil es nicht sein müsste, würde etwas mehr Coachingarbeit angeboten werden, als rein sachorientierte Maßnahmen, die zum Krankmachen oder anderem Fernbleiben vom Unterricht animieren. Dieses Angebot bringt natürlich nicht allen etwas, aber denjenigen, die wirklich etwas in sich verändern wollen, schon. Manche wollen einfach nicht, da bringt das dann auch nichts, wie wir wissen. Ich erlaube mir diese Bilanz und Sicht der Dinge, da ich selbst in der Erwachsenenbildung mit Arbeitssuchenden schon gearbeitet habe und es zuweilen auch noch tue. Dieser Aspekt innerhalb jeglicher Bildungsmaßnahmen erscheint mir als der wichtigste und wird in meinen Augen noch zu wenig miteinbezogen. Denn auch hier gilt: Wenn der innere Boden nicht gerodet ist, fallen die Samen auf Beton und gehen nicht auf. Auch hier gilt: Das Erwähnte trifft nicht auf alle Bildungsträger und -maßnahmen zu. Ich habe auch Maßnahmen miterleben dürfen, in denen individuelles Coaching integriert wurde und es herrliche Ergebnisse bei den Teilnehmern erzielte. Ich konnte bei einigen miterleben, wie sie aufblühten und neue Wege beschritten. Diese Erfahrungen bestätigen mir den Appell: Individuelles Coaching wird auch hier immer wichtiger!

Überall, wo Menschen lernen, arbeiten oder erzogen, aber auch therapiert werden, sollte auf die Bildung des inneren Beobachters, die Meditation und die Förderung innere Klarheit durch Selbsterkenntnis und Talentförderung Wert gelegt werden. Es steigert die Achtsamkeit und Würde sich selbst, aber auch anderen und dem Leben gegenüber. Leben ist ein Geschenk und ein Selbstausdruck, der bewusst gefördert werden sollte. Egal wo. Und dazu ist es nie zu spät, wenn ein Wille vorhanden ist.

Evolution in Psychologie und Therapie

Alles Übel beginnt im Geist bzw. dem Verstand, das sollte uns bewusst sein. Verstandeskonzepte über das, was wir glauben zu sein oder nicht, über das Leben und andere Menschen. Schubladen und Interpretationen in Bezug auf unser Leben oder unsere Lebenslügen sind das, was uns vom Leben trennt. Wir lauschen nicht nach innen, sondern definieren uns nur über äußere Erscheinungen, die wir dann noch kategorisch einsortieren. Das ist aber nicht „Leben“. Leben ist einfach, bis wir es in die Schubladen „Gut“ oder „Schlecht“ stecken.

Das Übel fängt schon damit an, dass wir die Interpretationen nutzen: Wir sind krank, wir sind dumm, wir sind arbeitslos, wir sind wertlos, wir sind reich, wir sind beliebt usw. Das sind wir aber nicht, das haben wir, das erleben wir gerade oder in dieser Situation befinden wir uns. Wir, die wir wirklich sind, sind mehr als das. Wir sind das Bewusstsein hinter all den äußeren Erscheinungsformen, die kommen und gehen. Und mit dieser Erkenntnis sollten wir bewusst Veränderungen erlauben. Das fängt bei der Psychologie bzw. Therapie an, geht über die Erziehung bis hinein in die Erwachsenenbildung (wie vorher beschrieben) und das Coaching (wie im Anschluss erläutert). Wir bekämpfen Altes mit noch immer zu viel Altem, was nicht gehen kann. Wir müssen einfach neues Bewusstsein einfließen lassen, dann ändert sich etwas zuweilen kurzfristig, aber auf jeden Fall lang- oder mittelfristig. Denn, steter Tropfen höhlt auch an dieser Ecke den Stein, wie wir alle wissen.

Wenn wir mehr und mehr in die Psychologie und Therapie den bewussten Beobachter und den wirklichen Sinn von Traumen und Schmerzvermeidungsstrategien, aber auch wie wir diese aufräumen können, einfließen lassen, können wir aktiv die Gewaltlosigkeit fördern und Selbstzerstörung eindämmen. Die psychologischen Schubladen sollten wir jedoch parallel dazu mehr und mehr eindämmen, in die wir die unbewussten Auswirkungen unserer Schmerzwesen (Täter, Opfer und

Masken) oft stecken. Denn diese Schablonen erscheinen mir oftmals nur Platzhalter für Hilflosigkeit zu sein, die aus der Unfähigkeit resultiert, Zusammenbrüche in Durchbrüche zu verwandeln, weil in uns selbst noch so viel Unbewusstheit und Identifikation am Werk sind. Die Titelverleihungen der Krankheitsbilder wirken auf mich wie künstliche Schutzschilder, die Nähe und Liebe vermeiden, da wir selbst Angst vor Nähe und auch therapeutischer Deutlichkeit haben. Denn Nähe aktiviert das unbewusste und nicht transformierte Schmerzwesen, wie wir wissen. Deutlichkeit jedoch auch, wenn wir Angst vor der Reaktion unseres Gegenübers haben, da wir unsere eigenen verdrängten Schattenseiten noch nicht wirklich in uns integriert haben.

So können wir aber nicht therapeutisch mit den Schmerzwesen anderer wirklich in die Schlacht der Transformation ziehen, da wir unbewusst Angst haben, mit ihren und unseren noch nicht aufgeräumten Themen zusammen in den Abgrund zu stürzen. Wäre es anders, als ich es aus meiner Sicht beschreibe, wären Berufsgruppen wie Psychologen, Lehrer, aber auch Therapeuten wohl nicht so stark von beispielsweise Burn-outs betroffen. Oder wie kommt das? Auch wenn sie „cool" oder eher distanziert und „abgeklärt" wirken, bleiben die unbewussten Spiegel der Klienten weiter an ihnen kleben (auch wenn es Supervisionen gibt), bis der Therapeut sich im Klienten selbst erkannt hat und der Klebstoff (unbewusste Spiegel) in waches Gewahrsein überwechselt. Mutig kann dieser Therapeut als Folge zu seinem eigenen Aufwachen seinen Klienten dann die, ach so notwendigen, mentalen Durchbrüche ermöglichen. Mitgefühl, Demut gepaart mit innerer Klarheit, die aus der Selbsterkenntnis erwachsen ist wohnen dann gleichermaßen in diesem Helfer. An diesem Diener bleibt nichts mehr kleben, er ist zu deutlichen Grenzsetzungen und hartem aber realem Feedback total unbewussten und ihrem Schmerz huldigenden Klienten gegenüber fähig, denn er ist im Hier und Jetzt verwurzelt. Arbeitet total und lässt danach total los, da der bewusst gelebte Moment regiert und nicht das

Denken. Dieser Phönix, der aus der Asche heraus erwacht ist, ist dann ein wahrhafter Diener für Suchende und „Kranke“ bzw. bewusst Unbewusste.

Therapieren sollte auch Konfrontieren

Ein wacher und mutiger Therapeut vermag bewusst zu provozieren, zu polarisieren, ohne Angst zu haben, abgelehnt oder verurteilt zu werden. Auch wenn die Art und Weise des Weges interpretativ wirkt und wie nach Unterstellungen aussieht (was diese aber in Wahrheit nicht sind), sind dies gezielte Provokationen von wachem Gewahr sein getragen. Diese dienen dann dazu den realen und nicht eingebildeten Ist-Stand dessen auszuloten, wo der Klient in seiner Selbsterkenntnis wirklich steht. Denn, nur so kann der Therapeut erkennen, wo die inneren Drahtzieher des Schmerzwesens noch stecken und wie diese bewusst und mit der Absicht der Heilung, aus der Reserve zu locken sind. Hat er diese bewusst ausgelotet, vermag er „Kranken“ bzw. ihren unbewussten verstandeslastigen Schleifen und ihrer geistigen „Abgedrehtheit“ im rechten Moment zum Aufwachen bringen. In dem Augenblick, wo er die Chance sieht, dass das Gegenüber in die bewusste Schmerzaktivierung kommt, kann er seinem Gehirn den Schreck oder Schub verpassen, den es braucht, damit der Verstand anhält, die Traumablase aktiviert wird und platzt, damit Heilung geschehen kann. Der Geist steigt in diesem Moment aus und der alte Irrsinn, das Trauma, welches das wahre Wesen eingeschlossen hatte, wird befreit. Das geht nur mit unerwarteter Vehemenz und bewusster meisterlich geführter Provokation. Denn egal was jemand dann schon alles weiß, und unabhängig von der Intelligenz der Schmerzvermeidung, das Schmerzwesen springt hervor. Auf die unbewusste Reaktion des Klienten ist Verlass, außer er läuft feige davon, dann können sich die neuen Gehirnbahnen auch nicht öffnen.

Das sind erfahrungsgemäß Momente, die wie ein Schock für Klienten erlebt werden, auch wenn es der Heilschock ist. Vor allem dann, wenn ein Hilfesuchender für sich fest entschieden hat, ein unheilbares und bedauernswürdiges Opfer seiner Geschichte und als Folge natürlich seiner Krankheit zu sein. In einem solchen Konfrontationsmoment das eigene verdrängte Schmerzwesen incl. des Täters das natürlich hinter der unschuldigen Opfer-Maske lauert, erkennen zu müssen, schmeckt wenig Suchenden. Zu solchen Erlösungsmomenten versucht ein Klient oftmals auch die Therapie abzubrechen und beginnt davon zu rennen. Das werden die meisten auch tun, außer Sie haben begriffen, um was es da geht, und haben Mut genug sich Ihrem inneren Schatten zu stellen.

Noch erschreckender ist der Demaskierungsmoment, wenn die Erkenntnis kommt, dass die Suche nach Hilfe nur ein Lippenbekenntnis wert war und der Klient statt Erlösung sich nur mütterliche oder väterliche Streicheleinheiten erhoffte. Dann wird es superpeinlich, was Sie sich denken können. Was macht ein z. B. „Austherapierter" bei dem doch nichts fruchtete, da er gar nicht wirklich heilen will, und daran festhält, dass die „Schuldigen" da draußen für sein Leid verantwortlich sind – was eigentlich normal ist –, wenn er merkt, dass er selbst unbewusst Täter ist? Diese Realität ist bitter, wenn das klar wird. Dumm gelaufen! Das ist Selbsterkenntnis vom Feinsten. Da rennt man lieber, als der Tatsache ist Auge zu sehen. Oder? Vielleicht ist jetzt noch deutlicher bewusst, weshalb diese Reise zu sich selbst nichts für Feiglinge oder Wegschauer ist, und weshalb Willenskraft und Einsichtsfähigkeit über das „Siegen" oder das „Verlieren" entscheiden.

Sich der Realität des eigenen Schmerzwesens und inneren Täters und was diese Teile im Untergrund so alles anrichten zu stellen und das auch noch auszuhalten, bis man nichts mehr persönlich nimmt und das Ego den Platz räumt, dazu gehört Mut und innere Stärke. Ohne die entwickelten Tugenden wird die Reise schwierig. Aber nicht unmöglich! Denn jeder Moment ist neu und eine neue Entscheidung darüber „wer wir sind" kann getroffen werden. Ist das nicht so? Also liegt es wieder an uns selbst und unseren Entscheidungen. Irgendwie läuft alles wieder auf uns und unsere innere Bereitschaft uns umzuorientieren und das Ruder in die Hand zu nehmen, hinaus. So oder so.

Das sind Meistertherapeuten oder -coachs, die diese Wunder der Verwandlung mit einem bereiten Klienten vollbringen können, denn sie setzen dort an, wo die Ursache liegt: auf der geistigen Ebene. Dort, wo die Traumen (bzw. das Schmerzwesen) sich im Gehirn wie ein Baby am Rockzipfel der Mama festgekrallt haben und freiwillig nicht loslassen wollen. Um diese therapeutische Arbeit mit einem Klienten machen zu können, bedarf es einem hohen Maß an Wachheit und einem mindestens genauso hohen Grad an Liebe sich diese Konfrontationen mit den unbewussten und unberechenbaren Tätern „anzutun". Diese Situationen werden dann nur zu gern von total verblendeten und unbewussten Menschen dazu missbraucht – wenn sie sich nicht hingeben wollen – den Therapeuten anzuklagen, dass er mit ihnen nicht respektvoll genug umgeht. Habe ich oft genug selbst erlebt. Mit ihnen, der Sie in Wahrheit hinter all den Masken und Abwehrmechanismen sind schon, aber dieses Wesen zeigt sich nur so selten, da unser Schmerzwesen es gut bewacht und verschanzt hat. Ohne Bewusstheit und dem wirklichen Verstehen darum, um was es da geht, ist der Kampf für die Befreiung fast aussichtslos, was die Erfahrung lehrt.

Ganz neu ist diese Methode nicht, wenn man mal genauer hinsieht. Für uns verstandesgeprägte und schubladenverliebte Westler aber irgendwie schon. Früher machten diese Arbeit in gewisser Weise die Zen-Meister. Im richtigen Moment, dem Schüler den Aufwachschock zu verpassen. Wach und einfühlsam geführt, aber knallhart dem geistigen Unsinn gegenüber. Heute gibt es im Westen auch welche, die aber nicht wie Mönche, sondern eher ganz normal bis gewöhnlich leben und dadurch nicht so gut in unsere Schubladen von „besonders" oder „heilig" passen. Aber, sie sind eher normale Menschen, bis auf die „unnormale" Eigenschaft „ohne unbewussten Täter zu **Sein**“ und vollbringen somit diesen wichtigen Dienst, wenn das Ego sie lässt!

Klingt das brutal? Oder ist das einfach hart aber herzlich. Das sollte es sein. Nur, ausschließlich hart ohne Liebe des Therapeuten zum wahren und eingeschlossenen Wesen des Klienten, mit dem er selbstverständlich wertfrei und voll Mitgefühl verbunden ist, darf es nicht sein. Ohne diese unpersönliche (hat ja auch nichts mit der Person bzw. Prägungsmasse zu tun, zu dem diese Verbundenheit existiert) tiefe Liebe und Klarheit des Therapeuten, ist diese Methode gefährlich. Sicherlich und bestimmt nicht für jedermann geeignet. Das muss jeder selbst herausfinden, wo er steht und was er sich zutraut. Auch das muss jeder Therapeut für sich beantworten, was im wichtiger ist: Langzeitgäste oder befreite Wesen. Für ihn gilt das Gleiche natürlich auch. Jeder sollte für sich selbst wissen, wo er steht und welche Spiegel im Außen ihn noch aus seinem inneren Frieden katapultieren oder nicht.

Tradition braucht Innovation

Die traditionellen Therapien, im Gegensatz zu zeitgemäßeren eher aufrüttelnden aber von Liebe getragenen Therapien, zu denen ich die bereits erwähnte „Lebensthemen-Therapie“ zähle, bedienen sich meiner Meinung nach einfach noch immer zu gerne zu vieler Schubladen und medikamentöser statt bewusstseinsfördernder Heilmethoden, die vielleicht auch einem Wandel bedürfen. Schubladen für psychische Krankheiten wie Schizophrenie, Depression, schizoide Züge, Borderline-Syndrom, manisch-depressive Schübe usw. – die Liste ist endlos, die der dazu passenden Medikamente auch –, haben wir zahllose. Sie entfernen meines Erachtens nur vom Hilfesuchenden und verbinden nicht wirklich mit seiner inneren Wahrheit (unserer eigenen natürlich auch nicht), mit dem Ziel des Erwachens aus der Illusion des Leidens. Wenn man das für sich bevorzugt, auch gut. Vielleicht erfreut sich ja auch der eine oder andere in seiner Unbewusstheit an dieser „Titel-Verleihung“. Denn auch psychische „Krankheiten“ – das Gleiche gilt natürlich auch für physische Krankheitsdiagnosen – können als Trophäen der Narrenfreiheit dienen, wenn sich der Titelträger mit seiner Krankheit gerne identifiziert, da sie ihm großen Nutzen der Zuwendung von außen versprechen. Titel und Orden sind in unserer Gesellschaft noch immer sehr beliebt, wie wir alle wissen, und ein Krankheits-Titel ist bei unverantwortlichen Jammerern und bedürftigen Energieräubern vielleicht sogar ein willkommener Ersatz für nicht erreichte Titel zum Nutzen der gesellschaftlichen Anerkennung. Wer weiß, das kann nur jeder für sich beantworten, ob da etwas dran ist oder nicht. Aber darüber nachzudenken kann auch nicht schaden, denke ich.

Für mich erzeugen diese traditionellen „Titel"-Verteilungen, die dem Ziel der Genesung dienen sollen, jedoch einfach zu viel Distanz und auf Krankheit ausgerichtetes Einsortieren vonseiten der Diagnostiker und Therapeuten anstatt gesundheitsförderndes Aufwachen aus der Leidensspirale. Und mit der Grundhaltung der wahren Begegnung von Wesen zu Wesen auf Augenhöhe, was die Absicht der interpretationslosen Lebenshaltung ist, hat das bestimmt nichts zu tun. Das Gegenteil ist hier eher der Fall, wenn sich der Arzt oder Therapeut nicht trotz kopflastiger Schubladen mit dem Wesen des Klienten in neutraler Liebe verbindet. Wem, außer dem Krankheits-Nutznießern und den Langzeitgastgebern, dienen diese Schubladen nun eigentlich wirklich? Denen die wirklich geheilt werden wollen doch nicht, oder? Dem Verstand bringt es etwas, der hat wieder Futter, an dem er sich festdrehen kann und ihn eher nährt als ausleert, befürchte ich.

Menschen derart einzusortieren, ist das nicht sogar eher Würde verletzend, als heilend? Oft genug geschieht es doch, was ich schon unzählige Male erlebt habe, dass sich die Menschen dadurch wirklich eine Identität verschaffen, an der sie dann festhalten. Etwas, was das Schmerzwesen eigentlich nur wieder nährt anstatt heilt, da wir seinem Verstand und Ego Futter bieten. Es liebt doch Identitäten, die sich auf die Außenwelt beziehen. Das wissen wir doch, denn es weiß ja nicht

„wer“ es in Wahrheit ist und braucht dafür eine Ersatzdroge, die heißt „äußere Identität“. Das kann doch nicht der Sinn der Sache sein, oder doch? Geht da nicht der Schuss nach hinten los? So, dass alleine die neue kranke Identität schon gar keine Heilung mehr erlaubt. Könnte man mal überdenken. Schaden kann es ja nicht, sich zu fragen, ob hier eine Umorientierung angebracht wäre oder nicht. Die negativen und meist unbeabsichtigten Auswirkungen von einst getroffenen Entscheidungen werden doch meist immer erst hinterher klar. Wenn man das erkennt, sollte man dann handeln, oder eher nicht?

Von seiner Natur her ist der Mensch doch ein sich im Prozess befindendes Lebewesen, das man in keine Schublade stecken kann, da es sich immer wandelt (außer es wandelt sich natürlich nicht mehr, da es innerlich mit dem Leben abgeschlossen hat. Traurig, aber zuweilen leider wahr.) Oder verstehe ich „Mensch sein“ falsch? Ein Mensch, Kinder übrigens auch, gehen doch durch Krisen, um zu wachsen? Was ich hoffe, da sonst der Mülleimer im Unbewussten durch nicht bewusstes Durchschreiten, sondern Verdrängen voller und voller wird. Futter für das Schmerzwesen, wie wir wissen. Bewusste Krisenbewältigung leert den Geist. Verdrängung füllt ihn. Vielleicht sollten wir wirklich endlich mehr Krisenunterstützung und Bewusstseinsarbeit von Kindesbeinen an in die Bildung und Erziehung einbauen, anstatt ständig in Schubladen und alten Familiengeschichten zu wühlen. Wäre doch vielleicht eine sinnvolle Alternative zu Kategorien und zuweilen auch noch zu Medikamenten. Aber dafür müsste das Bewusstsein über Krisen und deren Chancen einfach in unserer Gesellschaft mehr verbreitet werden, damit ein gesundheitsförderndes Umdenken stattfinden kann.

Natürlich ist mir zu alle dem was ich anrege zu überdenken auch bewusst, dass diese diagnostischen Schubladen derzeit ihren Sinn haben. Denn nur so können auch die „Kranken“ entsprechend des Krankheitsbildes die Medikamente verabreicht bekommen, wenn die Psycho- oder Gesprächstherapie oder andere anerkannte Varianten auch nichts mehr bringen, die ihnen helfen sollen mit ihrer Krankheit besser zu leben. Aber irgendwann sollte das trotzdem mal überdacht werden, ob dieser Weg der wirklich heilsame oder nur der einfachste ist. Denn, Medikamente, auch wenn diese gut gemeint sein sollen, holen den Hilfesuchenden doch nicht wirklich aus seinem Elend raus. Sie nutzen eher denjenigen, die mit dem Behandlungsbedürftigen umgehen müssen, da der Patient dadurch meist ruhig gestellt ist. Sollte das der Fall sein, sollten wir über den Adressaten der Medikamente genauer nachdenken, ob da nicht zuweilen etwas schiefläuft und sich deshalb vielleicht nichts wirklich bessert. Könnte sein, oder auch nicht. Ist nur ein Gedankenspiel, mehr nicht! Aber, den Patienten, der beispielsweise Sedativa verabreicht bekommt, weil z. B. dessen Angstzustände – die auch anders geknackt werden könnten, wie wir wissen – sonst total mit ihm durchgehen, desensibilisieren die Medikamente oftmals nur. Aber heilen sie ihn auch? Desensibilisierung und Heilung sind doch nicht das Gleiche? Oder erkenne ich das nur falsch?

Unbewusstheit kann üble Folgen haben

Diese Schubladen können bei so manchen „Kranken" und möglicherweise auf andere innovativere Weise heilbare Menschen, auch verheerende Folgen haben. Beispielsweise, wenn sie ihr „Krankheitsbild" auch noch als lebenslanges, unabwendbares oder Jahrzehnte langes Übel hinnehmen müssen, weil ihnen niemand den Weg aus den Zusammenbrüchen hin zu den Durchbrüchen aufzeigen kann, obwohl sie es wollen. Nicht selten gibt es auch Ärzte, die derartige Zukunftsaussichten unsensibel dem Patienten verabreichen, was aber wohl eher die unbewusste und bestimmt nicht seltene Variante der Schocktherapie ist. Gefährlich finde ich das und unprofessionell zugleich.

In meinem nächsten Umfeld durfte ich einst miterleben, welche Folge eine unsensible und dahingesagte Bemerkung des psychologischen Personals in einem Krankenhaus einem manisch-depressiven Jugendlichen gegenüber hatte. Selbstmord war die Folge dieser Art von unbewusster Schocktherapie, die ich natürlich von der bewussten und der Heilung dienenden (bei denen noch nicht aller Tage Abend ist) provokanten Methode deutlichst abgrenzen will. Bewusst hätte wohl keiner dieses Resultat provoziert, hoffe ich. Traurig, aber war. Daran kann man aber auch wieder sehen, dass Provokation nicht gleich Provokation ist. Auch hier ist die Geisteshaltung und innere Absicht sowie der Grad an Bewusstheit und Liebe hinter der Handlung und dem Wort bestimmend über Heilung oder Vernichtung. Stein oder Rose. Sie erinnern sich an das Sinnbild?

Das eben genannte Beispiel ist bestimmt keine Ausnahme, trotzdem sollte dieses tragische Resultat unerlösten und unbewussten Agierens eines psychologischen Profis Anlass genug sein, um sich auf die Suche nach Ursachen zu machen. Für mich persönlich war dieses Erlebnis ein Schock. Ein Schock, der mir durch Mark und Bein ging und (ich erinnere mich noch gut daran) mein Herz zum Stillstand brachte, als mich die Todesnachricht erreichte. Der betroffene Junge lag mir sehr am Herzen, und die Hilflosigkeit, gepaart mit unendlicher Wut über das, was ich hörte, dass geschah, war für mich kaum zu ertragen. Aber, kein Schicksal geschieht umsonst. Alles hat seinen Sinn. Für mich entpuppte sich dieses Erlebnis (war 3 Jahre nach dem bereits erwähnten ersten bewussten Weckruf, den ich im Abschnitt „Intuition“ beschrieb und der mich auf den Weg brachte meine verlorenen Anteile in mir wiederzufinden) zu einem weiteren Versprechen an mich. Ich schwor mir damals, dass ich nicht ruhen werde, bis ich herausgefunden habe, warum Derartiges geschehen kann.

So machte ich mich auf die Suche nach der Ursache, nicht um Rache zu üben, was mir zwar mein Schmerzwesen, das zu diesem Zeitpunkt randvoll war, versuchte einzuflüstern, sondern, um zu verstehen. Ich setzte mein dunkles Wesen damals wohl unbewusst auf Diät, um nicht durchzudrehen und entschied mich das Übel zu erforschen. Unterschied! Die Frage pochte in mir: Was ist der Grund, dass sich Menschen, nein sich sogar psychologisch geschulte Profis so blind und unverantwortlich benehmen können? Tja, das war mein weiteres Motiv meine Suche voranzutreiben und in den dunkelsten Stunden nicht aufzugeben. Und das Ergebnis meiner Suche finden Sie in diesem Buch. Dass mich die Suche, natürlich zuerst in meine eigenen unbewussten Abgründe trieb, wusste ich damals selbstverständlich nicht. War aber, wie schon zu Beginn dieser Buchreise erwähnt, so. Für mich aus heutiger Sicht wieder logisch. Denn wie soll ich in die Abgründe anderer Schmerzwesen und deren Maskerade blicken, sie auch noch verstehen und sie bei ihrer Transformationsarbeit unterstützen, wenn ich meine eigenen inneren Höllen nicht kenne? Und wir sehen wieder, das Schicksal offenbart zuweilen ganz verschlüsselt die Aufgabe, die wir für uns knacken dürfen. Ohne diese Erlebnisse und meine willensstarken Entscheidungen wäre ich diesen Kreuzweg wohl nie gegangen. Das Buch, das vielleicht jemanden erreicht, der nicht nur mit dem Verstand liest, sondern fähig ist, sich für das zu öffnen, was ich in Wahrheit vermitteln will, schon. Vielleicht sollte alles so sein. Um an sich zu arbeiten, brauchen wir ein Motiv, das ist sicher. Ein starkes sollte es sein, sonst geben wir zu leicht auf, wie wir wissen.

Für uns Menschen oder Suchende, die es mit der Menschlichkeit und Menschenwürde – und das gilt natürlich auch innerhalb der Therapie – ernst nehmen, sollte das Beispiel zum Nachsinnen dienen, ob nicht Nähe, Wachheit und heilsame Provokation die aus dem wachen Bewusstsein kommt, doch ihren Platz verdient haben. Hierbei wird das wahre und liebevolle Wesen in uns sicherlich nicht verletzt (wie im obigen Fall des Jungen), sondern provoziert im rechten Moment das Schmerzwesen bewusst heraus, um die Traumablase platzen zu lassen.

Ich wage zu behaupten, dass, hätte der Junge diese hier erwähnte Therapiealternative gehabt und hätte er sich seinen unbewussten Kopfkapriolen bewusst und mutig gestellt, wäre er noch bei uns. Der Junge hatte das Zeug dazu, das behaupte ich. Das Bewusstsein fehlte jedoch an jeder Stelle an die er sich um Hilfe zu finden, wandte. Diese gezielt gesteuerte therapeutische Provokation hätte, wie deutlich sein sollte, nicht seinen wahren Kern getötet, sondern sein Schmerzwesen, das ihn bis in den Wahnsinn hinein quälte und von ihm Besitz ergriffen hatte. Sein wahres Wesen hätte befreit werden können. Er hätte Bewusstseinsförderung und einen meisterhaften „Zen-Schlag" gebraucht, behaupte ich, der ihm seine Gehirnbahnen wieder geradegerückt hätte. Haldol war leider nicht zielführend, wie wir sehen. Diese Erfahrung zeigt doch deutlich, dass Medikamente nicht wirklich oder wenn überhaupt zu langsam Heilung versprechen. Sie dämmen den Wahnsinn ein, aber leeren nicht den Geist, in dem das Übel wohnt.

Mit dieser Option, die ich hier anbiete, an die ich sogar appelliere, könnte vielleicht so manchem „Kranken" der in Wahrheit ein Suchender ist (und das war er, denn wenige kannten ihn so gut wie ich) die Chance gegeben werden, Findender zu werden, anstatt mit „Wahn" abgestempelt zu sterben.

Der Verstand braucht Schubkraft anstatt Schubladen

Also, wenn diese Variante doch so wirksam ist, sollte in den sozialen Berufsgruppen vielleicht doch die kühle Distanziertheit und softe, in der Vergangenheit wühlende Verständnismethode und Psychopharmaka-Behandlung ersetzt oder zumindest ergänzt werden. Dieses methodisch gezielte Vorgehen muss ja nicht alles andere als sinnlos abtun, sie sollten nur mehr Raum bekommen, um die Möglichkeiten der Heilung zu erweitern. Wir sollten ein achtsameres Auge entwickeln, was bei jemandem wirklich los ist, um in geistigen Krisensituationen durch gezielte und meisterhafte Traumaarbeit auch diese Unterstützung anzubieten. Ist nicht bei jedem angebracht, bei einigen aber glaube ich schon. Wie bei allem anderen gilt auch hier: Alles zu seiner Zeit! Nicht eine Methode führt zum Ziel, sondern die Fähigkeit situationsgerecht und je nach Klient so zu arbeiten, wie die Lage es erfordert.

Natürlich hat auch innerhalb dieser erwähnten Methode die Vergangenheit ihren Platz und sollte beäugt werden. Aber nur, um den roten Faden der sich wiederholenden Themen zu erkennen, nicht um sich an den Leidensstorys festzubeißen. Die alten Geschichten sind, wie sie sind, und sind in ihrer Natur nun mal nicht zu ändern. Nur jetzt, in diesem Moment kann eine Veränderung stattfinden. Denn, was gibt es denn im Leben anderes als den Moment, und der stellt doch die Weichen für die Zukunft. Mehr geht nicht. Das Gehirn muss seine alten Bahnen verlassen und das geht meist nur schlagartig, blitzschnell und vehement. Entweder durch einen therapeutischen „Zen-Schlag" oder eine unumstößliche Willensbekundung, die von höchster Disziplin und innerer Kontrolle (siehe Tugenden) gestützt wird. Beides zu seiner Zeit kann Wunder bewirken. Das eine kann ein meisterlicher therapeutischer Weckruf im rechten Moment sein, das andere können wir selbst in die Hand nehmen, wenn wir das Zeug dazu haben. Sonst bleibt einfach alles beim Alten und die Zukunft wird wieder wie die Vergangenheit von den gleichen alten Bildern und Glaubenssätzen im Kopf wieder und wieder neu erschaffen. Das Schmerzwesen bleibt dann einfach weiter der Regent des Geschehens.

Hierzu lohnt es sich vielleicht den Film „Bleep" anzusehen, was neueste wissenschaftliche Erkenntnisse der Quantenphysik und Ergebnisse der Gehirnforschung so alles bieten. In meinen Augen untermauert dieser Film das oben Beschriebene deutlich.

Nur, um so klar, eindeutig, provokant und doch mitfühlend in Therapien vorgehen zu können, muss der Therapeut natürlich selbst wach sein und seine blinden Flecken erkannt und besiegt haben. Nur ein im Hier und Jetzt verwurzelter „Momentantworter" kann weise mit verschiedenen Methoden spielen, bis er den Moment wach erkennt, zu dem das Schmerzwesen reif ist, enttarnt zu werden. Anderenfalls droht natürlich die Gefahr mit dem Schmerzwesen des Klienten den Abgrund zu teilen, da er mit ihm in die Tiefen seiner eigenen unerlösten Themen abstürzen könnte. Wäre natürlich fatal, denn dann ist dieser Therapeut kein Halt mehr, sondern ein

Leidensgenosse, was sich auf die Autorität und das Vertrauen dramatisch auswirken würde. Mit anderen Worten ausgedrückt, um das eigene Aufräumen kommt wohl keiner herum, wenn er mit anderen therapeutisch arbeitet, oder sehen Sie das anderes? Aber ich denke mal, das sind alles nur Gefahren, die ich sehe, denn jeder therapeutisch arbeitende Mensch schleift an seinem inneren Diamanten und der Integration seiner Schattenseiten.

Nur, wenn nun die Klientenverantwortung das eigene Aufräumen voraussetzt, dann frage ich mich aber auch, warum oft genug tiefes Einlassen und wahre Liebe – die von Bewusstheit und Deutlichkeit getragen ist – für den nach Hilfe Schreienden noch immer zu oft durch Distanz und Mitleid ersetzt werden muss (auch wenn sich manche, zum Glück, nicht mehr daran halten), obwohl der Patient/Klient doch genau danach schreit: Liebe und innere Klarheit des Therapeuten, die sein Heilen aktivieren können. Denn wer ruft denn nicht, egal welche psychische oder physische Krankheitsform er dafür nutzt, laut oder leise nach dieser wahren Liebe und dieser transformierenden Bewusstheit? Wenn er die nicht findet, dann eben nach der Ersatzdroge: Aufmerksamkeit! Die bringt aber bekanntlich keine Erlösung.

Vielleicht wollen viele auch nicht diese Erlösung und Befreiung. Aber bei vielen könnte nach meiner Ansicht mittels Bewusstsein über den Sinn und Zweck des Leidens, disziplinierter Reflexions- und Traumaarbeit und Meditation incl. innovativerer Methoden der psychiatrische Aufenthalt sowie unnötige Krankenkosten vermieden werden. Und, Alternativen zu haben, hat doch noch nie geschadet. Unseren Krankenkassen täte das auch gut nicht mehr so viel Langzeitpatienten auf der Kostenliste zu haben, wenn es kürzere und wirkungsvollere Methoden gibt, die Gesundung vorantreiben, da sie auch noch die Eigenverantwortung der Patienten aktivieren.

Die Ergebnisse vieler Therapien wären dann vielleicht nicht mehr so viel volle Aktenschränke, hoffnungslose Fälle, würdelose Beurteilungen und Abstempelungen, aber nur selten wirkliche und anhaltende Heilung, geschweige denn wahre Erkenntnis über den Sinn des Lebens und den Weg aus der Todesspirale: Leiden, durch das Erwachen aus der Lebenslüge. Bei denjenigen, bei denen softe Gesprächs- oder Analysemethoden nicht fruchten droht sogar die Therapieresistenz. Mir begegneten in meiner Laufbahn einige, die superviel über ihre Geschichten wussten, sich darin aber verloren, da ihr Verstand (was ja das Grundproblem ist und der sich sowieso ständig nur um sich selbst dreht) mit noch mehr Analytik und Schubladen vollgestopft wurde. Das Oberstübchen muss aber leer werden, um sich neu zu erschaffen. Das Hier und Jetzt kann man doch nicht denken. Es ist. Und es ist das einzige was wirklich ist, oder irre ich da?

Gesundheit ist Singular, Krankheit nicht

Wenn wir uns mal diese langen psychologischen Listen, die ich selbst auch während meiner Psychotherapieausbildung in meinen Kopf bringen musste, ansehen, dann frage ich mich manchmal schon, weshalb die Liste unserer verschiedenen „Gesundheiten“ nicht mindestens genauso lang ist. Wie geht das? Haben Sie sich das noch nie gefragt? Es gibt eine Gesundheit, was ein harmonischer Zustand von Körper, Geist und Seele ist, aber tausende von Krankheitsformen. Das passt doch alles nicht zusammen, oder? Ich habe für mich erfahren, dass es zwei Dinge gibt: Entweder bin ich bewusst oder unbewusst. Bin ich wach und bewusst geht es mir gut, bin ich unbewusst, rüttelt mich das Leben (alias der Körper, Geist oder äußere Umstände) wach, damit ich etwas erkenne, was im Unbewussten abläuft, um bewusst neu zu entscheiden. Fertig. Erkenne ich es selbst nicht, hole ich mir wache Unterstützung. Habe ich erkannt wo mein Geist, oder an welcher Thematik sich mein Geist bzw. Ego festgebissen hat, muss ich das eben loslassen, damit meine Energien wieder frei fließen. Eines muss ich aber für mich anerkennen: die Macht und Kraft, die in meinem Geiste wohnt und sonst nirgends. Lehne ich das ab, macht diese Arbeit am Bewusstsein nun mal keinen Sinn. Dann bleibe ich eben Opfer meines Schicksals und werde nie meine Umstände meistern. Das ist aber offensichtlich, denke ich.

Also, sind nun diese Krankheitsbilder nicht alles nur Ausgeburten unseres unerkannten und unerlösten Schmerzwesens, aus dem sich das kranke Ego erschaffen hat und keinen inneren Beobachter besitzt? Wie bewusst sind uns die Kraft unserer Gedanken und die Wirkung unserer Entscheidungen? Wir sollten wirklich, anstatt die Psychopharmaka-Dosen zu erhöhen, das Maß an Wachheit im Inneren und das Erkennen des Sinns von Schmerzwesen und Abwehrmechanismen (zusammen „Ego" genannt) verstärken, und das so früh wie möglich in die Erziehung einfließen lassen, um den Suchenden (oder Süchtigen) präventiv zu helfen. Jeder psychisch Kranke oder Leidende ist doch unbewusst oder bewusst ein Suchender, der nur im Grad der Unbewusstheit sich unterscheidet und der daraus resultierenden Entfremdung zu seinem wahren Wesen, das hinter dem Schmerzwesen auf Befreiung wartet. Jemand, der nur noch keinen Weg gefunden hat, seine Quälgeister im Kopf, Herz und Bauch loszuwerden. Wir sollten aber Findende werden und den Menschen vor allem in der Therapie und auch im Coaching zeigen, wo das Suchen sich lohnt und wofür der Schmerz und Wahnsinn dient, den jemand empfindet: zur Erlösung und Befreiung aus der Unterjochung der Unbewusstheit und dem damit verbundenen selbst erschaffenen Leiden. Nur anfangen müssen wir zuerst immer bei uns selbst.

Anmerkung:

Alles was hier zum Thema „Therapie" und deren innovativem Charakter beschrieben wurde, gilt selbstverständlich nur für die Menschen, die keine physisch nachgewiesene geistige Behinderung haben. Das sollte zwar offensichtlich sein, halte ich aber zwecks Interpretationsrisiko für wichtig dies einfach nochmals bewusst zu erwähnen. Diese Methode des bewussten „Sich selbst Aufräumens" ist für die Wesen, deren Leben – meist durch äußere Anlässe – aus den Fugen gerät und hilflos in ihren Dramen feststecken, was bis zur totalen inneren Abspaltung reichen kann. Es sind die angesprochen, bei denen das Schmerzwesen ihren Verstand umschlingt, was sich als Folge durchaus z. B. im Wahn entladen kann. Für die Menschen, denen das Leben einen Weckruf schickt der heißt: „Siehe hin, du hast dein Haus auf Sand und nicht auf Stein gebaut. Reiße es ab und erschaffe es auf einem Felsen." Hier übersetzt heißt es: „Schaue hin und erkenne, dass dein Leben, das du dir erschaffen hast, ein Produkt deiner unbewussten Prägungen ist, und nicht das Leben, das dein wahres Wesen bewusst kreiert hätte. Lass los, stehe auf, erkenne selbst, damit du bewusst und erlöst dein wahres Sein erfährst und dein Leben inkl. deiner Gaben voll zur Blüte bringst. Dein wahres in dir erwecktes Wesen, das aus dem Schmerz geboren wird, ist die innere Substanz, die dich trägt und leitet. Höre den Ruf des Zusammenbruches und mache daraus einen Durchbruch, der dich deiner inneren Wahrheit zuführt."

Ich erwähne das auch deshalb nochmals, da es mehr und mehr gilt, in der therapeutischen Praxis eine Differenzierung herzustellen und zu erkennen, was der Grund von seelischer oder psychischer „Krankheit" ist, anstatt alle mit den gleichen Methoden zu behandeln. Wunderbares kann auf diese Weise hervorgebracht werden. Wunderbare Wesen können unsere Gesellschaft bereichern, wenn dort, wo es angebracht ist, bewusste Hilfe zum Aufwachen aus dem Leid der Illusion angeboten wird. Machen wir diese Wesen mit Medikamenten kaputt, die eigentlich meisterliche Führung, statt Psychopharmaka benötigen, zerstören wir aktiv den Wandel in eine neue und lichtvollere, was auch heißt, gewaltlosere Zeit selbst! Das sollte erkannt werden, und dieses Erkennen in die Arbeit mit „Kranken" einbezogen werden, damit nicht potenzielle Meisteranwärter durch blinde Unbewusstheit und Schubladenbehandlung vernichtet werden.

Supervision und Coaching

Viele Organisationen und Unternehmen bedienen sich bereits dem positiven Nutzen der Supervision und des Coachings, obwohl beides in seiner Natur ein und dasselbe ist. In seinem Wesenskern unterscheiden sich diese jedoch auch nicht wirklich vom therapeutischen Ansatz. Denn, wer holt sich denn die Unterstützung eines Coachs oder macht eine Supervision? Es ist jemand, der eine Situation mit sich selbst oder anderen klären will, da er es aus sich selbst heraus nicht mehr schafft und professionelle Hilfe in Anspruch nimmt. Im beruflichen Kontext nennt man das eben nicht Therapie sondern Coaching oder Supervision. Klingt elitärer, ist aber im Kern das Gleiche.

Was macht ein Coach oder Supervisor? Er beleuchtet die versponnene Situation, die Energie bindet und sucht die Ursache der Verstrickung. Diese Verstrickungen zeigen sich bekanntlich meist durch äußere Anlässe oder im Zusammensein mit anderen Personen. Diese gilt es zu durchbrechen und aufzuräumen, damit die Energie, primär im aufreibenden Umfeld und sekundär als Folge dann auch für sich selbst wieder frei fließen kann. An die Stelle von Stress und Unbehagen treten dann, wenn die Unterstützung erfolgreich war, neues Bewusstsein, Wohlbefinden und Kreativität. Wurde der Knoten, der das Miteinander blockierte nicht gesprengt, dann werden sich die Blockaden eben neue Bahnen des Ausdrucks suchen.

Also, was unterscheidet Therapie vom Coaching oder der Supervision nun wirklich? Eigentlich nichts, wenn man es so betrachtet, wie ich es gerade aufgezeigt habe. Therapie klingt in unseren Ohren nur kranker und bedürftiger als Coaching, weil das Wort „Therapie", wie viele andere Begriffe eben auch, von unserem Verstand und interpretativen Schubladen versudelt ist. Also geben wir dem Kind einen neuen Namen und wir sind wieder offener. Auch hier sind wir wieder mit unseren geistigen Schubladen und deren Folgen reich gesegnet, wie wir sehen.

Nun öffnen wir diese geistige Schublade einfach mal und sprechen über das, worum es geht: Aufräumen im Innen und als Folge auch im Außen. Unterschiedliche Worte, doch gleiche Absicht. Und das sollte das Resultat sowohl eines professionellen Coachings wie auch einer gut geführten Supervision und Therapie doch sein. Alle Varianten sollten dazu dienen Krankmachendes auszusortieren und Gesundes zu beleben! Mit anderen Worten: die Schmerzwesen und deren Abwehrstrategien, die bei den Betroffenen wirken, aufspüren, die unbewussten Opfer-Täter-Masken-Spielchen aufdecken, um wieder Raum zu schaffen, damit die Wahrheit, Liebe und das Bewusstsein Platz bekommen. Würde, Menschlichkeit und Achtung im Miteinander wären die natürliche Folge. Das Arbeiten macht wieder Freude, da der Verdruss ausgemerzt ist. Das Betriebsklima lädt wieder ein, statt aus. Und nur so ist wahrer Erfolg auf jeder Linie wieder möglich, wie uns bewusst sein sollte.

Unternehmenscoaching

In Unternehmen, vornehmlich in größeren, gehört Coaching, Training usw. schon fast zum guten Ton und deren positiver Nutzen ist mehr als bewusst. Daher gehe ich auf diese Zielgruppe nicht so intensiv ein wie auf die eher kleineren oder mittelständischen Firmen.

Hier ist das Bewusstsein nach meinen Beobachtungen noch nicht so gereift, was Unterstützung von außen Positives im Miteinander bewirken kann. Auf dieser Ebene wirkt noch oft genug hierarchisches Denken und Handeln und das gute Betriebsklima ist eher eine zufällige Erscheinung als ein bewusst geführter Akt. Viele Unternehmensinhaber glauben noch immer, dass man sich nicht in die Karten schauen lassen sollte und, dass sie alles alleine können. Schwäche zeigen,

Hilfe von außen annehmen wird hier noch stark als „ich bin schwach“ interpretiert anstatt als Stärke erlebt. Oft genug höre ich Worte wie „Das haben wir immer so gemacht und machen es auch weiter so“. Kann auch richtig sein, will keiner bezweifeln und klappt bestimmt auch bei vielen. Die spreche ich auch nicht an. Doch oft sind es genau die Unternehmen, bei denen die Mitarbeiter am meisten von Mobbing oder anderen Machtgerangel gegängelt werden, als bei denen, die hin und wieder Hausputz machen. Mit Hausputz meine ich natürlich nicht die Gebäudereinigung, sondern die Reinigung des Geistes, der das Miteinander so oder so prägt.

Ich kenne ein mittelständisches Unternehmen, das trotz Krise jährliche Umsatzsteigerungen verzeichnet und trotz vieler „Ups and Downs“, die nun mal im Leben kommen und gehen, keine Mitarbeiter entlässt. Hier treibt nicht Angst die Leistung nach vorne, sondern Vertrauen. Denn in Krisenzeiten wurden nie Entlassungen vorgenommen, sondern bewusst Bilanz gezogen, mit der Absicht auf den Wandel aktiv zu antworten und bewusste Veränderungen innerhalb des Unternehmens vorzunehmen. Umbesetzungen waren meist das Ergebnis der Innenschau, die mit der Entfaltung des individuellen und noch nicht genug genutzten Potenzials der Mitarbeiter zu tun hatten. Das ging, da sich die Menschen dort füreinander interessieren „wer“ sie sind und gemeinsam Talente bewusst ausloten. „Einer für alle und alle für einen“ ist hier die Devise des Erfolges.

Diese Firma, die Inhaber geführt ist, tut jährlich etwas für ihre Mitarbeiter, speziell die Führungskräfte. Denn jeder weiß doch: Der Fisch stinkt immer vom Kopf her! Dieser Chef bezeichnet bewusstseinsfördernde Coaching-Maßnahmen auch als „Den Geist mal wieder von Schlacken befreien“. Er ist ein Mann, der höchsten Respekt verdient. Jemand der sich nicht ausschließlich um die Geschäfte kümmert, sondern um seine Leute. Für das Geschäft hat er gut bezahlte Profis eingestellt und die machen auch das, wofür sie bezahlt werden: ihren Job und den auch noch gerne, da sie sich durch die Bank wertgeschätzt fühlen!

Das Firmenoberhaupt, der Sohn des Begründers und Mentor des Nachfolgers, den er derzeit achtsam und bewusst einführt, hat hohe Erwartungen an die menschliche Qualität. Das gilt für ihn selbst, aber auch für seine Crew. Er lebt aber auch vor was er einfordert, reflektiert sich täglich und kümmert sich herzlich aber auch Grenze setzend um jeden. Und das meine ich wörtlich. Für jeden ist dort seine Türe geöffnet und jeder kann ihn um Rat bitten. Er ist ein Diener, kein Herrscher, der Machtgehabe an den Tag legt. Ein Mann, vor dem ich mich nur verneigen kann. Er erinnert mich mehr an einen Zen-Meister als an einen Unternehmer im klassischen Sinne. Von dem können wir alle etwas lernen, wenn wir wollten. Diese Firma trägt hohe Werte nach innen und nach außen. Und, der Inhaber sieht seine Hauptaufgabe darin dafür zu sorgen, dass die Philosophie (der innere Wesenskern der Firma) in die Umsetzung kommt. Hakt es dort mal, was menschlich ist, holt er sich Hilfe von außen, ohne sich dabei einen Zacken aus der Krone zu brechen. Wie auch! Er ist ein Mann, der weiß, „wer er ist“. Somit wird eben von Zeit zu Zeit aufgeräumt, damit die Energie im Fluss bleibt. Für ihn ist das „im Innen aufräumen“ ein ganz natürlicher Prozess wie das Büro säubern und morgens um 04.00 Uhr sein Pferd zu satteln, damit er fit und wach bleibt, um seinen Führungsaufgaben gewachsen zu sein. Um 05.00 Uhr trinkt er mit der ersten Schicht Kaffee und unterhält sich mit ihnen von Mensch zu Mensch. So bleibt er im Geschehen und kann situationsgerecht handeln, wenn Bedarf ist. Der Erfolg gibt ihm recht. Die Firma floriert und die Menschen stehen hinter ihm und der Firma, wie ich es noch nie erlebt habe!

Tja, so kann es auch gehen. Mobbing hat in diesen Hallen gar keine Chance. Ein waches Auge gibt acht, dass Respekt, Wertschätzung und Achtsamkeit über persönlichem Gerangel stehen.

Laden diese Haltung und deren Folgen nicht dazu ein seinen Blick zu ändern? Würden mehr Unternehmer diese hohe menschliche Reife und diese Wachheit an den Tag legen, würden wir wohl alle nicht in solch wirtschaftlichen Miseren hängen, wie wir es nun mal tun. Eine solche Haltung, wie oben beschrieben, erlaubt keine Ausbeutung, die auf Kosten weniger gebildeter oder ärmerer Menschen geht. Das geht gegen ihre höchsten Werte der Menschlichkeit. Für mich ist diese Firma ein Leitbild, das zeigt, dass es anders geht und trotz allem jeder dabei genug für sich abbekommt. Und das, ohne, dass andere dafür bluten. Was ich dort erlebt habe, zeigt mir, dass die Grundhaltung die hier vermittelt werden soll, in ihrer Umsetzung machbar ist!

Ich glaube, auf dieser Ebene ist noch viel Potenzial ungenutzt. Neue Wege sollten auch hier gegangen werden. Die Wirtschaftskrise und deren Sinn, wie ich sie zu Beginn des Buches darlegte, rufen uns zum Umdenken auf. Dieses Unternehmen lebt das, was es für uns alle gilt in die Umsetzung zu bringen, damit Geben und Nehmen in Harmonie kommen. Es geht, wie wir sehen und was das Beispiel veranschaulichen sollte.

Soziale Organisationen

Der Ordnung halber wenden wir uns auch noch den Organisationen zu, die nicht primär sach- bzw. monetärorientiert arbeiten, wie es bei Wirtschaftsunternehmen der Fall ist. Gemeint sind hier die sozialen Einrichtungen wie Schulen, Erziehungsstätten oder anderes gemeinnütziges Arbeitsumfeld und deren Mitarbeiter. Orte, in denen primär mit Menschen umgegangen wird. Wo geschult, erzogen, therapiert wird und Kranke behandelt werden. Wie sieht es nun dort aus und, warum ist es da zum Teil noch verworrener als in Firmen?

Firmen haben – wie gesagt – eine primäre Sachorientierung und das Miteinander ist das, was das Betriebsklima und als Folge den Erfolg fördert oder hemmt. In sozialen Einrichtungen ist das anders. Hier ist die „Sache“ oder ganz hart ausgedrückt: das „Produkt“, an dem und mit dem gearbeitet wird, der „Mensch“. Nun ist es doch ganz natürlich, dass die Verstrickungen noch intensiver werden, da die Trennung zwischen Sach- und Beziehungsebene fließender ist als im Wirtschaftskontext. Allein die Gefahr, dass mit dem Menschen zu schubladisiert umgegangen wird, ist groß, auch wenn das verständlich ist. Denn, die Menschen, die in sozialen Organisationen arbeiten, werden oft ohne Unterlass mit Beziehungsgeflechten und deren zuweilen verheerenden Folgen konfrontiert. Da gehören eine unglaubliche menschliche Reife und Abgrenzungsfähigkeit dazu sich nicht in den menschlichen Geschichten anderer selbst zu verlieren. Jedoch ist eine bewusste Abgrenzung zu persönlichen Belangen und die Versachlichung eines menschlichen Wesens ein Unterschied, der Folgen verursacht. Versachlichung kann menschliche Kälte beinhalten, da diese im Kopf stattfindet und nicht selten die menschliche Nähe, das Mitgefühl gleich mit verschließt. Bewusste Abgrenzungsfähigkeit hat einen inneren Beobachter und ist von Wachheit getragen, diese ist anders. Da bleibt die mitfühlende Verbundenheit mit dem inneren Wesen des anderen. Das „Problem“ wird einfach nur nicht persönlich genommen.

Ich bewundere die Menschen wirklich, die täglich mit so vielen menschlichen Belangen konfrontiert werden und damit umzugehen haben. Ignoranten meinen dann nur dazu, dass sie das bringen müssen, da sie schließlich für den Job ausgebildet sind. Klingt in meinen Augen sehr arrogant und realitätsfremd, nein sogar verantwortungslos! Denn, für etwas ausgebildet zu sein oder einer Anforderung menschlich in jedem Moment gewachsen zu sein, ist doch ein Unterschied. Das eine sagt aus „was jemand gelernt hat“, das andere „wer jemand ist“, was nicht ein und dasselbe sein muss, wie uns bewusst ist. Souveränität, Gelassenheit, Reflexionsfähigkeit, gesunde Abgrenzung und inneres Gewahr sein oder die Integration des erworbenen Wissens, lernt man doch bekanntlich nicht durch Bücher! Was der Kopf weiß ist dem inneren Wesen noch lange nicht zugänglich, oder?

Die Integration, die Füllmenge im Inneren, lernt man durch bewusstes Arbeiten an sich selbst und durch Erfahrung. Nur weil jemand einen Titel wie z. B. „Dipl.-Sozialpädagogin/e" oder „Dipl.-Pädagogin/e" hat, ist er doch noch kein Meister seiner Faches und seines Lebens auch nicht. Ein Kopfmensch vielleicht, aber noch kein weiser oder reifer Mensch, was von ihnen zu oft erwartet wird. Wie soll das ein junger Mensch, der gerade von der Uni oder Schule entlassen wird, denn bringen? Trotz bester pädagogischer Ausbildung kann die eigene und unerlöste Geschichte verheerend mitwirken, außer sie tut es nicht, da diese aufgeräumt wurde. Aber nur durch einen Berufsabschluss kann er das gar nicht sein. Ist unnatürlich und unmenschlich zugleich, wird aber oftmals erwartet. Das provoziert die Fassade und sozial angehauchte und besserwisserische Maske doch enorm. Demut und Würde, die von innen her kommt, fördert es, glaube ich, nicht. Aber Raum dafür muss man ihnen schon auch geben, damit sie wachsen und reifen können. So wächst zumal nur das „Pädagogen- oder Psychologen-Ego" (oder was auch immer), nicht aber das wahre Wesen, das erblühen will und sich diesen Beruf ausgesucht hat, weil ihm der Mensch und menschliche Nähe eigentlich am Herzen liegen.

Einige schaffen es trotz aller Berufs-Ego-Verlockungen zum Trotz, ihre Wahrheit in sich zu wahren und diese auch zu leben. Das sind diese wunderbaren Diener, die höchsten Respekt verdient haben und wirkliche Quellen für Hilfesuchende sind. Und, wie sie das schaffen? Sie haben ihr wahres Sein vom Intellekt, dessen Schubladen und den äußeren Trophäen wohl nie wirklich verunreinigen lassen. Sie bleiben Sie selbst. Oder, befreiten Sie irgendwann wieder ihr Selbst?!

Aber, ich kenne Menschen in diesen Berufsparten, die mehr mobben und hetzten als Mitarbeiter in Firmen. Übel, wie es da zuweilen zugeht. Der Titel zeigt sich für mich in solchen Fällen dann wieder eher als Trophäe der Unantastbarkeit anstatt als Gütesiegel der Menschlichkeit. Die Realität zeigt es, wenn man mal genauer hinter so manche Kulissen blickt.

Aber, weshalb das auch, und vor allem hier so zugeht, ist Ihnen bewusst, wenn Sie bis hierher gelesen haben.

Auch hier gilt, wie ich im Abschnitt „Therapie und deren Neuausrichtungsbedarf" schrieb, dass Schubladen im Kopf und zu viel Know-how, eher trennen als verbinden. Und der Druck, dem diese Menschen von außen unterliegen, ist zuweilen enorm. Ich bin mir sicher, dass viele Pädagogen oder Psychologen nur allzu gerne kundtun würden, wie es in ihnen wirklich aussieht, und um Hilfe bitten, was das Berufs-Ego oftmals nicht erlaubt. Angst, abgelehnt zu werden, wenn sie Schwäche zeigen, ist wohl auch hier verbreitet, was sich darin zeigt, dass sich viele nicht wirklich offen zeigen, sondern nur hinter oberflächlichen Floskeln und Titeln verstecken.

In diesen Ausbildungen und Studiengängen ist in meinen Augen einfach noch viel zu wenig Platz für praktisches Erleben, bewusstseinsförderndes Coaching und parallel zum kognitiven Lernen das Aufräumen der eigenen Themen. Auch hier könnten mehr Schulungen integriert werden, die den inneren Beobachter erwecken und die innere Haltung klären, was vielen den Berufseinstieg erleichtern würde.

Was von dieser Berufsgruppe an Menschlichkeit und Verständnis eingefordert wird, übersteigt meiner Ansicht nach wirklich das persönliche Fassungsvermögen und die Unterstützung durch gute Supervision ist, glaube ich, noch immer zu dürftig. Verständlich ist es, wenn die am Rande der Belastbarkeit stehenden dann in Krankheiten oder Burn-out flüchten. Irgendwie braucht jeder eine Auszeit und Distanz zum täglichen Wirrwarr. Belastet nur unser Gesundheitssystem enorm und wandelt nicht wirklich die Ursache. Verständlich, aber trotz allem stellt sich doch die Frage: Geht das nicht irgendwann mal anders? Und, es geht anders, wenn etwas mehr Bewusstsein und Aufräumen innerhalb dieser Hallen geschieht. Es muss aber mehr Offenheit entstehen, dass Unterstützung von außen vor allem hier, wo die Grenzen zwischen Mensch und Sache so fließend sind, wichtig ist und sein darf! Ich hoffe wirklich, dass an dieser Ecke mehr getan wird und wir irgendwann mehr Geld in die Präventivarbeit investieren als in das Zusammenflicken von Ausgebrannten, die ihrer beruflichen Lage nicht mehr Herr werden. Zu viel persönliche Verstrickung und Identifikation ist noch am Werk. Nichts mehr persönlich zu nehmen, klare Grenzsetzung zu üben, bewusste Selbstfürsorge und als Folge daraus mit höchster Empathie zu dienen, wäre dann die gesunde Alternative zum Ausbrennen. Das wäre doch angebrachter. Nirgends sollte das so wichtig sein, wie in diesen Berufsgruppen, die sich das Dienen am Nächsten ausgesucht haben.

Und, wie Sie sich denken können, ist der Weg um dieses Ziel zu erreichen, auch wieder kein anderer, als wie unter den obengenannten Themen beschrieben. Der erwähnte therapeutische Ansatz inkl. der aktiven Bewusstseinsarbeit könnte auch hier mittels Supervisionen positiven Nutzen bringen und sollte überdacht werden.

Abschließende Worte

Nachdem wir nun auch diesen Exkurs gemacht haben, wo neues Bewusstsein im Außen einfließen könnte, wir aber auch das „Wie“ und „Warum“ beleuchtet haben, wenden wir uns zum Abschluss nochmals dem Ergebnis zu, das wir für uns erzielen können, gehen wir unseren Weg des inneren Kriegers. Unabhängig davon, ob Sie sich Unterstützung im Außen suchen oder den Weg alleine schaffen, der Erfolg wird sich einstellen. Stellt er sich nicht ein, dann wurde der Weg nicht wirklich und mit voller Inbrunst gegangen. Dann bleiben einfach weiterhin die alten Muster und Geisteshaltungen an Ihnen haften und das Buch war eben nur eines: eine nette, unwichtige oder nur zur Diskussion einladende Lektüre. Vielleicht auch nicht einmal das. Es verschwindet im Regal oder wird aussortiert.

Konnte das Buch Sie jedoch anregen, aufrütteln, oder Ihnen Geschmack auf mehr machen, dann werden Sie die Früchte Ihrer Arbeit mit und an sich ernten und diese könnten dann, wie nachfolgend beschrieben aussehen. Ihre Worte, aber auch jede Ihrer Handlungen, welche die Ausdrucksformen Ihrer geistigen Reinigung sind, werden zu einem bewusst heilsamen Schöpfungsinstrument anstatt weiter als unbewusste „Steinschleuder“ zu dienen. Ob Sie nun große oder kleine „Steine“ unbewusst um sich werfen, es bleiben doch „Steine“. „Rosen“ werden es erst, wenn Sie in sich Ihre, von geistigem Unrat befreite, „Blume“ wieder hervorgeholt haben.

Und ich hoffe, dass bewusst ist, um was es in dieser „Sprache“ wirklich geht. Die Wachheit, das Gewahrsein und die Aufräumarbeit in unserem Geiste, welche den Gedanken, das Wort oder die Tat befruchten. Die Arbeit in und mit unseren unbewusst destruktiven Geisteshaltungen, die notwendig ist, um eine neue Ausdruckswelt zu erschaffen, welche die „Sprache“ der Wahrheit (Sein) statt der Lüge (Schmerzwesen) spricht. Das Leben wird fließen. Das Miteinander bekommt den Platz, den es verdient hat: Interpretationslos, wertfrei, achtsam und klar zugleich. Und in jedem Moment bringen Sie sich, der Sie in Wahrheit sind zum Ausdruck. Wenn Sie wollen.

Das Ergebnis der inneren Aufräumarbeit

Vielleicht sehen Sie Missetaten, gewalttätige und drogensüchtige Jugendliche, aber auch die Finanz- und Wirtschaftskrise jetzt unter einem anderen Licht, und gehen bereitwilliger mit den notwendigen Veränderungen der Zeit mit. Die Krisen haben Sinn, tiefen Sinn, denn Sie zwingen uns in die Knie und rufen uns auf wieder wahrhaftiger und natürlicher zu leben. Möglicherweise haben Sie durch die vielschichtigen Ausführungen mehr Bewusstsein erlangt, wo der Hase im Pfeffer sitzt, und dass nur jeder bei sich selbst und in seiner nächsten Umgebung mit dem Wandel beginnen kann. Vielleicht ist in Ihnen die Demut gewachsen, da Sie Täter bzw. Aggressoren anders sehen und Sie sich selbst mit allem, was ist, annehmen können und Sie trotz allem bedingungslos lieben, ohne alles gleichmütig hinzunehmen. Vielleicht hat es Ihnen unbewusste Opfermechanismen bewusst gemacht, sodass Sie für sich selbst oder auch für andere nun mehr einstehen, wenn sie das vorher vermieden haben.

Wenn Sie in sich selbst aufräumen wollen, fragen Sie sich, welche Tugenden Sie schon ausgeprägt haben, welche noch mehr Energie und Bewusstsein brauchen, aber auch welche innere Haltung/Grundeinstellung Sie zu sich, anderen Wesen und dem Leben gegenüber haben. Überprüfen Sie es einfach. Stärken Sie Ihre schwachen Seiten, schwächen Sie überzogene ab. Kommen Sie in die Mitte, beobachten Sie sich so lange, bis Sie zum inneren Zeugen geworden sind, und „Interpretationsloses Kommunizieren" wird zu dem Ergebnis Ihres Seins-Zustandes. Sie müssen nicht mehr darüber nachdenken: Wie gehe ich damit um, wenn mich ein Bettler anspricht? Oder der Vorstandsvorsitzende eines Konzerns? Sie verbinden sich mit seinem inneren Wesen (außer der andere erlaubt es nicht, da seine innere Abwehr unbewusst Angst vor dieser Nähe hat), sehen das Licht, die Einheit in ihm, was uns alle gleich sein lässt, aber haben auch dieses wache Auge auf die Realität, die das Schmerzwesen präsentiert. Öffnen sie sich einfach ohne Wertung, aber wach und zentriert. Der Moment wird Ihr Leitfaden sein. Sie begegnen jedem Menschen und jeder Lebenssituation interpretationslos, nehmen nichts mehr persönlich und beobachten mit einem hohen Maß an Gewahrsein, was und wie etwas auf Sie zukommt. Antworten Sie nicht aus der Prägungsmasse oder antrainierten Konzepten heraus, sonst töten Sie die Magie des Momentes oder die Achtsamkeit der Realität gegenüber. Sie werden erfahren, dass, wenn Sie dafür offen und bereit sind, täglich Wunder geschehen. So viel wird erleichtert. Teilen Sie einfach mit anderen ihr schönes Wesen und laden sie diese durch ihr Beispiel ein, auch sich selbst zu öffnen, da Sie nichts „Böses" im Schilde führen. Wer freut sich im tristen Alltag normalerweise, außer jemand ist total von

Neid und Selbsthass zerfressen, nicht über ein Gesicht, das die innere Schönheit und Offenheit seines natürlichen Wesens widerspiegelt. Jeder Mensch sehnt sich doch nach dieser Art von Begegnung, außer er hat sich eben so weit vom Licht abgewendet, dass er nur noch flüchtet oder sie anderweitig versucht loszuwerden, wenn Sie den Raum betreten. Ist dann einfach so. Ganz neutral. Niemand zwingt Sie, denjenigen zu bekehren, außer er bittet Sie bewusst darum, dann ist das etwas anderes. Sie teilen einfach mit jedem, wer sie sind und bleiben ihrer Wahrheit treu, auch wenn das heißt Verurteilungen oder Unterstellungen hinnehmen zu müssen. Persönlich nehmen Sie diese ja nicht mehr, da Sie wissen, dass der andere nur etwas über seine eigene Geisteshaltung kundtut, wenn er Sie ohne wirklichen Anlass so behandelt.

Sie müssen also gar nichts mehr „tun", im Sinne von blindem und Angst besetztem Aktivismus oder auch Passivität. Sie müssen sich selbst nur die Erlaubnis geben, dass alles sein darf, was sich ergibt und was ist. Und das gilt vor allem auch für Sie, der Sie wirklich, das heißt jenseits Ihrer unbewussten Prägungs-Muster, sind. Und wenn Sie alleine auf ihrem Weg nicht weiterkommen, da ihr Schmerzwesen nicht loslassen will, dann finden Sie einen Meistercoach, wenn Sie es mit sich und Ihrer Befreiung ernst meinen. Jemanden, der ihnen in deutlicher Unverblümtheit und Liebe ihre nicht erkannten Realitäten über den, wer sie real sind und eigentlich nicht sein wollen, zu erkennen hilft. Nicht alles schaffen wir alleine, aber vieles. Auch hier gilt wieder: Gehen Sie mit dem Moment! Erkennen Sie einfach für sich, wann Sie Unterstützung brauchen und arbeiten Sie an sich, was Sie für ihre innere Klärung selbst täglich machen können. Und wir wissen ja, alles hat seinen rechten Moment. Vertrauen Sie auf sich, ihre Führung und verlieren Sie nie den Mut. Denn, es geht immer weiter.

Wahre Begegnung ist unschuldig

Egal, wie schlecht Menschen oft drauf sind, gegen ein Lächeln, das aus dem Herzen kommt, ein verbindendes Wort hat niemand etwas einzuwenden. Sie nehmen das doch nicht persönlich, wenn Sie jemand griesgrämig anschaut, oder? Oder anmotzt. Sie lassen es doch bei ihm, da Sie entscheiden, was Sie nehmen oder zurückgeben. Öffnen Sie sich für Zufallsbegegnungen und verneinen Sie nichts mehr, so entstehen manchmal die ehrlichsten Gespräche und liebevollsten Begegnungen. Ehrlich, weil es spontan ist, ohne Verstandesplanung. Der spontan ergriffene Augenblick trägt selten eine Maske. Die wird meist aufgesetzt, wenn wir wissen, dass wir in Begegnung gehen. Aber das bekommen Sie nun ganz bewusst mit und lassen die Planung, falls Sie doch da war, einfach wieder bewusst los. Sie wissen, das ist nicht Ihre Wahrheit, das ist einfach nur „Kopf-Geplänkel".

Werden Sie ein Momentgenießer, ohne Interpretation, innerlich frei und unschuldig wie ein Kind, nur mit der Weisheit eines geläuterten Menschen. Erkennen Sie sich in jedem Moment im anderen und die Welt wird zum Wunder. Spontane Begegnungen können so bereichernd sein, wenn der andere fühlt, dass keine Gefahr von Ihnen ausgeht. Wir spüren das unbewusst und instinktiv alle, wem wir uns öffnen dürfen und wem nicht, wenn wir das wollen. Je grimmiger, umso ängstlicher. Einschüchtern lassen Sie sich doch von so einer Fassade nicht mehr, oder? Brechen Sie den Bann, zuweilen kommt so viel Dankbarkeit von diesen Menschen zu Ihnen zurück. Wenn nicht, auch gut, dafür machen Sie es auch nicht. Sie machen es, weil Sie es sind: Freude, Glück, Liebe, innerer Friede und Klarheit. Sie teilen einfach das, wer Sie sind bzw. was in Ihnen ist. Und wenn jemand Ihr Geschenk nicht nehmen will, behalten Sie die Energie bei sich. Fertig. Freier Wille. Also was haben Sie zu verlieren? Nichts. Sie können nur gewinnen: sich selbst (der Mensch, der Sie wirklich sind) und den Fluss des Lebens.

Mit dem Leben interpretationslos zu kommunizieren ist einfach waches und aufmerksames Sein. Mit dem Fluss gehen, sich mit allem verbinden, was ist, wahrhaft kommunizieren, neutral, ohne persönlich zu werden oder zu werten. Sie stemmen sich nicht mehr gegen das, was Ihnen das Leben – das nun mal ein Mysterium ist – schenkt, sondern entscheiden einfach bewusst nach Ihren Vorlieben, was Sie nehmen wollen oder lieber lassen und ob es Sie Ihrem „Das bin ich", der Sie sein wollen, näher bringt. Entspannt und voll Liebe sich und anderen gegenüber, trägt Ihnen das Leben die Erfahrungen zu, die Sie wachsen lassen. Wenn sich zum Beispiel in einer zwischenmenschlichen Begegnung herausstellt, dass sich Ihr Gegenüber nicht auf ein achtsames Niveau und auf Nähe einlassen will, müssen Sie das auch nicht ertragen. Ohne Groll können Sie weiterziehen. Wenn der Mensch, von dem Sie sich distanzieren, Ihnen wichtig war, dann trauern Sie bewusst, erlauben die Gefühlsregung, lassen ihn dann aber bitte los und gehen weiter. Wir haben über die Veränderung bei anderen keine Macht, nur über uns und darüber, was wir anderen von uns zeigen. Wenn jemand nicht will oder noch nicht so weit ist, sich einlassen zu wollen, dann ist das eben seine Entscheidung, die wir zu akzeptieren haben. Liebe und Wachheit können wir säen, aber nicht bei anderen erzwingen. Sie müssen an nichts mehr festhalten, was Sie nicht wollen, das gilt eben auch für ungesunde und verlogene Beziehungen. Diese brauchen Sie auch nicht mehr mit ängstlicher Gewalt festhalten, da Sie Angst vor der Einsamkeit haben. Sie haben das Alleinsein gelernt und sind nicht mehr wirklich getrennt, sondern auf einer inneren und wachen Ebene mit allem verbunden.

Wo immer Sie sich einbringen können, um dem Bewusstsein und der gegenseitigen Achtsamkeit zu dienen, tun Sie es. Aber wenn Sie aufgewacht sind, werden Sie auch gar nicht mehr anders können. Denn was Sie sind, das sind Sie nun mal. Sicherlich können Sie sich zurücknehmen, wenn Sie mitbekommen, dass die Unbewusstheit anderer gepaart mit deren Unwillen, Dinge anders zu betrachten, so stark ist, dass Wachheit eher bekämpft als begrüßt wird. Dann nehmen Sie sich eben sanft heraus, außer diese Gattung Mensch wird übergriffig. Aber da Sie gesunde Grenzsetzung gelernt haben, ist das auch kein Thema mehr. Manchmal ist es auch besser, einfach zu beobachten und zu schweigen, aber auch im Bedarfsfall schnellstens das Feld zu räumen. Das ist dann einfach Selbst-Fürsorge!

Also teilen Sie, was immer Sie zu teilen haben und tun Sie es total. Tun Sie es nicht, tut es keiner. Warten Sie auf niemanden, der im Außen den Wandel einläutet, werden Sie selbst ein lebendiges Beispiel. Sie laden damit andere ein, sich selbst zu wandeln und sich dem Leben interpretationsloser zuzuwenden. Werden Sie ein Leitstern und unterscheiden Sie aber auch, wann was wo Sinn macht. Werden Sie kein Missionar, der predigt, sondern seien Sie einfach ein Vorbild für Wachheit, Liebe und Selbstrespekt.

Wenn Sie sich verändern oder verändert haben, erscheinen Sie vielleicht den Menschen vorerst seltsam, aber irgendwann wollen sie vielleicht auch das Geheimnis Ihrer Schönheit ergründen. Sie müssen ja nicht von allen gemocht werden, oder? Sie haben sich erkannt, Sie brauchen keinen mehr, der ihnen sagt, wer Sie sind, oder ob man Sie als nett empfindet oder nicht. Wenn jemand hinsehen will, wird er Ihre Nähe suchen, anderen machen Sie vielleicht Angst, da sie vor sich selbst erschrecken, wenn sie mit Ihnen zu tun haben. Wieder andere sind möglicherweise noch überfordert, da es neu ist. Wer sich von der Masse und ihren Gesellschaftsspielchen löst, zahlt einen Preis, aber der Gewinn dieses inneren Reichtums ist mit keinem Geld aufzuwiegen. Der einzige Reichtum, den Sie mitnehmen können, wenn Sie die materielle Welt verlassen. Sie entscheiden, wer Sie sind, Sie geben täglich Ihr Bestes und leben Ihre Wahrheit. Anderen kann man es nie recht machen, müssen Sie auch nicht mehr. Davon sind Sie frei, jedoch Ihrer Wahrheit verpflichtet.

Die Früchte ihrer neuen Lebenshaltung

Viel wurde bereits über die Auswirkungen geschrieben, was sich, wenn Sie interpretationslos werden, in Ihrem Leben bzw. ihrer Haltung zum Leben verändern kann und wird. Vieles, was Ihnen bisher Stress bereitet hat, kann sich verwandeln, wenn Sie dem Fluss des Lebens vertrauensvoll folgen. Genießen Sie das was ist, werten Sie nichts mehr auf oder ab, machen Sie sich keinen „Kopf" mehr über unnötige Angelegenheiten, auf die Sie sowieso keinen Einfluss haben. Vertrauen Sie darauf, dass Sie das Mysterium weise und entspannt dorthin führen wird, wohin es für Sie gut ist.

In einigen Bereichen werden Sie wirklich deutlich Änderungen erleben, wenn Sie sich wahrlich auf den Weg gemacht und nicht vorher aufgegeben haben.

Wache Lebenslust

Das Leben ist so schön, wenn wir im Moment leben und es in seiner Natur annehmen. Wir öffnen dann unsere Augen für die Schönheit, die uns täglich umgibt, die Liebe und Freude die damit einhergeht, auch wenn wir vor den Lügen die Augen nicht mehr verschließen. Auch das Unschöne können Sie als das nehmen, was es einfach ist, die andere Seite, die einfach zum Leben dazugehört. Sie werden sie auch nicht mehr ablehnen, da Sie die Hässlichkeit, die in jedem von uns einfach wohnt, angenommen und integriert haben. Was sie wann und wie leben, entscheiden Sie doch selbst, oder? Sie haben sich in Allem und Jedem erkannt und Ihre Vorurteile und Schubladen auch dem gegenüber, was Sie früher als gut oder böse verworfen haben, fallen gelassen. Sie sind ganz geworden. Sie lehnen einfach nichts mehr ab und handeln aus keinen unbewussten Zwängen heraus. Aber ein Mensch, der sich des Lebens erfreut, sind Sie trotzdem und wahrscheinlich mehr denn je. Sie leben und handeln wohl eher amoralisch im Sinne von „kreativ unorthodox" als moralisch im Sinne von „blindem Dogmatismus", somit einfach momentorientiert, da Sie nicht mehr werten.

Hatten Sie einst dogmatische Regeln und Verurteilungen im Kopf wie Alkohol, Sexualität, Rauchen, Fleisch, Süßigkeiten, aber auch Sport oder Discotanzen seien verwerflich, dann werden Sie diese Einstellungen neu überprüfen und selbst entscheiden wie Sie über was denken wollen. So viel wurde uns allen von außen als verwerflich vermittelt und von uns ungefiltert einverleibt. Das wird sich ändern, da Sie über ihre Haltung zu Dingen nun selbst entscheiden. Sie brauchen auch nicht mehr zu moralisieren. Sie werden einfach bewusst nach Ihren Wertmaßstäben neu wählen. Und das ohne Verurteilungen sich selbst und anderen gegenüber. Sie genießen, was Sie für sich als angenehm erleben, unterlassen, was Sie nicht wollen und das ganz ohne schlechtes Gewissen.

Nehmen wir z.B. an, Sie mochten nie Sport treiben. Vielleicht stellen Sie ja fest, da sie das für sich hinterfragen, dass Sie Sport lieben (einst keinen machten, da Sie den Drill Ihrer Eltern unbewusst damit boykottierten, bis Sie von sich glaubten, Sport sei Mord, und voll dahinter standen, ohne die Ursache je hinterfragt zu haben). Probieren Sie sich aus und tun Sie, wozu Sie als der, der Sie in Wahrheit – ohne Prägungsmuster – sind, Lust haben. Nicht rücksichtslos, sondern einfach für sich, ohne, dass es auf Kosten anderer Menschen geht, was wohl selbstverständlich ist.

Drogen oder übermäßigen Genüsse brauchen Sie wohl nicht mehr, um sich abzulenken oder gar abzutöten. Vorbei. Alles, auch Genüsse und sinnliche Wohlgenüsse gehören zum Leben, nur in dem Maß, in dem Sie es gerne wollen, und ohne einen Wahn daraus zu machen. Nicht eingeredet von außen, sondern rein deshalb, weil Sie es eben mögen oder nicht. Wenn Sie mal einen über den Durst trinken, kann passieren, ist menschlich –, auch wenn ich es eher für unwahrscheinlich halte –, werden Sie einfach nur ohne Gejammer oder Schuldzuweisungen die Folgen tragen. Der Unterschied zwischen bewusster und unbewusster Handlung ist nur der, dass Sie keine Ersatzdrogen mehr brauchen! Drogen, die Sie in ihrer Unbewusstheit einst zum Überleben benötigten, um ihre z. B. quälenden Gedanken abzustellen oder um Ihre unerträglichen und nach innere Fülle hungernden Gefühle im Bauch nicht mehr fühlen zu müssen. Warum auch? Das, was Sie früher quälte, ist ja gegangen: der innere Täter, das Opfer, die anstrengenden Masken, das Schmerzwesen, die Traumen, das Ego, also all die Ausgeburten der Unbewusstheit, die Ihnen früher wie ein Teufelchen im Kopf und Bauch den Schlaf mit Albträumen vermieste und Sie vom Abschalten oder totalen Einlassen in den Moment abgehalten haben. Sie werden wunderbar schlafen und entspannt aufwachen. Alles weg, was nervte. Das innere Haus, der Geist ist entmüllt, der Verstand klar und die Energie kann frei fließen. Der Beobachter bleibt ja immer wach und bekommt mit, wenn sich Ungutes von hinten durch die Nebentür einschleichen sollte. Dann schmeißen Sie es eben wieder raus, frei nach dem Motto: „Hallo, nett, dass du vorbeischaust, kannst auch gleich wieder gehen." Das merken Sie schnell, wenn sich Gedanken in dem leeren Geist einspielen, die mit Ihnen und dem Hier und Jetzt nichts zu tun haben. Raus, nicht ernst nehmen. Fertig! Weiter geht's!

Und freuen Sie sich auf den Humor, der mehr und mehr in ihr Leben tritt, da Sie ihre Dramen nicht mehr ernst nehmen. Spielerisch begegnen Sie den Lebensumständen die ihre Kreativität herausfordern, um Lösungen zu finden, anstatt vom Tunnelblick eingeschlossen an den eingefahrenen und nie reformierten Handlungsspielräume zu verzweifeln. Nicht zu vergessen die Liebe. Sie bekommt den würdigen Platz im Leben, den sie wirklich verdient. Frei, offen und doch von wahrer Nähe beseelt. Sie reden sich einfach nichts mehr ein, was meint, Sie sehen den anderen real, weder schön- noch schlechtgeredet. Er ist, wie er ist, und Sie kämpfen nicht mehr gegen Windmühlen an, wenn der andere sich anders entpuppt als Sie hofften. Sie antworten auf den Moment, auch wenn immer und jederzeit Wandlung möglich ist. Desillusionierte aber wahre Beziehungsfähigkeit wird sich in Ihnen eingestellt haben. Nähe, Distanz, alles zu seiner Zeit. Kein Klammern, kein Wegstoßen. Nähe und Loslassen, ohne Schubladendenken und Heimzahlung.

Authentizität
Sie brauchen auch keine Fremdenergie in Form von Machtspielen oder Aggressionen, Schmeichelei oder andere Formen des Um-Liebe-Buhlens mehr. Sie sind meditativ und wach, da Sie Ihre Macht erkannt haben, die Macht über sich selbst. Sie nähren sich jetzt aus Ihrer eigenen Kraft und lassen sich von Ihrer Intuition leiten. Sie freuen sich einfach in jedem Moment Ihres Lebens, da Ihre innere Quelle mit sanfter Freude und Vertrauen sprudelt. Dankbarkeit ist zu einer Grundhaltung geworden, denn Sie begrüßen das Leben als schönes Abenteuer, d. h. eher sportlich als verbissen, das sich wie ein Buch Seite für Seite entfaltet. Es ist eine neue Freude in Ihnen erweckt, die unabhängig von äußeren Umständen ist, über die Sie sich mal freuen oder mal ärgern können, dann aber wieder loslassen. Eine ruhige und friedvolle Freude, die von Liebe begleitet ist. Liebe demgegenüber, was einfach ist, ohne es voreilig als gut oder schlecht zu bewerten. Diese innere Lebendigkeit bleibt, auch wenn Sie mal weinen oder wütend werden. Alles ist echt, nichts mehr gespielt. Sie sind einfach total und lebendig, in dem, was Sie zum Ausdruck bringen, und nichts Unbewusstes bleibt mehr in Ihnen stecken, was sich zu unpassenden Momenten entladen muss. Sie sind einfach nur ein echter Mensch, ohne Maske und ohne Waffenschein, der sich einfach total einlässt! Sie werden ein „Momentantworter" im Gegensatz zu einem „Prägungsreagierer", der je nach Maske oder Schmerzwesen überreagiert oder kontrolliert.

Ausgewogenes Selbst- und Zeitmanagement
Ein weiteres Wunder wird Sie durch das Leben begleiten: Das Wunder des entspannten Selbst- und Zeitmanagements! Da Sie Selbstachtung und -liebe integriert haben, das Alleinsein als Geschenk anstatt als niederdrückende Einsamkeit erleben, werden Sie plötzlich Muße finden. Ganz entspannt gehen Ihnen die Dinge von der Hand, die zu tun sind. Und was Sie machen, geschieht mit Hingabe an die Aufgabe, egal welche das gerade ist. Dinge die Sie zu tun haben, fließen dann einfach

aus Ihnen heraus. Sie beschäftigen sich nicht mehr im Kopf mit Sachen, die zu erledigen sind, denn Ihre Intuition leitet Sie sicher durchs Leben. Sie sind mit Ihrem Leben, den Verantwortungen, die zu erfüllen sind, verbunden. Einen „Kopf" müssen Sie sich nur „machen", wenn Sie Dinge aufschieben, nicht erledigen, wenn sie anstehen, verdrängen oder die Verantwortung wegschieben. Das tun Sie nicht mehr. Alles wird zu seiner Zeit erledigt, wenn es von Ihnen zu erledigen ist. Ganz entspannt und wohl wissend, was getan werden soll.

Sie haben plötzlich Zeit für Freizeitaktivitäten, Ihre Kinder, Ihren Partner, Ihre Freunde, die Sie voll genießen können, da Sie alles im rechten Moment tun und nichts Vergangenes oder Zukünftiges mit hineinnehmen, wo es nicht hingehört. Job ist Job, Privatleben ist Privatleben. Sie lassen sich immer und jederzeit voll ein. Sie spüren einfach in sich, wenn etwas „rund" und abgeschlossen ist, und gehen zum nächsten Akt über. Sie vergeuden auch keine Zeit mehr mit unnötigem Geplänkel, oberflächlichem Geschwafel, das nichts bringt, oder Lästern und Jammern. Auch Grübeln gehört der Vergangenheit an. Haben Sie ein Problem zu lösen, gehen Sie in sich, hören in sich hinein und beobachten die Zeichen, die Ihnen das Leben zeigt, um die Lösung zu entdecken. Alte Muster und das Festhängen in Gedankenkapriolen kosten viel Zeit und die haben Sie gewonnen, da Sie im Hier und Jetzt leben und mit sich und jedem Moment – ohne Kampf gegen das Leben – wach mitfließen.

Sie brauchen keinen krankmachenden Job mehr, der sie auszehrt, nur damit Sie sich etwas wertvoll fühlen. Sie sind mit dem Fluss des Lebens verbunden, erkennen und ergreifen die Chancen des Lebens bewusst. Alles hat seine Zeit und dem Gesetz vertrauen Sie sich an. Geht eine Tür zu, öffnet sich eine neue. Ist auch im Job oder innerhalb einer Liebesbeziehung etwas zu Ende, werden Sie das fühlen. Spätestens, wenn unerklärliche Konflikte sich total verhärten, obwohl Sie ihr Bestes gegeben haben, werden Sie erkennen: Es ist Zeit zu gehen. Ihre innere Führung wird Sie leiten, auch wenn diese manchmal die laute Glocke läuten muss, damit Sie loslassen. Sie wird Ihnen den Weg zeigen, denn das krankmachende Festhalten an etwas, das ausgedient hat, ist vorbei. Sie schauen sich einfach um, öffnen Ihren Geist für Impulse im Innen und Außen und lassen sich überraschen, was das Leben mit Ihnen vorhat. Sie werden finden, was zu Ihnen passt, auch wenn es weniger Geld oder keine gesellschaftliche Anerkennung bringen sollte, Sie aber vielleicht noch glücklicher macht.

Ausbrennen geht gar nicht mehr, da Sie gelernt haben, für sich zu sorgen, sich Gutes zu tun, Missbrauch von außen nicht mehr zu gestatten, zu entspannen, Sport zu treiben oder nicht, täglich nach innen zu lauschen und Ihrer inneren Stimme zu folgen. Sie arbeiten, machen Pausen, wenn Sie fühlen, dass Sie welche brauchen, und machen anschließend weiter. Völlig stressfrei erledigt sich alles. Ihr Geist ruht oder arbeitet, je nach Anforderung, denn Sie herrschen über Ihr Leben anstatt wie einst vom Leben und seinen Umständen beherrscht zu werden.

Das entstresst das Leben immens. Sie werden es erfahren, wenn Sie wollen, und es ist herrlich!

Konfliktfähigkeit

Waren Sie früher ein Mensch der Angst vor Konflikten hatte, gehört dieses Thema auch der Vergangenheit an. Innerlich wach und verbunden wagen Sie sich mutig in die Höhle des Löwen, wenn ein Konflikt ansteht. Er ist ein Stein auf Ihrem Weg und fertig. Sie haben Ihren inneren Löwen wiederentdeckt, der Grenzen setzen kann, wenn er missbraucht, belogen oder verraten wird, der nichts mehr schlucken muss und nicht mehr verletzt um sich schlagen wird. Sie wissen, Sie haben immer alles, was Sie brauchen, in sich und das in gesundem Maße. Mit Rückgrat ausgestattet stehen Sie zu sich und auch zu Ihren „Fehlern“. Sie sind und bleiben ein Mensch, und Menschen machen zuweilen einfach mal was „falsch“. Wo ist das Problem? Sie sind bloß kein unbewusster Täter mehr, der unter Umständen leidet, und das gilt sowohl für innen wie auch für außen. Das ist alles. Wenn eine Situation sich als problematisch oder belastend erweist, dann treffen Sie einfach die notwendige Entscheidung, die die Lösung bringt. Ohne Groll, ohne Verurteilungen sich selbst und anderen gegenüber. Fertig. Sie sind Ihres Glückes Schmied, niemandem hilflos ausgeliefert, sondern Sie handeln innerlich wach und erkennen, was wahrhaftig oder verlogen ist. Sie tun das, was die Situation an Handlung erfordert.

Sich aufgeräumt zu haben, heißt ja nicht, fehlerfrei zu sein, nur total lebendig, situationsbezogen und wach. Sie stehen nur zu allem, was Sie tun, und können das auch mit Würde. Sie treffen Entscheidungen, und wenn diese sich als „Fehler" erweisen, entscheiden Sie einfach neu. Zuweilen weisen uns doch auch unsere Fehlentscheidungen den Weg. Sie interpretieren da einfach nichts „Schlechtes" mehr hinein, denn vielleicht war der Fehler ja auch für etwas gut. Weiß man ja meist eh erst hinterher. Also keine Urteile und persönlichen Interpretationen! Einen Fehler zu machen oder ein Fehler zu sein, diese Bewusstseinshaltung ist das Geheimnis der inneren Alchemie. Sie als menschliches Wesen interpretieren unbewusst keine destruktive Identifikation mehr da hinein. Wenn Sie zum Beispiel einen Fehler beim Ausliefern einer Ware gemacht haben – passiert eben – oder etwas verwechselt haben, dann stehen Sie einfach dazu. Fertig! Das ist das Leben. Sie machen den „Fehler", aber tragen eben auch die Verantwortung, ohne innerlich einzubrechen, da Sie sich damit identifizieren. Das, wer Sie im Inneren sind, bleibt einfach klar und ruhig, und wenn es Ihr „Fehler" bzw. Ihre Verwechslung war, um bei dem Beispiel zu bleiben, dann stehen Sie einfach dazu und bringen es in Ordnung, außer es stellt sich hinterher heraus, dass es gar kein „Fehler" von Ihnen war. Kann auch sein. Egal. Nur Ausflüchte, Rechtfertigungen oder Schuldzuweisungen des unbewussten Schutzpanzers fallen einfach weg, da Sie sich von unbewussten Schuld-Nummern und dem Schmerzwesen verabschiedet haben. Das ist die Immunität, die ich bereits erwähnte. Zu sich stehen, macht unangreifbar. Diesen blinden Fleck muss Ihnen dann keiner mehr unbewusst spiegeln.

Erweisen sich Vorwürfe an Sie hinterher als unwahr, zerstört das Ihre innere Stille auch nicht. Kein Drama mehr, nur etwas, was eine Handlung erfordert oder auch nicht. Je nach Situation. Die Handlung kann sein, dass Sie sich entschuldigen müssen, oder eine Arbeit nochmals machen müssen. Sie bleiben einfach bei allem wach, integer und bewusst, egal was kommt. Sie sind menschlich und sich Ihrer wahren Natur bewusst und nehmen einfach, was kommt, ohne es zu verurteilen oder zu bewerten. Dies gilt für gerechte, aber auch für ungerechte Begebenheiten. Es ist einfach, wie es eben ist, und geht, so wie es kam, auch wieder vorüber.

Integre Führungsqualitäten

Wenn Sie andere Menschen führen oder anderweitig mit Menschen zu tun haben, werden Sie, wenn Sie Ihre Interpretationslosigkeit sich selbst, anderen Menschen, aber auch dem Leben selbst gegenüber wiedererweckt haben, ein wahres Vorbild sein. Jemand dem andere gerne folgen, oder mit dem andere Menschen einfach gerne zu tun haben. Außer für diejenigen versteht sich, denen Sie ein Dorn im Auge sind, da Sie sich zu weit vom Licht abgewendet haben. Vor allem Kinder werden Ihre Nähe suchen, da Sie die Liebe und Klarheit spüren, die von Ihnen ausgeht und nach der sie sich so sehnen.

Egal ob Sie nun ein Unternehmen führen, Verkaufen, Lehren oder einfach das tun, was Ihren Talenten entspricht, Sie werden fordernd, fördernd, aber auch wertschätzend und Grenzen setzend Ihren Alltag mit seinen Aufgaben meistern. Machtspielchen werden Sie mit Ihrer Wachheit sofort erkennen und ausmerzen. Wenn Ungerechtigkeit, Selbstsucht, Mobbing oder Missbrauch im Umfeld entstehen, werden Sie nicht wegschauen, sondern für Ihre Werte und Wahrheit einstehen. Sie werden jemand sein, dem man aus Achtung folgt und nicht aus Angst, da Ihre Präsenz und Ihr Selbstrespekt für sich sprechen. Sie werden ein wahrhaftiger und zuverlässiger Geschäftspartner oder Kollege sein, der für sich und seine

Wahrheit steht und weder sich noch andere ausbeuten lässt. Jemand, der authentisch ist und seine Werte nicht nur hochhebt, sondern vorlebt. Jemand, der dem Leben dient, die Gesetze respektiert, anstatt andere abzuzocken, um seine Geld- und Machtgier zu befriedigen, auch wenn Sie auf den fairen Ausgleich von Geben und Nehmen achten. Aber darauf achten Sie bei anderen dann auch, mit denen Sie zu tun haben.

Konzepte und Worte werden zu Dienern

Sie brauchen keine antrainierten Leitfäden mehr, die Ihnen „vorschreiben", wann Sie wie reagieren oder was Sie wann und wie richtig sagen müssen, um gehört oder richtig verstanden zu werden. Vielleicht wachsen Sie jetzt aber auch über antrainierte Konzepte, an deren eher verstandeslastigen Umsetzung Sie bis dato festhielten, hinaus und beginnen mehr bewusst und ohne Identifikation damit zu spielen. Sie werden einfach intuitiv wissen, wann Sie welches „Wortgefäß" bewusst für ihren Seinsausdruck nutzen werden, da Sie das Gefäß „Wort" und seine Wirkung spüren können. Der klare Geist ergießt sich somit in das Gefäß. Rein und unschuldig zugleich. Die von geistigem Unrat befreiten Worte werden im rechten Moment achtsam aus Ihnen fließen, da sie Ihrem wahren Wesen, Ihrer Wachheit und Ihrer Liebe entspringen, wenn die Situation dies erlaubt. Intuitiv und klar werden Sie jedoch differenzieren. In Situationen der Grenzsetzung, wenn die Deutlichkeit und Klarheit ihre volle Energie erfordert, werden Sie nicht destruktiv gegen den anderen vorgehen, um ihn zu zerstören, sondern um seine Abwehrmuster zu durchbrechen (wenn es sich lohnt) oder sich seinem Missbrauch entziehen. Begegnen Sie jedoch einem Wesen, das im Miteinander die gleiche Achtsamkeit hat, wird der Moment zu einem magischen Genuss der Einheit und dem Verstehen auf gleichwertiger Ebene des Seins. Harte Abgrenzungen wird es dort nicht brauchen, da ein „Nein" des einen, vom anderen im höchsten Respekt seiner wahren Natur gegenüber bedingungslos akzeptiert wird. Und Sie achten immer auf den Moment, sehen wen Sie vor sich haben und handeln, weise, so wie der Moment es erfordert.

Das, wofür Sie vorher Kommunikationskonzepte brauchten, um zum Beispiel empathisch zu wirken, kommt aus dem natürlichen Fluss und der inneren Verbundenheit mit sich und dem Gegenüber wie von selbst. Sie machen es nicht mehr, Sie sind es. Sie drehen sich nicht mehr um sich und Ihr Unbewusstes, sondern sind im Moment total da. Das, was Sie sich zuweilen mühevoll antrainiert haben wie „Gesprächsführung“, „Kritikgespräche“, „Verkaufswerkzeuge“ usw., wird nun gefüllt sein von ihrem Wesen und ihrer inneren Wahrheit.

Das Unbewusste in Ihnen, das Konzepte zu Götzenbilder und starren Anleitungen werden ließ, ist weg. Wird nicht mehr gebraucht und erlischt zusammen mit dem Schmerzwesen, das sich verabschiedet hat. Diese Dogmatik ist weg und die Schutzmaske auch, wofür die Krücken einst dienten: Zum Vertuschen des unbewussten Schmerzwesens, oder um es in Zaum zu halten. Ist das in Ihnen geschehen, können Sie andere Wesen nicht mehr verwunden, da Ihr Schmerzwesen unbewusst und unkontrolliert nicht mehr ausbricht. Aber gleichzeitig werden Sie anderen unbewusst agierenden Schmerzwesen nicht mehr erlauben ihr wahres Wesen zu besudeln oder es zu zerstören. (Sie erinnern sich an das Bild mit dem Stein und der Rose?) Die gesunde Abgrenzung ist da, die aus der Genesung Ihrer Schattenseite wiedergeboren wurde!

Der Täter und das Opfer hinter den Wortmasken sind, wenn Sie sich aufgeräumt haben und zum interpretationslosen „Kommunizierer“ geworden sind, einfach erloschen. Das Unerlöste, was uns zuweilen auch als Gutmenschen verleitet hat, die besten Kommunikationswerkzeuge zum egomanischen Selbstzweck zu nutzen. Ob der Grund Angst oder Machtmissbrauch war, ist unwichtig. Nichts besser, nichts schlechter, nur anders. Erlöst sind Sie dazu unfähig geworden, unbewusst negativen und selbstsüchtigen Machtmissbrauch zu betreiben. Bewusst werden Sie es wohl kaum tun, außer Sie wollen es und sind sich der vollen Konsequenzen bewusst, die Sie direkt ernten werden. Sie werden nicht mehr zum unbewussten Opfer werden, das hilflos auf schöne Worte eines Täters hereinfällt. Dafür sind Sie zu wach. Passiert es doch mal, werden Sie es schnell erkennen und für sich die notwendigen und klaren Grenzen setzen. Würdevoll und bewusst, aber ohne Angst oder Schuld.

Und spätestens jetzt ist klar, weshalb Worte (aber auch Taten) so viel Macht haben und unsere Kommunikation eine Verfeinerung und Vertiefung auf geistiger Ebene brauchen kann. Verständlich sollte nun auch sein, weshalb sich der Buchinhalt auf das bewusste Erkennen unserer unbewussten Machenschaften und deren Folgen konzentriert hat.

Und die Frage sollten wir uns somit alle und jederzeit stellen, wenn wir das Wort nutzen: Ist es von Liebe und Wachheit oder von unerlöster alter und vernichtender Wut oder anderen Prägungsausgeburten der Destruktivität getragen? Die Folgen werden wir ernten. So oder so.

Wir entscheiden, ob das Wort zum Heilinstrument oder, wenn das innere Gewahrsein fehlt, zur Vernichtungsmaschine wird … und die Taten, die unseren Worten zumeist folgen, natürlich auch!

Das Leben ist voller Möglichkeiten

Andere wissen nicht, was für Sie gut ist, das sollten Sie alleine für sich selbst entscheiden und Unbekanntes einfach mal ausprobieren. Denn, auch Entscheidungen können sich wandeln und sollten von Zeit zu Zeit überprüft werden, ob Sie noch zielführend sind oder nicht, oder ob ein Richtungswechsel ansteht. Das lernen wir schon im Berufsalltag. Was gestern gut war, kann heute fatal sein, wenn sich die Umstände verändert haben. In der Erziehung ist es doch auch nicht anders. Von Jahr zu Jahr verändern sich die Kinder. Diese starke Fürsorge im Kindesalter muss später dem Loslassen Platz machen. Auch dafür bedarf es einer Einsicht und bewussten Entscheidung.

Ob Sie Neues weiter- und Ihrem inneren Frieden näherbringt, das können Sie also erst entscheiden, wenn Sie es selbst ausgetestet haben. Wenn Sie Ihre „Kuschel- und Sicherheitszone“, das heißt Ihre mechanischen Gewohnheitsmuster bewusst verlassen, um sich auszuprobieren, und nicht gleich bei der ersten Windböe des Lebens wieder zurückschrecken, dann werden Sie auch auf neuen Ebenen sicherer und sicherer und mutiger und mutiger. Sicherlich: Sich ausprobieren bedarf des Mutes, das ist bekannt, aber es stärkt auch das Selbstvertrauen und macht das Leben einfach lebendiger!

Nutzen Sie die Ausführungen meiner Sichtweisen und Erfahrungen, um Ihre eigene Sicht zu überprüfen oder zu erweitern, oder lassen Sie es. Aber bleiben Sie immer kritisch und sich selbst hinterfragend. Nutzen Sie meine Worte, wenn Sie wollen, um zu zweifeln, bis Sie Ihre Wahrheit gefunden haben. Danken Sie jedoch jeder Chance, die sich Ihnen bietet, um Ihr Blickfeld zu erweitern, damit Sie weiterwachsen, denn das ist der Sinn Ihres Daseins: innerer Wachstum und Lernen und Sie machen aus einer Hölle ein Paradies. Ihre Entscheidung, Ihre Vision, wer Sie sein wollen und wie Sie sich ins Leben einlassen, was Sie daraus machen und wie Sie sich von ihm führen lassen wollen. Die Führung ist da, wir müssen sie nur annehmen, mit ihr wach und aufmerksam fließen und aufhören, dem Leben unsere Vorstellungen aufdrücken zu wollen: kindisch, stur und rechthaberisch.

Wenn Sie vor Ihrer Türe aufräumen bzw. aufgeräumt haben – egal ob Sie diesen Weg oder einen andern nutzen –, tragen Sie den wichtigsten Teil dazu bei, um den Frieden unter uns Menschen zu nähren und die verheerenden Auswirkungen unserer unbewussten Egomanie einzudämmen. Da brauchen Sie gegen nichts mehr im Außen anzukämpfen. Den wichtigsten Kampf haben Sie ja bereits gewonnen: Den Kampf mit ihrem verdrängten Unbewussten! Sie treten im Außen dann für Veränderungen ein, die von Ihrer Wahrheit, Klarheit und Liebe getragen werden. Sie stehen einfach ein, für das, was Ihnen wichtig und lohnenswert ist, und teilen Ihre individuellen Fähigkeiten und Talenten – rein und beseelt – zum Wohle aller. Aber, diese innere Haltung hat dann nichts mehr mit dem alten Überlebenskampf zu tun. Im Gegenteil: Ihr Handeln hat einfach Wirkung, und wenn die Veränderung, für die Sie kämpfen, gut und im Lebensfluss ist, wird das Leben Sie auch darin weise unterstützen und die richtigen Türen öffnen. Vertrauen Sie und gehen Sie!

Sie erinnern sich an das Beispiel mit dem Tänzer und der Tänzerin. Seien Sie die Tänzerin und lassen Sie sich sensibel, offen, wertfrei und voll Vertrauen von Ihrem sichersten Partner, „das Leben selbst", führen. Alles eine Sache der inneren Haltung. Denn es gibt auf der Welt nichts Gutes, außer wir selbst sind es. Haben Sie das erreicht, ist „Interpretationsloses Kommunizieren" mit sich und dem Leben selbst zu einem natürlichen Ausdruck geworden … und Begegnung von Mensch zu Mensch, egal auf welcher Ausdrucksebene, bekommt den Platz, den sie verdient: von Sein zu Sein! Auch wenn der Weg kein kurzer und vielleicht auch zuweilen ein anstrengender ist, lohnt es sich Dinge und sich selbst zu hinterfragen, Neues auszuprobieren und ein Stück mehr Verantwortung und Bewusstheit ins eigene Leben und somit auch in das Leben um uns herum zu bringen.

Abschließend noch ein – von Weisheit beseelter – Spruch, der die Lebenshaltung des „interpretationslosen Kommunizierens" so wunderbar auf den Punkt bringt:

„Je nachdem, wie die Lage es erfordert,
solltest Du so hart sein wie ein Diamant,
so biegsam wie eine Weide,
so weich dahinfließend wie das Wasser
oder so leer sein wie der Raum."

(Morihei Ueshiba)

Schlussbemerkung

Jedem, dessen bewusstseinsfördernde Instrumente oder Methoden, die ich zur Veranschaulichung meiner Erkenntnisse und Sichtweisen nutzte oder den ich beim Namen nannte, möchte ich hier nochmals meine Achtung und meinen Dank aussprechen. Diese Menschen, die uns aktiv dienen, wacher mit uns selbst, unseren Mitmenschen und unserem Leben umzugehen, brauchen wir, um zu wachsen.

Jedes der Instrumente (auch wenn ich hier nur wenige aufgriff), die ich in den letzten zwei Jahrzehnten aktiv erlernen und individuell für mich und meine Arbeit integrieren durfte, brachte mich auf meinem Weg ein Stück weiter. Ohne diese vielschichtigen Erfahrungen und unterstützenden Anregungen wäre ich heute nicht der Mensch, der ich durch meine innere und äußere Forschungsreise geworden bin. Und jede einzelne Inspiration veränderte oder erweiterte meine Sichtweise und innere Haltung auf ihre Weise. Jede Methode, jedes Bewusstseinsinstrument oder jeder Lehrer/Coach kamen auch immer zur rechten Zeit auf mich zu und das in dem Maße, wie ich es gerade für meine Weiterentwicklung brauchte. Nie zu früh, nie zu spät, immer genau richtig dosiert; und ich verließ das Lernumfeld, oder es mich, wenn die Zeit reif war, mich zu neuen Ufern und Erfahrungen – die noch warteten – aufzumachen.

Die Seminarreihe zum Buch:

„Interpretationslos kommunizieren"

Grundlagen-Seminar – „Die innere Haltung"
An diesen Seminartagen wird die Grundhaltung „interpretationslosen Kommunizierens" behandelt. Die Hintergründe werden beleuchtet, wie Interpretationen entstehen und was sie aus unserer Sprache und unserem Handeln machen.

Der Geist und seine Fähigkeit zur Klarheit – aber auch Unklarheit – wird verdeutlicht und die ersten Wege zum interpretationslosen Bewusstsein werden gelegt. Das Verständnis von Bewusstheit und Unbewusstheit, sowie deren Ursache und Wirkung, werden entschlüsselt und in einen existentiellen Kontext gebracht.

Aufbau-Seminar – „Der alchemistische Wandlungsakt"
Nachdem das grundlegende Bewusstsein für die Hintergründe von Interpretationen geschaffen wurde, wird im nächsten Schritt die innere „Spreu vom Weizen" getrennt. Das Unterscheidungsvermögen wird geschult. Das eigene Leben, Denken, Fühlen und Handeln kann nun grundlegender Überprüfung unterzogen werden.

Jeder Teilnehmer hat hier die Chance, sich selbst im Alltag mit seinen Hindernissen und „roten Problemfäden" zu hinterfragen, um die eigene Geisteshaltung bewusst neu auszurichten. Neu heißt hier: interpretationslos annehmend was ist, ohne Wertung, ohne Schubladen. Der Unterschied zwischen interpretationslosem und interpretativem Leben wird hier erlebbar gemacht. Anleitungen werden gegeben, wie Sie sich selbst erkennen und sich bewusst neu entscheiden können. Ausrichten, nach dem „Wer Sie sein wollen" und wie Sie Ihre Vision über sich selbst erreichen können.

Fortgeschrittenen-Seminar – „Die Kristallisation des Geistes"
Diese Tage sind das „Feintuning" der eigenen Geisteshaltung und der ureigenen Vision von dem „wer" Sie wirklich „sind". Es ist ein Seminar für Menschen, die mit dem erworbenen Wissen und den Erkenntnissen aus den ersten beiden Einheiten heraus aktiv gearbeitet haben und sich noch feiner hinterfragen und ausrichten wollen.

Individuelle Fragen und Anliegen werden eingehend behandelt. Jeder erhält den Raum sich selbst mit dem erfahren zu können, wo er wirklich – in seinem ureigenen Wesen – hin will. Visionen, Ziele und bewusstseinserhöhende Vorgehensweisen rücken in den Brennpunkt des Geschehens. Die Wahrheit über unser wahres Selbst darf hier noch tiefer erkannt, erfahren und integriert werden. Einzelcoachings, die jeder Teilnehmer alleine für sich – während dieser Tage – in Anspruch nehmen kann, runden diese Seminareinheit zusätzlich ab.

Nähere Informationen zur Autorin, zu weiteren Angeboten und Veranstaltungs-Terminen finden Sie unter:

http://www.takechances.de

oder senden Sie eine E-Mail an: info@takechances.de

Literaturliste

- „Anleitung zum Unglücklichsein" von Paul Watzlawick – Piper-Verlag – Erschienen 2009
- „Gewaltfreie Kommunikation – Eine Sprache des Lebens" von Marshall B. Rosenberg – Junfermann-Verlag 2004
- „Ich bin o. k. – Du bist o. k." von Thomas A. Harris und Irmela Brender – rororo-Verlag 1975
- „Miteinander reden" von Friedmann Schulz von Thun – rororo-Verlag 1998
- „Die Erlösung der Lebensthemen" von Satyam S. Kathrein – Ullstein-Verlag 2004
- „Ego-Crash: Knack den Ego-Code" von Satyam S. Kathrein – Ullstein-Verlag 2008
- „Das Buch vom Ego – Von der Illusion zur Freiheit" von Osho – Ullstein-Verlag 2004
- „Buddha sprach: Die Herausforderungen des Lebens annehmen" von Osho – Goldmann-Verlag 2005
- „Gespräche mit Gott" von Neale Donald Walsch und Susanne Kahn-Ackermann – Goldmann-Verlag 2009
- „Neue Offenbarungen" von Neale Donald Walsch und Susanne Kahn-Ackermann – Goldmann-Verlag 2007
- „Jetzt! Die Kraft der Gegenwart" von Eckhart Tolle – Kamphausen-Verlag 2007
- „Eine neue Erde – Bewusstseinssprung anstelle von Selbstzerstörung" von Eckhart Tolle – Goldmann-Verlag 2005

DVD

- „Let's make money", Regie: Erwin Wagenhöfer – Delphi-Filmverleih – DVD 2009
- „What the Bleep do we (k)now? Ich weiß, dass ich nichts weiß!", Filmemacher: William Arntz, Betsy Chasse, Marc Vicente – Horizon Film Distribution – DVD 2006
- „Die Wutprobe", Autor: David Dorfmann, Regie: Peter Segal – Motion Picture – DVD 2003

Die Autorin

Christine Kaunzner, geboren 1964 in Regensburg, wuchs als „Lehrerkind“ in einem Umfeld auf, in dem der Umgang mit Worten ein erzieherisches Mittel war. Das Erzählen und Schreiben von Geschichten gehörte zum Alltag. Ihr Berufsweg führte sie nach einem Lehramtsstudium in die Finanzwelt und später in den Bereich des Trainings und Coachings. Aus ihren Anfangsschwerpunkten – Führung, Verkauf und Kommunikation – entwickelte sich ein besonderes Augenmerk auf Teamarbeit und Lösung interner Konflikte. Als Unterstützung zu ihren Kursen erschienen die Bücher „Herzschrittmacher für Teams“, Metropolitan Verlag, und „HerzQuotient“, Walhalla Fachverlag.